Seade
Uma história exemplar

Seade
Uma história exemplar

Shozo Motoyama
Renato Teixeira Vargas
Maria Cecília Comegno

SEADE
Fundação Sistema Estadual de Análise de Dados

imprensaoficial

São Paulo, 2008

Seade, uma história exemplar/ Shozo Motoyama, Renato Teixeira Vargas e Maria Cecília Comegno. São Paulo: Seade: Imprensa Oficial do Estado de São Paulo, 2008.

388p.: il.: 16,5 x 24,0 cm

Apoio: Sabesp
Inclui bibliografia

ISBN: 978-85-85016-93-7 (Seade)
ISBN: 978-85-7060-629-7 (Imprensa Oficial)

1. Seade (História) I. Fundação Sistema Estadual de Análise de Dados.

Índice para Catálogo Sistemático
CDD 310.98161 Estatísticas – História – São Paulo (Estado)
CDD 906.8161 História – Seade – São Paulo (Estado)

Foi feito o depósito legal na Biblioteca Nacional
Lei nº 10.994, de 14/12/2004

Impresso no Brasil 2008

Fundação Sistema Estadual de Análise de Dados (Seade)
Avenida Cásper Líbero, 464
01033-000 São Paulo SP
Gerência de Atendimento e Disseminação de Informações
Tel. 11 3313-5777
Fax 11 3324-7297
www.seade.gov.br/publishop
atendimento@seade.gov.br

Imprensa Oficial do Estado de São Paulo
Rua da Mooca, 1.921 Mooca
03103-902 São Paulo SP
SAC Grande São Paulo: 11 5013-5108 | 5013-5109
SAC Demais Localidades: 0800 0123 401
www.imprensaoficial.com.br
livros@imprensaoficial.com.br

Este livro não existiria sem a sensibilidade e a intuição do professor Flavio Fava de Moraes, o qual em sua curta passagem pela direção da instituição, desde logo percebeu que a Fundação Seade detinha uma história que valia a pena dar a conhecer; e a dedicação de Maria Cecília Comegno, que sempre esteve convicta da importância de registrar esta história e conjugou sua reconhecida capacidade de trabalho à sua vivência na Instituição para que o projeto contornasse os mais diversos empecilhos e chegasse a bom termo.

Fundação Seade

Sumário

Introdução

Uma história exemplar

Existe, no Estado de São Paulo, uma instituição cuja história vale a pena conhecer. Estamos nos referindo à Fundação Sistema Estadual de Análise de Dados, o Seade. Curiosamente, pouca gente a conhece. Que se saiba, fora o círculo dos especialistas, o Seade não freqüenta o cotidiano da maioria das pessoas e muito menos o imaginário da população. Mesmo os mais informados sentem dificuldade em dizer qual é a sua função, ou quais as suas funções. Estranho fenômeno! Por que isso acontece se a Fundação, de certa forma, convive com o dia-a-dia da população? De fato, não são objetos de suas pesquisas e ações assuntos como condições de vida, atividade econômica, emprego e desemprego, mercado de trabalho e outros tão presentes no viver das pessoas? Será a sombra do nosso passado colonial, com a sua ojeriza aos números e ao quantitativo, projetando-se diante dos seus passos? Ou, então, por serem os alvos das suas investigações temas aparentemente banais, sem o brilho chamativo do inusitado ou da pirotecnia dos grandes espetáculos? Essa é a fria dialética da história, da visibilidade e invisibilidade de instituições, nem sempre condizente com a importância das suas funções social e econômica.

O que está em jogo na colocação acima não é o significado social da entidade em questão nem a relevância dos seus trabalhos, cuja importância se desvela à medida que o leitor avança nas páginas deste livro, mas a sua imagem pública, de como é vista pelo mais comum dos mortais. Muitas vezes, a visibilidade, a luz feérica ou quimérica da mídia, nada tem a ver com a relevância social de uma entidade. Todavia, com certeza, essa imagem influencia e interfere na vida de qualquer instituição, sobretudo, naquela de caráter público. Todos os problemas vividos pela Fundação Seade, em sua curta existência até agora, de pouco mais de um quarto de século, tem muito a ver com essa visão pela qual a sociedade na qual se insere a enxerga. A questão é complexa, pois, remete à própria complexidade da realidade social e, em especial, da brasileira. Esta, pelo menos até o presente, não se mostrou terreno fértil para as instituições de pesquisa, ciência e tecnologia. Pelo seu antecedente colonial, responsável por uma cultura retórico-literária e um pragmatismo exacerbado, a nossa sociedade parece não ter entendido o papel das três atividades acima citadas, em pleno século XXI. Daí a dificuldade ingente e permanente das instituições da área para florescerem e cumprirem a sua missão. Poucas conseguem sobreviver e, muito menos, obter sucesso no seu mister.

A história extraordinária da Fundação Seade é exemplar nesse sentido. Atuando em um domínio quase esotérico, para a maioria da população, ela soube como enfrentar situações madrastas em um ambiente muitas vezes hostil para contribuir para a melhoria da Nação. Criada em plena ditadura, contraditoriamente, a Instituição tornou-se convicta combatente pela democratização da informação controlada na época pelo temível Serviço Nacional de Informações (SNI), simultaneamente à produção de dados estatísticos confiáveis sobre o Estado de São Paulo. Note-se que a informação, desde o remoto passado, sempre se constituiu em um elemento estratégico de um país, tanto na paz quanto na guerra. Não espanta, portanto, o fato de a elite dominante querer sempre monopolizá-la. A equipe do Seade, integrada nos seus primórdios por jovens com ideais democráticos, insurgiu-se contra o *status quo*, intentando fazer chegar informações corretas ao povo em geral. E, assim a fez. Porém, atestando a complexidade do processo histórico, temos de reconhecer que isso se tornou factível porque o próprio regime militar ajudou. Expliquemos melhor para evitar incompreensões desnecessárias.

Antes de mais nada, deixe-se registrado o anacronismo de tentar explicar a história por uma visão maniqueísta. O processo histórico caracteriza-se pela riqueza de situações nas quais ocorre o embate e/ou diálogo entre diversos segmentos sociais cada um defendendo o seu interesse. A avaliação do fenômeno histórico sempre se liga à visão do grupo que a está realizando, porém, não deve ser maquiavélica, se não quiser distorcer a realidade. Nesse aspecto, um dos equívocos em que se incorre geralmente é considerar o regime militar (1964-1985) como uniforme e afinado monoliticamente sob a ordem dos diversos generais presidentes. Como qualquer grupamento social, dentro do regime existiam segmentos distintos, com posicionamentos diferentes, embora alinhados para uma finalidade comum. O do general Ernesto Geisel diferia pelo menos em dois pontos em relação à política dos seus antecessores. Em primeiro lugar, acreditava no planejamento como um instrumento imprescindível para processar o desenvolvimento. A ascensão do secretário – com *status* de ministro – de Planejamento, João Paulo dos Reis Velloso, nos círculos decisórios de Brasília não se dera por acaso. Em segundo lugar, levava a sério o seu projeto da abertura democrática, evidentemente a seu modo e forçado pela pressão popular. Então, no segundo lustro da década de 1970, nos órgãos governamentais, imperava a ideologia do planejamento, com a finalidade de modernizar a maquina estatal para alcançar o desenvolvimento. A importância e a valorização de órgãos como o Seade originavam-se dessa postura da gestão de Geisel em relação ao planejamento e à abertura.

Desse ângulo, não é por acaso que, na época, o governador do Estado de São Paulo era Paulo Egydio Martins, compartilhando com o Presidente Geisel a idéia da necessidade de modernizar a máquina estatal para tornar o País uma potência emergente. Igualmente, não foi por acaso que ele criou o Sistema Estadual de Análise de Dados (Seade) para depois transformá-lo na Fundação Seade, no ano de 1978. Entusiasta do planejamento, Paulo Egydio logo percebeu a falta de dados confiáveis para exercitá-lo com sucesso. Não é que não existisse um órgão estadual para a coleta de informações. Nos longínquos dias de 1892, criou-se a Repartição de Estatística e Arquivo do Estado de São Paulo com essa finalidade, transfigurada com o correr do tempo no Departamento de Estatística do Estado de São Paulo. Entrementes, este não conseguia dar conta do recado da nova situação demandada pelo governador. A sociedade paulista não só crescera, como se complexificara, exigindo competências que a entidade não conseguira adquirir, mormente no campo computacional. Da necessidade da sua modernização, resultou a sua remodelação, coroando no surgimento do Seade.

Com a criação da Fundação Seade, acabou a via-crúcis? Acreditar nisso seria desconhecer a história brasileira e as características da nossa sociedade. Uma vez em cena, a Fundação nunca perdeu o seu objetivo de democratizar a informação, ao lado da produção de dados que refletissem a realidade socioeconômica da população, por mais que isso desagradasse aos senhores do poder. Sem dúvida, para essa postura, foi fundamental a composição, sobretudo inicial, dos integrantes do seu quadro de pessoal, muitos dos quais ainda atuantes na Instituição. Tratavam-se, em sua maioria, de jovens pesquisadores – estatísticos, sociólogos, demógrafos e outros –, de sólida formação acadêmica, em consonância com o estado de arte nos seus domínios de atuação, imbuídos no clima de abertura e de combate à ditadura. E os tempos eram de mudança. O período caracterizou-se por transformações de grande monta, sobretudo no campo tecnológico. É mais do que conhecido o vendaval de inovações ocorridas no campo da informática, exatamente na época compreendida entre os anos 1970 e os dias de hoje. Foi quando se difundiram os microcomputadores – os famosos PCs – e a Internet, tornando o planeta Terra uma aldeia global. E dizem por aí, que os decênios de 1980 e 1990 foram décadas perdidas...

Os impactos das novas tecnologias de informação não poderiam deixar de se fazer sentir em diversos segmentos sociais, influenciando no seu comportamento. Porém, não ficou só nisso. As alterações verificadas, também nesse período, no domínio da economia, da ideologia, da religião, etc. provocaram desequilíbrios, aumentando a exclusão e a pobreza. Do mesmo modo, vieram à tona os problemas ambientais resultantes da economia do desperdício, alçando à moda palavras como ecologia e sustentabilidade. Em suma, a sociedade tornou-se mais complexa e dinâmica, tanto no seu sentido melhor quanto no pior. O que significa a necessidade de instrumentos mais sofisticados para realizar aferições dos indicadores sociais. Isso consistia em um desafio aberto à criatividade e à capacidade de trabalho para a equipe do Seade. Porém, esta nem sempre teve as condições ideais para realizar o seu labor. Muito ao contrário. Os diversos governos estaduais que se sucederam no período em referência, diferentemente daquele de Paulo Egydio, não deram tanta importância à entidade, deixando-a, muitas vezes, à sua própria sorte. A Fundação sobreviveu graças à sua capacitação e ao seu espírito de luta. Em outras palavras, ela caminhou em meio a um turbilhão de acontecimentos inusitados e insólitos que de forma simultânea enriqueceram e dificultaram sua trajetória.

Por isso é que vale a pena conhecer a história da Fundação Seade. Instituição singular, tanto de pesquisa quanto de prestação de serviços, pela sua própria característica, mas, essencialmente, uma entidade pública, apresenta uma trajetória repontada de sucessos e também de alguns malogros – afinal, nada é perfeito neste mundo. Entretanto, apesar de contratempos, a entidade cumpriu e cumpre com lisura e dedicação a sua missão, fato não tão corriqueiro entre as instituições brasileiras. De igual maneira, simboliza as agruras, dificuldades, e, principalmente, as vitórias das entidades congêneres que atuam no campo da pesquisa e da cultura. Mais importante, ainda, sua história servirá de paradigma para explicitar as variáveis enredadas no processo histórico no qual se mergulhou. Em outras palavras, o estudo da história do Seade trará, com certeza, esclarecimentos sobre o funcionamento de entidades dedicadas à investigação científica e tecnológica – no caso, coleta, análise e disseminação de dados e informações estatísticas – dentro das condições proporcionadas pela sociedade brasileira, ao longo do seu percurso. Ao explicitar e aclarar as variáveis envolvidas no processo, obtêm-se as condições iniciais e de contorno para analisar os passos futuros da Fundação e de instituições similares contribuindo para os seus êxitos. Sem o sucesso dessas entidades, pouco se poderá esperar do futuro da nossa Nação, jogada ao deus-dará, no redemoinho voraz da sociedade de conhecimento. Oxalá que o Seade continue protagonizando uma história exemplar, porquanto, isso fará bem à saúde da sociedade brasileira.

A teoria e o método

Para analisar a história da Fundação Seade, utilizaremos a teoria SMT. Sob essa perspectiva teórica, o processo histórico é considerado uma função de muitas variáveis que se concretiza em dado momento e lugar como um evento da história. Esse se realiza como resultado de um processo dinâmico, enformado por muitas variáveis, entrelaçadas de maneira dialética. Assim, para entender um dado fenômeno histórico, em primeiro lugar, devem-se explicitar as variáveis contidas no processo por meio da análise crítica. Em seguida, classificá-las conforme a sua natureza. Se a variável diz respeito às características culturais do ator do processo, enquadra-se no que se chama **substrato mental**. Se ela refere-se aos expedientes técnicos que se tem em mãos para enfrentar a realidade objetiva, pertence ao

substrato técnico. O evento histórico resulta da conjugação desses dois sistemas de variáveis. Tecnicamente, diz-se que é o resultado da multiplicação matricial dos elementos dos dois substratos, pois representa-se, cada um deles, por uma matriz matemática (MOTOYAMA, 1987).

Como nossa pesquisa refere-se a um episódio da história contemporânea, usaremos a técnica de documentação oral, ou seja, de depoimentos de personagens que participaram do processo em pauta. Em nosso caso, essas entrevistas serão utilizadas como subsídios para compor e entender a trajetória histórica e não como um método, como prega Paul Thompson (1992), o papa da história oral. Não se trata de desprezo em relação ao método oral, muito ao contrário. Acreditamos que as diversas abordagens dessa história, como aquelas expostas por Gwyn Prins (1992), Verena Alberti (1999), Maria Isaura Pereira Queiroz (1983) e outros, são de grande validade e utilidade. Recorreremos à **técnica de liberdade** preconizada pela professora Maria Isaura Pereira Queiroz em nossas entrevistas. Com essa técnica, deixamos o entrevistado livre para falar à vontade sobre o tema enfocado, sem se preocupar com assuntos específicos. Depois da fala, formulamos perguntas, para aprofundar os pontos que nos interessam. Dessa forma, nos beneficiaremos de maior espectro de informações, muitas vezes inesperadas, que esse tipo de depoimento pode proporcionar, para colher o maior número possível de subsídios.

Do ponto de vista metodológico, um dos autores deste livro, Renato Teixeira Vargas, viveu uma experiência interessante, do tipo antropológica, segundo Bruno Latour (1998), conhecido intelectual francês. Isso porque para fazer este trabalho ele freqüentou por mais de um ano e meio as dependências da Fundação Seade, tornando-se quase um seu integrante. Ou melhor, viveu o dia a dia da entidade, mas, como observador das ações que se desenrolavam no seu interior. Evidentemente, no caso do nosso autor, como o objetivo maior era conhecer a história da instituição, o seu foco principal ficou no diálogo com os documentosou nas informações orais. E, também, não seguiu, de forma estrita, as regras metodológicas propostas por Latour, pois não foi inspirado pelas suas idéias. Porém, de certa forma, vivenciou a receita do pensador francês. Interessante notar, entretanto, que as idéias expostas por Latour já haviam sido defendidas por Lucien Febvre (1938), o importante historiador, com outras palavras, na década de 1930. Afirmava Febvre que, para investigar a história da técnica, o historiador deveria se comportar e entender o *métier* como se fosse o próprio técnico, a despeito de não exercer a profissão deste.

Ainda do ângulo metodológico, o presente livro constitui-se em um exercício interessante da confluência da visão interna da Instituição com a externa. Isso porque a obra resultou da colaboração de três pesquisadores, entre os quais, Maria Cecília Comegno, pertence ao quadro regular da Entidade estudada, enquanto os outros dois, não. A novidade consiste na tentativa de mediar a visão que a Fundação tem dela própria em conjugação e mesmo em confronto com o ponto de vista dos analistas externos, no caso os dois outros autores. Esse ponto merece atenção. Quando dizemos "visão da Fundação", ela significa isto mesmo, embora não exatamente. Expliquemos melhor: Maria Cecília Comegno, como autora, não se representou a si mesma, mas foi a porta-voz da entidade, na medida em que incorporou a opinião da maioria dos seus colegas. Todavia, o trabalho resultante não expressa, como seria óbvio, o ponto de vista institucional do Seade.

Como se verifica, o posicionamento adotado é de um pluralismo metodológico inerente à complexidade do tema tratado. A complexidade aumenta em função da contemporaneidade do assunto. Mas o fio condutor da análise encontra-se na teoria SMT. Por intermédio dela, torna-se possível ordenar e relacionar as diversas variáveis, em um quadro racionalmente compreensível dentro de uma lógica dialética. Foi o que fizemos. Contudo, não exporemos de modo explicito essa análise no texto porque o livro não é de caráter acadêmico. Não estamos querendo com isso menosprezar a capacidade analítica dos leitores. Muito ao contrário. Porém, o rigor conceitual da discussão acadêmica faz-se nas nuances teóricas que muitas vezes entrava o fluxo da exposição, além de torná-la difusa, para não dizer confusa para os não-especialistas. Queremos, apenas, deixar registrado que todas as nossas conclusões far-se-ão tendo a teoria SMT como pano de fundo.

Uma reflexão necessária

A história da Fundação Seade tem muito a nos ensinar. Muita gente discordaria da afirmação, argumentando que sua trajetória ainda é muito curta. Argumentação com certo fundo de verdade, mas, não muito, pois a Instituição completa três decênios de sua existência em dezembro de 2008, um currículo respeitável, em se tratando de entidades de pesquisa no Brasil. Outrossim, sua vida esteve repleta de peripécias e de ricos episódios, dignos de análise. Ademais, para um estudo em profundidade, o historiador nunca se abalança mais do que algumas décadas. Os neófitos em pesquisa histórica acreditam que ela se resume em procurar fatos na linha cronológica, no estabelecimento de correlações lineares e explicações singulares. Ora, a realidade histórica é muito mais intrincada, verdadeira teia de redes de múltiplas variáveis enroscada no parâmetro do tempo. Compreende-se a cautela do pesquisador em não querer esticar demais a linha do tempo, pois ele terá de examinar extensamente domínios como sociedade, economia, cultura e outros, no período em investigação. Mesmo que algumas dessas variáveis não sejam relevantes, isso só ficará claro depois de efetuada a pesquisa. Outrossim, três decênios representam, grosso modo, o tempo da atuação de uma dada geração de pesquisadores. No caso específico da Fundação, muitos dos seus atuais integrantes são uma espécie de memória viva da Instituição. Todavia, se não se documentar as suas informações, elas perder-se-ão, porque a vida humana tem um limite de validade. Ou seja, agora é o momento azado para uma análise histórica e o registro de sua memória.

Essa questão da memória, em geral desprezada pela cultura brasileira, merece uma referência especial. Comumente, as pessoas pouca importância atribuem à história e, em particular, à preservação da memória. Atarefadas com o seu dia-a-dia elas consideram perda de tempo despender os seus minutos preciosos com inutilidades como pensar o passado ou registrá-lo. O que importa, do ângulo das suas visões, são o presente e o futuro. Porém, que inutilidade é essa, se o presente de hoje será o passado de amanhã? E se o futuro de ontem é hoje? O fluxo do tempo não pára. Se o passado não importa para os homens da atualidade, tampouco importará para os viventes dos tempos vindouros. Em outras palavras, ao seguir tal pensamento, as ações hodiernas tão louvadas pelas orgulhosas pessoas práticas da nossa época, para os futuros nada significariam, sendo apenas besteiras, como queria Henry Ford, o grande empresário (BERNAL, 1969). Felizmente, mesmo no Brasil, essa mentalidade tacanha vai sendo substituída, com a valorização crescente da preservação da memória.

Contudo, existe mesmo fascínio nessa história que será contada sobre o Seade? Sim, e por muitas razões. De um lado, porque toca em um assunto crucial de nosso tempo, a quantificação de tudo, desde a natureza até a sociedade, característica em ascensão desde os primórdios da idade moderna, quando praticamente o capitalismo nasceu. De outro, porque conta a saga de uma entidade exposta aos ventos inclementes de uma realidade socioeconômica e política adversa, na maioria das vezes. De fato, nesse mundo de hoje, marcado pela globalização, o conhecimento quantitativo das diversas facetas da sociedade é fundamental para o sucesso de qualquer empreendimento. Em função da competição desenfreada e rapidez das mudanças, necessitam-se de dados precisos e confiáveis para compreender-se da conjuntura na qual se dará a ação pretendida. Ou seja, exige-se uma espécie de infra-estrutura de conhecimento quantitativo sem a qual a finalidade almejada fracassará. Isso é sobremaneira verdadeiro para um governo ser bem-sucedido em suas pretensões, sem depender de golpes de sorte. Nesse caso, o planejamento adquire papel fundamental para direcionar as atividades governamentais. Portanto, discutir a Fundação é, igualmente, debater essas questões não só atuais quanto importantes e polêmicas.

Por outro ângulo, acompanhar os passos do Seade, dentro do transladar da história brasileira, descortina um panorama rico na compreensão da nossa realidade, em múltiplos aspectos. Ao desnudar a relação entre o poder governamental e a Instituição com a missão de produzir informações úteis para a sociedade, começam a surgir subsídios para entender melhor o conflito muitas vezes existente entre o governo e os diversos segmentos da população. Colocada exatamente na interface de tais desavenças, a Fundação posicionou-se a favor das classes menos favorecidas, dentro dos limites de uma entidade dependente de recursos oficiais. Mais importante, ainda, tentou cumprir com maior seriedade e lisura a sua missão, muitas vezes em meio ao descaso das autoridades. Traduzindo em miúdos, isso significou muitos problemas que a Fundação soube enfrentar com criatividade e dedicação. Por conseguinte, registrar e analisar essas ações tem o condão não só de preservar um rico acervo de conhecimentos sobre um aspecto da história brasileira, mas, também, de trazer fatos concretos de um domínio pouco conhecido pela população, o da estatística e da demografia aplicada para a quantificação da sociedade.

Para entender as razões da pouca afinidade da cultura brasileira com a estatística, é necessário retroceder até o período colonial, passando pelo monárquico e chegar até o governo de Geisel, quando ocorreu a criação da Fundação Seade. Em conseqüência, são mais de 470 anos para considerar, período excessivamente longo para os autores deste livro poderem pesquisar ou, mesmo, analisar. Na verdade, muito pouco se conhece sobre o assunto, praticamente inexistindo estudos monográficos a ele referentes. Isso não significa o completo desconhecimento da trajetória da estatística e demografia ao longo da nossa história. Aqui e acolá, espalhados em relatórios, boletins, monografias e outros, aparecem informações sobre o tema à espera de estudos mais aprofundados, seja de caráter monográfico, seja de compilação de dados.

De qualquer modo, é importante ter ciência da existência desse tipo de problema para compreender melhor as vicissitudes enfrentadas pela Fundação Seade. Por isso, empreendemos um estudo exploratório desse longo período, no Capítulo I. Trata-se apenas de uma tentativa preliminar, nessa direção, mostrando as dificuldades dos trabalhos estatísticos no País. Entretanto, fizemos uma incursão maior em relação à história da Repartição de Estatística e Arquivo do Estado, fundada em 1892, considerada como antecessora inicial da Fundação, examinando com mais vagar a documentação disponível. Porém, longe de nós qualquer veleidade em reivindicar de ter escrito a história da Repartição, pelos motivos já apontados acima. Outrossim, a pessoa interessada em conhecer a trajetória do Seade, apenas na sua forma mais factual, pode perfeitamente pular este capítulo sem prejudicar a sua leitura.

Talvez, um dos pontos mais interessantes – contudo, não o único – do capítulo em discussão, seja indagar porque a Repartição surgiu no final da décima nona centúria. O que convenceu o governo paulista a criá-la? Entre outras, havia duas razões fundamentais. De um lado, a necessidade de o estado bandeirante atrair imigrantes para o trabalho nos cafezais. A escravidão fora abolida e faltavam trabalhadores. Todavia, pouca gente aventurava-se a vir para férteis terras roxas cobertas de café. Não eram só os maus tratos que os trabalhadores europeus sofriam nas fazendas o responsável pela má fama do País. A insalubridade dos portos brasileiros, incluindo o de Santos, infestado de pestes, afugentava, igualmente, os navios estrangeiros. Para debelá-los, precisava colher dados realistas da situação. Mais especificamente, a Instituição surgira para auxiliar a fazer frente ao problema da insalubridade e da falta de segurança no trabalho. Não por acaso, uma das suas principais finalidades remetia à tarefa de pesquisar dados referentes à saúde pública do estado paulista.

De outro, a influência vinda do estrangeiro. Os estudos estatísticos sobre a sociedade estavam em voga, no mundo todo. Na segunda metade do século XIX, só nos seus primeiros três decênios, realizaram-se nada mais nada menos que nove Congressos Internacionais de Estatística, todos na Europa (SENRA, 2005). Isso dá a medida da importância emprestada ao tema pelas grandes potências. Uma das idéias era utilizar estatísticas para caracterizar quantitativamente variáveis sociais e econômicas. Porém, a mais importante dizia respeito à uniformização dos índices estatísticos para comparar os dados dos diversos países. A quantificação do planeta corria célere, quase uma ode ao capitalismo industrial no seu auge. Os trabalhos estatísticos simbolizavam a modernidade daqueles tempos. A Repartição surgiu como parte das medidas tomadas pela elite paulista no seu intento de modernizar o Brasil para adentrar no círculo capitalista, ainda que de maneira periférica.

Desde então, a Repartição realizou uma série de trabalhos significativos, mas nem sempre reconhecida e entendida pelos governos paulistas que se sucederam a cada período. Apenas para ilustrar, apontemos a terrível confusão que existia no setor nos anos iniciais do século XX, época de crise por causa da superprodução de café. A maioria das secretarias do estado paulista possuía o seu órgão encarregado de assuntos estatísticos, não valorizando os trabalhos da Repartição. Contudo, não passava de modernização de fachada, apenas de aparência. Tais órgãos não tinham pessoal competente nem suficiente para fazer levantamentos estatísticos confiáveis, enquanto a entidade, fundada em 1892, com toda sua capacidade ficava jogada às traças. E não seria só aquela vez – o filme repetir-se-ia em muitas outras ocasiões. Mas, de alguma forma, o estabelecimento sobreviveu, embora tivesse de mudar de nome algumas vezes, ao longo do seu percurso histórico.

No Capítulo II, analisam-se as circunstâncias da criação da Fundação Seade. Como já referido, ela surgiu como parte da modernização da máquina administrativa do governo paulista, na gestão de Paulo Egydio. Porém, é importante destacar o clima de abertura política existente na época – segundo lustro do decênio de 1970 – para compreender o posicionamento da equipe formada em seu interior em prol da democratização da informação e do compromisso com a verdade para desnudar a realidade socioeconômica do estado paulista. Com certeza, no governo do general Emílio Garrastazu Médici, durante o qual imperou uma cruel repressão política, nunca se poderia imaginar um intelectual de esquerda, como Jorge Wilheim, assumindo a pasta de Economia e Planejamento do Estado de São Paulo para dar à Fundação o direcionamento que deu. A montagem do Sistema Estadual de Análise de Dados Estatísticos (Seade)

(1975) fez-se passo a passo, com a colaboração de grande número de técnicos, pesquisadores e intelectuais. Não é aqui o lugar para seguir cada um desses passos, contudo, assinale-se que, ao fim, se obteve uma estrutura promissora. Os resultados do Seade começaram a aparecer sob a coordenação da Coordenadoria de Análise de Dados (CAD), subordinada à Secretaria de Economia e Planejamento (SEP), criada em 30 de setembro de 1976, mas não na velocidade que se esperava – sempre é difícil fazer render ao máximo uma máquina nova.

Entrementes, no final do mandato de Paulo Egydio, uma ameaça começou a pairar sobre a estrutura informacional montada com tanto esforço. Ela dizia respeito à sucessão do governo paulista. Tudo indicava – e, de fato, foi confirmado depois – que o futuro governador tinha um perfil completamente diferente daquele de Paulo Egydio. Ele poderia desvirtuar os ideais do Seade ou mesmo torná-lo um órgão iníquo. Esse era um problema inimaginável, em países desenvolvidos, nos quais as políticas do Estado não se identificam com a de uma gestão, como acontece geralmente no Brasil. Nos governos de tais nações, sobretudo, pela tradição existente na burocracia administrativa, dificilmente haveria condições de desativar um órgão essencial para a realização de políticas públicas. Todavia, como, por aqui, a política muitas vezes se confunde com a politicagem, marcada pelo fisiologismo, a ameaça contra o Sistema Estadual de Análise de Dados Estatísticos, junto com a sua infra-estrutura, não poderia ser descartada. E, mais uma vez, a Instituição mobilizou-se, com a ajuda de pessoas pouco sintonizadas com o regime militar. Muito ao contrário, a participação, no processo, de personalidades como Almino Afonso, Plínio de Arruda Sampaio, Inácio Rangel, Luiz Gonzaga Belluzzo e outros, *personas non gratas* à linha dura do regime, deu um outro colorido à formação da Fundação Seade, em 1978.

A tempestade esperada chegou com toda a intensidade, já no primeiro ano do novo governo estadual. É verdade que ela desabou em todos os órgãos públicos não tendo como alvo específico apenas a Fundação. Todavia, para uma entidade recém-formada, aquele corte em 30% no seu orçamento, determinado pela gestão de Paulo Maluf, teve um efeito catastrófico. Conhecido na Instituição como o *setembro negro*, por ter sido deflagrado o corte de funcionários no mês com esta denominação, em 1979, o episódio protagonizou uma crise, cujo trauma persistiu durante um longo período, no Seade. É com este tema, setembro negro, que o Capítulo III do livro inicia-se. Depois do relato da luta da jovem Instituição para sobreviver ao vendaval obscurantista, ele acompanha a longa gestão do diretor-executivo Rubens Murillo Marques, que atravessou, ao todo, três governos estaduais: o de Paulo Egydio, o de Paulo Maluf e o de Franco Montoro. A despeito da continuidade de alguns problemas, a vocação mais democrática da gestão de Montoro afinou-se melhor com a Fundação e permitiu a concretização de alguns projetos que marcaram a história desta entidade. No rol das realizações, merece destaque a *Pesquisa de Emprego e Desemprego* (PED), apesar de não ter sido a primeira investigação de grande fôlego entabulada pelo Seade. Esse título pertence à *Pesquisa Municipal* (1979) feita para conhecer a estrutura dos municípios e a sua organização.

Entretanto, a PED possuía um charme todo especial muito característico à feição da Fundação Seade. Ela aparece, em 1984, como fruto de uma parceria entre a instituição e o Departamento Intersindical de Estatística e Estudos Socioeconômicos (Dieese), com o apoio da SEP, comandada na época por José Serra, no governo de Franco Montoro. Na verdade, o Dieese vinha de longa data, desde os meados da década de 1950, efetuando estudos acerca do padrão de vida do trabalhador para poder se contrapor aos índices oficiais. Com a participação destacada, entre outros, de Walter Barelli e do professor José Albertino Rodrigues, a entidade marcara época com as suas investigações subsidiando a famosa campanha salarial de 1957 – quando se obteve o maior salário mínimo real da história do País – e comprovação de manipulação nos índices oficiais de 1973. Nos primórdios do decênio de 80, a entidade sindical resolveu agregar à sua pesquisa de padrão de vida a questão do emprego. Por circunstâncias conjunturais do período, inclusive, financeiras, o Dieese alia-se ao Seade, com a adoção de uma metodologia inovadora para levar avante a investigação do emprego e do desemprego. Este iniciara a sua escalada, tornando-se um dos mais graves problemas da época, simbolizada pela derrubada dos portões do Palácio dos Bandeirantes pelos trabalhadores. A PED, uma inusitada parceria entre um órgão oficial e uma entidade sindical, chegara em momento certo e viera para ficar. Ela transformar-se-ia em uma das investigações centrais da Instituição criada por Paulo Egydio, permanecendo até hoje.

O Capítulo IV discorre sobre o período sob a direção do professor Márcio Percival Alves Pinto. Ele sucedia ao Rubens Murillo Marques, que ficara mais de três gestões, trazendo a esperança de renovação e crescimento. Todavia, a Fundação esbarrou com a dificuldade inesperada de um relacionamento pouco harmonioso com o governo estadual. Isso era surpreendente por que o novo governador, Orestes Quércia, tinha o seu quartel-general na cidade de Campinas e Márcio Percival pertencia ao quadro docente da Universidade de Campinas (Unicamp). Aliás, muitos dos seus colegas da universidade exerciam cargos de secretário estadual, a convite de Quércia. Quaisquer que fossem os motivos, o Seade não consistiu em uma das prioridades do governador. Porém, não era só isso. Tudo parecia predispor contra o crescimento da Fundação. Havia a inflação desbragada, que corroía o orçamento da entidade e o salário dos funcionários, deixando-os desmotivados. A própria Constituição Federal de 1988, seguida pela Estadual de 1989, engessava as fundações, impondo regras burocráticas rígidas, inclusive, obrigando-as a realizarem concursos para a contratação dos seus funcionários. A alteração política, com a vinda da Nova República, quebrando o tripé capital nacional – empresa multinacional – empresa estatal vigente durante o regime militar, fez a idéia de o planejamento perder prestígio. Tudo voltava a ser como dantes, com os velhos caciques políticos propagando aos quatro ventos que tudo se resolveria pela "sabedoria" deles. Parecia que o Seade estava condenado à estagnação.

Contudo, não foi isso que aconteceu. Embora sofresse de restrições orçamentárias sérias, Márcio Percival percebeu a importância de se atualizar no campo da informática, tanto em termos de equipamentos quanto na qualificação de seus técnicos e pesquisadores para poder efetuar um diagnóstico realista da situação socioeconômica do estado. O diretor-executivo, trabalhando de maneira discreta, mas eficiente, conseguiu adquirir computadores modernos, tornando a Fundação auto-suficiente no processamento de dados. Em relação aos recursos humanos, ele não recebera um contigente preparado para a tarefa ambiciosa para a qual havia se proposto. Então, lançou um programa para melhorar o nível acadêmico de seus subordinados, incentivando-os a fazerem o mestrado e o doutorado. Mais, ainda, estimulou a produção de estudos analíticos, com a finalidade de auxiliar na formulação de políticas públicas. Ao mesmo tempo, contratou como consultores diversos professores universitários, para ajudá-lo a resolver alguns problemas do Seade. Como a contratação era por um tempo determinado, em geral curto, tal prática não onerava o orçamento da Instituição. Márcio Percival esperava, desse modo, fazer uma ponte entre o saber acadêmico e a prática do mercado. Como sua gestão teve uma duração relativamente curta, ele não conseguiu colher plenamente os resultados do seu esforço. Porém, conseguiu dar a partida a um projeto inovador e de alta relevância social, a *Pesquisa de Condições de Vida* (PCV), primeira ampla investigação para mensurar pobreza feita no Brasil. Como o número de miseráveis aumentava a cada dia que passava, por causa das desastradas políticas econômicas tanto do governo de José Sarney quanto do de Fernando Collor de Mello, a PCV iria prosperar.

Parecia que a Fundação nascera para enfrentar adversidades. Entrava governo, saía governo, mas a Instituição não conseguia encontrar condições boas para trabalhar. Claro que, pela competência da sua equipe, a entidade soube, de alguma maneira, se safar dos problemas e cumprir a sua missão. Nesse aspecto, nada mudaria com Pedro Paulo Martoni Branco no cargo de diretor-executivo. Quando a sua primeira gestão (Capítulo V) começou, a situação do País era das piores, vivendo a recessão junto com uma inflação absurda, a terrível estagflação. A população estava estarrecida e desanimada. Entrementes, no Seade, ao contrário, o ambiente fervilhava de idéias e esperanças. Em grande parte, isso se devia à personalidade envolvente do novo diretor-executivo e de sua história de vida quase toda ligada a instituições de coleta de dados e informações. Seu primeiro passo deu-se na direção de adotar o *Planejamento Estratégico Situacional* (PES) em vez daquele tradicional ligado a uma minoria tecnocrática. O PES desenvolvido por um economista cepalino, o chileno Carlos Matus, que passara dois anos na masmorra da ditadura do general Augusto Pinochet, caracterizava-se por incorporar uma interação permanente entre o Estado e os diferentes segmentos sociais. Ao aplicar essa nova metodologia, patenteou-se com clareza um fato crucial desprezado até então dentro da Fundação: a importância do usuário. Ao ignorar a existência deste, como corolário, surgia o desinteresse dos potenciais utilizadores dos seus produtos. Em parte, poucos conheciam o Seade por causa disso.

Não surpreende, pois, que a gestão Pedro Paulo inicie as suas investigações com a *Pesquisa Perfil do Usuário*, entre julho de 1992 e junho de 1993. Municiada, destarte, de informações necessárias para a constituição da sua imagem institucional, a Fundação parte para outro patamar imprescindível para a consecução dos seus objetivos: a valorização do seu quadro pessoal pela recuperação do salário corroído pela inflação galopante. E, graças à compreensão do secretário de Planejamento e Gestão do governo Fleury, Eduardo Maia de Castro Ferraz, consegue o quase impossível, aprovando o seu Plano de Cargos e Salários, o único aceito no período entre todos os apresentados pelo setor público estadual. Esse fato, com certeza, trouxe novo ânimo para a Instituição. Porém, mais uma vez, notou-se a deficiência no setor da informática, crucial para as tarefas planejadas. Apesar do esforço da gestão anterior, de Márcio Percival, a área não conseguira acompanhar a rápida e vertiginosa evolução do campo computacional. Com determinação de ferro e auxílio da Fundação de Amparo à Pesquisa do Estado de São Paulo (Fapesp), o Seade rapidamente preencheu a lacuna, aproveitando de maneira inteligente a Internet. Em conseqüência, tornou-se o que deveria ser: um órgão de informação conectado com o estado da arte no domínio informacional.

No campo de investigações, com a nova infra-estrutura, a Fundação mostrou-se campo fértil para novos projetos. Quiçá, o mais importante deles tenha sido a *Pesquisa da Atividade Econômica Paulista* (Paep), que, junto com a PED e a PCV, parece constituir uma linha dorsal das atividades da Instituição. Velho sonho do Seade, a pesquisa intentava diagnosticar a economia paulista em meio às grandes transformações vivenciadas pelas atividades econômicas nos âmbitos nacional e internacional qualificadas por termos como globalização, neoliberalismo, terceira revolução tecnológica e outros. Todos esses fatores tornaram a economia altamente competitiva, demandando dados confiáveis sobre a situação. Tendo em conta essa conjuntura, a Paep surge com a finalidade de efetuar a mensuração da economia, a captação dos processos de reestruturação técnico-produtiva e a dinâmica da distribuição espacial da atividade econômica do Estado de São Paulo. Sua realização envolveu um processo amplo de construção metodológica e de trabalho técnico de envergadura, sendo, inclusive, a primeira importante investigação sobre a inovação tecnológica no Brasil. Outrossim, não é possível deixar de assinalar o reconhecimento internacional de outra pesquisa da Fundação, a PCV, como um estudo paradigmático sobre o padrão de pobreza, apontado pela Organização Internacional do Trabalho (OIT/ONU), em 1994.

Assim, aparentemente, tudo caminhava bem, no Seade, nos meados da década de 1990. Ledo engano! O vendaval neoliberal, ao lado da crônica malversação de recursos públicos corrente no País, não o pouparia, trazendo novos desafios no segundo lustro dos anos 90 (Capítulo VI). A crise novamente se instala na Fundação. O corte de 30% determinado no orçamento, pelo governo de Mário Covas, que recebera como herança um estado inteiramente endividado, colocou em risco o emprego de seus funcionários. O risco transformou-se em realidade e 125 pessoas foram despedidas ou saíram dentro do Programa de Demissões Voluntárias (PDV). A entidade ficou alvoroçada, mas, foi à luta mais uma vez. E novamente conseguiu vencer os obstáculos. A saída da crise deu-se pela geração de recursos próprios por meio da venda de projetos. Obviamente, além de não ter tradição nem experiência em tal tipo de expediente, o diretor-executivo Pedro Paulo enfrentou resistências internas pelo viés acadêmico do seu *staff* – alegava-se do prejuízo da pesquisa em favor da prestação de serviços. Todavia, quase não havia alternativas. Assim, o Seade buscou clientes e os encontrou. Começando modestamente, pois no ano de 1995 a geração de recursos próprios não ultrapassou 6% do orçamento total, ela alcançou um peso grande, chegando ao pico de 42%, em 1998, e caindo um pouco nos dois anos seguintes, mas sempre acima dos 35%. A Instituição não só sobreviveu como mostrou a capacidade das suas pesquisas em gerar receitas.

Mas, talvez, a faceta mais interessante desse período tenha sido encontrada na capacidade da Entidade em conseguir efetuar estudos e trabalhos inovadores do ponto de vista metodológico e de grande significado socioeconômico, a despeito das pressões e agruras financeiras. O leque das suas realizações perpassa um amplo espectro seja do ângulo das investigações seja daquele de prestação de serviços. Ao lado das pesquisas já tradicionais e de características "seadianas" como a PED, a PCV e a Paep, que mantinham os seus trabalhos, agregaram-se outras, explorando novas vertentes. Citemos duas, apenas para ilustrar. A Pesquisa de Atividade Econômica Regional (Paer) resultou, da solicitação do Ministério da Educação e do Ministério do Trabalho para identificar as demandas do mercado de trabalho que pudessem contribuir para as transformações nos currículos das escolas profissionalizantes. Tratava-se do maior contrato obtido pela Fundação. A Paer não só alcançou os seus objetivos como, igualmente, conseguiu resgatar informações sobre a atividade econômica de várias localidades. A outra investigação refere-se a uma série de pesquisas sobre gênero desenvolvidas na Fundação. Desnecessário ressaltar o pioneirismo dessas ações, que entre outras, serviram de subsídio para a expansão das delegacias da mulher, importante instrumento para a diminuição da violência contra o sexo feminino.

A história do Seade pode ser tudo, menos a de ser tranqüila. Como revela o último Capítulo VII, em curto espaço, de pouco mais de um lustro, a entidade viu o cargo de diretor-executivo ser ocupado por três respeitados pesquisadores, a saber: Flavio Fava de Moraes, José Eli da Veiga e

Felícia Reicher Madeira. Do mesmo modo, se volvermos o olho para o lado financeiro, a gangorra parece eterna, alternando altos e baixos. Por certo, a culpa dos tempos de vaca magra não cabe à Fundação, mas, sim, à conjuntura de um mundo em mutação e à incapacidade do universo político brasileiro em saber lidar com as novas condições. De toda forma, no início do século XXI, a Instituição estava novamente à míngua. Graças à habilidade política e à experiência em gestão do professor Fava de Moraes, o rico potencial de trabalho da Instituição pôde ser aproveitado pelos órgãos públicos e empresas, fazendo voltar a bonança ao Seade. O seu sucessor, o professor Eli da Veiga, possuía credencial de sobra para se dar bem no cargo. Contudo, os tortuosos caminhos da história não permitiram. A gestão do professor durou exatamente cem dias. Ele renunciou, em meio de enorme alarido da mídia, por causa de uma polêmica na PED com o Dieese. O filme sobre o Seade, no quesito intranqüilidade, repetia-se. Para acalmar a situação embaraçosa, nomeou-se para o cargo Felícia Madeira. Primeira mulher a dirigir a Entidade, ela não se intimidou com a responsabilidade, mantendo a Fundação Seade em trilhos ascendentes, mesmo em situações políticas azíagas e instáveis.

Porém, é preciso que se diga, existe uma característica constante na Instituição. Sim, sem dúvida, referimo-nos à sua capacidade de executar, sempre de maneira inovadora e eficiente, as suas pesquisas. A fase atual não foge à regra. Uma das suas contribuições mais marcantes está no estabelecimento do Índice Paulista de Responsabilidade Social (IPRS). A questão do indicador de qualidade de vida constituía-se em um velho tema presente na Fundação, antes mesmo do seu surgimento. Aliás, o assunto é controverso, mesmo nas discussões internacionais. Durante muito tempo, o índice mais aceito foi o Produto Interno Bruto (PIB), porém, sempre com restrições. Depois, veio o Índice de Desenvolvimento Humano (IDH) proposto por Amartya Sen, Prêmio Nobel de Economia de 1998, muito mais popular. Entrementes, qualquer que seja o indicador, ele não escapa à crítica. Então, por que construir mais um no Seade? Quem teve papel decisivo para engendrar o IPRS foi Felícia Madeira. Inspirada diretamente pelas idéias de Amartia Sen, da necessidade de símbolos para direcionar as ações humanas, ela pregou a necessidade de criar um indicador que simbolizasse a realidade paulista. Com o IPRS, mais um produto do Seade alcançava a maioridade, recebendo os expressivos encômios, tanto internacionais quanto nacionais.

Toda exposição acima sobre a história da Fundação consiste só na ponta de *iceberg* da riqueza de situações por ela vivida. O entendimento desse rico caminhar, com certeza, trará subsídios valiosos para a compreensão do presente, do tumultuado planeta Terra dos dias de hoje. Porém, mesmo sem ter tamanha pretensão, a análise da sua história será enriquecedora para a compreensão da nossa sociedade, da sofrida nação brasileira, imersa no redemoinho da globalização. Análises em profundidade são bem-vindas porque, nos últimos anos, neste início do terceiro milênio, os rumos da sociedade e da economia subverteram-se de forma inesperada. Para aqueles que esperavam – e são muitos – uma situação tranqüila sob a ordem imperial dos Estados Unidos, as surpresas sucedem-se uma após outra, com uma dramaticidade pungente. Quem iria imaginar o surgimento, na política, de um Hugo Chaves, na Venezuela? Ou, de uma China potência econômica, no Extremo Oriente? Ou, do próprio fenômeno Lula, no Brasil? A despeito da reclamação de alguns, tudo isso tem muito a ver com a história que estamos contando. Só se pode pensar em uma instituição na sua plenitude se levada em consideração a sua inserção na sociedade que a cerca, no mundo que a circunda. Com essa perspectiva, analisamos a história da Fundação Seade. Se ela valeu a pena, só o (a) leitor (a) poderá dizer.

Agradecimentos

Deixamos registrado o nosso melhor agradecimento ao professor Flavio Fava de Moraes, idealizador do livro e iniciador do processo para a sua execução. Igualmente, externamos o nosso mais sincero muito obrigado ao atual colegiado de diretores do Seade, particularmente à sua diretora-executiva, Felícia Reicher Madeira, que, compreendendo o significado da obra, nos auxiliou de modo constante, permitindo a sua concretização. Também, não poderíamos de deixar de manifestar a nossa gratidão a todos os entrevistados que, de bom grado, nos atendeu, permitindo a recuperação da memória da entidade e a elaboração da sua história. Do mesmo modo, tornamos público o nosso reconhecimento ao apoio financeiro concedido pela Empresa de Saneamento Básico do Estado de São Paulo (Sabesp) e a Imprensa Oficial do Estado de São Paulo para a realização desta obra.

Repartição de Estatistica
E
ARCHIVO DE SÃO PAULO

REPUBLICA DOS ESTADOS UNIDOS DO BRAZIL

ORDEM E PROGRESSO

Volume III

ANNO DE 1896

Ao Ex.mo Cidadão

Costa Bueno

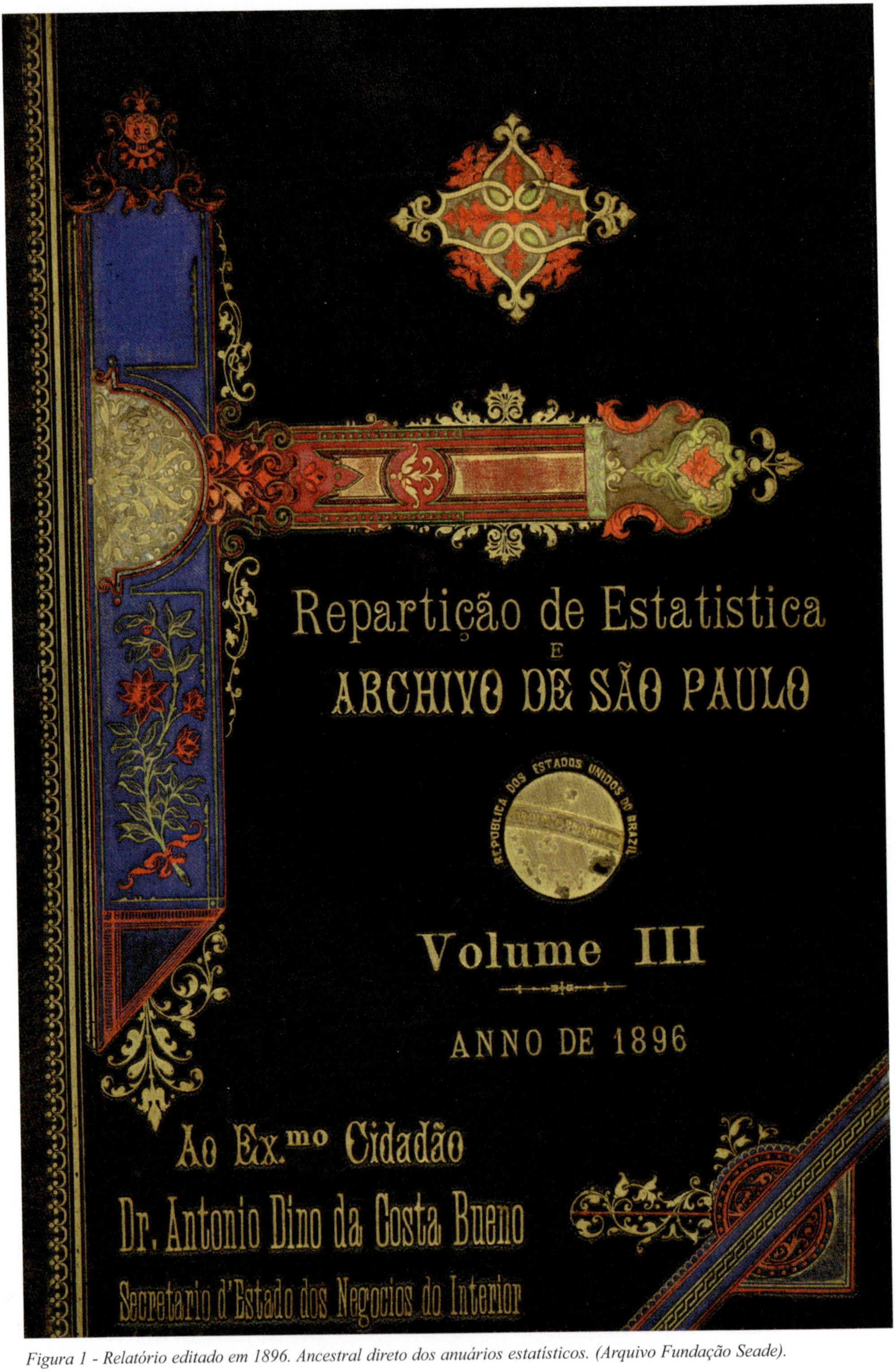

Figura 1 - Relatório editado em 1896. Ancestral direto dos anuários estatísticos. (Arquivo Fundação Seade).

Capítulo I

A pré-história da Fundação Seade

Introdução

Muita gente poderia surpreender-se ao saber que as origens da Fundação Seade remontam a mais de um século. Como se explicaria isso, se afinal, ela comemorará os seus 30 anos de existência no ano de 2008? Para responder a essa pergunta, teríamos de nos aventurar nos meandros nada simples da história, com os seus mistérios e surpresas. O que exige pesquisa e tempo. Mas, mesmo sem se aprofundar no assunto, parece não pairar dúvidas quanto ao fato de a Fundação ser remanescente da Repartição de Estatística e Arquivo do Estado, criada pelo Decreto-Lei 30, de 10 de março de 1892.

Quais teriam sido as circunstâncias da criação da Repartição, instituição pioneira na área? Por que isso aconteceu exatamente naquele momento histórico? Indagação que, também, demanda uma investigação mais apurada. De qualquer modo, a necessidade de dados e de estatísticas da sociedade existia desde os tempos do Brasil Colônia. Porém, necessidade não significava nem interesse nem competência em trabalhar o tema. De fato, para aquela sociedade rude e aventureira, como era a paulista, mergulhada no seu dia-a-dia de caça ao índio e à garimpagem do pobre ouro aluvial da terra bandeirante, pouco importava a série de números precisos sobre a população ou qualquer outra característica social. Em geral, a caracterização qualitativa era suficiente para alcançar os seus objetivos. Dessa maneira, durante o período colonial, e mesmo no monárquico, dois aspectos comuns podem ser identificados: esforços fundamentalmente relacionados com as estatísticas vitais, e falta de regularidade e continuidade nesses levantamentos, normalmente vinculados a interesses esporádicos e individuais.

Em suma, a mentalidade da época caracterizava-se por não ser receptiva às estatísticas e às iniciativas para instituir um serviço organizado nessa área. Não espanta, portanto, que as propostas em torno desse tema fossem relegadas a longos períodos de descaso, inclusive na Assembléia Provincial do tempo do Império. Mas isso não impediu que, em determinadas fases, especialmente no período monárquico, alguns governantes tivessem consciência da importância do levantamento estatístico, acionando-o como instrumento auxiliar para a realização e acompanhamento de sua administração. Faremos uma breve incursão no Brasil Colônia e monárquico, para mostrar o acerto de tal afirmativa. Trata-se, entretanto, de um trabalho preliminar, apenas exploratório, sem pretensão de se constituir em uma demonstração da tese alinhavada.

São Paulo dos tempos coloniais

A Capitania de São Paulo – na época chamada de São Vicente – diferenciava-se das demais, seja pela sua economia, seja pela sua geografia ou ainda pela sua formação social. Em um primeiro momento, a ditosa Terra de Vera Cruz, vulgo Brasil, decepcionou os portugueses, pois aparentemente não possuía as tão cobiçadas minas de ouro ou de prata, pródigas nas possessões espanholas. Porém, os lusitanos não esmoreceram no seu intento de colonizá-la, mesmo porque a região constituía-se em parte integrante e estratégica da famosa Carreira da Índia, o grande empreendimento português. Assim, no início, bem ao estilo de uma colônia de exploração, comercializou o pau-brasil, devastando florestas e utilizando mão-de-obra indígena. Todavia, esse tipo da atividade econômica não se prestava bem à fixação do colono e à posse da terra. Aos poucos, o cultivo da cana-de-açúcar começou a ganhar terreno, sobretudo, na forma de "grande lavoura" (CANABRAVA, 1967), tornando-se atividade econômica central da colônia. As capitanias do Norte e do Nordeste ajustaram-se bem ao modelo implantado. Não foi o caso da Capitania de São Vicente. Não que ela não tivesse tentado estabelecer a nova modalidade. Contudo, fracassaria nessa empreitada, em função do seu clima úmido e frio e da sua maior distância do centro consumidor europeu, entre outras razões.

O insucesso inicial fez os paulistas buscarem novas atividades econômicas. Os seus olhos volveram-se principalmente para o interior da capitania, na procura, sobretudo, de metais preciosos, base da economia mercantilista que norteava as relações de comércio entre os países daquela época. De permeio, capturavam os indígenas para obrigá-los a trabalhar como escravos em suas propriedades ou vendê-los para os interessados.

Logo, a Vila de São Paulo de Piratininga tornou-se o epicentro dessas atividades. A vila fora fundada oficialmente, em 1554, pelos jesuítas, atraídos pela enorme quantidade de índios que habitava o planalto e pelo clima ameno, semelhante ao europeu. O seu contingente seria "reforçado", em 1565, pela transferência de Santo André da Borda do Campo, povoado vizinho que se estabeleceu em torno do aventureiro João Ramalho, descrito pelo viajante alemão Ulrich Shmidel, como um "valhacouto de bandidos e ladrões" (SAIA, 1967). Mas, de certa maneira, não se poderia esperar algo melhor, pois até aquela época, a maioria da população branca era constituída de degredados e aventureiros, se excetuados os administradores oficiais, os militares e os eclesiásticos. Para muitas dessas pessoas, havia um significado prático, nessa busca do planalto: a geografia escarpada e íngreme da serra do lado do mar. Como conseqüência, a imensa dificuldade na sua transposição constituía-se em uma espécie de abrigo contra as autoridades portuguesas. A Vila de São Paulo foi, durante uma boa parte desse período inicial, procurada por esse tipo de pessoas que forami se integrando, com os índios e colonos, na formação do primeiro tipo social da capitania: o bandeirante. Ao mesmo tempo, essa distância das amarras da metrópole engendrou um espírito de independência ao paulista.

Com o término da participação bandeirante no ciclo do ouro propriamente dito, no primeiro quarto do século XVIII, a região central da capitania foi repovoada. A nova atividade econômica que floresce, foi o comércio a grande distância, utilizando em boa parte o caminho desbravado pelos bandeirantes. A posição de São Paulo – recém-promovida a cidade (1711) – era favorecida porque estava na rota de passagem entre os campos do Sul e o Rio de Janeiro e Minas Gerais. Durante muito tempo, continuaria sendo beneficiada por ser o único ponto de comunicação entre o interior da capitania e o Porto de Santos, para escoamento do açúcar e mais tarde, do café.

Como apontam alguns historiadores, nessa centúria, ocorreu a modificação do perfil do bandeirante, marcado pela prática de uma economia predatória, para o do empreendedor – uma característica fundamental do povo paulistano (MARCÍLIO, 1974). O século XVIII testemunha, ainda, uma série de transformações de ordem política no território bandeirante. A primeira delas situa-se no ano de 1709, quando a Capitania de São Vicente ganha outra denominação: Capitania de São Paulo.[1] No entanto, no decorrer de poucas décadas, ela sofreria perdas significativas do seu território – saíram de sua alçada Minas Gerais (1720), São Pedro de Rio Grande e Santa Catarina (1738).

Em 1748, a capitania perde autonomia, sendo anexada ao Rio de Janeiro, sob o pretexto de formar um bloco coeso para combater os castelhanos, no Sul. Os donos do poder argumentavam também que, naquele período, São Paulo "não tinha nem habitantes e comércio que justificassem a existência de um capitão-general na Capitania" (GODOY, 1978). Apesar dessas vicissitudes, a segunda metade do século XVIII teria a marca do novo: a ocupação do interior paulista no intento de cultivar cana-de-açúcar em novos moldes. Extensas regiões – Campinas, Sorocaba e outras – seriam sedes de grandes engenhos, que, ao final do século, já somavam cerca de 500.

Em 1765, ocorreu a restauração da Capitania de São Paulo, possivelmente em função do interesse das Capitanias de Minas Gerais e do Rio de Janeiro em formar uma espécie de tampão – uma barreira – para os contínuos ataques castelhanos. O novo capitão-general, D. Luís Antônio de Souza Botelho Mourão – o Morgado de Mateus –, governou a capitania durante dez anos. Com ordens de defender os limites das possessões portuguesas, fixados em 1750 pelo Tratado de Madri, mas sob a constante ameaça dos espanhóis inconformados, ao Sul, Morgado de Mateus promoveu uma intensa atividade de militarização da capitania. Também fomentou a modernização no tocante à gestão administrativa.

Para organizar milícias na capitania, Morgado de Mateus expediu, de Santos, uma ordem, em 30 de julho de 1765, para a execução de um censo na capitania – aquele que marcaria o início da demografia oficial em São Paulo (SECRETARIA DA CULTURA DO GOVERNO DO ESTADO DE SÃO PAULO, 1986) – para verificar os domínios e a quantidade de homens que poderia contar para sua empreitada:

[1] A Capitania de São Vicente era formada por São Paulo, Minas Gerais, Paraná, Santa Catarina, São Pedro de Rio Grande e partes de Mato Grosso e Goiás.

> *Vmce. Logo que receber esta sem perda de tempo na conformidade que dispõem o § 9 do Regimento dos Capitães-Mores faça huma lista de toda a gente de sua Companhia com os nomes dos cabeças de cazaes e sua edade, os nomes de suas molheres o valor de seus bens destinguindo seus filhos cada hum pelo seu nome, edade, tudo na forma do exemplar que remeto da qual lista Vmce., remetera huma copia a esta secretaria.*

O levantamento foi realizado pelos capitães-mores das vilas da capitania, muitas vezes por meio de métodos pouco convencionais e até mesmo violentos, para obter as informações. Nessa época, a Capitania de São Paulo era formada por uma cidade, 18 vilas, nove aldeias de índios, 38 freguesias e uma população de 60 mil homens livres, 23 mil escravos e três mil índios. Não se tratava do primeiro levantamento feito na colônia, pois havia outros anteriores, embora parciais, com objetivos bem específicos. Como ilustração, cite-se a solicitação do governador Rodrigo Cezar de Menezes, em 1722, para a confecção de listas da população indígena aos padres jesuítas (SECRETARIA DA CULTURA DO GOVERNO DO ESTADO DE SÃO PAULO, 1986).

Além dos préstimos de capitães-mores, as chamadas listas nominativas contavam, igualmente, com o auxílio de ouvidores locais e de curas de paróquias, responsáveis pelos arquivos paroquiais. Os mais antigos registros paroquiais de batismo, casamentos e sepulturas da capitania – separados entre livres e escravos –, constam da segunda metade do século XVII. A preparação dessas listas encontrava grandes obstáculos, por causa da precariedade dos meios de comunicação, da dispersão da população e dos exíguos recursos disponibilizados para a sua execução.

Figura 2 - Lista de moradores da Vila de Cunha 1791. (Arquivo do Estado).

Note-se que o aludido censo de Morgado de Mateus efetuou-se em um período particularmente difícil tanto para a metrópole lusitana quanto para a colônia brasileira. Ao lado do cadinho efervescente que era a Europa mergulhada em revoluções – industrial, agrícola e política –, Portugal vivia uma época conturbada, mergulhado em dívidas só saldadas graças ao ouro brasileiro. Esse, no entanto, diminuía a olhos vistos, sobretudo, a partir da década de 1760. Somados aos outros entraves, a crise atingiu o seu ápice entre 1766 e 1769. Nessa conjuntura, marquês de Pombal intentou modernizar o País, por meio da racionalização administrativa, da política de defesa e da recuperação econômica. Para isso, criou uma burocracia moderna, hostilizando e enfraquecendo o poder da nobreza tradicional e da aristocracia dentro da sua máquina administrativa. Destarte, o Estado lusitano racionalizou-se, dentro do padrão de despotismo esclarecido. Apesar de o combativo marquês ter sido derrubado em 1777, no episódio conhecido como Viradeira, a influência da sua burocracia reformada continuou durante muito tempo, embora com a ação mitigada em muitos aspectos (WEHLING e WEHELING, 1999). Por certo, a atuação de Morgado de Mateus inseria-se nessa conjuntura e o censo acima referido adequava-se à diretriz da política pombalina.

Ainda no período colonial, seria realizado mais um recenseamento em 1804, por ordem de Antônio José de Franca e Horta, 15º capitão-general paulista. Seguiram-se outros, já no Império, em 1836 (José Cesário de Miranda Ribeiro – sétimo presidente da Província) e em 1854 (Josino do Nascimento e Silva – vigésimo segundo presidente).

A Tabela 1 representa a evolução de populações da capitania e da idade de São Paulo (MARCÍLIO, 1974). Evidentemente, as modificações na população devem ser consideradas à luz das transformações de seus territórios.

Tabela 1

Ano	Cidade	Capitania (Província/Estado)	Porcentagem
1765	20.873	80.000	26,09
1772	21.272	100.537	21,15
1798	21.304	158.450	13.44
1803	24.311	188.379	12.9
1816	25.486	219.867	11.59
1836	21.933	326.902	6.70
1872	31.385	837.354	3.75
1890	64.934	1.384.753	4.59
1900	239.820	2.282.279	10.51
1920	579.033	4.592.188	12.61
1940	1.326.261	7.180.316	18.47
1960	3.825.351	12.974.699	29,48

A vinda da família real

Em 1808, com a vinda da família real portuguesa para o Brasil, fugindo das tropas de Napoleão, que invadiram Portugal, inaugura-se um novo período para a nossa história. Até então, em sua maior parte, a política colonial lusitana caracterizara-se pelos obscurantismo e imediatismo econômico. Ciente da sua condição de nação retardatária, Portugal tentou manietar a sua maior colônia, impondo severas restrições nas esferas da cultura e da educação. A imprensa ficou proibida, e o ensino, monopolizado durante quase todo o tempo colonial pelos jesuítas, ressentia-se da falta de modernização, mormente em seu aspecto relacionado com a Ciência e Tecnologia (C&T). A expulsão dos jesuítas, determinada por ordem do marquês de Pombal, em vez de melhorar o nível educacional da colônia, serviu para piorá-lo. Isso porque não havia condições para montar um novo sistema educacional capaz de substituir o ensino jesuítico desmantelado, em função de falta de recursos humanos, isto é, de professores. Em todo caso, talvez fosse isso mesmo que a coroa portuguesa quisesse.

Porém, agora, a situação mudara. A antiga colônia foi guindada à condição da sede de um reino imenso, embora decadente. Era preciso montar uma máquina administrativa e uma infra-estrutura capaz de governá-la. Tão logo da sua chegada, o príncipe regente D. João fundou uma série de instituições, no Rio de Janeiro, com a finalidade de modernizar a Nação. Assim, ainda em 1808, ele estabeleceu a Imprensa Régia e criou a Biblioteca Nacional. Derrogou o alvará de 1785, que proibia a instalação de fábricas, abrindo as portas para a industrialização – pelo menos em tese. A Companhia de Guardas Marinhas, transferida de Portugal, iniciou as suas atividades, augurando um novo tempo no ensino profissional. Deu-se o começo auspicioso da Escola Médico-Cirúrgica, também no Rio de Janeiro, ao mesmo tempo da criação do Colégio Médico-Cirúrgico, na Bahia. Dois anos depois, em 1810, instituíram-se a Academia Real Militar, o Real Horto – mais tarde denominado Jardim Botânico – e o Museu Real. Ocorrera uma verdadeira revolução na estrutura institucional do País, sobretudo na da C&T.

A transferência da sede do Reino para o Brasil significou também a abertura dos portos para o comércio direto com outros países, especialmente a Inglaterra, que a esse tempo dominava os destinos de Portugal. Com a abertura dos portos, aconteceu uma verdadeira avalanche de expedições científicas e artísticas estrangeiras ao País: a do inglês John Mawe (1808), a do sueco Gustavo Beyer (1813), a dos alemães Johann Baptist von Spix e Carl Friedrich Phillip von Martius (1817), e a do francês Auguste Saint-Hilaire (1819), só para citar algumas. Os três últimos deixaram registros dos mais importantes sobre a colônia daquela época, tais como: *Viagem pelo Brasil, 1817-1820* de Spix e Martius (1824) e *Tableau de la Province de Saint Paul*, de Saint Hilaire (1851). De uma outra vertente, foram realizados importantes levantamentos, por pesquisadores e viajantes europeus sobre a realidade da Província no período. Entre eles, citem-se, sem pretensão de esgotar o assunto: *History of Brazil*, de Roberto Southey (1862); *Memória Histórica sobre a Fundação da Fábrica de Ferro de São João de Ipanema*, de Nicolau de Campos Vergueiro – o famoso senador Vergueiro; *Histoire de l'Empire du Brésil*, de Warden; *Ensaios de um Quadro Estatístico de São Paulo*, do Marechal Daniel Pedro Müller (1838); *Geografia da Província de São Paulo*, de José Joaquim Machado de Oliveira.

Na torrente caudalosa dessas inovações, figura, igualmente, o primeiro recenseamento no Brasil, realizado em 1808, sob as ordens de Rodrigo de Souza Martinho – conde de Linhares – ministro dos Negócios da Guerra. Com esse trabalho, esclareceu-se que a população brasileira estava na casa dos quatro milhões de habitantes. O levantamento teria sido realizado para fins militares, com a finalidade precípua de recrutar soldados para as fileiras do exército e da marinha. Ao que se conta, o príncipe regente D. João pretendia invadir Caiena – a Guiana Francesa –, como represália à invasão da sua terra natal pelo exército de Napoleão, além do seu outro intento de alargar as fronteiras brasileiras na direção do Rio da Prata.

No período colonial, e parte do imperial, o registro de fatos vitais era encargo da Igreja.[2] Contudo, ele apresentava imperfeições de ordem quantitativa – registrava apenas os católicos – e de ordem qualitativa – o registro dependia da boa vontade e qualificação do pároco (GOLDANI e FERREIRA, 1982). Aos poucos, o poder secular começa dar o seu ar da graça nessa seara. Uma das primeiras exigências oficiais nesse sentido aconteceu em 1814, quando se proibiu o enterro se não houvesse a apresentação do certificado médico de óbito (GOLDANI e FERREIRA, 1982). Mais tarde, os decretos de 1861 e 1863 atribuíram ao Estado a tarefa de regulamentar os óbitos e os casamentos dos não-católicos.

[2] Os registros eclesiásticos tornaram-se sistemáticos, após o Concílio de Trento, no século XV.

A descoberta de ferro, na região de Sorocaba, na Capitania de São Paulo, propicia a D. João VI a fundação da indústria siderúrgica Real Fábrica de Ferro de Ipanema (1810), sob a direção do coronel Frederico Varnhagen. O senador Vergueiro, como já se referiu, descreveu esse empreendimento na sua *Memória Histórica sobre a Fundação da Fábrica de Ferro de São João de Ipanema*, deixando um precioso relato sobre a época. Outra iniciativa de caráter industrial diz respeito à construção da Fábrica de Armas, sob as ordens do então tenente-coronel Daniel Pedro Müller. Para aquilatar o significado desse novo tipo de atividades é interessante comparar a presença de artífices daquele tempo com a do período colonial, retomando um levantamento realizado na Capitania, em 1593. Nessa data havia dois carpinteiros, um ferreiro, dois alfaiates, dois tecelões, um sapateiro e um oleiro. Duzentos anos mais tarde, esses números subiram para dez carpinteiros, 21 alfaiates, 16 sapateiros, quatro ferreiros, quatro ourives, quatro seleiros e um oleiro (LIMA, 1967). De qualquer forma, o espectro dessas atividades não contempla a área industrial, requerendo o concurso de técnicos estrangeiros, na maioria dos casos.

Aponte-se que, a partir da segunda metade do século XVIII, o mundo colonial brasileiro entra em um período de inquietações políticas, de um nativismo inspirado pela independência dos Estados Unidos da América (EUA) e pela Revolução Francesa, acontecidas na época. Outrossim, do mesmo modo, a Revolução Industrial, em curso na Grã-Bretanha, não deixaria de ter a sua influência no País, embora de uma forma contraditória e não-convencional. Isso porque um dos fatores responsáveis pelo sucesso da Revolução Industrial no solo britânico foi o ouro brasileiro, intermediado por Portugal. Pelo menos, é o que relatam alguns historiadores de peso, como Roberto Simonsen (1969), Charles R. Boxer (2002) e Virgílio Noya Pinto (1979), entre outros.

Noya Pinto não tem dúvidas em afirmar: "notamos que o ouro brasileiro começa a penetrar na economia inglesa, via comércio com Portugal, desde os primeiros anos do século XVIII. (...) o acúmulo de riquezas na Inglaterra terminou por gerar condições para as inovações técnicas. No bojo da crise de ouro brasileiro (1760-80), (...), as inovações técnicas se processaram para explodir em seguida na Revolução Industrial." (NOYA PINTO, 1979). Estabelece-se, então, o capitalismo industrial, inviabilizando, em médio prazo, o mercantilismo vigente nas relações econômicas entre metrópole e colônia lusitana. A Grã-Bretanha, ávida por mercados, tenta impor o liberalismo comercial, pressionando para acabar com o exclusivismo colonial e a escravidão. Na virada do século, as estruturas do antigo sistema colonial estão esfacelando-se.

Se o movimento dos inconfidentes, em Minas Gerais, já se insere nesse quadro, com mais razão enquadra-se o de Pernambuco, em 1817. É verdade que o sentimento nativista e autonomista nesta capitania data de muito mais tempo, podendo ser remetido ao século XVII, no calor das lutas contra os holandeses (QUINTAS, 1970). Todavia, no início da décima nona centúria, ao lado da crise de produção e de preços do açúcar e do algodão, a penetração de novas idéias calcadas, sobretudo, nos ideais republicanos, faz eclodir a insurreição de 1817. Do ponto de vista prático, a tradicional linha mercantilista – de monopólio comercial –, não interessava nem ao nascente imperialismo britânico nem aos representantes da grande lavoura nordestina (MOTA, 1972).

O movimento de 1817 envolveu muita gente, desde aristocracia, classe eclesiástica, até a plebe, mas não será revolucionária no sentido mais autêntico da palavra. Como bem observa Carlos Guilherme Seroa da Mota: "nenhuma alteração essencial foi notada no nível das relações de produção: pelo contrário, a independentização relativa dos setores ligados à grande propriedade pressupunha como requisito básico à manutenção da ordem escravocrata" (MOTA, 1972). Tratava-se, portanto, no máximo, de uma insurreição. Aliás, essa será a direção da maioria dos movimentos de emancipação do País: não visava uma transformação estrutural da economia e muito menos a alteração de relações sociais (DA COSTA, 1971). De qualquer maneira, o processo de autonomização intensifica-se nos primórdios dos anos 20 da décima nona centúria, culminando com a independência do Brasil, em 1822, como é do conhecimento de todos, na forma de monarquia.

O império do(s) Pedro(s)

Desde a implantação do império no País, os presidentes de províncias foram obrigados a, anualmente, encaminhar relatórios das suas atividades para as assembléias. Entretanto, a quantidade e a qualidade dos dados apresentados dependiam de cada presidente de província, porque não havia um documento-padrão sistematizando as informações. Se os recenseamentos estavam ao sabor do acaso, as tentativas de organizar os serviços de estatística não trilhavam um caminho diferente. Em 1835, na gestão de Rafael Tobias de Aguiar – brigadeiro Tobias –, aprovou-se, na Assembléia Provincial, uma proposta de dotação de recursos financeiros para a montagem de uma repartição de estatística. Ela transformou-se na Lei 16, de 11 de abril de 1835[3], mas, por algum motivo, não se concretizou.

A idéia ressurgiu em 1836, quando se deu a regularização, segundo a Lei 24, de 19 de fevereiro de 1836, do recenseamento de caráter periódico. Coube ao marechal Daniel Pedro Müller, como presidente da comissão instaurada, executar o recenseamento, entre 1836 e 37, o primeiro realizado na Província de São Paulo. Na lei, o presidente José Cesário de Miranda Ribeiro obrigava aos juízes de paz a, qüinqüenalmente, procederem ao arrolamento de todas as pessoas de seu distrito, especificando naturalidade, idade, ocupação e número de alfabetizados. Na avaliação do professor José Luiz Sayão Bulhões de Carvalho (1920), conhecido historiador de recenseamentos no Brasil, o levantamento não foi satisfatório porque "os subalternos dos juízes de paz eram pessoas cuja competência nem sempre era uma garantia contra a possibilidade de erros e omissões".

Nesse levantamento, foram estudados os aspectos fundamentais da população paulista, que incluía a sua divisão entre os sexos, as classes sociais – consideradas compostas de "libertos ou escravos" –, além de discutir as principais questões econômicas e históricas da província. Em favor de Daniel Pedro Müller, Honório de Sylos (MÜLLER, 1978), lembra as dificuldades encontradas pelo marechal diante da incompreensão das autoridades e a precariedade dos meios de transporte na Província – uma viagem de São Paulo a Santos demorava dois dias.

O trabalho foi publicado em 1838 sob o nome de *Ensaio de um Quadro Estatístico da Província de São Paulo* e, atualmente, ainda é uma referência obrigatória. Constitui-se no mais completo levantamento de população e das atividades econômicas da Província, realizado até então. Segundo esse estudo estatístico, a população de São Paulo era de 284.012 habitantes, com 79.060 escravos. Na mesma obra, também se apresenta um resumo da história de São Paulo seguida da sua geografia, abordando aspectos da agricultura e solo. No capítulo referente à construção de caminhos para circulação de mercadorias, Pedro Müller parte em defesa da paisagem e manifesta sua preocupação com a arborização e o embelezamento das rodovias.

---

[3] Participaram da comissão para a criação da lei, os deputados Paula Souza, Carneiro de Campos e Pimenta Bueno. Ainda participaram o padre Diogo Antônio Feijó, Vicente Pires da Mota, Nicolau Pereira de Campos Vergueiro (senador Vergueiro), José da Costa Carvalho (marquês de Monte Alegre), Joaquim Inácio Ramalho, Antônio Paes de Barros e Antônio Queirós Telles.

Daniel Pedro Müller

Filho de alemães, com nascimento provável em 1777. Foi educado em Portugal como cadete de artilharia no Real Colégio dos Nobres. Veio em 1802 para São Paulo de Piratininga, onde realizou importantes projetos de estatística e engenharia.

Cartógrafo e matemático, Pedro Müller foi o autor do Mapa Corográfico (geográfico) da Província de São Paulo, o primeiro a ser executado sobre a extensa província, que, na época, compreendia os territórios dos atuais Estados de São Paulo e Paraná. Foi marechal reformado do Corpo de Engenheiros na Província de São Paulo.

Publicou além do "Ensaio" os livros: *Catecismo de Mitologia, Catecismo de História Natural, Princípios de Gramática Portuguesa*. Sempre cultivou as ciências, as letras e a arte, e, segundo consta, era um notável pintor.

Faleceu em 1º de agosto de 1842.

Em 1851, foi editada uma lei oferecendo a exploração dos levantamentos estatísticos para a iniciativa popular. Não apareceram candidatos. A partir desse fracasso, o governo baixou a Lei 14 de 19 de junho de 1852, prevendo a concessão de recursos para os trabalhos de estatística. Ela foi revogada em 1856. No período em discussão, o presidente da Província, José Joaquim Fernandes Torres, destaca-se como o maior defensor da organização de estatísticas. Nos relatórios de 1858 e 59, ele defendeu a criação desse tipo de serviços, e indicou o brigadeiro Machado de Oliveira como coordenador. Na lei orçamentária de 1860 foi incluído um artigo prevendo recursos.

Por sua vez, em 1861 e 1862, o Presidente João Jacynto Mendonça insistia, em seus relatórios, na necessidade de criar uma Seção de Estatística, embora os trabalhos engendrados por Machado de Oliveira ainda não se concretizassem. Nessa época, foram feitos importantes trabalhos sobre a estatística em nível nacional: Joaquim Norberto de Souza, considerado o primeiro historiador de estatística no Brasil, escreveu sua *Memória e Investigações sobre os Recenseamentos da População Geral do Império* (1870). Ainda em 1865, Sebastião Ferreira Soares[4] publicou dois volumes

[4] Em 1877 seria o diretor da Diretoria Especial de Estatística do Ministério dos Negócios da Fazenda.

sobre a estatística comercial, considerado por Bulhões de Carvalho um "notável trabalho" (1920).

Diretoria Geral de Estatística

Anexou-se o trabalho de Joaquim Norberto de Souza ao Relatório do Ministério do Império, sendo apresentado pelo conselheiro Paulino José Soares de Souza, em 1870. Segundo Bulhões de Carvalho (1920), a obra "teve a grande vantagem de atrair a atenção de nossos estadistas para se proceder a contagem da população, projetando-se o recenseamento em moldes amplos e garantindo-se o seu êxito por meio de medidas administrativas capazes de assegurar o registro de informes fidedignos..."

No ano de 1870, foi realizado um recenseamento em município neutro. O relativo sucesso desse censo e o bom trabalho de Joaquim Norberto encorajaram o Poder Legislativo a decretar Lei 1.829, de 9 de setembro de 1870 que determinava a realização de recenseamentos a cada dez anos. Também, previa a organização do registro civil de nascimentos, casamentos e óbitos, com a criação da Diretoria Geral de Estatística (DGE). De fato, a diretoria foi criada pelo Decreto 4.676, de 14 de janeiro de 1871, ligada ao Ministério dos Negócios do Império.

De acordo com o decreto, o Estado deveria participar do desenvolvimento de duas fontes da demografia. A realização do censo teria a obrigatoriedade determinada por lei, a ser feita por intermédio de um organismo central de caráter estatal. Contudo, no caso das estatísticas vitais, o decreto não alterava a situação anterior, continuando, o registro, nas mãos das autoridades eclesiásticas, agora sob coordenação do Estado. Em princípio, os párocos, os pastores e as empresas funerárias ficariam encarregados do envio das informações sobre idade, sexo, causa de morte, estado civil e local de ocorrência.

Censo de 1872

Conforme Caio Prado Júnior (1972), na segunda metade da décima nona centúria aconteceu a maior transformação econômica da nossa história. A despeito de haver um pouco de exagero em suas palavras, não há dúvida quanto a importância desse período em moldar as formas econômicas essenciais vigentes durante quase um século. Liberto do jugo português, o País passa por uma fase de transição – na primeira metade do século XIX – para firmar sua independência econômica. É verdade que essa independência é relativa, pois o Brasil acaba caindo na esfera de influência da Grã-Bretanha, porém, as relações não são mais do tipo metrópole-colônia do antigo sistema. Outrossim, as atividades que se impuseram como dominantes na economia da segunda metade da centúria já apareciam na primeira. Todavia, eram ainda embrionárias, além de terem de enfrentar a crise que se instalara no processo de autonomia, iniciado com a vinda da família real lusitana em 1808, culminando com a independência política em 1822.

A extinção do tráfico de escravos, em 1850, símbolo de uma nova era em gestação, liberou os capitais que se imobilizavam na gestão escravocrata de negócios. A atividade econômica ganha um dinamismo nunca dantes visto. Não é por acaso que, nessa época, aparecem 62 empresas industriais, 14 bancos, três caixas econômicas, 20 companhias de navegação a vapor, 23 de seguros, quatro de colonização, oito de mineração, três de transporte urbano, dois de gás e, igualmente, oito estradas de ferro (PRADO JÚNIOR, 1972). O capitalismo, ainda que incipiente, começava a dar o seu ar da graça no País. Desde então, ele cresceria – em ritmo lento, é verdade, e permeado de crises – baseado, sobretudo, na lavoura do café, um produto cuja aceitação internacional aumentava dia-a-dia. Talvez o período mais periclitante dessa fase tenha sido o da Guerra do Paraguai (1865-1870), quando o Brasil, apesar de vitorioso, saiu empobrecido e endividado. Entretanto, logo retoma o seu curso de expansão econômica, de maneira tal que o decênio (1870-1880) seguinte ao término da guerra foi considerado "como um dos momentos de maior prosperidade nacional" (PRADO JÚNIOR, 1972).

Dois anos depois da Guerra do Paraguai, no dia 1º de agosto de 1872, realizou-se o primeiro censo geral do império. No relatório da DGE, do dia 30 de abril de 1873, José Maria do Couto apresenta algumas informações, sobre o evento, ao ministro do Império, conselheiro João Alfredo Corrêa de Oliveira. Nesse relatório, a morosidade dos trabalhos é justificada por Couto (CARVALHO, 1920) a partir da composição do quadro de funcionários da DGE: um diretor, dois chefes de seção, dois oficiais, dois amanuenses, dois praticantes e um contínuo. O pessoal extraordinariamente contratado para o recenseamento compreendia: quatro chefes de seção, oito oficiais, oito amanuenses, oito praticantes e dois contínuos. No total, foram mobilizadas tão somente 40 pessoas para efetuar o laborioso levantamento.[5] Esse censo apresentou o Brasil com 10.112.061 habitantes.

A DGE passou por várias vicissitudes, muitas vezes enfrentando a incompreensão do meio, pouco interessado em assuntos do tipo com que se ocupava. Sua estrutura foi alterada diversas vezes até se transformar, finalmente, no Instituto Brasileiro de Geografia e Estatística (IBGE). Durante esse processo, chegou a ser extinto, mudou de nome e trocou de ministério várias vezes (SENRA, 2002). A vida de uma instituição importante, na prática, mas sem apelo político, oscilava ao sabor do humor ou da boa vontade dos detentores do poder. Porém, o tratamento estatístico e quantitativo da sociedade e da economia era uma exigência da modernidade. Por isso, a DGE, de alguma forma, sobreviveu.

Fundação IBGE

O órgão federal responsável pelas estatísticas no Brasil mudou de nome e de funções algumas vezes, até 1934. Neste ano, extinguiu-se o Departamento Nacional de Estatística, remanescente da Diretoria Geral de Estatística, cujas atribuições passaram aos ministérios. A carência de um órgão capacitado a articular e coordenar as pesquisas estatísticas, unificando a ação dos serviços especializados em funcionamento no País, favoreceu a criação, em 1934, do Instituto Nacional de Estatística (INE), que iniciou suas atividades em 29 de maio de 1936. No ano seguinte, foi instituído o Conselho Brasileiro de Geografia, logo incorporado ao INE, que passou a se chamar, pelo Decreto-Lei 218, de 26 de janeiro de 1938, de Instituto Brasileiro de Geografia e Estatística.

As dificuldades relativas à origem eclesiástica dos registros dos fatos vitais persistiram, mesmo depois da total absorção dessas funções pelo Estado, com a criação, em 1888, do Registro Civil de Pessoas Naturais.

[5] Como parâmetro de comparação, em nível internacional, cite-se o primeiro censo norte-americano, realizado em 1790, com 667 agentes policiais.

Registro Civil

O Registro Civil foi criado em 1888[6], mas passou por mudanças radicais, em conseqüência da Proclamação da República, em 1889.

Vários cartórios do Estado de São Paulo datam dos séculos XVII e XVIII e alguns funcionam até hoje. O mais antigo é o de Santo Amaro, de 1686, que passou a funcionar como Ofício de Registro das Pessoas Naturais, em 1888. No início do Século XX, havia aproximadamente cem Cartórios de Registro Civil no estado. Hoje, são mais de 849 Cartórios de Registro Civil distribuídos em quase todos os municípios paulistas.

De 1862 a 1872, excetuando o recenseamento já aludido, pouco se realizou no campo de estatísticas, em São Paulo. O tema só retornaria à discussão quando o Presidente João Alfredo Corrêa de Oliveira determinou em Portaria de 9 de janeiro de 1886 a criação de uma comissão para organizar de uma repartição de estatística. Essa comissão foi constituída por: Elias Antônio Pacheco Alves, Domingos José Nogueira Jaguaribe Filho, Joaquim José Vieira de Carvalho, Adolpho Augusto Pinto e Abílio Aurélio da Silva Marques. Em dezembro de 1887, contemplava o estudo da população segundo a cor, o estado civil, idade, nacionalidade, e movimentos de imigração. A investigação foi feita por municípios e acompanhada de uma descrição geral da província. Foram realizadas comparações com os registros do recenseamento de 1872.

Mas o ambiente político era tumultuado. O império agonizava e a campanha abolicionista absorvia quase todas as discussões. Assim, mais uma vez, a iniciativa foi abandonada e seria retomada com a República, tendo na mira o censo de 1890. Como se vê, apesar de hesitações e dúvidas, a questão das estatísticas sempre voltava à tona. Sua inegável importância era visualizada por alguns detentores do poder, que, de tempos em tempos, tentavam formalizar sua elaboração, porém sem lograr mais do que um êxito pontual, tênue, devido às características políticas e sociais do País, cuja maturidade ainda era incipiente.

---

6 O Registro Civil foi regulado pelo Decreto 9.886, de 7 de março de 1888.
A "organização" do Registro Civil foi feita pelo artigo 2° da Lei 1829, de 9 de setembro de 1870.
"Artigo 1º É creada nesta Côrte, uma Directoria Geral de Estatistica, à qual incumbe:(...)
§ 2º Organizar annualmente quadros ou mappas estatisticos dos nascimentos, casamentos e obitos."

Não se deve esquecer que, no plano externo, ia solta a Segunda Revolução Industrial ou Revolução Técnico-Científica, tornando mais aguda a competição capitalista. No plano interno, sobretudo em São Paulo, já havia uma burguesia empreendedora, com uma mentalidade capitalista, disposta a adentrar na modernidade. Isso significava, antes de tudo, quantificar os parâmetros ou os indicadores da sociedade, para poder atuar com mais desenvoltura.

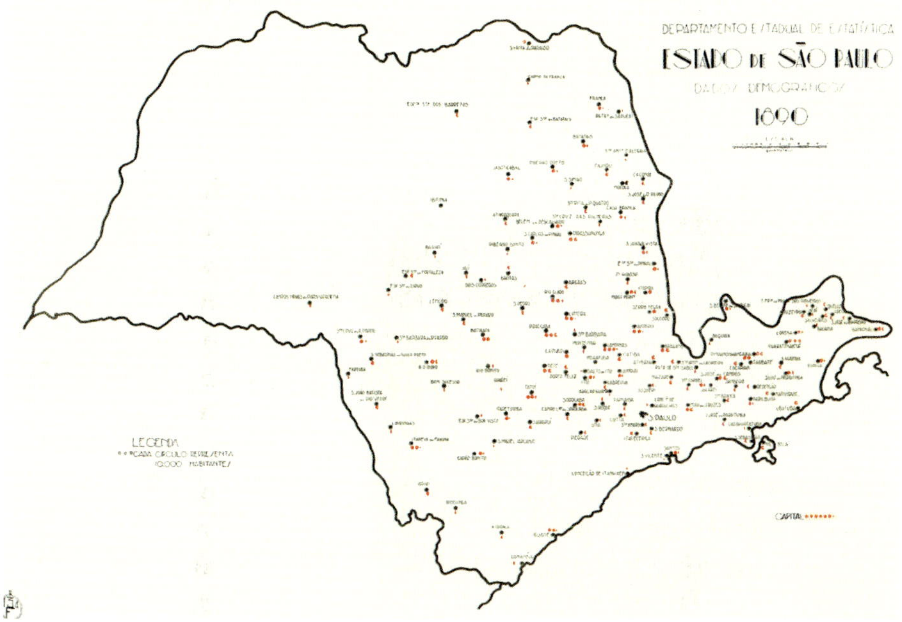

Figura 3 - Dados demográficos do Estado de São Paulo 1890. Publicação especial do Departamento Estadual de Estatística 1889-1939. São Paulo, 1940. (Arquivo Fundação Seade).

A Repartição de Estatística e Arquivo do Estado

Em 11 de novembro de 1891, o Presidente Américo Brasiliense de Almeida Melo promulgou a Lei 15, que orçava a receita e a despesa do Estado para o exercício seguinte. O artigo 41 autorizava o governo a "reorganizar os serviços das diversas repartições públicas do Estado, harmonizando-as com o plano que adotar para a reorganização das Secretarias do Estado...". Contudo, 12 dias depois, com a deposição do primeiro Presidente da República, o marechal Deodoro da Fonseca, Américo Brasiliense foi forçado a deixar o cargo. Ele havia apoiado o presidente deposto contra o novo mandatário, o marechal Floriano Peixoto.

Assumiu o vice-presidente, José Alves de Cerqueira César, indicado pelo Partido Republicano Paulista, de que foi secretário e depois presidente. No curto período de oito meses à frente do governo de São Paulo, ele criou a Repartição de Estatística e do Arquivo do Estado. A fundação dessa deu-se pelo Decreto 30 de 10 de março de 1892, ficando subordinada à Secretaria do Interior. A Repartição teria a responsabilidade de zelar pelos originais de toda a documentação administrativa e de interesse público, assim como por todos os serviços de estatística e cartografia oficiais ou entregues por particulares. Dispunha, o artigo 1º do decreto:

> Fica criada a Repartição da Estatística e do Arquivo do Estado, a qual se incumbirá da execução de todos os trabalhos relativos aos diversos ramos de estatística, conforme o regulamento que depois expedirá o Secretário do Interior, cabendo-lhe ainda a guarda, coordenação e classificação de todos os papéis, documentos e livros atinentes ao Direito Constitucional, à História Política e Administrativa, à Legislação e à Geografia de São Paulo, e de todos demais que as autoridades competentes determinarem que ali se depositem.

Figura 4 - Francisco José da Silveira Lobo. (Arquivo do Estado).

Seguiu-se a nomeação do tenente-coronel da Guarda Nacional, Francisco José da Silveira Lobo (Figura 4) para o cargo de diretor. Natural de Alagoas, ele já exercera as funções de secretário da Sociedade Promotora de Imigração e, na época, era escrivão dos Feitos da Fazenda. A Repartição começou a funcionar no Palácio do Governo, onde estava alojada a Seção do Arquivo da Secretaria do Governo. O Arquivo passou a constituir uma seção da Repartição. O corpo de funcionários dessa era formado pelo diretor, um oficial, um arquivista, um ajudante de arquivista, dois amanuenses e dois serventes.[7]

[7] Decreto de Criação da Repartição de Estatística e Arquivo do Estado.

Arquivo do Estado

O Arquivo do Estado é a mais antiga repartição pública do Estado. Suas atividades tiveram início quando Gervásio Leite Ribeiro, secretário do governador da Capitania de São Paulo, no dia 16 de setembro de 1721[8], inventariou livros, cartas, leis, alvarás, nas dependências do Palácio do Governo. Esses "documentos de governança" deram o início à massa de documentos que iriam formar, um século depois, o Arquivo Público. Em março de 1842, o presidente da Província, José da Costa Carvalho – barão de Monte Alegre, sancionou a Lei 20, que instituiu o Arquivo Público Provincial. Em função de problemas políticos, não foi possível concretizar o Arquivo Público naquela oportunidade. Ele só se tornou realidade graças à Lei Orçamentária de 1854, sendo o regulamento aprovado em maio de 1855. O Arquivo, já denominado Repartição de Estatística e Arquivo do Estado permaneceria nas dependências do Palácio até 1906.

O decreto deixa clara a função do novo órgão efetivamente relacionado à continuidade do Arquivo do Estado, sem, contudo, mencionar a sua condição de órgão de estatística. Silveira Lobo organizou os trabalhos, iniciando a classificação dos papéis e a formação da Biblioteca. Ao mesmo tempo, tratou de fazer um acordo com a Diretoria Geral de Estatística da União. Nesse contrato, realizado em 1893, ficou acertado que a Diretoria Geral de Estatística forneceria gratuitamente mapas e instruções para a coleta de dados, desde que relacionados aos interesses "da estatística da União".[9] Ainda de acordo com o acertado, o censo e o registro civil continuariam a ser apurados na DGE, enquanto que outros serviços de iniciativa da Repartição, "poderá a DGE reclamar os esclarecimentos de que dependa qualquer dúvida, devendo ser oferecidas prontamente e rigorosamente nos termos da requisição".

Logo, o governo percebeu que o número de pessoas era insuficiente para os trabalhos estatísticos, de recolhimento de dados, análise e publicação. Em conseqüência, editou a Lei 116, de 1º de outubro do mesmo ano de criação da Repartição, autorizando a reorganização do serviço, aumentando

[8] Cada seção possuía sete funcionários: chefe, oficiais, dois arquivistas, dois amanuenses, praticante. Considerando os funcionários de portaria, o efetivo da Repartição era de 25 pessoas, um em 1894.

[9] *Relatório Estatístico* de 1894.

o quadro de funcionários, ao mesmo tempo em que criava vagas para 167 agentes fiscais, incumbidos de fornecer os dados de seu município. Por essa lei, seriam criadas três seções, com uma nova distribuição de pessoal.[10]

Em 9 de maio de 1893, Antônio de Toledo Piza e Almeida sucedeu a Silveira Lobo. Dono de uma forte personalidade, Toledo Piza foi responsável pelo primeiro ímpeto na Instituição, impulsionando-a para se tornar em um órgão de estatística de fato, porém, conservando-se como o principal órgão de documentação do Estado.

Antônio de Toledo Piza e Almeida

Paulista, natural de Capivari, onde nasceu em 2 de abril de 1848. Exerceu o cargo de professor primário em Porto Feliz até 1874, quando embarcou para os Estados Unidos para matricular-se no curso de engenharia da Universidade de Cincinati, em Ohio. Formado, exerceu a profissão em estradas de ferro de Kentucky e do Tennessee. Regressando ao Brasil, em 1880, foi nomeado diretor técnico de Engenho Central de Porto Feliz. Em Araraquara, exerceu o cargo de engenheiro de Obras Públicas do Estado, de fevereiro de 1891 até maio de 1893.

Arquivo do Estado de São Paulo.

No primeiro Relatório Estatístico, publicado em 1894[11], no qual faz considerações sobre o andamento dos trabalhos para o secretário de Negócios do Interior, Cesário Motta Júnior, Toledo Pizza insere informações importantes sobre a constituição da Repartição, no ano de 1893, com três seções:

A **1ª Seção** era responsável pelo serviço burocrático da instituição. A partir dos números relativos à circulação de documentos nessa seção é possível ter idéia do incremento em suas atividades: enquanto em 1892 contabilizou-se a tramitação de 2.416 documentos, no ano seguinte, este número iria para 15.021. O serviço de estatística encarregou-se de fazer o mapa eleitoral, o

[10] Idem.

[11] Os *Relatórios Estatísticos* foram publicados de 1894 até 1901, quando passaram a chamar-se *Anuário Estatístico*.

movimento de entrada e saída de imigrantes, o movimento da população do estado quanto ao nascimento, aos óbitos e casamentos e ao eleitorado. A partir desta seção, foi feito, em 1893, o primeiro recenseamento da Repartição de Estatística e Arquivo, atendendo a um projeto de lei para a realização de eleições na República naquele ano. Após a contratação de 25 agentes "extra-

— 21 —

Resumo

No periodo de 1827 a 1914, entraram no Estado de São Paulo 1.707.683 immigrantes, que assim se dividem quanto á nacionalidade:

Italianos	841.634
Hespanhoes	289.547
Portuguezes	254.705
Brasileiros	34.527
Austriacos	27.463
Diversos	121.581
Immigrantes vindos á propria custa, no periodo de 1894 a 1900, e não discriminados por nacionalidade no mappa anterior	138.226
Total	1.707.683

Dos immigrantes entrados de 1889 a 1914, 595.372 eram espontaneos, isto é, vieram á sua propria custa, e 931.891 eram subsidiados, isto é, vieram com passagem gratuita.

Além do avultado numero de immigrantes entrados no Estado de São Paulo de 1827 a 1914 (1.707.683), a estatistica registra, no periodo de 1894 a 1914, mais 175.047 passageiros de primeira e segunda classes.

O numero total de pessoas entradas no Estado de São Paulo, no periodo de 88 annos que vem de 1827 a 1914, é, pois, de

1.707.683 immigrantes, mais
175.047 passageiros de 1.ª e 2.ª classes
1.882.730

Figura 5 - A immigração e as condições do trabalho em São Paulo.
Secretaria da Agricultura, Commercio e Obras Públicas/Departamento Estadual do Trabalho. Secção de Informações. São Paulo, 1915. (Arquivo Fundação Seade).

numerários" para a distribuição e arrecadação de listas, o resultado desse recenseamento foi publicado no Relatório Estatístico de 1894.

No relatório, surgem números muito interessantes relacionados ao fluxo de imigrantes. Em 1893, entraram, pelo Porto de Santos, 74.979 imigrantes. O serviço de imigração oficial do Estado foi responsável por 59.427 e a União por 13.253. Os italianos compunham 46% dos imigrantes, 22% eram espanhóis, e 13% portugueses, seguidos de longe por austríacos, alemães, e de outras nacionalidades. Quanto ao destino desses estrangeiros, Toledo Piza chama a atenção para a sua caracterização profissional: 41.150 eram agricultores, 4.971 artistas e 28.857 tinham profissão ignorada. Segundo Toledo Piza, esse último número era muito alto, considerando que os imigrantes haviam sido trazidos através da "imigração oficial" com a intenção de fixá-los no campo. Aparentemente, procedia, esta crítica, pois o mesmo recenseamento apontou que apenas 37.327 dos imigrantes foram empregados na lavoura, e os outros "estabeleceram-se nas povoações, tornando-se consumidores em vez de produtores".

A tabela 2, informa o fluxo de imigrantes naquela época.

Tabela 2 - Imigrantes entrados no Estado de São Paulo de 1893 a 1897

1893	1894	1895	1896	1897
81.745	48.947	139.998	99.010	98.134

Fonte: *A immigração e as condições do trabalho em São Paulo.* Secretaria da Agricultura, Commercio e Obras Públicas/Departamento Estadual do Trabalho. Secção de Informações. São Paulo, 1915. (Arquivo Fundação Seade).

Na **2ª Seção** da Repartição, estava prevista a execução da estatística da indústria, do comércio, da agricultura, da saúde pública de todos os municípios. Deveria fazer levantamento de dados sobre "instituição pública e particular", demografia sanitária, beneficência e caridade, correios e telégrafos, águas e esgotos. Dessa seção, sairiam os números sobre a população da capital e sua formação. Em 1893, a Cidade de São Paulo contava com 130.775 habitantes, e a razão entre cidadãos brasileiros e estrangeiros era de 59/71. Enquanto os paulistas somavam 50.622 habitantes, os italianos alcançavam 44.854. Da totalidade, apenas sabiam ler e escrever 34,8%, e em sua maioria constituía-se de homens (53%).

A título de curiosidade, o número de estrangeiros, por mil habitantes, em certos bairros de São Paulo, era a seguinte: 625 no Brás; 566 na Consolação; 565 na Sé; e 506 em Santa Efigênia.

Toledo Piza teceu algumas críticas aos números coletados e sustentava que a população deveria superar os 140.000, porque, segundo ele, várias famílias haviam saído da cidade em função da revolta da marinha, em 6 de setembro de 1893. Isso fez com que o recenseamento fosse realizado em estado de sítio. Outro motivo apontado por ele seria "a repugnância do povo em preencher as listas de família". Outros acontecimentos influiriam na realização do censo, uma vez que a República vivia um período político conturbado por causa de revoltas no Sul e no Rio de Janeiro. O próprio Toledo Piza esclarece as dificuldades encontradas para realizar a apuração do recenseamento: vários funcionários da Repartição alistaram-se na "organização de numerosos corpos da Guarda Nacional para prestar serviços à República na capital/SP, no Rio de Janeiro e nos campos do Paraná, como voluntários para as tropas legalistas".

Um dos fatores fundamentais para incentivar a organização da estatística foi a necessidade de divulgar as boas condições de higiene, salubridade e saneamento para o exterior, principalmente para a Europa. Era preciso realizar propagandas, em números, do fato de se ter debelado doenças e epidemias no Estado. A fama de local insalubre e de péssimas condições de higiene influía negativamente na imagem do Brasil, inibindo a vinda de imigrantes europeus. Esse labor estatístico revelou, em termos de indicadores, que São Paulo passou a concorrer em qualidade com o Rio de Janeiro. No resto do País, quase nada se realizou.

Em relação à qualidade dos registros administrativos e às dificuldades de tornar eficiente o órgão, naquela época, o depoimento de Toledo Piza não deixa margem à dúvida: "continúa irregular e defeituosíssima a estatística do Registro Civil, já que boa parte dos respectivos officiaes são empregados máos e pouco cumpridores de seus deveres, já porque não há lei, nem magistrados que os punam pela sua desídia, já porque a Diretoria Geral da União, que nunca publicou trabalho algum sobre este importante ramo do serviço público está diariamente interferindo com os officiaes do Registro Civil, anarchisando tudo e procedendo de modo a justificar plenamente a necessidade de ser este serviço retirado da União e entregue inteiramente aos Estados."[12] Toledo Piza ainda denuncia pessoas nominalmente e ressalta, em letras maiúsculas, aqueles que seriam os piores inimigos contra seu esforço de manter um serviço de estatística atualizado e com credibilidade. Com relação ao Registro Civil, apesar de Toledo Piza solicitar reiteradas vezes "providências para tornar os oficiais cumpridores; elles continúam relapsos, tornando defeituosa e imprestável a estatística do Registro Civil". Do mesmo modo, não poupou críticas ao DGE, pela sua morosidade em apurar os resultados do censo de 1890. Em 1896, portanto, seis anos depois, a Diretoria tinha o resultado apenas do Distrito Federal!

A 3ª **Seção** era o Arquivo do Estado, responsável pelos trabalhos de exame e classificação de documentos. Havia uma enorme quantidade de papéis em completo descaso, empilhados em desordem e sujos, no antigo Arquivo Público. Toledo Piza possuía profundo interesse pela história de São

Documentos interessantes

O primeiro volume da série foi publicado em abril de 1894, apresentando a documentação e um ensaio sobre a "Bernarda de Francisco Ignácio".[13] Não se adotou um critério rígido na escolha de documentos para serem publicados: coletâneas, cartas, etc. Um dos primeiros trabalhos publicados nos Documentos Interessantes refere-se à apresentação de milhares de mapas da população da Província de São Paulo, desde 1750 até a época da Independência. Também havia vários documentos sobre a questão das divisas entre São Paulo e Minas Gerais, que foram utilizados pela comissão de limite entre os dois estados. Toledo Piza entrou em contato com particulares e com todas as câmaras municipais, pedindo a remessa de documentos e papéis julgados importantes em seus arquivos. A partir do volume 64, em 1939, adotou-se o critério de publicar os códices relativos aos capitães-generais. Atualmente, esse material constitui um acervo precioso para o estudo da história de São Paulo. A série encerrou-se em 1990, após 95 volumes editados.

[12] *Relatório de Atividades*, 1896.

[13] Essa revolta foi decorrente de uma crise no governo provisório de São Paulo. O coronel Francisco Inácio de Souza Queiroz depôs à força o Presidente da Província, Martim Francisco, leal aos irmãos Andrada. Esse episódio propiciou a vinda de D. Pedro I a São Paulo, ocasião na qual se deu a declaração da Independência do Brasil.

Paulo e passou a dedicar-se à pesquisa, guarda e conservação desse material. Motivado, criou uma espécie de coletânea de documentos antigos, publicadas a começar em maio de 1893 – a série de volumes com o título de *Documentos Interessantes para a História e Costumes de São Paulo*. Em razão desse trabalho, recebeu o convite para ser sócio fundador do Instituto Histórico e Geográfico de São Paulo. Faleceu no dia 8 de novembro de 1905, ano de greve nas docas de Santos. Perdendo o seu mais entusiástico promotor, a série *Documentos Interessantes* deixaria de circular por 12 anos.

Para a vaga de diretor, veio o Dr. Adolfo Botelho de Abreu Sampaio, empossado em 28 de novembro do mesmo ano. Em 16 de agosto de 1906, ano da Convenção de Taubaté, a Repartição transferiu-se dos porões do Palácio do Governo para o andar térreo dos fundos da Igreja dos Remédios e da Biblioteca do Estado. Mais tarde, esse imóvel seria demolido para a reurbanização da Praça João Mendes e a construção da Catedral da Sé.[14]

Naquela época, a economia paulista passava por uma grave crise. O preço do café, que alcançara o valor nada desprezível de 20 *cents* por libra-peso em 1891, despencara, a partir de 1897, atingindo um mínimo no ano de 1901, quando a mesma quantidade não valia mais que 6,4 *cents*, menos de um terço. A Convenção de Taubaté articulou um Plano de Valorização do Café, intervindo no mercado com a retenção de estoques para manter o preço. Embora criticado, o Plano vingou, sendo implementado primeiro por São Paulo e depois pelo Governo Federal. Os preços estabilizaram-se em torno dos 7,9 *cents* – cotação de 1906 –, por vários anos, até retomar uma direção ascendente, a partir de 1910, quando alcançou o valor de 10,3 *cents* (GREMAUD, SAES E TONETO JÚNIOR, 1997). A perspectiva da melhoria da economia era real.

Com o aumento do volume de serviços na Repartição, o governo reorganizou-a pela Lei 1.245, de 30 de dezembro de 1910 e pelo Decreto 2.187, de 26 de dezembro de 1911. A Repartição passou a ter quatro seções e o Arquivo transformou-se na 4ª seção. Dessa reforma originou-se uma rápida expansão dos serviços e o aumento do acervo, tornando o prédio insuficiente. Alugou-se o prédio 31 da Rua Visconde do Rio Branco para abrigar a instituição. Nessas novas instalações, após um interregno de 12 anos, voltou-se a publicar a série *Documentos Interessantes*, o volume 44 – que havia sido composto pelo próprio Toledo Piza.

---

[14] Iniciada em 1913 e finalizada em 1954, por ocasião do IV Centenário da Cidade de São Paulo.

Figura 6 - Sede antiga do Departamento Estadual de Estatística. (Arquivo do Estado).

Para situar esses acontecimentos, é interessante se reportar a um resumido histórico da evolução da estatística do Estado de São Paulo, traçado por Djalma Forjaz no documento *A Centralização Estatística no Estado de São Paulo*. Do seu ponto de vista, história do DE pode ser dividida em três fases distintas.

Na primeira fase, anterior a 1937, as "estatísticas gerais estavam relacionadas à Repartição de Estatística e Arquivo, e as especializadas, a repartições ou seções de várias secretarias de Estado. A Repartição de Estatística tinha seus serviços praticamente paralisados por falta de recursos e de organização adequada. Os órgãos ligados às secretarias agiam isoladamente, sem articulação e visando tão-somente ao interesse dos serviços técnicos e administrativos que lhes competissem. Além disso, esses órgãos, em sua maioria, não dispunham de pessoal nem de meios para coleta eficiente de informações. Isto resultava em elaborações estatísticas esporádicas, falhas e não coordenadas".

Por exemplo, de 1892 a 1936, os eventos vitais do Estado de São Paulo foram organizados pela Seção de Estatística Demógrafo-Sanitária, que pertencia à Diretoria de Higiene da Secretaria do Interior (Lei 43, de 18 de julho de 1892). A organização sistemática das estatísticas vitais no Estado de São Paulo iniciou-se em 1892. A referida Seção de Estatística Demógrafo-Sanitária ficou responsável pela divulgação dos boletins mensais de óbitos de todos os municípios, para subsidiar as campanhas de combate às epidemias e endemias do final do século XIX e começo do XX.

Em 1936, esse tipo de atividades passou para a Seção de Estatística Demógrafo Sanitária e Epidemiológica da Secretaria de Educação e Saúde (Decreto 8.064 de 1936). Seria, entretanto, demais esperar da Seção o atendimento de todas as necessidades do estado paulista, em franca expansão econômica e modernização. Não por acaso, além dela, existiam:

- Seção de Estatística Escolar, criada a partir do primeiro Anuário Estatístico do Estado de São Paulo (1910).
- Diretoria de Estatística, Indústria e Comércio, oriunda da Diretoria de Indústria e Comércio, tinha a responsabilidade de organizar as estatísticas econômicas e agropecuárias, em colaboração com a Diretoria de Agricultura (26 de fevereiro de 1892).
- Diretoria de Estatística Policial-Criminal do Estado de São Paulo.
- Estatísticas das Indústrias Têxteis do Centro das Indústrias de Fiação e Tecelagem de São Paulo, divulgadas em 1923, referente ao período de 1912 a 1921.

Figura 7 - Movimento bancário de 1900 a 1938. Publicação especial do Departamento Estadual de Estatística 1889-1939. São Paulo, 1940. (Arquivo Fundação Seade).

- Estatística Judiciária baseada nos relatórios da Corregedoria da Justiça.
- Departamento de Estatística e Publicidade do Instituto do Café criado em 19 de fevereiro de 1924.
- Censo hospitalar de 5 de julho de 1935 com a finalidade de atualizar o governo sobre o movimento de assistência aos doentes.

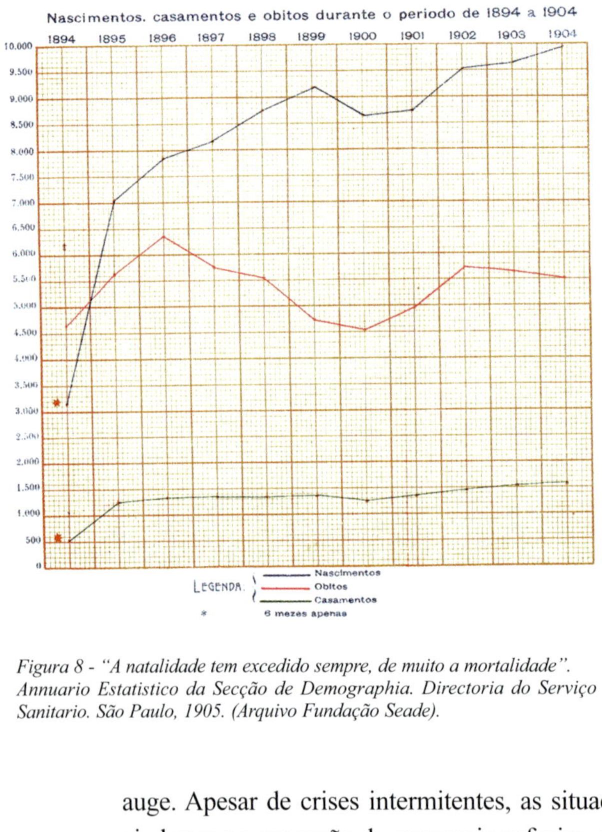

Figura 8 - "A natalidade tem excedido sempre, de muito a mortalidade". Annuario Estatistico da Secção de Demographia. Directoria do Serviço Sanitario. São Paulo, 1905. (Arquivo Fundação Seade).

Essa diversidade, em vez de ajudar, colocava o Estado em uma situação embaraçosa. Atribuíam-se números diferentes para a avaliação dos mesmos eventos, conforme fossem provenientes desta ou daquela repartição. Isso criava uma atmosfera de insegurança e de confusão, justamente no setor do qual dependiam as diretrizes de governo.

Na verdade, na República Velha (1889-1930), sobretudo no começo, o sistema primário exportador baseado no café alcançara o seu auge. Apesar de crises intermitentes, as situações internacional e nacional ajudaram na expansão da economia cafeeira, e instalaram de certa forma, a mentalidade capitalista no País. O investimento estrangeiro propiciou não só a expansão da lavoura da *coffea* arábica, mas, também, toda a sua infraestrutura de transporte e comercialização. Igualmente, são dados os primeiros passos para a industrialização (PRADO JUNIOR, 1972). Contudo, nos anos finais da década de 1920 da vigésima centúria, o panorama começou a se alterar. A situação internacional dava claros sinais de debacle econômico que culminaria com a dramática queda da Bolsa de Nova Iorque, em 1929. Os seus reflexos na economia brasileira, colocaram em cheque o sistema existente. Este, já bastante abalado pela insatisfação de novos segmentos sociais, como o de trabalhadores livres e da classe média, não resistiu aos entrechoques de ambições partidárias e da crise econômica, sucumbindo à chamada Revolução de Trinta (FAUSTO, 1971), iniciando um novo capítulo na história política nacional.

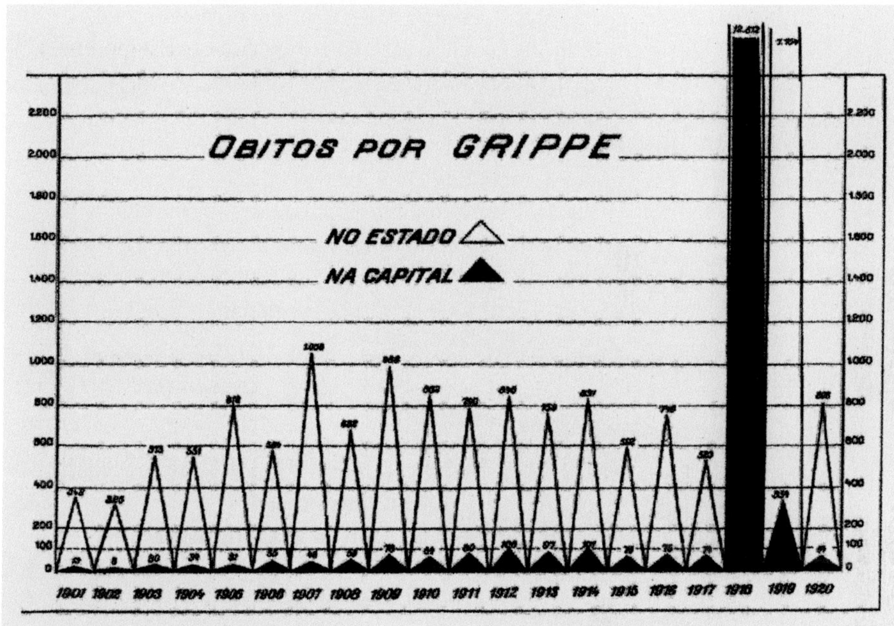

Figura 9 - Em 1918, a gripe espanhola vitimou 12.812 pessoas no Estado de São Paulo. Annuario Demographico – Directoria do Serviço Sanitario do Estado de São Paulo – Secção de Estatistica Demographico-Sanitaria. Ano XXVII, 1º volume. São Paulo, 1924. (Arquivo Fundação Seade).

A ascensão de Getúlio Vargas ao cargo máximo do regime republicano brasileiro fez-se possível graças a uma coalizão heterogênea de forças políticas descontentes com os rumos da República Velha. Constitucionalistas liberais, tenentes, militares de alta patente e membros dissidentes das oligarquias rurais tinham muito pouco em comum, exceto o desejo de derrubar aqueles que comandavam o País desde o fim do governo Floriano Peixoto (SKIDMORE, 1975). Não causa espanto, portanto, que a Revolução de 1930 não alterasse significativamente os fundamentos estruturais da sociedade brasileira, até mesmo porque havia a presença de grupos oligárquicos entre

Seção de Estatística Demógrafo-Sanitária

A Seção de Estatística Demógrafo-Sanitária teve sua origem na Comissão Sanitária que trabalhou contra as epidemias de febre amarela, impaludismo e varíola entre 1889 e 1891. De milhares de mortes, especialmente em Campinas e Santos, e as dificuldades de organizar uma base de estudos profiláticos, surgiu a idéia de Emílio Ribas, chefe da comissão e Victor Godinho, Marcondes Machado, Costa Aguiar, Thomaz Alves e outros, de criar o serviço. O Decreto 87 de 29 de julho de 1892 regulamentou a lei que determinava a organização da estatística sanitária. A Seção de Estatística Demógrafo-Sanitária concretizou-se, em 1893, pela Lei 240, de 4 de setembro de 1893, sob a jurisdição do Serviço Sanitário. Ela publicava Anuários Demográficos, Boletins Semestrais, Trimestrais e Mensais e movimento semanal do registro civil. Em 1938, o Serviço Sanitário, após várias reformas, foi transformado em Departamento de Saúde do Estado e a Estatística Demógrafo-Sanitária na Seção Técnica de Estatística Sanitária.

Boletim Hebdomadario de Estatistica Demographo-Sanitaria

DAS CIDADES DE

S. Paulo, Santos e Campinas

DIRECTORIA DO SERVIÇO SANITARIO

ESTADO DE SÃO PAULO

DIARIO OFFICIAL — S. Paulo — 1904

ANNO I | SEMANA DE 25 A 31 DE JANEIRO DE 1904 | N.° 4

CAPITAL

Meteorologia

Pressão atmospherica, a 0.°, média	697.4 mm.	Evaporação total á sombra	18,2 mm.
» » » 0.°, max. e data	699,0 —28	Chuva total	56,1 »
» » » 0.°, min. e data	696,0 —22	» max. de 24 horas e data	38,9 » —28
Temperatura á sombra, média	22.°2, cent.	Numero dos dias chuvosos	5
» » » max. e data	31.°0 —25	» » » nublados	4
» » » min. e data	15.°7 —28	» » » claros	3
» max. ao sol e data	45.°2 —25	» » » de trovoada	4
Humidade relativa, média	74.1 °/o	» » » de neblina	2
Tensão média do vapor	14,2 mm.	Nebulosidade média, de 0 a 10	5,6
		Ventos predominantes	N W, S e N.

Figura 10 - Boletim Hebdomadario de Estatística Demographo-Sanitaria das cidades de S. Paulo, Santos e Campinas. *Directoria do Serviço Sanitario (publicado na semana em que São Paulo comemorava 350 anos de sua fundação). Diário Official – S.Paulo – 1904. (Arquivo Fundação Seade).*

aqueles que davam suporte ao novo governo institucionalizado. É bem verdade que algumas mudanças significativas foram introduzidas, com a inserção, na vida política do País, de relevante parcela da população, que até aquele momento se encontrava excluída do processo. A organização da estrutura sindical trouxe enormes benefícios a Getúlio, até hoje considerado o pai do "trabalhismo", que obteve o controle dos sindicatos e o apoio dos trabalhadores urbanos (PENNA, 1999).

Equilibrando-se nessa tênue aliança, o político gaúcho, hábil negociador político, vai trabalhando com o intuito de concentrar o poder em suas mãos, tarefa a qual alcança incontestável êxito. Nesse aspecto, nada adiantou a oposição de elementos divergentes da própria coalizão revolucionária, que culminou na fracassada Revolução Constitucionalista de 1932, liderada pelos liberais paulistas (SKIDMORE, 1975). O Governo Provisório de Vargas realiza modificações substanciais na legislação trabalhista e eleitoral. Diversos direitos dos trabalhadores são promulgados, como a regulamentação do trabalho da mulher e do horário de trabalho. Criou-se um novo Código Eleitoral, que instituía o voto secreto, baixava a idade limite do eleitor para 18 anos, concedia o direto de voto às mulheres e criava a Justiça Eleitoral. Todas essas medidas propiciaram imenso apoio popular ao governo (PENNA,1999).

No final de 1933, mais precisamente no dia 15 de novembro, iniciavam-se os trabalhos da Assembléia Nacional Constituinte. Após sete meses de deliberações, apresentaram à Nação um documento que consagrava os ideais do liberalismo econômico, mas que, concomitantemente, enfatizava o reformismo socioeconômico. O hibridismo da Carta Magna justificava-se pela contraposição das posições dos constitucionalistas liberais, propagadores da visão liberal, e dos tenentistas, adeptos do dirigismo estatal. Essas foram as duas vertentes políticas que mais conseguiram incorporar seus pontos de vista à nova Constituição.

Após a promulgação da Carta Constitucional de 1934, completando a transição para um governo constitucional, Getúlio é eleito indiretamente para ocupar a Presidência até janeiro de 1938. Nesse momento é que crescem dois movimentos políticos de ideologias radicais, a Aliança Nacional Libertadora (ANL) e a Ação Integralista Brasileira (AIB). As duas tendências eram reflexos da radicalização política que ocorria ao redor do mundo, a ANL, de orientação comunista, e a AIB, que seguia o modelo fascista. A ALN pregava o anti-imperialismo, o anti-fascismo e a luta contra os interesses latifundiários, enquanto a AIB seguia toda a liturgia fascista, principalmente seu anticomunismo. As duas facções ganham força no seio da sociedade brasileira, mas o radicalismo de suas propostas facilita a sua utilização no plano de Getúlio para se perpetuar no poder. A ALN faz uma análise equivocada de sua real força popular e planeja uma insurreição armada. O movimento é deflagrado inicialmente no Rio Grande do Norte, em 23 de novembro de 1935, onde logra sucesso, mas as tentativas de tomar Recife e o Rio de Janeiro são logo derrotadas por militares legalistas. Era o fim da Intentona Comunista e a oportunidade que Vargas aguardava para fechar a ANL e começar o endurecimento político. A AIB, que se encontrava na outra ponta do espectro político, sente-se fortalecida com a perseguição sistemática aos comunistas e imagina que aquele era o momento para sua chegada ao poder. Mas esse não era o intuito do Presidente, que, em 3 de novembro de 1937, assina um decreto fechando a AIB, neutralizando os núcleos do movimento. O integralismo passa, então, a conspirar contra o governo. Alguns meses depois, em março de 1938, é desbaratada uma conspiração integralista. Em maio do mesmo ano, militares

Figura 11 - Dados econômicos do Estado de São Paulo em 1932. Publicação especial do Departamento Estadual de Estatística 1889-1939. São Paulo, 1940. (Arquivo Fundação Seade).

integralistas invadem o palácio presidencial, mas são dominados com relativa tranqüilidade pelas forças leais ao Presidente. Mais uma vez, a extrema competência política de Vargas conseguiu utilizar dois movimentos políticos radicais em prol de seus próprios interesses. Não era a sua intenção abandonar o poder e seu governo constitucional dura somente até novembro de 1937, quando é decretado o golpe que instaura o Estado Novo, cristalizando as características ditatoriais e centralizadoras do novo governo (PENNA, 1999).

Entretanto, no tema que estamos tratando, pouco mudou. A situação confusa, reinante em São Paulo, repetia-se em nível nacional, na maioria de outros estados. A Convenção Nacional de Estatística, ocorrida em 1936[15], propôs a criação de um regime de coordenação de atividades das diversas repartições para superar a balbúrdia existente. Por outro lado, a Repartição experimentava um período de turbulência, em função das constantes mudanças impostas, como se pode aduzir de alguns decretos baixados na época:

> Decreto 4.917 (3 de março de 1931) "Transforma a Secretaria do Interior em Secretaria de Educação e da Saúde Pública e transfere para a Secretaria da Justiça a Repartição de Estatística e Arquivo".
> Decreto 5.243 (27 de outubro de 1931) "Transfere a Repartição de Estatística e Arquivo da Secretaria da Justiça para a Secretaria de Educação e Saúde Pública".

E assim por diante. As estatísticas gerais estavam paralisadas, desde 1931, e as estatísticas especializadas eram esporádicas ou não estavam sendo realizadas.[16]

A segunda fase, de coordenação descentralizada, iniciou-se com o Decreto 8.229, de 13 de abril de 1937 que instituiu a Junta Executiva Regional do Conselho Nacional de Estatística e delegou à Comissão Central de Recenseamento a função de órgão coordenador das estatísticas do Estado. A Junta Executiva Regional teve a sua composição regulamentada, de acordo com as diretrizes da Convenção Nacional de Estatística, por diretores de todas as repartições estaduais de estatística, e representantes de diversas entidades oficiais. Já o Decreto 24.609, de

[15] Ratificada por todos os estados brasileiros, a Convenção Nacional de Estatística estabeleceu, entre outras metas, a publicação padronizada e regular de anuários estatísticos estaduais.
[16] Discurso de posse de Djalma Forjaz, em 9 de junho de 1952.

Figura 12 - Variação do tempo de viagem por diferentes meios de transporte entre São Paulo e Rio de Janeiro de 1750 a 1936. A centralização estatística no Estado de São Paulo. Departamento Estadual de Estatística. São Paulo, 1947. (Arquivo Fundação Seade).

6 de julho de 1934 havia aprovado as bases da constituição e regulamentação do Conselho Nacional de Estatística, e assentado as medidas necessárias à integração do quadro federativo do Instituto Nacional de Estatística. Em seguida, na Convenção Nacional de Estatística foi assinado o acordo, em 11 de agosto de 1936, entre o Governo Federal e todos os governos estaduais.

A criação do Departamento Estadual de Estatística (DEE)

Pelo Decreto 7.838, de 9 de setembro do ano de 1936, e Lei 2.658, o governador Armando de Salles Oliveira ratificou a Convenção em São Paulo, obrigando a criação de um órgão central de estatística "da mais ampla autonomia e da mais alta hierarquia". Nasceu, dessa forma, o Departamento Estadual de Estatística (DEE). O governador que assinou o decreto de criação do DEE era um dos candidatos à sucessão presidencial. A agitação política no período final do governo constitucional de Vargas era intensa, pois várias facções almejavam tomar o poder federal. Mas o Presidente, apoiado por lideranças militares, não desejava deixar o cargo. Utilizando como subterfúgio a falsa ameaça de um golpe comunista, perpetrou um golpe de estado para assumir poderes extraordinários, afastando a ordem constitucional. Começava o período conhecido como Estado Novo, com mudanças irreversíveis nas instituições políticas e da Administração Pública (SKIDMORE, 1975).

O governo ditatorial de Vargas consolidou muitas mudanças que vinham ocorrendo desde a Revolução de 1930. Houve um grande fortalecimento do Executivo federal, com um expressivo aumento de suas competências em detrimento dos governos estaduais e municipais. A colocação de interventores nos governos de Estado também servia como forma de centralizar o poder nas mãos de Getúlio e controlar as oligarquias locais. Vargas criou um sistema "não-político" que serviu perfeitamente como veículo para sua enorme capacidade de manipulação e conciliação (SKIDMORE, 1975). O Estado Novo, através da estrutura estatal, trabalhou incessantemente para desqualificar ideologicamente as disputas entre as classes em ascensão, ou seja, de trabalhadores urbanos e industriais, produzindo um processo de despolitização da sociedade (PENNA, 1999). No plano econômico, também houve um crescimento substancial da responsabilidade estatal, pois a participação do Estado no processo de transição do país de uma economia eminentemente agrícola de exportação para uma nação industrializada era uma condição *sine qua non*, dado o montante de capital necessário para o investimento em indústrias de base (SKIDMORE, 1975). Os responsáveis pela elaboração das políticas públicas chegaram à conclusão de que a industrialização do País era fundamental para que a nação alcançasse o desenvolvimento. Criaram, então, um modelo que pode ser denominado de "nacionalismo desenvolvimentista" (WIRTH, 1973) para atingir esse objetivo.

Mas, voltando ao DEE, nova estrutura começava a tomar forma, ao mesmo tempo em que a ditadura do Estado Novo assumia o poder. De acordo com o Decreto 8.822, de 15 de dezembro de 1937, modificado pelo 8.871 do mesmo mês e ano, as atividades da Comissão Central do Recenseamento deveriam extinguir-se em 1° de abril de 1938. O governo nomeou uma comissão para elaborar um projeto de criação do órgão central de estatística do Estado. A sua constituição ficou assim: presidente, o dr. Djalma Forjaz, diretor aposentado da Repartição de Estatística e Arquivo; dr. Carlos Vanzolini, da Comissão de Estudos Econômicos e Financeiros da Secretaria da Fazenda; dr. Aristides do Amaral, diretor da Diretoria de Estatística, Indústria e

Figura 13 - Evolução da receita e despesa do Estado de São Paulo 1890-1938. Publicação especial do Departamento Estadual de Estatística 1889-1939. São Paulo, 1940. (Arquivo Fundação Seade).

Comércio; dr. Luís Mendonça Júnior, chefe da Divisão de Transportes da E. F. Sorocabana; prof. Francisco Jarussi, membro da Comissão Central de Recenseamento; e Eurico Guedes de Araújo, subdiretor do Serviço de Estatística Policial da Secretaria da Segurança Pública. O projeto resultante converteu-se no decreto que criou o Departamento Central de Estatística.

Destarte, em 14 de março de 1938, o Decreto 9.036: "Cria o Departamento Central de Estatística do Estado de São Paulo e dá outras providências", subordinado diretamente ao chefe do Governo Estadual. No artigo 4, estava previsto: "com o Departamento Central de Estatística se articularão para formar o sistema presidido pela Junta Executiva Regional de Estatística, instituída pelo Decreto 8.229, de 13/04/1937, todas as repartições, serviços e seções de estatística já existentes ou que vierem a existir na administração estadual.

Parágrafo Único: filiar-se-ão ao Departamento, na forma estabelecida pelo Conselho Nacional de Estatística, as organizações congêneres existentes ou que vierem a existir nos municípios, e os departamentos de empresas ou associações mantidos para fins de levantamentos estatísticos de reconhecida utilidade pública."

Com a criação do Departamento Central de Estatística, foi mantida a Repartição de Estatística e Arquivo do Estado, que passou a denominar-se Departamento de Arquivo do Estado, subordinado à Secretaria de Educação e Saúde Pública.[17] Mas, as mudanças não pararam por aí. O Decreto 9.330, de 15 de julho de 1938, extinguiu o Departamento Central de Estatística, substituindo-o pelo Departamento Estadual de Estatística. Atribuíram-se a esse órgão algumas estatísticas de caráter geral, a assistência técnica às demais repartições estaduais especializadas e a coordenação de suas atividades. Por esse sistema[18], as repartições continuavam como dependências administrativas das respectivas secretarias, mas subordinavam-se tecnicamente ao novo órgão criado. Deveriam fornecer, de acordo com as regras estabelecidas pelo IBGE, os resultados da elaboração de seus dados, a esta instituição.

Para Forjaz, embora o novo sistema representasse um progresso em relação ao anterior – completamente desarticulado –, apresentava defeitos que deviam ser corrigidos:

---

[17] A Repartição de Estatística e Arquivo foi fundada sobre a estrutura do Arquivo Público do Estado. Na criação do Departamento de Estatística, ele é desmembrado do Arquivo, que volta a constituir um órgão independente.

[18] Uma questão importante nesta época é a discussão em torno da centralização e descentralização das estatísticas em níveis federal e estadual. Na publicação de Forjaz, ele recupera trechos importantes desta discussão, que, refletiram diretamente no órgão federal responsável, causando inclusive, por um breve período, a extinção do Departamento Nacional de Estatística.

1. A execução das normas e instruções técnicas do Departamento Estadual de Estatística, em conformidade com a orientação do IBGE, tornava-se difícil e morosa, porque dependia dos secretários de Estado e dos diretores gerais das secretarias, hierarquicamente superiores ao diretor de departamento.
2. A articulação entre as diversas repartições estatísticas era rígida, e dificultava o aproveitamento dos recursos disponíveis de uma repartição em outras.
3. O sistema não permitia que a apuração mecânica das diversas repartições ficasse sob comando único.
4. A descentralização administrativa resultava na falta de uniformidade de organização. Existiam diferenças nos critérios na escolha do pessoal, na estruturação das carreiras e na remuneração do trabalho. Isso se refletia no rendimento e na eficácia.
5. A descentralização administrativa impossibilitava a intervenção direta do Departamento como órgão de coordenação e orientação técnica.

Após um período, o governo reconheceu a conveniência da centralização dos serviços estaduais de estatística sob uma direção única, técnica e administrativa. Contudo, vários secretários foram contrários à medida, e isso teria reflexos mais tarde.

Com a implantação do sistema centralizador, inicia-se a terceira fase do Departamento de Estatística, segundo Forjaz. Pelo Decreto Lei 12.610, de 31 de março de 1942, as repartições especializadas subordinaram-se ao Departamento Estadual de Estatística (DEE), a despeito de conservarem provisoriamente suas organizações anteriores. Somente em 1944, as repartições reuniram-se em uma única sede, na Rua Maria Antônia. No mesmo decreto, ficou o Departamento responsável pelo cumprimento das obrigações decorrentes da Convenção Nacional de Estatística.

O Decreto-Lei 12.610 subordinava diretamente à Interventoria Federal o Departamento Estadual de Estatística. De acordo com o seu artigo 3º: "Ficam transferidos para o Departamento Estadual de Estatística, com os seus patrimônios, a "Seção Técnica de Estatística Sanitária" do Departamento de Saúde da Secretaria da Educação e Saúde Pública, a "Diretoria de Estatística, Indústria e Comércio" da Secretaria da Agricultura, Indústria e Comércio e o "Serviço de Estatística Policial" da Secretaria da Segurança Pública". Por seu turno, art. 5º afirmava: "Até que seja fixada a locação

Figura 14 - Edifício Rui Barbosa, prédio central do Departamento Estadual de Estatística de 1944 a 1951. A centralização estatística no Estado de São Paulo. *Departamento Estadual de Estatística. São Paulo, 1947. (Arquivo Fundação Seade).*

definitiva do Departamento Estadual de Estatística, a estatística do Departamento de Educação da Secretaria de Educação e Saúde Pública será executada por pessoal requisitado pelo chefe de Governo dentre os servidores do Estado que já realizam esse trabalho, mediante proposta do Diretor daquele Departamento".

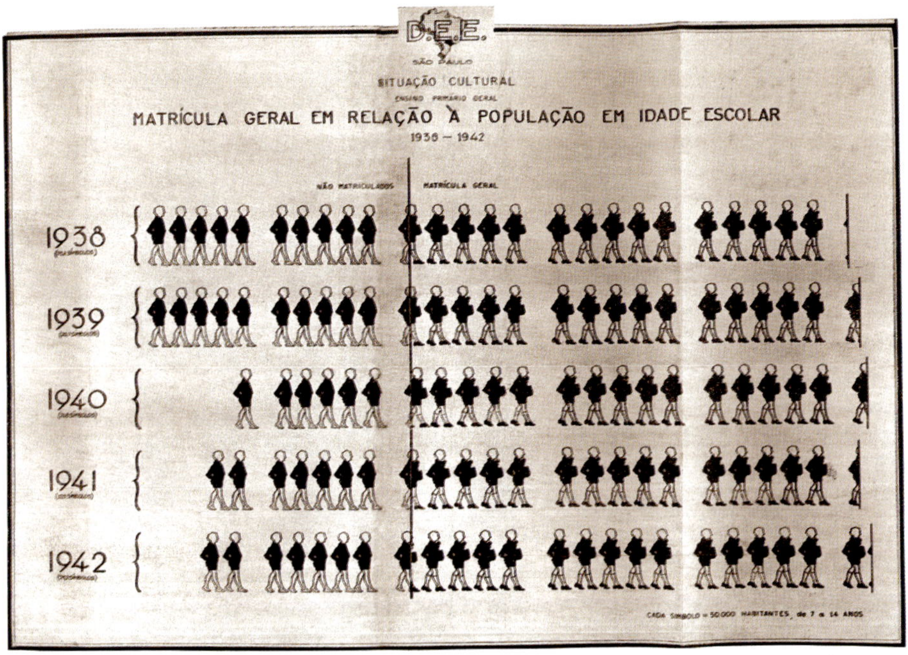

Figura 15 - Matrícula geral em relação à população em idade escolar de 1938 a 1942. A centralização estatística no Estado de São Paulo. Departamento Estadual de Estatística. São Paulo, 1947. (Arquivo Fundação Seade).

Outro fato relevante desse período foi a criação da seção de Estatística Militar, no Departamento Estadual de Estatística, pelo Decreto-Lei 4.181, de 16 de março de 1942, durante a Segunda Guerra. Como órgão colaborador do Conselho de Segurança Nacional e das Forças Armadas Brasileiras, suas atividades seriam controladas pelos representantes dos Ministérios Militares na Junta Executiva Regional do Conselho Nacional de Estatística. Esse decreto previa que os inquéritos realizados pela Seção de Estatística Militar deveriam ter preferência sobre quaisquer outros. Ainda determinava que o governador podia requisitar funcionários de outras repartições para a prestação de serviços na Seção de Estatística Militar. Desse esforço, resultou um período de estatísticas com alto grau de detalhamento e precisão, em tempo excelente de apuração e publicação. Essa seção começa a publicar *Tábuas Itinerárias Paulistas*, com mais de mil páginas, sobre estradas do Estado de São Paulo. O trabalho estendeu-se até 1975. Ainda nesse período, organizou estatística da indústria da eletricidade (1943), com o cadastro das usinas, empresas e das linhas de transmissão. Editou, igualmente, o *Catálogo das Indústrias* (1943-45).

Boletim Mensal do Departamento de Estatística do Estado

Em dezembro de 1938, o DEE inicia uma série de publicações mensais chamada de *Boletim Mensal de Estatística do Estado de São Paulo*. Em sua apresentação, o Boletim informa que será "não apenas o repositório dos dados estatísticos colhido pelo Departamento, mas sim, o intérprete das condições existenciais do Estado". Portanto dizia respeito a todas as organizações estatísticas centralizadas pela Junta Executiva Regional, agências municipais do interior, entidades particulares e cidadãos. Os seus exemplares foram publicados mensalmente até dezembro de 1944, quando, por dificuldades financeiras, o boletim passou a ser uma publicação trimestral, até 1948. Após o fechamento do DEE, a sua edição seria retomada em 1963.

O Boletim apresentava várias informações e estudos analíticos sobre as estatísticas do Estado e alguns ensaios de importantes intelectuais daquele período. Alfredo Ellis Júnior – então diretor da Faculdade de Filosofia e Ciências e Letras e catedrático da Cadeira de História da Civilização Brasileira – publicou, entre setembro de 1939 e maio de 1941, uma alentada história do Estado de São Paulo em 21 capítulos.

Entre 1938 e 1947, o DEE caracterizar-se-ia como uma instituição moderna, para os padrões técnicos da época. Uma das razões estava na Segunda Guerra Mundial (1939-45) em curso, exigindo a mobilização rápida e intensiva da produção agrícola e do parque industrial do Estado de São Paulo. A estatística tornou-se essencial para as diretrizes do governo, principalmente as referentes à produção para o consumo interno, assim como para programar as exportações. Além do mais, desde o início, o Governo Vargas intentou utilizar o recurso do planejamento, aliás, moda em todo o mundo naquele período (IANNI, 1977).

Com o fim da Segunda Guerra, porém, a situação política nacional mudou consideravelmente. As críticas ao governo ditatorial, inicialmente tímidas devido à eficiente censura exercida pelo Departamento de Imprensa e Propaganda, começam a tomar corpo, com o Manifesto dos Mineiros,

Estatística 137

SERVIÇO DE CENSURA E FISCALIZAÇÃO DE TEATROS E DIVERTIMENTOS PÚBLICOS

Imposto arrecadado dos divertimentos públicos da Capital sem cobrança de entradas

Discriminação	Janeiro de 1939				Janeiro de 1940			
	Número		Importância		Número		Importância	
	N.os absol.	N.os ind.	Números absolutos	N.os ind.	N.os absol.	N.os ind.	Números absolutos	N.os ind.
Sociedades Recreativas e Dansantes .	283	100	6:688$	100	242	85	10:016$	149
Escolas de dansa	6	100	176$	100	4	66	88$	50
Música em estabelecimentos comerciais	24	100	1:488$	100	18	75	1:538$	103
Jogos de bolas (Bocce)	81	100	2:904$	100	78	96	3:388$	116
Bilhares	246	100	19:954$	100	273	110	27:456$	137
Dominós	33	100	1:364$	100	49	148	1:848$	135
Campos de futebol	—	—	—	—	—	—	—	—
Espetáculos teatrais	5	100	133$	100	3	60	88$	66
Quermesses	2	100	44$	100	1	50	22$	50
Licenças especiais de prorrogação . .	—	—	—	—	2	—	140$	—
Concertos	4	100	88$	100	—	—	—	—
Diversos	6	100	132$	100	17	283	858$	650
Isentos de emolumentos	4	100	—	—	4	100	—	—
Máquinas automáticas de venda de mercadorias	—	—	—	—	—	—	—	—
Conferências	—	—	—	—	—	—	—	—
Desportos	—	—	—	—	—	—	—	—
Total	694	100	32:971$	100	691	99	45:442$	137

2.ª Div. Técnica

Figura 16 - Boletim do Departamento Estadual de Estatística, *nº 2, 1940. São Paulo, 1940. (Arquivo Fundação Seade).*

emitido em outubro de 1943 por um grupo de políticos e intelectuais de Minas Gerais. O manifesto pedia a redemocratização do Brasil e ganha vulto no ano de 1945. O próprio Vargas, percebendo a situação insustentável, proferia discursos com promessas do restabelecimento da democracia. Efetivamente, o governo fixou a data de 2 dezembro de 1945 para a realização das eleições. Os principais candidatos eram o general Dutra, ex-ministro da Guerra de Vargas, e o brigadeiro Eduardo Gomes, representante da (UDN). Entretanto, em agosto desse ano, um grupo de adeptos do getulismo lança a campanha "queremista", propondo a realização de uma nova Assembléia Constituinte. Durante esse período, manter-se-ia Vargas como Presidente, para depois realizar as eleições presidenciais. Temerosa de que tal proposta fosse novo estratagema de Getúlio para se manter no poder, a oposição conseguiu o apoio de muitos oficiais das Forças Armadas, incluindo o ministro da Guerra, Góes Monteiro. O ditador acaba sendo deposto. As eleições acontecem e o general Dutra é eleito presidente (SKIDMORE, 1975).

A extinção do Departamento Estadual de Estatística

Em 1948, ocorreu o episódio mais dramático de toda a vida da Instituição: a extinção do Departamento Estadual de Estatística. A proposta partiu da Comissão de Finanças da Assembléia Legislativa, sob coordenação do deputado Brasílio Machado Neto, que classificava o DEE como uma repartição "supérflua, inoperante, ineficiente, de gastos excessivos" (FORJAZ, 1949). Entre os vários argumentos apresentados pelos deputados, destacavam-se a existência de dualidade nos serviços estatísticos e uma crise de jurisdição entre o DEE e o IBGE.

Ocorreram várias manifestações, com o objetivo de demover a Assembléia de consumar a extinção. A Resolução 62 da Junta Regional de São Paulo, de 5 de novembro, ainda tentaria o adiamento do pronunciamento da Assembléia Legislativa, ao mesmo tempo em que solicitava uma posição da Junta Central do Conselho Nacional de Estatística. O próprio ministro da Guerra e Mar, general Canrobert da Costa, enviou telegrama ao governador do Estado expressando sua surpresa pelo DEE ser extinto e pela suspensão dos serviços de estatística militar. Na resolução, a Junta Regional desfazia o principal argumento para a extinção: a existência de uma Inspetoria Regional do IBGE no Estado de São Paulo. Segundo ela, o IBGE em nenhum momento "avocou a si a incumbência de executar as estatísticas regionais". Apesar das manifestações contrárias, o ato consumou-se. A Lei 185 de 13 de novembro de 1948, assinada pelo governador Adhemar de Barros, determinava:

> Art. 42 : "Fica o Poder Executivo autorizado a contratar com o Instituto Brasileiro de Geografia e Estatística a apuração dos dados estatísticos que interessem ao Estado.
> Art. 47: "Extingue no Gabinete do Governador, o Departamento Estadual de Estatística".

Djalma Forjaz examinou detalhadamente os fatos relacionados com a extinção do DEE, realizando sua defesa, de modo contundente, em dezembro de 1948 (FORJAZ, 1949). Em alentado trabalho de 80 páginas, desqualificou todos os argumentos desfavoráveis à manutenção do DEE, assim como revelou os verdadeiros motivos para essa ação na Assembléia Legislativa. Nele, deixou patente o desconhecimento da realidade das atividades e da estrutura do DEE por parte dos deputados responsáveis por seu fechamento. De acordo com Forjaz, a extinção do DEE resultou de uma imposição da bancada do UDN, sob liderança de Auro Moura Andrade, para não obstruir as discussões sobre o orçamento do Estado.

Porém, havia outros motivos, também. Um, causador da ira da Assembléia, referia-se à centralização dos órgãos de estatística no Estado, fato não absorvido pelos diretores e chefes dos serviços desse campo nas diversas secretarias. Aliás, essa insatisfação já havia sido demonstrada na mobilização política que levou Forjaz a solicitar o seu afastamento do DEE para preservar a Instituição, em 1947. Com relação à confusão alegada entre as funções do IBGE e do DEE, ele esclarecia que se estabeleceram convênios procurando "conjugar as atividades e os recursos das 3 órbitas administrativas – federal, estadual e municipal – para a construção de um sistema estatístico nacional". O principal deles foi o Convênio Nacional de Estatística Municipal, de 1942, celebrado no Decreto-Lei 4.181, no qual se determinou que a coleta de dados passasse a ser feita pela rede de Agências Municipais de Estatística, administradas pelas Inspetorias Regionais do IBGE[19]. A esse caberia o recebimento dos resultados das apurações feitas pelos departamentos estaduais e a divulgação dos resultados em nível nacional. Esse serviço seria custeado "pela taxa sobre divertimentos públicos, cuja arrecadação foi delegada, pelos municípios, ao IBGE, e destinada à constituição de um fundo nacional de

[19] A Inspetoria foi criada em São Paulo, em 1944.

estatística". Por esse convênio, os estados assumiram o encargo de efetuar a crítica e a apuração dos dados coletados, e a análise e divulgação dos resultados. Para essa finalidade, deveriam manter os seus serviços de estatística coordenados pelos respectivos departamentos estaduais.

Embora ficasse bastante clara a não superposição das atribuições das instituições em foco, alegava-se, igualmente, a existência de "informações desfavoráveis sobre o Departamento". Sua fonte seria Roberto Paiva Meira, funcionário do DEE, à disposição do IBGE, na função de inspetor. Além da oposição entre Forjaz e Meira, não se podia esconder o interesse de alguns setores do IBGE – representado neste episódio pelo secretário-geral Rafael Xavier –, desde a Convenção Nacional de Estatística de 1936, em absorver os Departamentos de Estatística. Por ocasião da Convenção Nacional, a posição de São Paulo e outros estados favoráveis à manutenção dos Departamentos saía-se vitoriosa. Ainda segundo Forjaz, Rafael Xavier teria agido à revelia do então presidente do IBGE, José Carlos de Macedo Soares.

A posição de Albano Ferreira Costa, sucessor de Djalma Forjaz na Direção Geral do DEE – em liquidação naquele período[20] –, seria mais contundente. Em pronunciamento na Assembléia Geral do Conselho Nacional de Estatística, em Salvador, em 1949, dizia: "o IBGE pelos seus mais altos dirigentes não assumiu desde logo a atitude que lhe competia; não tomou qualquer iniciativa em defesa do órgão ameaçado de desaparecimento, não se interessou pela sorte de uma repartição que era integrante do sistema nacional por ele mesmo presidido e só tardiamente, quando já se procedia a votação veio a enviar um telegrama".[21]

Forjaz apontou vários argumentos para comprovar a dificuldade da Inspetoria do IBGE em assumir os serviços do DEE. Nessa época, o Departamento possuía pouco mais de 300 funcionários. Na sua Seção de Mecanização havia 91 máquinas para apuração por cartões perfurados – 31 da marca Powers e 59 da Hollerith. Esses equipamentos realizavam as estatísticas de comércio interestadual por vias terrestre, demógrafo-sanitária, industrial, policial-criminal, militar, agropecuária, comércio exterior e de cabotagem, de veículos e de transmissão de imóveis e hipotecas. Os demais serviços eram feitos por apuração manual ou semi-mecanizada. Comparando esse suporte para a feitura dos trabalhos e a infra-estrutura disponível nas Inspetorias, concluiu pela impossibilidade da substituição dos serviços.

---

[20] *Relatório de Atividades do DEE*, 1948.

[21] Idem, 1949.

Djalma Forjaz

(Arquivo do Estado de São Paulo)

Nasceu em 7 de maio de 1883, em Leopoldina, Minas Gerais; casou-se em 16 de abril de 1906 com dona Lúcia de Vergueiro Forjaz – bisneta do senador Vergueiro. Concluiu a Faculdade de Direito do Largo São Francisco em 1905 e iniciou a carreira de funcionário público no mesmo ano, como auxiliar de gabinete na Polícia da Secretaria da Segurança de São Paulo. Foi secretário da Escola Normal do Brás, em São Paulo, professor de História nas Escolas Normais de Itapetininga e do Instituto de Educação Caetano de Campos. Em 1927, aos 44 anos de idade, foi nomeado diretor geral da Repartição de Arquivo e Estatística do Estado de São Paulo, mais tarde denominada Departamento Estadual de Estatística, onde se aposentou em 1956. Na Revolução de 1930, perdeu o cargo, mas pouco depois foi reconduzido, nele permanecendo até o fim da vida, mesmo depois de legalmente aposentado. Dirigiu a Despesa do Recenseamento Escolar, em 1920. Em comissão, formulou projetos de lei sobre o funcionalismo estadual. Teve participação na fixação dos limites de Porto Ferreira como membro da Comissão de Reajustamento da Divisão Territorial do Estado. Destacou-se como membro do Conselho Nacional de Estatística; presidente da Junta Regional de Estatística; presidente da Comissão Revisora e Censitária de São Paulo (1940). Recebeu a comenda da Ordem do Barão do Rio Branco.

Historiador autodidata, fez um estudo extenso sobre o Estado de São Paulo e, especialmente, dos municípios paulistas. Em sua obra literária, destacam-se os trabalhos: *O senador Vergueiro*, *Fundadores da pátria brasileira*, *A escravidão no Brasil*, *Origem do código*. Defendeu a ecologia de Campos do Jordão, procurando impedir a devastação das matas daquela zona para não prejudicar o clima local.

Djalma Forjaz, certamente, foi o dirigente mais presente na história da Repartição de Estatística, Departamento Estadual e depois Departamento de Estatística. De temperamento forte e decidido, era muito respeitado e chegava mesmo a ser temido por boa parte dos funcionários.[22] Anos após o seu falecimento, alguns de seus antigos colaboradores, quando escutavam o ranger de portas, diziam que o dr. Forjaz estava vistoriando o departamento.[23]

Faleceu em 10 de agosto de 1962.

---

[22] Entrevista com José Perez Netto, em 27 de agosto de 2002.

[23] Entrevista com José Tiacci Kirsten, em 7 de novembro de 2002.

O ex-diretor do DEE não deixou de rebater nem mesmo os mais inusitados argumentos arrolados contra o seu departamento. Não é outra a sua postura ante a "afirmação com que o sr. Auro Moura Andrade escandalizou o plenário na sessão de 4 de novembro": (...) "a minha bancada se estafou em estudos durante dias e semanas, noites inteiras investigando item por item das tabelas explicativas, encontrando absurdos tremendos, como no DEE consome Cr$ 70.000 de papel higiênico. Forjaz refuta a denúncia informando que o valor aludido refere-se aos "Artigos de Limpeza e Higiene", sem qualquer discriminação. Mas, o pitoresco do argumento fica por conta do seu "raciocínio": "Com efeito o gasto anual de Cr$ 70.000 com papel higiênico, representa Cr$ 5.833,00 por mês, ou Cr$ 233,00 por dia. Este valor representa 116 maços de papel higiênico, que contém 116.000 pedaços. Divididos por 300 funcionários, tocariam 386 para cada um. Admitindo o uso de 5 pedaços por vez, cada funcionário, para consumir aquela quantidade, teria que ir ao gabinete reservado, nada menos de 77 vezes diariamente, o que além de ser impossível, mesmo nas mais graves moléstias do aparelho digestivo, demandaria tempo várias vezes maior do que o do expediente regulamentar do serviço público".

Sem o DEE, as estatísticas ficaram paradas de 1947 até 1951 e os funcionários espalharam-se em várias repartições do Estado. As perdas resultantes de tal acontecimento seriam contabilizadas, mais tarde, pelo próprio Forjaz. Esse período coincidiu, em grande parte, com o mandato do general Dutra na Presidência da República. Teria tal fato influído no episódio, ainda que remotamente? O governo do general Eurico Gaspar Dutra caracterizou-se por sua aparente postura apolítica. Inicialmente, não enfrentou grandes turbulências, apoiado principalmente pelo PSD e a UDN, focando-se na reconstrução pós-guerra. Após a proclamação da nova Constituição, aconteceram as primeiras movimentações partidárias de maior repercussão, com a formação de seu ministério, moderadamente conservador, mas não o suficiente para agradar a ala mais radical do conservadorismo. A UDN afasta-se de Dutra e, pouco depois, Vargas, que havia sido eleito senador, também rompe abertamente com o governo. Por seu turno, o Partido Comunista Brasileiro (PCB) acaba sendo posto na ilegalidade em 1947, caindo a máscara da propalada postura apolítica (SKIDMORE, 1975). No plano econômico, o governo Dutra pode ser dividido em dois períodos bem característicos: o primeiro, entre 1946-1947, é marcado pelo retorno ao liberalismo, com a retração da intervenção estatal na economia; o segundo, entre 1947-1950, com maior participação governamental, com o controle do fluxo de capitais e o Plano Salte é voltado à coordenação dos gastos públicos, dentro de um plano qüinqüenal. A volta ao liberalismo fracassou de modo retumbante, com a rápida dilapidação das reservas cambiais brasileiras e a elevação do custo de vida, o que levou às mudanças do segundo período supracitado (ROCHA VIANA, 1980).

A criação do Departamento de Estatística (DE) do Estado de São Paulo (DE)

O mais inusitado no episódio de extinção e restabelecimento do DE foi o fato de os mesmos deputados da Assembléia Legislativa responsáveis pelo seu fim terem votado a favor da sua restauração e o decreto de criação do Departamento de Estatística receber a assinatura do próprio Adhemar de Barros. A postura desse controvertido político em relação à estatística só se define como contraditória.[24] Todavia, ninguém duvidaria da sua sensibilidade em captar o sentido do momento histórico em curso, mormente, pelo ponto de vista do poder. Assim, na Lei 877, de 4 de dezembro de 1950, vinha assinalada: "Dispõe sobre a criação do Departamento de Estatística do Estado de São Paulo" diretamente subordinado ao chefe do Governo. Logo em seguida, publicava-se o seu regimento, pelo Decreto 20.217, em 19 de janeiro de 1951.[25] É verdade que, sob a óptica de uma análise mais profunda, não havia nada de inusitado nesses posicionamentos. Ou seria apenas obra do acaso, o fato da restauração ocorrer no segundo período Dutra, quando o planejamento voltou à berlinda?

Djalma Forjaz voltou à direção da instituição em julho de 1952, por meio de uma decisão judicial, após um curto período, no qual Albano Ferreira da Costa ocupou o cargo. Dessa vez, o inspetor do IBGE era Olavo Baptista Filho, com quem manteve boas relações. Curiosamente, Baptista Filho assumiria, mais tarde, a direção do DE. Em discurso de posse, Djalma Forjaz enumerou as perdas decorrentes desse período de ausência de estatísticas. Entre outras, salientou a diminuição de funcionários, cerca de 200, muito inferior ao que vinha trabalhando no DE (em torno de 300). Mais do que isso. Entre 1948 e 1950, os levantamentos estatísticos ficaram inteiramente paralisados, comprometendo de maneira irremediável as suas

[24] Em 1947, Adhemar de Barros havia tornado obrigatório o ensino de Noções de Estatística para escolas normais, com o intuito de prestigiar a área, no âmbito do Estado de São Paulo.

[25] Interessante observar que as datas das leis de criação e da edição do decreto com o regimento do Deesp e da Fundação Seade coincidem em dia e mês.

séries históricas. De acordo com o artigo 2º da Lei 877, o DEE teria a estrutura mostrada na página 82.

Ligados diretamente ao diretor geral, havia as seguintes seções: Mecanização, Gráfica, Cartografia e Comunicação. Para completar o sistema, reorganizou-se a Junta Executiva Regional do Conselho Nacional de Estatística pelo Decreto 20.359, de 7 de março de 1951. Ela passou a ter como presidente nato o diretor geral do DE, e, na sua constituição, participavam várias instituições civis – Banco do Estado, Universidade de São Paulo, e outros órgãos governamentais – e militares, além dos diretores de Divisão do DE.

Para selar os novos tempos, transferiu-se a sede do DE para a avenida Brigadeiro Luís Antônio, 849, em 1951. Na verdade, o DE poderia ser considerado um órgão de elite do funcionalismo do Estado. Muitas famílias originárias da derrocada do café ou da industrialização, em geral, de passado "quatrocentão", tinham seus filhos no DE. Os salários eram bons. Vivia-se uma época na qual o pai achava que a filha deveria casar-se com um funcionário público.[26] Tudo parecia alvissareiro para o novo estabelecimento estadual.

Foi também no ano de 1951 que Vargas retornou à Presidência da República, após atingir imensa votação no sufrágio eleitoral. Inicialmente, o criador do "trabalhismo" procurou uma política de conciliação com os setores conservadores, evidente na composição de seu primeiro ministério, para o qual foram convidados vários nomes ligados ao Partido Social Democrata (PSD) (D'ARAÚJO, 1982). Entretanto, ficava claro que Getúlio visava reimplementar sua política de aliança entre o capital e o trabalho em prol do desenvolvimento do País, com a participação intensiva do governo federal, nesse processo. Nesse sentido, nomeou, para o Ministério do Trabalho, Danton Coelho, político do Partido Trabalhista Brasileiro (PTB), cujo papel nessa seara seria fundamental para os objetivos do governo. Mas a principal questão que mobilizou as discussões durante o novo governo Vargas foi a criação da Petrobras, que gerou muita polêmica e só foi aprovada graças ao apoio de militares, estudantes, homens públicos e intelectuais.

Para a nossa história, contudo, deve ser dado destaque especial à atuação da Assessoria Econômica, diretamente ligada à Presidência da República. Tratava-se de um órgão permanente de planejamento com a finalida-

[26] Entrevista com José Tiacci Kirsten, em 7 de novembro de 2002.

Organograma do Departamento de Estatística (1952)

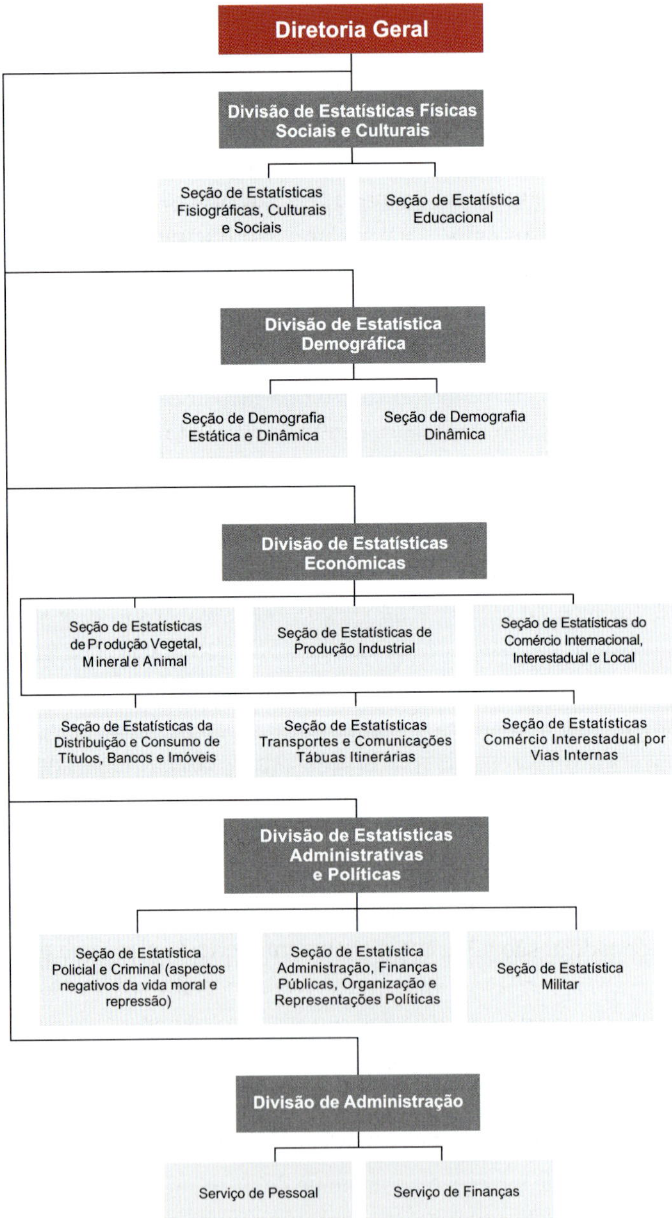

de de estudar e formular projetos visando ao desenvolvimento econômico de cunho nacionalista. Sob a direção de Rômulo de Almeida, escolhido pessoalmente por Vargas, a Assessoria teve um papel fundamental na política econômica do País daquele tempo. Basta dizer que a própria Petrobras emergiu dos seus estudos. Porém, não ficou só nisso. Outros órgãos importantes para a história brasileira nasceram das suas pranchetas e discussões: Eletrobrás, Coordenação de Aperfeiçoamento de Pessoal de Nível Universitário (Capes), Instituto Nacional de Imigração, Banco do Nordeste e outros, juntos com o Fundo Nacional de Eletrificação, o Plano Nacional do Carvão, a Reforma Administrativa, a Comissão Nacional de Política Agrária, só para citar alguns. De igual maneira, deve ser dado como crédito seu o planejamento da indústria automobilística, por intermédio da Subcomissão de Jeeps, Tratores, Caminhões e Automóveis (D'ARAÚJO, 1982). Outra realização importante, embora não relacionada diretamente à Assessoria Econômica, diz respeito à criação do Banco Nacional de Desenvolvimento Econômico (BNDE), dentro dos marcos das recomendações da Comissão Mista Brasil-Estados Unidos, visando ao reaparelhamento econômico, via modernização da infra-estrutura do País (ROCHA VIANA, 1980). Em tal contexto, os dados estatísticos ganhavam importância cada vez maior.

Entrementes, no Estado de São Paulo, verificava-se um atraso absurdo nas estatísticas. O DEE tinha de correr. Em 1954, foram publicados os volumes referentes às estatísticas de circulação, distribuição e consumo e as administrativas e políticas de 1945. Quanto à estatística demográfica, a publicação referia-se ao ano de 1946.[27] De igual forma, observava-se uma demora inaceitável em outras áreas. Quanto essa falta de dados deve ter prejudicado o estado paulista para realizar o planejamento das suas ações, não é difícil de aquilatar. Por certo, o governador Lucas Nogueira Garcez, professor catedrático de Escola Politécnica da Universidade de São Paulo (USP), ao que tudo indica, não pôde levar avante uma série de obras que planejara por falta de dados confiáveis. Garcez conhecia a importância do planejamento, pois fôra ele que, numa ação pioneira, concebera o Laboratório de Hidráulica em sua Escola, em 1947, para preparar engenheiros hidráulicos capazes de atuar na construção de usinas hidrelétricas, com a finalidade de acabar com a crise de energia existente em São Paulo naquele tempo (VARGAS, 1979).

[27] Relatório de Atividades apresentado na Assembléia Geral do Conselho Nacional de Estatísticas, 1954.

Situação Demográfica 69

MUNICÍPIO DE SÃO PAULO

I — CASAMENTOS

JANEIRO A JUNHO — 1962

SEGUNDO OS MESES, DISTRITOS E SUBDISTRITOS

DISTRITO E SUBDISTRITO	TOTAL	MÊS					
		Janeiro	Fevereiro	Março	Abril	Maio	Junho
DISTRITO DE SÃO PAULO	15 965	2 934	2 411	1 604	1 810	4 561	2 645
Aclimação	157	33	27	15	18	32	32
Alto da Mooca	507	101	71	46	61	139	89
Barra Funda	291	39	44	30	42	82	54
Bela Vista	365	67	60	41	33	99	65
Belènzinho	453	101	60	36	55	138	63
Bom Retiro	179	37	29	22	23	39	29
Brás	424	82	61	44	55	126	56
Butantã	358	71	62	27	37	100	61
Cambuci	221	46	30	25	26	67	27
Capela do Socorro	125	19	14	24	13	33	22
Casa Verde	329	57	39	31	35	113	54
Cerqueira César	126	17	23	17	12	31	26
Consolação	237	37	44	27	43	48	38
Ibirapuera	282	48	38	36	30	74	56
Indianópolis	322	60	51	34	40	87	50
Ipiranga	863	176	144	61	82	263	137
Jardim América	218	47	41	17	24	55	34
Jardim Paulista	378	65	66	42	55	95	55
Lapa	551	105	88	52	59	166	81
Liberdade	208	43	38	18	18	46	45
Mooca	184	40	29	18	27	45	25
Nossa Senhora do Ó	504	67	77	59	49	152	100
Pari	260	46	32	20	28	89	45
Penha de França	766	143	100	70	95	233	125
Perdizes	426	80	72	28	51	125	70
Pirituba	233	33	26	19	35	79	41
Santa Cecília	384	64	60	37	54	119	50
Santa Ifigênia	294	53	53	34	34	72	48
Santana	662	120	90	85	53	210	104
Santo Amaro	459	77	61	52	57	118	94
Saúde	778	167	125	73	78	209	126
Sé	83	16	16	3	10	21	17
Tatuapé	1 060	195	147	97	117	337	167
Tucuruvi	678	122	91	72	65	217	111
Vila Madalena	237	49	27	35	27	65	34
Vila Maria	633	98	101	76	67	172	119
Vila Mariana	405	75	63	46	53	106	62
Vila Matilde	366	65	63	34	41	102	61
Vila Prudente	959	173	148	101	108	257	172
ERMELINO MATARAZZO	134	27	23	14	20	28	22
GUAIANAZES	107	17	10	14	13	26	27
ITAQUÉRA	170	27	33	24	23	37	26
JARAGUÁ	19	3	1	3	1	5	6
PARELHEIROS	24	2	4	3	2	7	6
PERUS	51	5	7	5	8	13	13
SÃO MIGUEL PAULISTA	365	61	67	57	39	83	58
MUNICÍPIO DE SÃO PAULO	16 835	3 076	2 556	1 724	1 916	4 760	2 803

INFORMANTES: Cartórios de Registro Civil.

Figura 18 - Maio concentrava a preferência dos casamentos realizados no município de São Paulo. Boletim do Departamento Estadual de Estatística do Estado de São Paulo, nº 1, 1º semestre. São Paulo, 1962. (Arquivo Fundação Seade).

No período de 1956 a 1961, assumiu, o Departamento de Estatística, Celeste A. de Sousa Andrade Rodrigues. Isso aconteceu no polêmico governo de Jânio Quadros. Enquanto o professor Quadros governava o Estado de São Paulo, após derrotar o tradicional populista Adhemar de Barros, o País havia elegido o mineiro Juscelino Kubitschek para governar a República. Seu programa de governo, denominado Plano de Metas, era baseado numa política voltada para o desenvolvimento e na adoção de uma política salarial mais severa, sem concessões populistas. Com isso, visava acelerar o processo de acumulação, aumentando a produtividade dos investimentos e atraindo novos capitais para atividades produtoras. Como meta símbolo, instituiu a construção da nova capital, Brasília. A execução parcialmente bem-sucedida do Plano de Metas propiciou um governo relativamente tranqüilo para Juscelino. A dinamização da economia permitiu que o governo gozasse de relativa estabilidade política, não enfrentando grandes turbulências. Mas, as tensões sociopolíticas permaneceram incubadas no seio da Nação, vindo a aflorar violentamente na década seguinte.

A pedido do IBGE, na gestão de Celeste Rodrigues, reestruturou-se o Serviço de Exportação por Vias Internas para outras Unidades, trabalho realizado tradicionalmente no antigo Departamento Estadual de Estatística. Isso aconteceu durante o governo do "presidente bossa-nova", como o JK ficou conhecido. O serviço consistia em coletar as terceiras vias de todas as notas fiscais referentes a mercadorias exportadas para outras unidades da Federação. Com a extinção do Departamento, esse serviço ficou paralisado até 1956, quando foi retomado. Para estimar o seu significado, diga-se que apenas no mês de maio de 1956 foram recolhidas 420 mil notas, embora o movimento real estimado estivesse em torno de 600 mil notas fiscais.

Em 1959, realizou-se o primeiro concurso do DE para a admissão de funcionários, porquanto, no ano anterior, muitos deles haviam se afastado. Necessitava-se qualificar o quadro. Nessa época, a formação de estatísticos circunscrevia-se apenas ao curso de nível médio, com duração de um ano, oferecido pela Escola Nacional de Ciências Estatísticas (Ence) do IBGE, criada em 1953.[28] Entre aproximadamente 20 pessoas que entraram nessa ocasião, dois jovens matemáticos teriam relações bastante longas e

---

[28] O próprio professor Perez Netto realizou este curso durante o ano de 1954. Entrevista realizada em 27 de agosto de 2002.

profícuas com a instituição. O primeiro, Clóvis de Araújo Perez, coordenou a implantação de um processo de amostragem para o Serviço de Exportação por Vias Internas, em 1960.[29] O outro, Wilton Bussab, estabeleceu, mais tarde, toda a metodologia de amostragem para as pesquisas domiciliares da Fundação Seade.

O Serviço de Exportação por Vias Internas seria extinto apenas em 1975, na gestão de Rubens Murillo Marques, por motivos que ele mesmo aponta: "A idéia inicial deste serviço era verificar quais os estados, e o que estavam importando de São Paulo. Primeiro problema: não era possível analisar todas as notas fiscais do Estado. Eram centenas de milhares de notas. Havia várias salas entupidas de cópias de nota fiscal, sendo impossível fazer alguma coisa com tal volume, a não ser com uma defasagem de 7 ou 8 anos. Mas, aí seria uma informação sem interesse algum".[30]

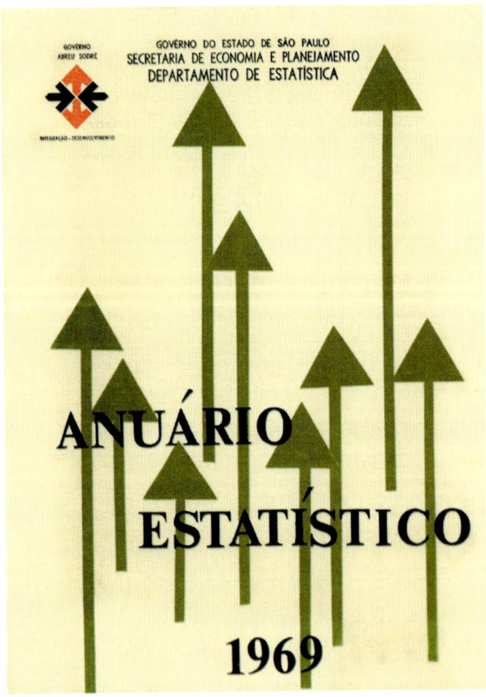

Figura 19 - Capa do Anuário Estatístico. *(Arquivo Fundação Seade).*

O Anuário Estatístico, de 1956 em diante, começou a ser editado com dois anos de atraso, defasagem que se manteria até o início da década de 1970. O Serviço de Pesquisas do Mercado de Trabalho, criado em 1955, pode ser considerado uma iniciativa importante do Departamento, nesse período. Na verdade, não se tratava exatamente de um novo serviço, pois havia algo semelhante na Secretaria do Trabalho, Indústria e Comércio, desde 1952, responsável por duas pesquisas realizadas, por amostragem, sobre a força de trabalho na indústria e comércio. No Departamento de Estatística, passou a realizar pesquisas sobre exame e apresentação

[29] *Relatório de Atividades* apresentado na Assembléia Geral do Conselho Nacional de Estatísticas, 1960.

[30] Entrevista com Rubens Murillo Marques, em 2 de setembro de 2002.

de preços de gênero pagos pelo consumidor em todos os municípios do Estado; a construção do cadastro de firmas comerciais da capital e do interior com índices de preços; o comércio interestadual e exterior; dados sobre abastecimento, distribuição e consumo, entre outros. Esses trabalhos receberam o apoio técnico dos professores Vicente Unzer de Almeida e Dorival Teixeira Vieira.

O professor José Peres Netto, coordenador desse serviço de 1961 a 1968, descreve as atividades do mesmo assim: "Trabalhávamos com amostragem. Realizamos um levantamento territorial para base de pesquisa e a homogeneização dos setores. Quando verifiquei os setores censitários do IBGE, percebi que não estavam adequados. Por exemplo, havia setor com 5 mil domicílios e outro com 200. Eu queria homogeneizar e produzir uma base de informações sobre comércio e serviços em todo Município de São Paulo. Pesquisamos a distribuição geográfica de padarias, supermercados, lojas comerciais em toda cidade. Se alguém quisesse, digamos, montar uma padaria, teria disponível a base populacional e a melhor localização. Isto no início da década de 60. Na época, também começamos a dirigir o nosso interesse especificamente às favelas, quiçá o primeiro levantamento socioeconômico daquele tipo de logradouro no município paulistano. Tratava-se de parte do labor de uma comissão de desfavelamento da qual eu era membro. Nesse serviço havia um grupo de 15 pessoas. Até contratamos universitários que trabalhavam sábado e domingo para fazer a coleta de dados. Realizamos o mapeamento das favelas, e o levantamento, inclusive, da remuneração dos habitantes. Tudo isto, infelizmente, foi jogado fora".[31]

Essa iniciativa deu origem, de igual modo, ao levantamento por amostragem da força de trabalho, no município, em 1961. Utilizando informações obtidas no censo de 1960, pesquisou 5.000 domicílios e fez a divulgação do potencial total da mão-de-obra na Capital e sua distribuição. Na área de política salarial, também, realizou, em colaboração com o Dieese, um levantamento de salários, por categorias profissionais, classes de salários e ocupações na Capital.[32]

Aparentemente, durante algumas rápidas gestões, na década de 1960, o DE tornou-se vítima do descaso do Executivo, quando este impôs dirigentes que não estavam à altura da instituição. O professor Perez Netto, que come-

---

[31] Entrevista com José Peres Netto, em 27 de agosto de 2002.

[32] *Relatório de Atividades*, 1960-1962.

çou a trabalhar no DEE em 1952 e somente saiu dele, definitivamente, em 1976, vai mais longe em sua avaliação: os trabalhos marcados pelo rigor técnico teriam sido praticados apenas na gestão de Djalma Forjaz, de Celeste Rodrigues, de Olavo Baptista e de José Tiacci Kirsten.

Em 1964, é esboçada, a título provisório, a Secretaria de Economia e Planejamento (SEP). Todavia, ela só se concretizaria dois anos depois, pela Lei 9.362, de 31 de maio de 1966. Em seu artigo 2º, item VII, constava a transferência do DE para a SEP, com instruções expressas para a sua reorganização. Entretanto, isso só ocorreria em 1976, quando se organizou a Coordenadoria de Análise de Dados (CAD) dentro da SEP.

O Brasil atravessava, desde 1964, uma nova fase – a do Regime Militar. Após quase 20 anos de governos democráticos, ainda que com os seus altos e baixos, o País mergulhava em uma época ditatorial, sob o comando de marechais-presidentes. A idéia de desenvolvimento que norteara os governos anteriores, sobretudo o de Getúlio Vargas (1951-1954) e o de Juscelino Kubitschek (1956-1961), mudava de rumo, sob o aguilhão dos ensinamentos da Escola Superior de Guerra. A ascensão dos generais-presidentes dera-se em um contexto tumultuado de lutas entre as forças conservadoras e progressistas. Depois de um breve, porém agitado governo de Jânio Quadros (1961), o novo presidente João Goulart (1961-1964), de tendência esquerdista, não conseguiu vencer as fortes resistências oferecidas pelos setores conservadores da sociedade civil e pelos representantes da caserna.

Goulart fracassou em harmonizar as reivindicações da classe trabalhadora e o temor da classe burguesa em perder os seus direitos e privilégios. No campo econômico, a inflação – herança indesejável do desenvolvimentismo juscelinista – acelerara, ultrapassando a casa dos 50%, no início de 1963. É verdade que o governo Goulart não fora responsável direto pela escalada da inflação, porquanto esta atingira, em 1960, portanto na gestão de Juscelino Kubitschek, a cifra de 39,5%. Naquele mesmo ano, o serviço de pagamento da dívida externa consumia 36,6% dos ganhos de exportação – um disparate, se lembrarmos que cinco anos antes, em 1955, ele não passava de 11,6% (SKIDMORE, 1988). Todavia, a situação deteriorava-se cada vez mais. Em 1964, a inflação alcançou o astronômico índice de 91,6% (PENNA, 1999). O serviço da dívida, também, chegava a níveis intoleráveis. O populismo, vigente desde o fim da Segunda Guerra Mundial até aquela data, fracassara.

O novo regime, fortemente centralizado no Executivo federal, promoveu uma série de ações, com o objetivo de resolver os dilemas da economia nacional, sem se importar com os impasses políticos convencionais. Implantou uma reforma no sistema fiscal que elevou a participação da receita em 26,7%, no PIB, em 1968, quando nunca havia ultrapassado 21%, no período de 1957 a 1964, oscilando entre este valor e 17%. O deficit orçamentário da União, igualmente, se recompôs, chegando a 0,6% do PIB – uma diminuição de sete vezes da cifra máxima, alcançada em 1963, de 4,3%. O desequilíbrio da balança de pagamentos diminuiu, da mesma maneira, em virtude da recessão imposta pela equipe econômica do governo Castelo Branco (1964-1967), que resultou numa diminuição da importação (SINGER, 1884). A inflação, embora não inteiramente domada, também caíra bastante, ficando no patamar de 40% (TAVARES, 1985).

A equipe governamental do marechal Castelo Branco formulou e colocou em prática o Programa de Ação Econômica do Governo (Paeg), válido para os anos de 1964-1966. Era um Programa baseado na planificação, aproveitando o momento excepcional no qual os senhores do poder tinham quase total controle das variáveis, seja econômica ou política (IANNI, 1977). Em tal contexto, imaginar-se-ia que órgãos como o Departamento de Estatística seriam reconhecidos e valorizados. Mas, não foi o que aconteceu, como já relatamos.

Fundação Anhanguera

Talvez a experiência precursora mais próxima do que seria a Fundação Seade foi proposta pelo governador Roberto da Costa de Abreu Sodré. Em sua mensagem 107, de 21 de outubro de 1970, ele submeteu à Assembléia Legislativa o Projeto de Lei 262. O documento autorizava "o Poder Executivo a constituir Fundação destinada a realizar estudos e pesquisas, executar e promover serviços especializados, nos campos das ciências e técnicas sociais, econômicas, administrativas e jurídicas, bem como promover levantamentos estatísticos".

A Instituição deveria enfatizar as atividades voltadas para o planejamento do Estado, incluindo aquelas relacionadas ao aperfeiçoamento da Administração e da prestação de serviços à coletividade. Para tanto, sua vinculação seria à SEP, para assumir a responsabilidade por estudos e pesquisas de médio e longo prazos. O projeto teve o parecer favorável (Parecer 580, de 1970) da Comissão de Constituição e Justiça, cujo relator foi o deputado Jacob Carolo; da Comissão de Serviço Civil, com o relator Solon Borges dos Reis; e, finalmente, da Comissão de Finanças. Entretanto, o governo de Abreu Sodré chegou ao fim sem concretizá-lo e a idéia da Fundação Anhangüera caducou. Em mensagem de 31 de março de 1971, o governador Laudo Natel solicitou ao presidente da Assembléia Legislativa a devolução do Projeto de Lei 262 para "reexame da matéria". Após esse fato, não foram mais encontradas informações sobre o assunto.

Em 1973, Miguel Colassuono, secretário do Planejamento de Laudo Natel, convidou seu colega da Faculdade de Economia e Administração da USP, o professor José Tiacci Kirsten, para diretor geral do DE.[33] Nesse período, os funcionários do DE eram técnicos de nível médio ou superior, com a maioria formada por estatísticos, mas também com muitos cartógrafos e economistas. A carência de escolas de estatística ainda repercutia negativamente na realização de trabalhos desse tipo. Em 1976, o DE possuía um quadro de 426 funcionários (231 cargos vagos). Desse quadro, estavam alocadas 285 vagas para estatísticos (174 cargos vagos!).[34]

Segundo o professor Tiacci Kirsten, "minha grande contribuição foi colocar o DE na era da informática. Naquela época o trabalho ainda era realizado pelo Serviço Mecanizado em máquinas enormes da IBM, como o sistema *hollerith*, que tomava um tempo enorme no processamento. Então, em minha gestão, assinamos o primeiro contrato com a Prodesp – na época dirigida pelo professor Jacques Marcovitch –, para informatizar o DE. A Prodesp mandou alguns técnicos e aos poucos fomos substituindo o Sistema de Mecanografia pelo de computação. Iniciamos um trabalho gradual até alcançarmos 60% a 70% dos serviços sendo processados pela Prodesp".[35]

O convênio com a Prodesp previa a transformação de serviços de movimento bancário, comércio de cabotagem, vias internas, produção agrícola e endereçamentos para o sistema computacional. Esse trabalho era feito usando o processamento em *batch*, que gerava um conjunto de tabelas pré-definidas pelos interesses dos técnicos do DE. Ainda de acordo com o professor Tiacci, as atribuições do DE, nesta época:

[33] Naquela ocasião, era um cargo efetivo e não um cargo em comissão.
[34] Reestruturação do quadro de pessoal do Departamento de Estatística. Junho de 1976.
[35] Entrevista com José Tiacci Kirsten, em 7 de novembro de 2002.

1. Como componente do Sistema Nacional de Estatística, fazia levantamentos por delegação do IBGE. Os Cartórios de Registro Civil enviavam as informações para o DE que trabalhava os dados e os passava ao IBGE. Por sua vez, dados coletados pelas agências do Instituto federal eram enviados para tabulação e crítica do Departamento estadual. Em troca, o IBGE fazia alguns levantamentos para nós, como, por exemplo, o do movimento bancário.
2. Fornecer as informações relevantes do ponto de vista estratégico para o planejamento do governo do Estado.
3. Realizar outras formas de levantamentos.

Entretanto, as coisas não andavam bem. Na impossibilidade de implementar modificações no quadro de funcionários, em que, por exemplo, todos os chefes de divisão eram efetivos, o professor Tiacci buscou alternativas: "Existia um ranço de funcionalismo. Como não poderia montar minha própria equipe, eu tentei cativar os diretores de divisão. Ao lado disto montei uma estrutura paralela com colegas de faculdade e estudantes para formar um grupo de decisão, para agilizar novos levantamentos. E assim começamos o projeto Conheça o seu Município. Um dos colaboradores deste grupo foi o José Antônio Carletti que coordenava a equipe".[36]

Em 1975, durante o governo Geisel, o DE sofreu o primeiro grande revés. No ano anterior, o IBGE havia sido reestruturado em fundação. Os Departamentos de Estatística tornaram-se elementos executores do Sistema Estatístico Nacional, comandado pelo IBGE. Na prática, isso significava que as principais pesquisas a serem executadas pelos Departamentos seguiam a determinação do órgão central federal. Este, ao ser transformado em fundação, passou a centralizar a maior parte dos serviços, deixando o Departamento de Estatística com menos autonomia. Nesse aspecto, houve uma visível fragilização do DE, após a Lei 6.015 (1973), que concentrou a coleta de informações e processamento de algumas estatísticas, entre elas as estatísticas vitais, no IBGE.[37]

No âmbito do Estado de São Paulo, Paulo Egydio Martins assumiu o cargo de governador. Ele queria modernizar a máquina estatal, ao lado do uso recorrente do planejamento, como um instrumento importante da sua

---

[36] Idem.

[37] Entrevista com Rosa Borin, em 23 de agosto de 2002.

gestão. A julgar pelos depoimentos[38] de autoridades estaduais da época, certamente o DE não poderia responder à altura aos objetivos da Estratégia de Governo de Paulo Egydio. Uma instituição burocratizada, "fossilizada"[39], no entender do próprio governador, remanescente das antigas repartições públicas e sem uma articulação que permitisse o seu aproveitamento no novo governo. Pelo menos, essa era a avaliação inicial do grupo que assumia então o poder estadual. Chegara a hora da mudança.

[38] Entrevistas com Jorge Wilheim, em 30 de agosto de 2002, Paulo Egydio Martins, em 29 de agosto de 2002, e Rubens Murillo Marques, em 2 de setembro de 2002.

[39] Entrevista com Paulo Egydio Martins, em 29 de agosto de 2002.

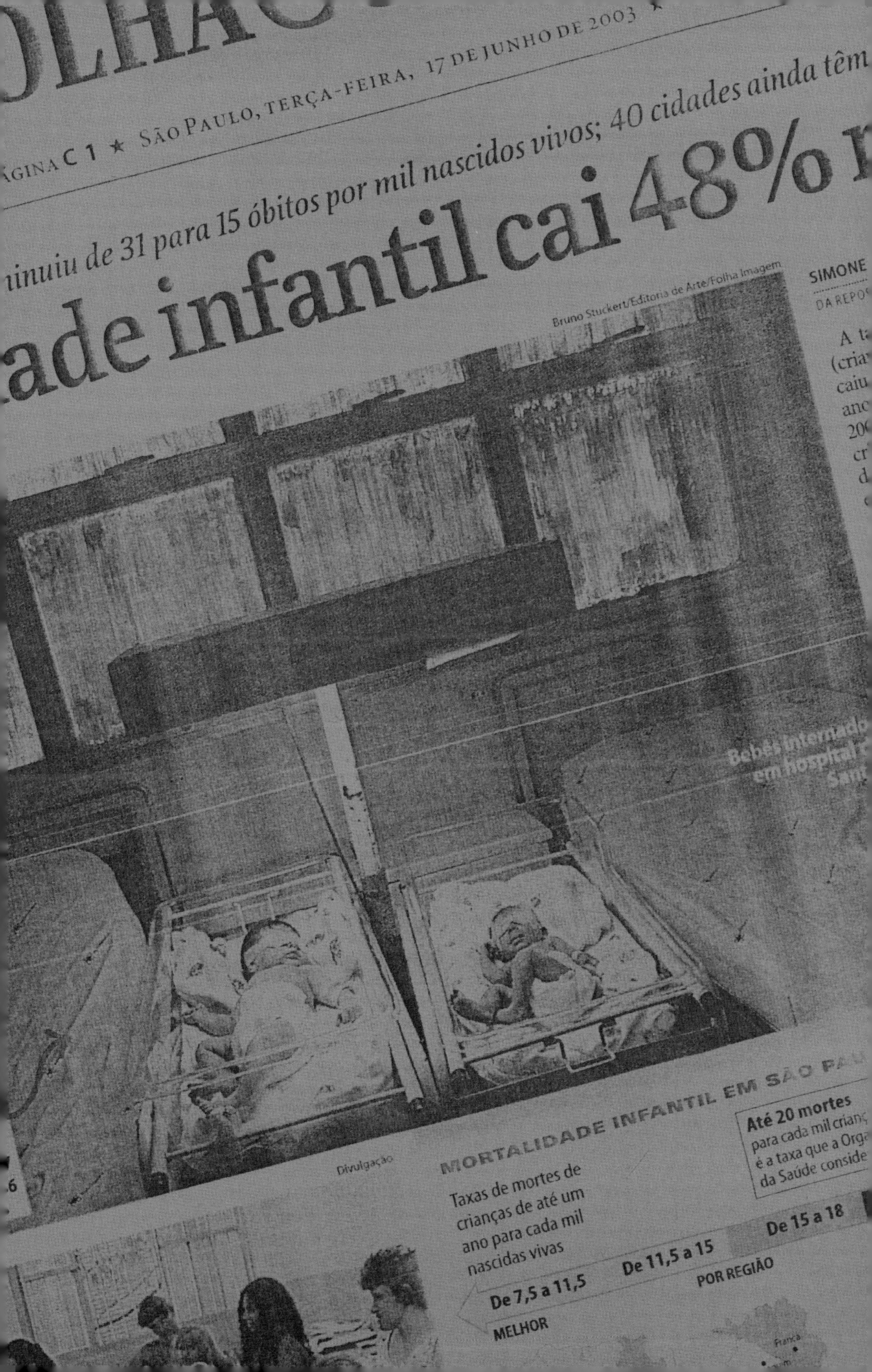
OLHA

ÁGINA C 1 ★ SÃO PAULO, TERÇA-FEIRA, 17 DE JUNHO DE 2003 ★

inuiu de 31 para 15 óbitos por mil nascidos vivos; 40 cidades ainda têm

ade infantil cai 48% n

Bruno Stuckert/Editoria de Arte/Folha Imagem

SIMONE

DA REPO

Bebês internado
em hospital
Saú

Divulgação

MORTALIDADE INFANTIL EM SÃO PA

Taxas de mortes de crianças de até um ano para cada mil nascidas vivas

Até 20 mortes para cada mil crianç
é a taxa que a Orga
da Saúde conside

De 15 a 18

De 11,5 a 15

De 7,5 a 11,5

POR REGIÃO

MELHOR

FOLHA são paulo

3º caderno ★ Página 1 ★ São Paulo, sábado, 8 de março de 1997 ★ concluído às 21h24 ★ inclui

Indifolha
Brasil lidera mortalidade
de crianças por mil, no Mercosul
60 Brasil
34 Paraguai
27 Argentina
21 Uruguai

Atmosfera Pág. 3-6
Previsão do tempo
Hoje
Chuva no Norte
Amanhã
Ensolarado no Sudeste

Pág. 3-7
ONG de Minas dá aulas a crianças carentes sob árvores e em quintais

Pág. 3-4
Castelo Branco vai fechar cabine de pedágio para conter trânsito após Itapevi

Argentina festeja classificação de Buenos Aires na luta para abrigar os Jogos de 2004; Rio de Janeiro é eliminado esporte 3-11 e 3-16

POPULAÇÃO *Capital paulista perdeu 514 mil pessoas entre 91 e 96; cidades próximas tiveram maior crescimento no Estado*

São Paulo passa a exportar migrantes

JOSÉ ROBERTO DE TOLEDO
da Reportagem Local

Está aumentando rapidamente nesta década o número de pessoas que deixam a capital paulista em direção a outras cidades. Entre 1991 e 1996, 514 mil pessoas abandonaram São Paulo.

Por ano, foram em média 103 mil moradores paulistanos que emigraram —um aumento de praticamente 50% em relação à média da década de 80, quando cerca de 69 mil pessoas deixavam o município a cada ano.

---

6 especial ■ ANO 2000 cidades — FOLHA DE S.PAULO — domingo, 1 de maio de 1995

SÃO PAULO

Influência cresce, mas cidade pára

CAPITAL PERDE INDÚSTRIAS E POPULAÇÃO PARA MUNICÍPIOS VIZINHOS, MAS GANHA MAIOR DESTAQUE NO CENÁRIO MUNDIAL

Indústria se desloca para o entorno da Grande SP

Saldo migratório

GRANDE SÃO PAULO
GAZETA MERCANTIL — QUARTA-FEIRA, 27 DE SETEMBRO DE 2000

São Paulo tem queda na taxa de crescimento populacional

Número de habitantes na Capital sobe 0,29% ao ano; em Anhanguera, a taxa é de 18,2%

Taxa anual de crescimento populacional
Distritos do Município de São Paulo
1980/1991 — 1991/1996

População aumenta em ritmo mais lento

---

3 ■ 8 são paulo sexta-feira, 15 de agosto de 1997 — FOLHA DE S.PAULO

Taxa recuou 7,8% no município de São Paulo e 7,5% no Estado no ano passado, informa José Roberto de Toledo. São as maiores quedas desde 91. Pág. 3-8

DEMOGRAFIA *Quedas ocorreram no Estado e na capital, onde em 95 a taxa tinha crescido, e foram as maiores desde 1991*

Cai taxa de mortalidade infantil em SP

JOSÉ ROBERTO DE TOLEDO
da Reportagem Local

A taxa de mortalidade infantil caiu tanto no Estado quanto no município de São Paulo no ano passado. As quedas foram significativas: 7,8% na capital e 7,5% no Estado. Em ambos os casos, foi a maior redução desde 1991.

A queda é mais significativa no ...

No ano passado, a taxa caiu para 21,62/1.000. Isso significa que diminuíram as mortes de crianças com menos de um ano de idade para cada mil nascidos vivos.

No Estado, a tendência de redução da mortalidade infantil é mais antiga. Porém, o resultado de 1996 foi o melhor desde a queda de 13,9% ocorrida entre 1990 e 1991. ...

... mundial de computadores.

A diminuição da mortalidade infantil no ano passado na capital paulista coincide com a implantação do PAS (Plano de Atendimento à Saúde), que transformou o atendimento de saúde em um sistema de cooperativas.

O bom resultado do ano passado ...

... petista conseguiu reduzir a mortalidade infantil paulistana em 27,4% —de 34,77/1.000 em 1988, para 25,23/1.000 em 1992.

A capital continua com uma taxa de mortalidade infantil inferior às médias estadual (que no ano passado foi de 22,73/1.000) e da região metropolitana ...

Em Itaquaquecetuba, também no entorno paulistano, a mortalidade infantil aumentou 12,6%. Foi uma das cidades que mais cresceu nesta década no Estado, por conta da migração de moradores pobres de São Paulo.

Essa migração para a periferia ...

... acesso a água encanada e esgoto. Muitas vezes, esse é o caso das cidades do entorno paulistano.

A população mais pobre da capital é empurrada para os municípios vizinhos por causa do custo de vida e acaba indo morar em regiões onde a infra-estrutura urbana não foi construída.

... dados do Seade mostram ... que diminuiu o número ... nascidos mortos. Na capital, a redução da taxa de natalidade caiu 18% no ano passado. No Estado, a queda foi um pouco menor: 16%.

Tel.: 0/xx/19/3254-1444
E-mail: folcam@uol.com.br
Internet: http://www.uol.com.br/fsp/campinas
Fax: 0/xx/19/3251-0075

FOLHA CAMPINAS

Serviço de atendimento ao assinante: 0800-703-8080

PÁGINA F 1 ★ SÃO PAULO, DOMINGO, 26 DE AGOSTO DE 2001

RETRATO DE UMA ÉPOCA *Pesquisa do Seade aponta que, no século 20, cidades registraram cada vez menos uniões e nascimentos*

Região vê redução de casamentos e filhos

Levantamento incluiu dados de cem cartórios

DA REDAÇÃO, EM SÃO PAULO

As informações disponibilizadas no CD-ROM "500 Anos de Divisão Territorial e 100 Anos de Estatísticas Demográficas Municipais", produzido pelo Seade, foram geradas nos últimos cem anos a partir de mapas estatísticos enviados pelos cartórios de registro civil dos municípios paulistas desde a sua criação legal.

Até 1970, os indicadores foram calculados para os anos censitários de 1900, 1920, 1940, 1950, 1960 e 1970.

Depois, os indicadores foram calculados para todos os anos compreendidos entre 1970 e 2000, considerando como denominador a população estimada com base nos censos demográficos de 1970, 1980, 1991 e 2000 e nos saldos vegetativos e migrató...

Marcos Peron/Folha Imagem

FÁBIO SOARES
DA REDAÇÃO, EM SÃO PAULO
CLAUDIO LIZA JUNIOR
FREE-LANCE PARA A FOLHA CAMPINAS

No decorrer dos últimos cem anos, as cidades da região registraram, principalmente a partir da década de 80, cada vez menos casamentos, menos nascimentos e uma sensível redução nos índices de mortalidade infantil.

Os dados são de uma pesquisa inédita do Seade (Fundação Sistema Estadual de Análise de Dados), concluída em maio deste ano, que detalha a formação histórica dos municípios do Estado, desde 1532, com base nos censos demográficos e dados estatísticos dos cartórios de registro civil.

A redução dos casamentos e nascimentos é observada levando-se em conta a relação com as populações, em crescimento desde o início do século, e segue uma tendência estadual, iniciada a partir da década de 60.

Nos quatro municípios mais populosos da região e selecionados para a reportagem —Campinas, Piracicaba, Jundiaí e Americana—, a taxa de nupcialidade (número de casamentos em relação a cada mil habitantes no pe...

... do número de uniões.

"A diferença talvez seja a religião da pessoa. Atualmente muita gente só vê no casamento uma parte comercial e por isso não dá mais tanta importância. Eu, no entanto, considero importante firmar um compromisso diante de Deus com a pessoa que você escolheu para viver", disse.

Oliveira está com casamento marcado para março do próximo ano, com a também jornalista Ana Paula Geremias, 25, depois de cinco anos de namoro.

"A gente fez tudo na época certa. Hoje já estamos mais estabilizados e acredito que essa condição é bastante importante para se decidir por um casamento", afirmou Ana Paula.

O índice de nascimentos acompanhou a curva da nupcialidade na região. Depois de um ligeiro crescimento na década de 80, nos últimos dez anos a taxa vem caindo. Em 2000, a menor delas foi registrada em Americana, com 15,16, ou 2.356 nascidos.

No quesito mortalidade infantil, de novo Americana aparece com destaque entre as cidades analisadas, apresentando o menor coeficiente de mortes da região, 11,25

Capítulo II

A criação da Fundação Seade

Indicam os registros oficiais, que o Decreto 1.866, de 4 de dezembro de 1978, criou a Fundação Seade, subordinada à Secretaria de Economia e Planejamento (SEP) do Governo do Estado de São Paulo. Na verdade, o decreto formalizava uma estrutura já existente, apoiada, por um lado, na Coordenadoria de Análise de Dados (CAD), instituição que remontava ao século XIX, com tradição na coleta e divulgação de informações no Estado de São Paulo, e, por outro, no Sistema Estadual de Análise de Dados Estatísticos (Seade), criado para articular as informações gerenciais do governo. Esse ato, um dos últimos do governo Paulo Egydio, teve forte motivação política: proteger o Seade das ingerências da gestão seguinte, que, segundo a avaliação da equipe que estava deixando o poder, representava uma ameaça para o futuro da instituição em tela.

Entretanto, o próprio Seade, antecessora da Fundação Seade não seria uma redundância? Quais teriam sido as circunstâncias que levaram a gestão de Paulo Egydio a criar o Sistema Estadual de Análise de Dados Estatísticos (Seade), quando já existia, no âmbito nacional, o IBGE e, no próprio circuito paulista, a CAD? Modernização pura e simples da máquina estatal? Ou, então, um objetivo mais específico para atender a uma ação política mais definida? A compreensão da questão passa por uma análise mais acurada das circunstâncias socioeconômicas que afligiam a Nação naquele tempo. Não se deve esquecer que, na época, a crise internacional do petróleo atingia duramente o País, provocando uma intensa instabilidade na economia brasileira. Quase como corolário, diante das dificuldades crescentes, ocorria um abrandamento na política dos detentores do poder resultante do movimento militar de 1964, do qual o próprio governador Paulo Egydio era signatário.

É inquestionável a importância desse momento para a história que estamos contando, porque marca a transformação de um departamento, que simplesmente compilava e divulgava os dados, para um órgão com as mais modernas concepções do sistema de informações em nível nacional. A modernização no tratamento de informações articulava-se à implementação de um planejamento estratégico do governo Paulo Egydio, cujo perfil moderno abrangia a participação ativa de vários segmentos da intelectualidade paulista. O período é dos mais interessantes, dentro do processo histórico relacionado à Fundação Seade, não só por representar o início de suas atividades, mas também por ter sido engendrado, em boa parte, por pessoas contrárias ao regime, em um momento político delicado, no qual a informação estava sob o controle do Sistema Nacional de Informações (SNI), órgão do governo militar ligado à repressão. Para compreender melhor essa situação, torna-se necessário fazer uma incursão histórica com a finalidade de trazer à tona o perfil, ainda que mutante, do regime militar. Só assim, entender-se-iam os rumos tomados pela máquina estatal paulista sob o comando de Paulo Egydio e o significado de alguns conceitos, como o de planejamento, utilizados por ela.

O regime militar

A despeito de já se ter falado do governo dos três primeiros generais-presidentes, no capítulo anterior, não custa nada recordar. A vantagem é ter uma perspectiva mais ampla para entender a época em análise. Após o golpe, o general Humberto de Alencar Castelo Branco tornou-se o primeiro presidente do regime militar, em 1964. Com ele, assumiu o governo um grupo afinado basicamente com as idéias da Escola Superior de Guerra. O grupo "castelista", como ficou conhecido, planejava, no plano político, instituir uma "democracia restringida" e conter a ameaça comunista, e, no econômico, tinha, como objetivos precípuos, estancar a inflação e privilegiar as empresas privadas para liberar as forças do mercado (SKIDMORE, 1988). Para isso, promoveu amplas reformas institucionais no biênio 65-66, principalmente nas áreas financeira e fiscal.

O governo seguinte, o do general Artur da Costa e Silva, tomou uma postura diferente, quando assumiu o poder, em 1967. Deixou de lado a política monetarista, estimulou linhas de financiamento externo, retomou os gastos públicos, e promoveu a produção de bens duráveis. Sob a batuta do ministro Delfim Neto, da Fazenda, e de Hélio Beltrão, ministro de Planejamento, a capacidade ociosa das indústrias começou a ser aproveitada graças à injeção de crédito (TAVARES e ASSIS, 1985). Na gestão de Costa e Silva, havia uma postura progressista em alguns setores, como, por exemplo, na política de Ciência e Tecnologia (C&T). Estava em curso a Operação Retorno, com a finalidade de trazer de volta os pesquisadores brasileiros que saíram do País em busca de melhores condições de trabalho. Para instituir um ambiente mais propício à investigação científica e tecnológica, o governo promoveu uma série de ações. O Conselho Nacional de Desenvolvimento Científico e Tecnológico (CNPq) recebeu a incumbência de elaborar um plano qüinqüenal para o setor de C&T. Concebeu-se uma reforma universitária, com a pretensão de modernizar as universidades. A Sociedade Brasileira para o Progresso da Ciência (SBPC) é ouvida. A Financiadora de Estudos e Projetos (Finep) transforma-se em uma empresa pública mais ágil, para atender às demandas tecnológicas (1967). "Todavia, as forças reacionárias, que se encastelavam nos bastidores do poder, iam aos poucos minando essa diretriz. Ao mesmo tempo, a contradição entre esta política nacionalista e a economia internacionalizante trouxe conturbações sociais de todo tipo durante o período, sobretudo em 68. Com a edição do AI-5 e a morte de Costa e Silva, terminava este hiato quase democrático do regime militar." (MOTOYAMA, 1994)

O seu sucessor, o Presidente Emílio Garrastazu Médici, reforçou o autoritarismo para conter a insatisfação popular. No campo econômico, Delfim Neto – mantido na pasta da Fazenda – continuou dando as cartas. Ele acelerou o processo de endividamento externo, beneficiando-se da conjuntura internacional favorável aos países devedores. Estimulou o crescimento e a diversificação de exportações, através de incentivos internos. Expandiu os setores da construção, elétrico e de transporte, graças ao investimento público e ao de filiais de empresas estrangeiras. "A indústria têxtil, a de calçados e de vestuários se modernizaram com base em importações financiadas de capital. A própria expansão do investimento favoreceu a ocupação ociosa do setor de bens de capital, que começou a acelerar a sua produção a partir de encomenda do setor público e da indústria privada. Instaurava-se o círculo virtuoso do crescimento, envolvendo toda a indústria, que em boa parte é mercado de si mesma. O consumo crescia, em parte graças ao aumento do emprego, mas, sobretudo, à custa do endividamento. O mercado expandiu-se com a dívida". (TAVARES e ASSIS, 1985)

Devido ao baixo preço do barril de petróleo no mercado internacional, o Brasil ingressa nos anos 1970 consolidando os pressupostos básicos do chamado "milagre brasileiro", concretizado mediante a implantação de imensos projetos. É o auge da construção dos "elefantes brancos", em que países de economia retardatária aplicaram vultosas somas na realização de grandes projetos, muitos deles de validade e abrangência social questionáveis. Tais investimentos internalizam problemas tecnológicos, políticos e sociais, repercutindo, sobretudo, na eclosão de movimentos ecológicos e pacifistas (MARQUES, 1992). Coincidentemente, outro gaúcho, o general Ernesto Geisel, torna-se o sucessor de Médici. Embora fossem ambos originários do Rio Grande do Sul, os generais tinham visões políticas diferentes, uma vez que o novo presidente estava afinado com a ala "castelista" e seus princípios baseados no pensamento da Escola Superior de Guerra. O clima imposto pelos novos gestores caracterizou-se como o de abertura política, "lenta, gradual e segura". Nesse ponto é que começa a nossa história.

O novo presidente procurou pessoas afinadas com a nova mentalidade, para formar a equipe do governo federal e os governos estaduais. Para São Paulo, indicou Paulo Egydio Martins, com quem havia desenvolvido afinidade durante o primeiro governo do regime militar, como podemos aferir nas palavras do ex-governador: "ainda no governo do Castelo, quando fui ministro da Indústria e Comércio, passei a me relacionar muito bem com o general Geisel, chefe da Casa Militar. Ministro mais moço da equipe, com apenas 35 anos, desconhecendo muitas das artimanhas palacianas, apoiei-me nele, considerando-o como meu conselheiro e interlocutor. Formou-se, então, uma forte amizade. Quanto à situação política daquele momento, vamos falar de maneira simplificada: a oposição ao grupo castelista vinha basicamente das pessoas pertencentes ao governo Costa e Silva. Este ascendera ao poder por ter empolgado a chamada "linha dura" ou os *troupier*, contrários à política do marechal Humberto Castelo Branco. Eram os *troupier versus Sorbonne*, disputa permanente durante o regime militar. O grupo da *Sorbonne* representava o pensamento da Escola Superior de Guerra, que sustentava o pensamento dos integrantes do governo Castelo Branco. No governo do Costa, foi editado o AI-5 – a grande guinada contra o castelismo –, que foi uma obra de dois juristas da Faculdade de Direito do Largo de São Francisco, da USP. Depois assumiu o Médici, que efetivamente perfilou a linha dura".[1]

Embora a gestão de Geisel tenha representado uma forte evidência de arrefecimento do regime militar, ainda assim foi marcada por alguns recuos de cunho político, ligados principalmente às concessões que fazia ao seu "público interno" – formado pelos militares da linha dura. Uma demonstração clara dessa oscilação foi verificada na edição da lei Falcão e o Pacote de Abril. O abrandamento da repressão política ainda seria atingido por alguns casos de tortura, que vieram a conhecimento público. Em 26 de outubro de 1975, o comandante do II Exército de São Paulo, Ednardo d'Ávila Mello informou a morte do jornalista Wladimir Herzog, chefe do Departamento de Jornalismo da TV Cultura, nas dependências do DOI-Codi em São Paulo, fato que, posteriormente, se repetiria com o operário Manoel Fiel Filho, em janeiro de 1976. Após esse episódio, Geisel demitiu Ednardo d'Ávila, substituindo-o pelo general Dilermando Gomes Monteiro.

Se, por um lado, o cenário político nacional apresentava algumas melhorias, o mesmo não se configurava no cenário econômico. Competia ao governo Geisel administrar a economia brasileira sob algumas conseqüências negativas do milagre econômico, como a dependência de produtos externos, especialmente do petróleo.[2] Com a crise deste, em 1973, a política de Geisel, definida no II Plano Nacional de Desenvolvimento (II PND-1974-79), foi baseada na diminuição da dependência do País das fontes externas de energia, ao mesmo tempo em que procurava o desenvolvimento pelo fortalecimento das indústrias de base, como comunicações, ferrovias, navegação e portos. Os gigantescos investimentos públicos destinados ao sistema Eletrobrás, Petróleo Brasileiro S.A. (Petrobras) e Empresa Brasileira de Telecomunicações (Embratel), além de outras empresas públicas, formaram a sustentação do programa.

A preocupação com o problema energético foi contemplada nos trabalhos de prospecção de petróleo efetuados pela Petrobras; nos contratos de risco com empresas estrangeiras para prospectar o petróleo; no programa nuclear; na substituição da gasolina pelo álcool; e na construção de hidrelétricas, cujo exemplo mais expressivo foi a de Itaipu. Ao propor uma

---

[1] Entrevista com Paulo Egydio Martins, em 29 de agosto de 2002.

[2] No conflito árabe-israelense, a Opep utilizou o petróleo como arma política, nas relações com as potências capitalistas, contingenciando a produção e aumentando o preço do petróleo. No primeiro choque do petróleo – setembro de 1973 –, o preço médio passa de US$ 2,80 para US$ 11,13 por barril. Importando 80% do petróleo que utilizava, no Brasil ocorreu uma imediata alta do preço, em mais de 30%.

política mais agressiva na área de energia nuclear, o governo confrontou-se com a posição dos EUA de limitação do uso dessa forma de energia, e firmou acordo com a Alemanha Ocidental, em 1975, no valor de US$ 10 bilhões, com a previsão de instalar de oito centrais termonucleares! Saliente-se, aqui, a determinação do governo brasileiro em buscar os seus caminhos de crescimento de maneira independente, via modernização.

Na área econômica, o período de Geisel apresentou alguns resultados satisfatórios. O PIB cresceu, na média anual, 6,7%, entre 1974 e 1978, em meio a uma inflação média de 37,9%, no mesmo período. Por outro lado, a relativa contenção da inflação fez-se à custa de artifícios, entre eles, a oferta de bens produzidos pelas estatais a preço abaixo do custo, o que tornava essas empresas cada vez mais deficitárias. A dívida externa alcançou US$ 43,5 bilhões, no final de 1978, excedendo em dobro aquela de três anos antes, e não se encontrou outra saída além da obtenção de novos empréstimos. Outro problema comprometia o orçamento da União: a dívida interna, alavancada pelo mecanismo da correção monetária e política de juros elevados. Corroborava com esse quadro negativo o descontentamento dos assalariados, devido à correção anual insuficiente dos salários, que se confrontava com uma inflação em alta. Em meio a todos esses problemas, o governo tentava solucioná-los por intermédio de diversos expedientes, mormente, pela modernização da máquina administrativa. Paulo Egydio não só se alinhava com tal postura como também defendia com convicção os preceitos de uma gestão eficiente. Sem a sua figura dificilmente haveria o Seade.

O planejamento para os militares

O planejamento e a valorização da técnica para garantir a eficiência administrativa foram estimulados no regime militar. Na postura tecnocrática dos homens da caserna, tudo seria passível de planejamento, dentro dos critérios de adequação entre os recursos e os fins econômicos. No entender de Jorge Wilheim, emérito planejador urbano e secretário de Economia e Planejamento na gestão Paulo Egydio, "embora isto cause certo constrangimento entre os planejadores, durante o regime militar ocorreu o maior desenvolvimento no uso da informação e do planejamento no Brasil. Nunca se fez tanto planejamento no Brasil como naquele período".[3] No governo

---

[3] Entrevista com Jorge Wilheim, em 30 de agosto de 2002.

Geisel, o ministério passou para a Secretaria do Planejamento, com João Paulo dos Reis Velloso[4] à frente. Ele já havia dirigido o Ministério do Planejamento de Médici e, ao final das duas gestões, completaria quase dez anos à frente do planejamento do Brasil. Fato é que, com a força política de tempos autoritários, os Planos Nacionais de Desenvolvimento (PND) e os Planos Básicos de Desenvolvimento Científico e Tecnológico (PBDCT) – nos quais, pela primeira vez, ciência e tecnologia figuravam sistematizadas para o desenvolvimento nacional – alcançavam um relativo sucesso.

Fundamentalmente, os planos foram gestados na Secretaria de Planejamento do governo federal, na Subsecretaria de Planejamento, que utilizava a estrutura do Instituto de Planejamento (Iplan) – considerado o órgão central do domínio – que, junto com o Instituto de Pesquisa (Inpes), compunha o Instituto de Planejamento Econômico e Social (Ipea). Ao Iplan, ainda cabia a concepção e a elaboração dos documentos básicos do II PND, para o período de 1975-1979. A secretaria também contava com a Subsecretaria de Reforma e Modernização Administrativa (Semor) – responsável pela implantação do Decreto-Lei 200 que baseava a reforma administrativa de 1967 –, a Subsecretaria de Articulação com os Estados e Municípios (Sarem) e a Subsecretaria de Cooperação Econômica e Técnica Internacional (Subin). Outros organismos foram designados para compor a Secretaria: Instituto Brasileiro de Geografia e Estatística (IBGE), Banco Nacional de Desenvolvimento Econômico (BNDE), Financiadora de Estudos e Projetos (Finep), Conselho Nacional de Desenvolvimento Científico e Tecnológico (CNPq), (GOVERNO FEDERAL, 1979).

A Sarem foi criada pela Portaria 44, em junho de 1972, e constava das suas atribuições: propor programas de cooperação técnica e financeira aos estados para fortalecer os Sistemas Estaduais de Planejamento, e a criação e desenvolvimento do Sistema de Informações para o Planejamento (SIP). O SIP tinha os seguintes objetivos: coletar informações sobre a atividade governos estaduais; apurar, analisar e divulgar as informações; capacitar os estados para a elaboração de indicadores de desempenho social, sob orientação do IBGE. A Sarem ainda estabeleceu convênios com vários estados da União, com as seguintes finalidades: implantar, aperfeiçoar e ampliar os sistemas estaduais de planejamento; identificar, motivar e aperfeiçoar recursos humanos; elaborar, acompanhar e executar planos de desenvolvimento

[4] João Paulo dos Reis Velloso foi ministro do Planejamento e Coordenação Geral de 30 de outubro de 1969 a 1º de maio de 1974 e ministro da Secretaria de Planejamento da Presidência da República de 02 de maio de 1974 a 14 de março de 1979.

microrregional. Aparentemente, São Paulo participou pouco dessas iniciativas, a julgar pelos valores alocados para o estado em comparação aos outros (MINISTÉRIO DO PLANEJAMENTO, 1974). Entrementes, infere-se claramente que as atividades relacionadas à implementação de sistemas de informação dedicados ao planejamento consistiam em uma das prioridades dos governos militares, sobretudo daquele de Geisel.

O governo Paulo Egydio

Paulo Egydio conferia ao governo do Estado uma tonalidade mais democrática e moderna, até porque sucedeu a Laudo Natel, um governador alinhado com os setores mais conservadores do regime militar. Embora o seu raio de manobra com os militares fosse limitado, o novo governador garantiu a sustentação política para realizar importantes movimentos em São Paulo, e comandou o processo de abertura em consonância com a política de Geisel. Como um empresário ligado ao setor bancário, mas com fortes ligações com indústrias do porte da Alcoa Alumínio, ele estava atualizado sobre modernas técnicas administrativas e determinado a introduzir sérias modificações na administração estadual.[5]

Naquela época, o governador era indicado na convenção do partido, havendo um período de seis meses, entre a indicação e a posse, que permitia algumas ações para planejar a gestão. Nessa fase preparatória, Paulo Egydio contratou três equipes: uma comandada por Nelson Teixeira, para realizar um estudo formal sobre o organograma de governo, enquanto Roberto Cerqueira Cézar coordenava outra para estudar a região metropolitana. Dessa última equipe, resultaria a elaboração dos Planos Regionais e a criação da Região Metropolitana de São Paulo (RMSP). Desde o primeiro momento, Paulo Egydio mostrou a sua determinação em reunir o que havia de melhor na intelectualidade paulista – independentemente de posições políticas ou afiliações partidárias.[6] A prova encontra-se na escolha do coordenador da terceira equipe, que faria o planejamento de sua gestão, na figura de Jorge Wilheim, um intelectual reconhecido tanto por seus trabalhos como planejador urbano, como por suas posições críticas ao regime militar e ex-militante do Partido Comunista.

---

[5] Entrevista com Paulo Egydio Martins, em 29 de agosto de 2002.

[6] Entrevistas com Paulo Egydio Martins, em 29 de agosto de 2002, e Jorge Wilheim, em 30 de agosto de 2002.

Os problemas emergentes

Dessa forma, no segundo semestre de 1974, por intermédio de uma entidade ligada ao setor bancário, a Associação Nacional de Programação Econômica e Social (Anpes), Paulo Egydio contratou uma equipe para analisar os problemas do Estado de São Paulo, com vistas a elaborar um planejamento estratégico para a sua gestão. Na essência, o objetivo do trabalho era estabelecer um instrumento para identificar os pontos nos quais deviam ser concentradas as ações governamentais. Esse estudo envolveu cerca de 200 pessoas dos mais variados segmentos políticos, econômicos e sociais. Na equipe básica de 35 pessoas, notavam-se especialistas renomados como Jorge Wilheim (coordenador), Chywa Rojza Spindel, Clementina de Ambrosis, Jorge Hori, Lenina Pomeranz, Luiz Augusto de Queiroz Ablas, Marisa de Assis, Rosa Grena Kliass. Entre os consultores, encontravam-se vários intelectuais de gabarito, como Aziz Nacib Ab´Saber, Heinrich Ratner e Mário Guimarães Ferri. Após os estudos e diagnósticos, o grupo propôs 106 programas prioritários na coletânea de documentos chamada *Os Problemas Emergentes do Estado de São Paulo – 1974*, dos quais três diziam respeito à informação: a criação do sistema de indicadores socioeconômicos, montagem do sistema de comunicação social gerada pela Administração e ampliação do alcance da TV Cultura.

A informação configurou-se como "um modo de administrar e compreende, os canais de informações dos cidadãos para o governo e deste para os cidadãos", e foi contemplada em um anexo à coletânea de documentos chamado *Estudos Complementares*. O trabalho, realizado pela equipe coordenada por Maria Alice Pompéia Gonzaga, foi publicado em março de 1975 e traçava um diagnóstico da informação no estado: O Estado de SP caracteriza-se por possuir a maior quantidade de recursos e entidades coletoras de informações de toda a União. No entanto, não se pode considerar em condições satisfatórias de conhecimento da realidade estadual por diversos motivos:

- irregularidade na periodicidade dos levantamentos de dados;
- deficiências conceituais e ausência de recursos destinados às operações de levantamento (ou de campo);
- duplicação de levantamentos;

- burocratização e falta de renovação das sistemáticas oficiais de levantamento;
- elevada quantidade de informações colhidas e não processadas;
- aplicação escassa e inadequada de métodos de tabulação mecanizada;
- baixo aproveitamento de dados existentes nos órgãos (públicos ou não);
- divulgação insuficiente e/ou morosa dos dados levantados, seja por problemas de processamento, ou por dificuldades de publicação;
- sonegação arbitrária ou tendenciosa de informações em diversos órgãos;
- dispersão e falta de relacionamento entre os "terminais" de informação;
- incompatibilidade e incoerência entre dados correlatos de fontes distintas;
- falta de orientação dos órgãos responsáveis pela análise e planificação da realidade, referente à solicitação das informações básicas que necessitam;
- permanência de amplas áreas cujas informações são mal levantadas, ou inexistentes, principalmente no campo social;
- carência de "terminais" com informações agrupadas para uma análise estrutural por setor.

Estes aspectos, além de explicarem as dificuldades encontradas na obtenção de informações mais precisas de forma dinâmica, alertavam para a necessidade de melhorar os serviços de levantamento e processamento de dados, intermediários entre a situação do Estado, e os órgãos responsáveis pela sua gestão".

Para a formação do diagnóstico, realizou-se um levantamento de campo, durante o segundo semestre de 1974, que apurou 133 fontes de informações em vários órgãos públicos, resultando no cadastro de 153 fichas de caracterização das fontes e a apuração de 132 indicadores de desenvolvimento para o acompanhamento das realizações do governo.

Projeto do Sistema de Indicadores para o Desenvolvimento (SID)

O primeiro projeto concebido pela equipe de planejamento do sistema de informações foi o Sistema de Indicadores para o Desenvolvimento (SID). Foi elaborado no período de 12 de dezewmbro de 1974 a 10 de março de 1975 com a idéia de ser um "serviço-piloto" do novo Sistema Estadual de Informações (SEI), subsidiando a tomada de decisões por meio de um conjunto de indicadores sobre a realidade do Estado.[7] O projeto baseou-se na prerrogativa de que "A realidade é o ponto de partida e de chegada das atividades da gestão e intervenção do Governo. Assim, o SID deve se valer das expressões da opinião pública como fontes dos seus principais indicadores" (ANPES, 1974).

Os objetivos gerais do SID previam:

1. Identificar e classificar os indicadores mais significativos do desenvolvimento social e econômico do Estado de São Paulo.
2. Constituir uma equipe de análise de conjuntura para executar avaliações periódicas, estudar novos indicadores e propor pesquisas.
3. Acionar e dinamizar as atividades dos diversos órgãos coletores e processadores de dados, aumentando a eficiência dos levantamentos, intensificando o uso dos dados e compatibilizando a ação de órgãos para reduzir a duplicidade de pesquisas.
4. Gerar novas atividades no processamento e divulgação de informações, tendo como meta a sistematização da coleta de dados, a criação de padrões de trabalho.
5. Atender às necessidades dos usuários efetivos e criar condições para ampliação do atendimento aos usuários potenciais, democratizando o acesso às informações.[8]
6. Criar uma sala de situação para registro visual.

A base conceitual do SID foi criada a partir do chamado *Modelo de Análise da Realidade,* cujo objetivo era categorizar uma situação real em áreas de atividades, buscando as relações existentes entre as categorias eleitas para gerar os indicadores de desenvolvimento. O modelo seria periodicamente ajustado não só em função das variações da realidade, mas também porque estavam

[7] Participaram desse projeto Maria Alice Pompéia Gonzaga, Ari Vicente Fernandes e Mirna Issa Ayres Gonçalves, Moysés Aron Pluciennik (equipe básica); Ana Yara Dania Paulino Lopes, Benedito Marcos de Almeida, Márcio Freire Penteado, Mari Shirabaiashi, Norma Cristina Brasil Casseb, Sandra de Toledo Ramos Machado, Yara Vicentini Fernandes e Márcia de Souza Carvalho (equipe de levantamento); Ana Cândida de Cunha Ferraz, Arekey Martins Rodrigues, Edgar Luiz Gutierrez Alves, Jorge Hori, José Carletti, Paul Israel Singer e Raul Ximenes Galvão (assessores); Antônio Marcos da Silva e Marcelo Tassara (projeto de comunicação visual).

[8] De acordo com a prioridade na obtenção da informação, os usuários do SID foram classificados em efetivos (Casa Governamental, secretariado e seus assessores, chefes de coordenadorias e departamentos, pessoal de órgãos de informações e coleta da Administração Pública, relações públicas e imprensa em geral); e em potenciais (parlamentares, representantes de entidades civis, técnicos de planejamento, representantes sindicais e de associações de classe, professores e estudantes universitários).

cientes de que "a escolha de um conjunto de informações depende da posição política das pessoas que pretendem analisar a realidade" (ANPES, 1974).

Ainda segundo a equipe, "as medidas de realidade são baseadas no conceito de informação – a interpretação codificada da situação. Os indicadores da situação devem ser compostos por expressões da vontade popular, através de proposições e ações resultantes do debate nas entidades representativas da opinião pública". De acordo com o enfoque, os indicadores de desenvolvimento foram dispostos na configuração da Matriz de Recorrência, que gera os campos de cruzamento em que se formularão os indicadores.

Matriz de Recorrência

A matriz de recorrência baseada no bem-estar da população é uma referência que antecede a discussão sobre a construção de indicadores para qualidade de vida. Embora tenham sido realizados estudos no âmbito da ONU sobre esse tipo de indicadores na década de 1960, motivados pelo desgaste da utilização do Produto Interno Bruto (PIB) *per capita,* apenas na década de 80 o Programa das Nações Unidas para o Desenvolvimento (Pnud) definiria o Índice de Desenvolvimento Humano (IDH) (JANNUZZI, 2001).

O IDH é construído a partir da associação de indicadores das três dimensões citadas no PNUD: nível educacional, esperança de vida e produto interno bruto. Em 2001, a Fundação Seade, atendendo a uma demanda da Assembléia Legislativa do Estado de São Paulo, iniciou a publicação do *Índice Paulista de Responsabilidade Social (IPRS),* agregando os indicadores de esforço e participação. Em tal contexto, a experiência de construção do SID pode ser considerada inovadora, e antecessora a esses indicadores.

Os indicadores gerados no SID dependeriam da qualidade dos dados de entrada, fontes, dados e informações, gerados em outras áreas de atividade das secretarias e demais órgãos. A preocupação engendrou outra atividade: o estudo do usuário para ajustar os indicadores às formas de compreensão e gestão dos clientes do governo e servir como elemento de entrada ao trabalho de montagem do SEI. Outro aspecto interessante que veio à discussão com a criação do SID refere-se ao surgimento de propostas para a adequação da estrutura do Departamento de Estatísitca (DE) e da própria Secretaria de Economia e Planejamento (SEP), para abrigar o novo Sistema de Informações. Foram examinadas quatro alternativas:

Alternativa 1:

Criação de uma Coordenadoria de Informações, que seria a responsável pela implantação do SID. O DE seria reformulado como órgão de apoio.

Alternativa 2:

O SID seria incorporado ao DE, que teria ampliadas as suas funções, respondendo pelo levantamento, análise e produção de indicadores.

Alternativa 3:

Criação da Fundação para Estudos Econômicos e Sociais, respondendo pela análise de dados e informações, geração de indicadores e estudos especiais. O DE seria dinamizado, enquanto órgão específico de coleta de dados.

Alternativa 4:

O DE seria dissolvido e criada uma super-fundação, responsável pela coleta, processamento, análise, tratamento e geração dos indicadores.

A primeira proposta, considerada mais adequada e viável de ser implantada em curto prazo, foi encaminhada à SEP, acompanhada das principais medidas para a sua operacionalização: (1) Criar um Grupo de Trabalho da Informação; (2) Criar uma Coordenadoria da Informação; (3) Gerar indicadores; (4) Estudar as fontes principais; (5) Realizar um estudo de usuários; (6) Desenvolver rotinas para avaliação do serviço;

Estratégia de Governo

Paulo Egydio Martins assumiu o governo em 15 de março de 1975 e, em pronunciamento, no dia 20 de março, divulgou sua *Estratégia de Governo*. No documento, a informação estava no centro das atenções, sendo considerada "não um atributo da administração, mas um modo de administrar; compreende os canais de informação dos cidadãos para o governo e deste para os cidadãos" (DIÁRIO OFICIAL, 16/4/1975).[9] A Estratégia priorizava a cen-

[9] Pronunciamento de Paulo Egydio Martins. São Paulo, 16 de abril de 1975.

tralização das informações e a descentralização das ações para obter um planejamento eficaz – o principal agente no *modus operandi* da nova gestão. "Para possibilitar aos secretários ampla liberdade de promover seus projetos, é fundamental que o Governo tenha meios de conhecer e avaliar constantemente tanto a situação do Estado como o efeito da ação governamental descentralizada sobre essa mesma situação. Daí a decisão de se estruturar um sistema de informações tomadas ao nível do usuário, do cidadão, assim como ao nível dos órgãos executores. Essas informações coletadas permanentemente vão permitir a definição de uma série de indicadores socioeconômicos e físicos. Atualizados mensalmente, estes indicadores serão reunidos em uma "Sala de Situação", a qual, além de se constituir em local para reuniões do Secretariado, fornecerá análises e informações para serem divulgadas com regularidade" (DIÁRIO OFICIAL, 16/4/75).

A implantação do sistema ideado dependia, entre outras medidas, da: "adequação do Departamento de Estatística, capacitando-se à montagem de um sistema estadual de informações e, dentro deste, à montagem gradual do serviço de indicadores socioeconômicos e físicos, que constituirá a "Sala de Situação" no Palácio do Governo; nesta Sala serão expostos gráficos atualizados mensalmente, retratando o Estado e seus problemas, produzindo-se ainda, as análises e avaliações mensais destinadas à periódica revisão da Estratégia" (DIÁRIO OFICIAL, 16/4/75). A firme intenção do governador pôde ser atestada com a transferência do orçamento do estado para a SEP, uma decisão inovadora para aquele período. O próprio Jorge Wilheim mostrou-se surpreso com o poder conferido à sua secretaria: "era o meu primeiro cargo público e eu ainda não tinha consciência do meu poder! Para os secretários convidados a participar do governo Paulo Egydio dizia: "agora você vai falar com o futuro secretário do planejamento porque ele lhe dará ciência de qual é a estratégia de governo".[10]

A criação do Sistema Estadual de Análise de Dados (Seade)

O anteprojeto do Sistema Estadual de Informação

O anteprojeto de implantação do Sistema Estadual de Informação (SEI), sob a coordenação de Maria Alice Pompéia Gonzaga e Ari V. Fernandes,

[10] Entrevista realizada em 30 de agosto de 2002.

foi publicado em março de 1975, e constavam como seus principais objetivos: "elevar o aproveitamento das informações, ampliar sua faixa de utilização, compatibilizar dados correlatos e intensificar a dinâmica de coleta e divulgação, reduzindo em médio prazo o custo operacional de obtenção de dados".[11] A estratégia de implantação baseava-se na criação de dois organismos de apoio ao SEI: um Conselho Estadual de Informações e Planejamento (Ceip) e uma Coordenadoria de Informações. O Grupo de Trabalho da Informação, instalado no Ceip, seria o ponto de partida para estudar o universo das informações existentes sob o prisma de uma política estadual nesse campo. Gradativamente, o GT passaria as informações à Coordenadoria de Informações, onde seriam organizadas e distribuídas às seções competentes.

Estrutura funcional do SEI

No âmbito estadual, o SEI estava inserido no Sistema de Planejamento, criado para diagnosticar e orientar a ação estratégica da SEP, integrando setores e otimizando recursos do governo. Foram consideradas as seguintes questões, para a concepção do SEI:

- Como otimizar a utilização dos conhecimentos políticos, econômicos, sociais, culturais e científicos na Estratégia de Governo?
- Como gerar informações para fixar a atenção do governo e do público nos problemas prioritários do Estado?
- Como produzir informações adequadas às pessoas encarregadas de decisões de natureza administrativa e política no governo, e no setor privado?
- Como informar para criar condições de desenvolvimento equilibrado e harmonioso da capacidade técnica e científica do Estado, cotejando a melhoria das condições de vida da população?
- Como informar devidamente os cidadãos, para levar à sua participação na formulação e nas críticas da ação governamental?

Do trabalho para responder a essas indagações, resultaram as seguintes premissas:

[11] Anteprojeto de implantação do SEI.

- A comunidade é usuária e contribuinte do SEI.
- A informação é o recurso básico para difusão de conhecimento e formação de indivíduos, e deve estar ao serviço dos cidadãos.
- O SEI deve operar como recurso básico para o planejamento das atividades do governo.
- O SEI deve estabelecer uma infra-estrutura para criar as condições de geração da informação através de seus Subsistemas – as Secretarias de Estado.

Pressupostos metodológicos para o SEI

Várias fontes bibliográficas orientaram os estudos realizados pela equipe de Maria Alice, em geral influenciadas pela teoria geral de sistemas, que naquela época desfrutava de muito prestígio. A seguir, são recuperados alguns conceitos extraídos de documentos que ampararam as discussões sobre a orientação teórica do SEI.

Para a equipe do SEI, a informação era "um dos recursos fundamentais para toda atividade humana, resultante do processamento quantitativo e qualitativo dos dados, fatos e conhecimentos. Ela deve ser capaz de facilitar tanto o processo decisório e/ou administrativo do Governo, como de atender às necessidades dos demais usuários, prestando serviços à comunidade como um todo. A informação resulta da análise de dados estatísticos (elemento qualitativo), confrontados com os fatos da realidade (elemento quantitativo), através do conhecimento (teorias) dos especialistas. Os fatos e dados, considerados isoladamente, permitem a elaboração de análises parciais; seu conjunto, organizado setorial e intersetorialmente, permite análises estruturais e conjunturais que, quando projetadas ao longo do tempo, dão margem a análises históricas."[12]

[12] Anteprojeto de implantação do SEI.

Alguns conceitos para análise de sistemas

A influência do meio ambiente sobre o sistema é exercida por meio do conjunto de condicionantes de ordens física, social, política, tecnológica e econômica. A implantação e a continuidade de um sistema dependem, em grande parte, do seu significado social, pois é o meio ambiente que vai determinar a viabilidade e a validade de sua existência. Por outro lado, esses condicionantes estão em constante mutação decorrente da evolução técnica e científica à qual o sistema deve adaptar-se para garantir sua sobrevivência. Para essa adaptação, ele precisa desenvolver um mecanismo de autocontrole que envolva a obtenção de informações constantes, apuradas e rápidas para a eficácia do sistema. O conjunto de informações referentes à resposta do ambiente ao sistema, em função dos produtos que gerou, funciona como retroalimentação do próprio sistema.

Assim, o ambiente fornece ao sistema elementos de entrada *(input)* – recursos institucionais, humanos, materiais, conteúdos culturais em geral – e recebe do sistema os elementos de saída *(output)* – produtos resultantes da operação do sistema. O sistema *(feedback)* introduz novos elementos de entrada, a partir da avaliação do produto em comparação com as necessidades e exigências sociais. Todo o sistema apóia-se em uma estrutura de natureza dinâmica, que, determina a forma de coordenação de atividades, e as relações funcionais entre as diversas partes do sistema. Os sistemas são constituídos de subsistemas, que tomados isoladamente, mantêm as características do sistema que integram. Os sistemas são representados por modelos, ou seja, por esquemas que permitem uma visão simplificada dos mesmos, o que facilita o projeto e/ou análise de cada um. A preocupação básica para analisar um sistema é verificar se o sistema está garantindo a absorção de seus produtos pelo ambiente, e reconhecer que saídas o sistema produz para uma determinada mistura de entradas. O conhecimento de como o interior do sistema operou sobre as entradas para transformá-las em saídas, está em segundo plano.

O desenvolvimento do projeto SEI

Para o desenvolvimento do SEI, adotaram-se os procedimentos da administração de um projeto, porque ele foi pensado como um "sistema que seria concebido, desenvolvido e implementado nas secretarias e, uma vez concluída a sua implantação, o órgão central (SEI) seria desativado".[13] Definiu-se a estrutura do órgão pelo conjunto de relações funcionais entre as unidades participantes do sistema. Na esfera operacional, optou-se por uma estrutura descentralizada, na qual os fluxos de informação não passariam necessariamente pelo órgão central. O SEI seria um "sistema operando através de um conjunto de subsistemas, funcional e operacionalmente articulados, a partir de relações definidas entre contribuintes e usuários, capaz de atender a um modelo específico de desenvolvimento".[14]

A atuação do órgão central

Foram estabelecidos os seguintes campos de atuação do SEI: *normativo* – estabelecer as normas e diretrizes do funcionamento integrado, através da definição de uma política estadual de análise de dados; *estratégico* – induzir os usuários e contribuintes a utilizarem o SEI de forma adequada – desmistificado, dinâmico e crítico –, para criar as condições de realimentação do sistema; *recursos humanos* – capacitar operadores e usuários do sistema para compreenderem os objetivos do SEI, e, em uma segunda etapa, para a operação e avaliação do sistema; *técnico* – atuar no planejamento, avaliação, coleta, organização, análise e disseminação de dados e informações. Um dos atributos fundamentais do sistema seria a flexibilidade, conferida pela mobilidade dos recursos humanos entre um subsistema e outro. Definidas as prerrogativas e a orientação metodológica para o SEI, ele deveria ser operacionalizado no DE, o que constituiria um desafio para a diretoria.

Articulação política da nova estrutura

Com o início do novo governo, Rubens Murillo Marques, professor titular do Instituto de Matemática da Unicamp, foi sondado por Walter Leser, futuro secretário da Saúde da gestão Paulo Egydio, para ocupar a Diretoria Executiva do DE, com a missão de construir um sistema de informações gerenciais do governo.[15] Seu nome logo teve aceitação nos escalões do

---

[13] Entrevistas com Aguinaldo Ribeiro da Cunha Filho e Silvia de Almeida Prado, em 16 de outubro de 2002, técnicos da equipe que elaborou o SEI.

[14] Anteprojeto de implantação do SEI.

[15] Entrevista com Rubens Murillo Marques, em 02 de setembro de 2002.

Figura 20 - Posse do diretor do Departamento Estadual de Estatística de São Paulo, 1975.
Da esquerda para a direita, João Otávio Felício, delegado regional do IBGE em São Paulo; Rubens Murillo Marques, diretor do Departamento Estadual de Estatística de São Paulo; Jorge Wilheim, secretário de Planejamento do Governo do Estado de São Paulo; José Tiacci Kirsten, ex-diretor do Departamento Estadual de Estatística de São Paulo; Zeferino Vaz, reitor da Unicamp.

governo, porque, segundo Jorge Wilheim, "O Rubens é uma pessoa muito competente, e havia passado por diversas vicissitudes relacionadas com o golpe militar de 64, e isto, para mim, era um sinal positivo no currículo".[16] Essa frase mostra bem a postura do novo governo estadual.

Mantida a estrutura organizacional do DE, em um primeiro momento, a principal inovação seria a criação de uma equipe diretamente ligada ao diretor-executivo, para planejar e administrar o novo Sistema Estadual de Informações (SEI). O órgão representava uma importante modificação na proposta da Instituição, saindo da posição de apenas compor a burocracia estadual na função de compilar e divulgar dados, para ganhar destaque no novo governo, articulando a informação em um contexto científico e com um potencial analítico absolutamente inovador. Mas se, por um lado, o

[16] Entrevista realizada em 30 de agosto de 2002.

desenho conceitual da SEI estava praticamente definido, a nova direção não poderia se descuidar dos trabalhos de rotina do DE, em sérias dificuldades para atualizar as suas estatísticas e restaurar a periodicidade do processamento e divulgação das informações. Na época, apesar de os dois únicos produtos do DE serem o *Perfil Municipal* e o *Anuário Estatístico*, algumas das suas áreas acumulavam uma defasagem comprometedora: as estatísticas vitais, por exemplo, encontravam-se sete anos atrasadas!

Outro desafio relacionava-se à precária capacitação técnica dos funcionários em relação aos novos rumos do gerenciamento da informação no contexto da informática. Uma medida adotada para sanar as dificuldades atinentes ao atraso das estatísticas, mas também para gerar alternativas de alocação de mão-de-obra nas frentes de trabalho, foi a assinatura de um convênio entre a SEP e o Centro de Integração Empresa Escola (CIEE), que ocorreu em 21 de outubro de 1975. Para modernizar e capacitar tecnicamente os funcionários, firmaram-se acordos institucionais com a Prodesp e a Unicamp. Da Prodesp, em janeiro de 1976, foram contratados 58 técnicos – analistas, programadores e secretárias –, para assessorar a montagem do SEI e, simultaneamente, ministrar treinamentos para atualização dos funcionários do Departamento. Se, com a Prodesp, já existiam contatos anteriores, a novidade na cooperação institucional ficou por conta do convênio com a Unicamp (28 de maio de 1976). A finalidade era utilizar a teoria estatística moderna para a coleta, elaboração, análise e publicação de estatísticas econômicas e sociais.

Embora, no período inicial da gestão de Rubens Murillo Marques tenha sido introduzido um ímpeto de modernização na Instituição, em resposta aos estímulos do diretor, surgiram alguns problemas provenientes do choque de culturas entre as equipes que entravam e o quadro remanescente do DE. A equipe para operacionalizar o sistema teve a coordenação de Maria Alice Pompéia Gonzaga e era, em boa parte, formada por técnicos que participaram de sua fase preparatória. Eles foram contratados em regime de CLT, por meio da Prodesp, com salários mais altos não só em relação aos funcionários regidos pela Consolidação das Leis dos Funcionários Públicos Civis do Estado (CLF) do DE[17], como também a todo o serviço público do estado. A equipe inicial, em sua maioria jovem, tinha aproximadamente 20 pessoas, recém-formadas e com fortes vínculos na academia, contudo, também con-

[17] No DE, embora os funcionários mais recentes fossem celetistas contratados pela Prodesp, eles representavam uma minoria. A imensa maioria era regida pela CLF.

tava com alguns consultores experientes. Outra característica absolutamente inovadora da equipe era o seu perfil interdisciplinar, incorporando ao quadro do DE – historicamente marcado pela predominância de estatísticos –, sociólogos, arquitetos, economistas, administradores e outros profissionais. O grupo ficou alocado em um andar do prédio da avenida Cásper Líbero e, como lembra Mari Shirabaiashi:[18] "O nosso contato era mínimo com o pessoal do DE, e apenas aproveitávamos alguns dados por município".

Outrossim, de igual modo, notavam-se algumas diferenças no perfil político dos grupamentos. O DE vinha de um período administrado por setores alinhados com o regime militar bastante próximos ao ministro Antônio Delfim Netto. Em conseqüência, boa parte dos funcionários perfilava nesse perfil. Por outro lado, na nova estrutura que se estabelecia, percebia-se a forte influência do secretário de Economia e Planejamento, Jorge Wilheim, e do próprio Rubens Murillo Marques, provocando a entrada de pessoas mais críticas ao governo militar.[19] A incompatibilidade entre Jorge Wilheim e os setores mais radicais do regime era de fácil percepção. Ele figurou na famosa lista de Sylvio Frota[20], divulgada após a sua demissão do cargo de ministro do Exército do governo Geisel. A lista, de acordo com Frota, trazia os nomes dos "comunistas infiltrados nos altos escalões do governo" e, como lembra Jorge Wilheim, "nunca foi esclarecido se havia 47 ou 48 comunistas no Estado de São Paulo. A confusão veio porque o meu nome aparecia duas vezes: como secretário de governo e como presidente do Conselho da Coordenadoria de Análise de Dados (CAD)".[21]

A CAD, cujas circunstâncias de surgimento e as características de suas funções detalharemos posteriormente, fora criada justamente para modernizar o sistema estadual de informações e implementar a política pretendida pelo governo Paulo Egydio. Dadas as características de seus dirigentes, não é difícil constatar que no grupo liderado por Maria Alice participavam pessoas contrárias ao regime militar, passando a definir um novo perfil da instituição que, aos poucos, seria agregado à imagem da CAD até à Fundação Seade. Por

---

[18] Entrevista com Mari Shirabaiashi, em 16 de outubro de 2002, uma das remanescentes do grupo de preparação do sistema de informações no período anterior à posse de Paulo Egydio.

[19] Uma medida que marcou o final desse período de transição foi a disponibilização, para a SEP, dos antigos diretores de Divisão do Departamento, pondo fim a um período de difícil interlocução com a nova diretoria.

[20] O general Sylvio Frota era perfilado com a linha dura do governo militar e, à revelia dos interesses de Geisel, realizou algumas manobras para postular a sucessão presidencial.

[21] Entrevista realizada em 30 de agosto de 2002.

Figura 21 - Campanha pela anistia. (Arquivo Jornal O Estado de São Paulo).

conseguinte, a CAD, e depois a Fundação Seade e outras instituições como a Emplasa, durante o período, abrigaram várias pessoas perseguidas pelo regime militar. Mesmo passados os piores tempos de repressão, tal postura atrairia muitos outros anistiados pelo regime militar. Evidentemente, que, com esse perfil de esquerda, aliado à importância da informação enquanto instrumento a serviço do poder, logo a instituição atrairia a desconfiança dos militares.

Essa realidade pode ser caracterizada pelas experiências do então secretário Jorge Wilheim, com o seu telefone grampeado em pleno Palácio dos Bandeirantes: "em uma ocasião estavam fazendo algumas modificações nas instalações telefônicas do Palácio e começaram a surgir alguns problemas nos telefones do meu gabinete. Chamei a pessoa que fazia a assistência técnica, ele abriu, olhou, fechou e disse: 'Não mexo neste aparelho, porque ele é cantado para algum local dentro do Palácio". Levei o aparelho para o Paulo Egydio e disse: "você já viu algum telefone grampeado?" "Não." "É assim!". "Ele ficou louco da vida, tomou algumas providências, mas nunca descobrimos quem foi". Fato é que, essa desconfiança dos militares requeria cuidados na condução do SEI, que esteve por mais de uma vez em vias de ser inviabilizado. Isso só não aconteceu graças ao posicionamento firme do governador Paulo Egydio.[22]

Um dos reflexos imediatos do tal "acompanhamento das atividades" da implantação do SEI foi a solicitação para que houvesse uma mudança de nome, tentando afastar a proximidade com o nome Serviço Nacional de Informações (SNI). O SEI incorporara a palavra desenvolvimento e passara a

[22] Entrevistas com Rubens Murillo Marques, em 2 de setembro de 2002, Jorge Wilheim, em 30 de agosto de 2002, e Paulo Egydio Martins, em 29 de agosto de 2002.

chamar-se Sistema Estadual de Informações para o Desenvolvimento (Seide), criado pelo o Decreto 6.672, de 2 de setembro de 1975. Após a "solicitação" dos militares, o governador o revogou pelo Decreto 6.809, de 25 de setembro de 1975, que modificava o nome para Sistema Estadual de Análise de Dados Estatísticos (Seade). Assim, a palavra informação – causadora do desconforto dos militares – foi extirpada do nome do novo sistema.

Sala de Situação

A Sala de Situação tornou-se o primeiro projeto concretizado pela nova estrutura, no período anterior à criação da CAD. A inspiração veio do próprio governador Paulo Egydio: "Eu havia visitado a *War Room* do Morgan Garantee, em Nova Iorque, onde estavam expostos os dados econômicos e financeiros do mundo inteiro. Os debates eram realizados no centro de uma sala cercada por grandes telas com as informações disponibilizadas por computador. Os dados apareciam de acordo com o tema em discussão, e transformavam o debate em coisa extremamente prática. Tive a pretensão de criar uma Sala de Situação para o estado paulista. Ela funcionou tão bem, que vários empresários de São Paulo e Rio de Janeiro passaram a copiá-la".[23]

A Sala de Situação localizava-se no Palácio dos Bandeirantes e o seu objetivo era expor um conjunto de indicadores, com os principais aspectos da situação socioeconômica[24] do Estado de São Paulo. As reuniões do

Figura 22 - Sala de Situação.

[23] Entrevista realizada em 29 de agosto de 2002.

[24] Pelas informações, os dados eram mais voltados ao social do que ao econômico.

secretariado estadual, de acordo com os planos de Paulo Egydio, realizavam-se na sala, cercadas pelos subsídios necessários para a intervenção do governo, traçando metas e avaliando resultados da ação governamental.[25] A versão paulista da *War Room* da Morgan Garantee, foi montada com uma série de painéis de fórmica, construídos na oficina da Faculdade de Arquitetura e Urbanismo da USP, utilizando a colagem de fitas e letra set – tudo feito manualmente[26] – para a construção dos (cerca de 160) gráficos com os indicadores para os 571 municípios de São Paulo. Também eram apresentadas análises de tendências das projeções globais e setoriais, as metas e estratégias de ação governamental.

A estrutura básica da Sala de Situação era a seguinte:

Área 1

1. Situação socioeconômica do Estado.
   1.1 Avaliação comparativa internacional – situava o Estado de São Paulo, na questão da qualidade de vida, no contexto mundial.
   1.2 Configuração da evolução estrutural e conjuntural.

Área 2

2 Situação socioeconômica e financeira do Estado de São Paulo.
   2.1 Elementos para avaliação das finanças públicas.

Área 3

3. Problemas emergentes.
   3.1 Caracterização de problemas que comprometiam a qualidade de vida da população – destaque para o saneamento básico.

Área 4

4. Destaques.

Eram os aspectos potencialmente comprometedores da qualidade de vida – por exemplo, eram registrados os controles de hepatite e meningite, que haviam atingido níveis de epidemia naquele período.

Um episódio ocorrido durante a inauguração da Sala de Situação demonstrava que, apesar da propalada abertura política, informações negativas sobre a situação social não podiam ser livremente divulgadas para a sociedade. Isso ficou bem caracterizado com a vinda do então chefe do SNI, general João Baptista Figueiredo, para inspecionar o novo

---

25 Entrevista com Paulo Egydio Martins, em 29 de agosto de 2002.

26 Entrevista com Norberto Chama, o Lelé, em 23 de setembro de 2002, responsável pela montagem e manutenção da Sala de Situação.

espaço ideado por Paulo Egydio. Em três dias, Jorge Wilheim e Murillo Marques tiveram que alterar várias informações, uma vez que os indicadores não foram aprovados pelo general Figueiredo. Nesse curto período de tempo, refizeram-se os indicadores, mudando-se a abordagem e os nomes dos indicadores, tudo isso para não inviabilizar a sala.[27] Outrossim, embora a Sala de Situação tenha sido ostensivamente concebida como um abrangente painel da situação socioeconômica, não se confirmou a expectativa de Paulo Egydio de torná-la o centro das decisões do seu secretariado.[28]

A criação do Seade

Ao tempo em que a Sala de Situação estava em franco processo de montagem, a equipe de Maria Alice começava a tomar as primeiras medidas para concretizar a metodologia e os planos formulados para a implantação do Seade na estrutura governamental. A partir dos contatos iniciais com os técnicos das secretarias, a equipe percebeu que a melhor forma para dar início às atividades seria pela criação de grupos de trabalho em cada uma delas. Projetando uma resistência no trabalho dos grupos, institucionalizou-se o Seade pelo Decreto 6.809, de 25 de setembro de 1975.[29] Logo em seguida, criou-se o Grupo Executivo de Implantação do Sistema Estadual de Análise de Dados Estatísticos (GEI) pelo Decreto 7.103, de 21 de novembro de 1975. Para o GEI, foram designados os seguintes membros: Antônio Naclério Galvão Novaes, Ismael Menezes Armond, Marcelo Figueiredo Portugal Gouvêa, Marco Antônio Felippi, Maria Alice Pompéia Gonzaga, Mauro Ormeu Cardoso Amorelli e Luiz Carlos Gomes.

Inicialmente, considerou-se que a organização de um sistema de informações no estado passava pelo levantamento e administração dos dados gerados nas secretarias estaduais, para conhecer a realidade na qual se devia intervir. A primeira tarefa dos grupos de trabalho foi a elaboração dos *Diagnósticos Básicos da Situação da Informação nas Secretarias,* que, se por um lado, era necessária, revelou-se excessivamente extensa – durou de

[27] Entrevistas com Mari Shirabaiashi, Aguinaldo Ribeiro da Cunha Filho e Silvia de Almeida Prado em 16 de outubro de 2002.

[28] Idem.

[29] Anexo II.

setembro de 1975 a abril de 1978, em 14 secretarias estaduais.[30] Cada grupo de trabalho compunha-se de representantes da secretaria em questão e dois técnicos da Unidade de Planejamento da Informação (UPL). A metodologia do trabalho baseou-se em entrevistas com funcionários desses órgãos e em sua caracterização institucional.

A Coordenadoria de Análise de Dados (CAD)

Nesse período, iniciou-se, também, a organização da Coordenadoria de Análise de Dados (CAD). Com a CAD, esperava-se flexibilizar a estrutura do sistema estadual de informações. Por que não se criou uma fundação naquele momento? Segundo Jorge Wilheim, "a criação de uma coordenadoria, ao estilo de outras já existentes em São Paulo, parecia suficiente para constituir a base de sustentação para o novo sistema de informações".[31]

Aparentemente, as dificuldades encontradas para extinção do DE também colaboraram para a criação da CAD. Assim, o DE foi submetido à estrutura da CAD, e só seria extinto mais tarde, com a criação da Fundação Seade.[32]

A estrutura da CAD

A estrutura da CAD foi importante, até porque se tornaria a matriz para as primeiras gestões da Fundação Seade. Alocadas em andares diferentes, no prédio da Cásper Líbero, criaram-se as seguintes unidades:

- Unidade de Análise de Dados (UAD);
- Unidade de Planejamento de Informação (UPL);
- Unidade de Processamento de Dados (UPD).

---

[30] Administração; Cultura, Ciência e Tecnologia; Economia e Planejamento; Educação; Esportes e Turismo; do Governo; Interior; Justiça; Negócios Metropolitanos; Promoção Social; Saúde; Segurança Pública e Trabalho.

[31] Entrevista realizada em 30 de agosto de 2002.

[32] No Parecer 1.526, de 1978, o parecerista do projeto de lei que tramitava a criação da Fundação alertou para o fato de tornar explícita a revogação da lei de criação do Departamento, mas isto não foi considerado. Entrevista com Rubens Murillo Marques, em 2 de setembro de 2002.

CAD

Criada pelo Decreto 8.692, de 30 de setembro de 1976, sua estrutura foi definida no artigo 4º:

a) Assistência Técnica;
b) Departamento e Estatística;
c) Serviço de Documentação e Biblioteca;
d) Divisão de Administração;

Suas atribuições aparecem no artigo 6º:

I - coletar e analisar dados;
II - elaborar estatísticas;
III - efetuar levantamentos especiais de caráter censitário ou por amostragem;
IV - divulgar e publicar estatísticas, resultados de pesquisas e de levantamentos especiais;
V - coordenar o Sistema Estadual de Análise de Dados Estatísticos (Seade);
VI - organizar o programa editorial da SEP;
VII -manter atividades de informação documentária de uso interno da secretaria;

Nas disposições gerais, o artigo n° 11 determinava:

A Divisão de Administração do Departamento de Estatística fica transferida para a Coordenadoria de Análise de Dados, mantida sua estrutura.

Departamento de Estatística

Com as medidas reforçadas pela nova estrutura, os convênios com órgãos de apoio ganharam novo ímpeto. Em 25 de novembro de 1976, a CAD recebeu o suporte da Prodesp para criar um banco de dados com todas as suas informações recuperadas nos terminais e/ou nos impressos. Também com a Prodesp, fez-se um acordo específico para atualizar as estatísticas demográficas, um esforço que envolveu o processamento de 900 mil cartões perfurados. Por outro lado, o órgão renovou o convênio com o CIEE, em dezembro de 1977, para receber estagiários. Vários deles foram recrutados na Unicamp, até porque naquele momento o coordenador de estágios do curso de estatística era Ricardo Iglesias, diretor da UPD. Alguns estagiários daquela época fizeram carreira na Instituição e nela permanecem até os dias atuais. A importância emprestada à política de investimento em estagiários no planejamento da Entidade pode ser confirmada na lembrança de um deles, de que "os estagiários eram bem remunerados naquela época". Com essa política de recursos humanos, a CAD mantinha aproximadamente 300 funcionários, mas já com a nítida maioria de celetistas e estagiários (cerca de 70%) sobre os funcionários do regime CLF.

A Unidade de Análise de Dados (UAD)

À UAD caberia realizar estudos e projetos para acompanhar os programas governamentais e subsidiar o Seade na análise qualitativa de indicadores para identificar a situação do desenvolvimento econômico e social do estado. Inicialmente, a Unidade foi coordenada por Horácio de Carvalho e, em seguida, por Armando Castro de Barros. A coordenação da UAD, que ainda passou pela mão de outras pessoas, parece ter sido problemática, além de descontinuada.[33] Segundo o professor Armando, a motivação da UAD estava na "denúncia dos aspectos negativos do regime militar. Despimonos do comportamento tecnocrático no qual se construía uma racionalidade prévia que regia o resto. Trilhamos o caminho inverso, mergulhando nos problemas de saúde e saneamento e, a partir dos desafios encontrados, teríamos como ajudar no planejamento. Definimos o nosso rumo baseado na premissa: o País está vivendo um clima de opressão, com a informação cada vez mais controlada, por isso é necessário denunciar as condições de miséria e pobreza da população. Trabalhamos para construir indicadores sociais com a finalidade de desvendar e explicitar os problemas de natureza social que se agravaram com o regime militar".[34]

Na Unidade, foram montadas equipes temáticas para trabalhar indicadores específicos: saúde, educação, saneamento básico e desemprego. Logo ganhou notoriedade o indicador de mortalidade infantil, porque, enquanto a renda havia aumentado e a economia ainda caminhava bem, a mortalidade continuava muito alta, na RMSP. Além disso, fez-se as *Cartas de Conjuntura* para os órgãos estaduais conhecerem alguns indicadores socioeconômicos do estado de São Paulo. Outro trabalho importante realizado pela equipe da

[33] Entrevista com Rubens Murillo Marques, em 2 de setembro de 2002.
[34] Entrevista realizada em 29 de outubro de 2002.

UAD consistiu na divisão da RMSP em setores homogêneos, porquanto permitiu diagnosticar situações semelhantes aos dos países africanos, ao lado de outras equiparáveis ao padrão europeu, tudo isso dentro do mesmo estado. As informações eram esclarecedoras e deviam ser divulgadas, contudo, cuidadosamente para evitar problemas com os militares. Optou-se, então, em editar os indicadores em uma linguagem visual, porque os gráficos e tabelas diziam por si, sem precisar de palavras. A estratégia deu certo. Os indicadores trabalhados pela equipe – registros sobre a precariedade da política social do regime militar – foram publicados ao lado das "receitas de bolo" – denúncias aos cortes de frases feitos pela censura do regime – no *Jornal da Tarde*.[35]

Com a criação da CAD, a Sala de Situação passou a receber a contribuição de todas as unidades para o abastecimento de informações e manutenção dos sistemas. Com o tempo, a UAD passou a ter uma ingerência maior na Sala de Situação, porque era responsável pela manutenção dos indicadores, enquanto a UPD mantinha os equipamentos e a UPL tinha o seu vínculo apenas com as informações provenientes dos sistemas de informações da secretarias de governo, que iniciavam seus trabalhos. Para construir os indicadores, a UAD deixou de lado a idéia de matriz de recorrência do projeto SID e começou a trabalhar dentro de uma expectativa de curto prazo. O professor Armando Barros de Castro lembra que "os trabalhos do projeto SID e dos *Problemas Emergentes* foram fontes de inspiração para a UAD. Havia a vantagem em adotá-los porque se tratavam de trabalhos aceitos pelo governo, e por isso não existia o ônus do convencimento das autoridades. Nós não acreditávamos no SID, porque era difícil aceitar que a partir daquele modelo complexo, baseado no cruzamento de tantas variáveis, fosse possível chegar a um único índice e, além disto, iria demorar muito tempo para a sua implantação. Por outro lado, hoje temos o IDH que é semelhante conceitualmente, e demonstra que a insistência de Jorge Wilheim naquele projeto era bem fundamentada".[36]

A Unidade de Planejamento de Informação (UPL)

A UPL tinha como missão coordenar o Sistema Estadual de Análise de Dados Estatísticos (Seade), com a responsabilidade de realizar a sua concepção, im-

[35] Idem.
[36] Idem.

plantação e administração. Em sua equipe, imperava a idéia de construção de um sistema comprometido com o planejamento para a gestão governamental e, ao mesmo tempo, um engajamento ambicioso na democratização das informações para o grande público. Para concretizar esses desideratos, Maria Alice trabalhava com uma expectativa de 20 anos, prazo após o qual não seria mais necessária a permanência da equipe na estrutura do Seade e, por isso, considerava o período em questão uma transição na qual os integrantes do seu grupo figuravam apenas como "inquilinos do poder".[37]

Para implantar o Seade, foram propostos quatro projetos básicos:

1. Inserção dos Sistemas de Informação nas Secretarias de Estado;
2. Capacitação de Recursos Humanos;
3. Construção do Sistema de Informação Setorial;
4. Projeto de Disseminação das Informações para a Comunidade.

Para operar esses projetos, a UPL foi dividida em três áreas técnicas: Sistemas de Informação, com cinco núcleos: econômico, físico-urbano, municipal, público-administrativo e social; Disseminação da Informação, com Central de Dados e Referências e Serviço de Perguntas e Respostas; Apoio Técnico, subdividido em Recursos Humanos e Organização da Informação.

Implantação de Sistemas de Informação nas Secretarias de Estado – Subsistemas do Seade[38]

Feita a montagem da estrutura básica, passou-se à fase da implantação do Seade nas secretarias estaduais. As pretensões não eram modestas, pois não só se planejava racionalizar de maneira integrada a geração, o fluxo e o uso das informações no âmbito da administração estadual, como integrar e acionar canais de captação de dados na sociedade, além de capacitar os recursos humanos para a sua concretização. Ao lado dessas ações, subjazendo a todas elas, alimentava o propósito mais do que meritório de disseminar as informações à população. Todavia, as tarefas não se mostraram fáceis. Tão logo os técnicos iniciaram os diagnósticos setoriais e travaram o primeiro contato com as secretarias, eles perceberam resistências dentro destas, porquanto elas entenderam as ações como uma interferência da SEP, baseada em uma

[37] Entrevista com Sílvia de Almeida Prado, em 29 de outubro de 2002.

[38] Metodologia para sistemas de informação nas secretarias de estado: governo do Estado de São Paulo. Dezembro de 1978.

imposição legal, em seus assuntos internos. De mais a mais, davam pouca importância à informação no planejamento das suas atividades. Outrossim, boas informações poderiam desnudar algumas ilegalidades escondidas nos meandros das administrações. É como lembra Mari Shirabaishi: "em determinadas secretarias, demonstramos que aconteciam desvios na estrutura e acabávamos mexendo com grupos que detinham o poder. Então, começaram a inviabilizar o nosso trabalho".[39] Isso acontecia, igualmente, porque boa parte de tais órgãos não disponibilizava recursos, alegando não coadunar com suas prioridades. Assim, apenas partes do sistema consideradas prioritárias por elas receberam apoio.

A UPL agiu com cautela, para não criar uma situação de conflito. Tentou motivar as secretarias estaduais, explicando os objetivos comuns às instituições, sem apoiar-se no Decreto 6.809. De qualquer modo, o Grupo Executivo da Reforma Administrativa (Gera), vinculado à Secretaria de Governo, criou os Centros de Informações e Análise Estatística (Ciae), órgão definidor da política setorial das informações e responsável pela elaboração, execução e coordenação dos projetos de implantação dos Subsistemas de Informações Secretariais. Em algumas secretarias, como a da Saúde e a da Educação, já existiam órgãos para organizar a informação, mas, nas demais, foram criados os Ciaes no período entre 1977 e 1978. Basicamente, esses Centros constituíram-se por um colegiado composto por membros de todas as unidades administrativas da secretaria e por dois técnicos da UPL.

Capacitação de recursos humanos[40]

Desde o princípio, a montagem do Seade exigiu a capacitação de recursos humanos para planejar, implantar e operar o Sistema, tanto em seu órgão de coordenação central como nos vários subsistemas. A necessidade desse trabalho veio à tona devido à ausência de pessoal especializado na área de sistemas de informação – até porque naquela época não havia cursos específicos nessa área –, e também pela metodologia inovadora adotada na implantação do Seade. A UPL estava ciente do fato de o projeto ser bom, contudo, se os encarregados de sua execução não simpatizassem com ele, ou fossem incapazes de torná-lo operacional, resultaria um rotundo fracasso.

---

[39] Entrevista realizada em 16 de outubro de 2002.

[40] Metodologia para capacitação de recursos humanos em sistemas de informação: governo do Estado de São Paulo. Dezembro de 1978.

Entretanto, existia um problema prévio: a formação da própria equipe da UPL. Maria Alice freqüentara cursos relacionados a sistemas de informação na Dinamarca, durante alguns meses, entre os anos de 1972 e 1973. Utilizou esse aprendizado como inspiração para a formação e a capacitação técnica da sua equipe técnica. Especialmente, mirou-se em uma experiência desenvolvida na Dinamarca, no Danish Technical Information Service (DTO), que atendia ao setor industrial, com a qual a coordenadora teve conhecimento durante a sua viagem.

O DTO realizava treinamento em sistemas de informações para engenheiros especializados nos diferentes ramos industriais, mantidos como *information officers* durante cinco anos, após o qual retornavam ao setor de produção industrial para reciclar seus conhecimentos técnicos. A experiência inspirou a formação de uma equipe multidisciplinar na UPL composta por administradores públicos, advogados, arquitetos, assistentes sociais, economistas, filósofos, físicos, pedagogos, sociólogos, com experiência em comum de planejamento.[41] Diante de uma experiência inusitada, ainda sem uma metodologia definida, optou-se inicialmente por contratar pessoas mais experientes. Por conseguinte, em dezembro de 1975, cerca de 70% dos técnicos da UPL eram analistas sênior, mas, já em dezembro de 1978, contava com 53% de técnicos recém-formados, conservando a estratégia de manter um quadro de estagiários. O aprimoramento técnico do grupo realizou-se nos projetos, adotando uma postura pragmática assentada na afirmação de que "a metodologia é descoberta a partir da própria experiência, administrando os erros e acertos para garantia do processo".[42] Evidentemente, o andamento do processo amparou-se em bibliografias atualizadas, e no apoio sistemático à participação dos técnicos em congressos e seminários sobre temas relacionados a sistema de informação.

Capacitação dos recursos humanos das secretarias

Para acabar, ou pelo menos diminuir, a resistência entre os funcionários das secretarias, realizaram-se três encontros para esclarecimentos sobre o projeto.

[41] Em 1979 a equipe estava assim distribuída por áreas: administração (2); arquitetura (10); biblioteconomia (9); ciências sociais (11); comunicação visual (2); geografia e história (1); serviço social (1); desenho industrial (1); direito (1); economia (6); editoração (1); educação artística (1); eletrônica (1); filosofia (2); física (1); geografia (1).

[42] Metodologia para capacitação de recursos humanos em sistemas de informação: governo do Estado de São Paulo. Dezembro de 1978.

Em seguida, ministraram-se treinamentos semanais sobre a concepção básica do Seade à luz do estado da arte em sistemas de informação. Ocorreram discussões sobre os anteprojetos para implantação dos subsistemas, junto com o seu cronograma. Também visitou-se a Sala de Situação, para uma avaliação inicial dos indicadores socioeconômicos do estado. Até dezembro de 1978, foram realizados 19 treinamentos na capital e no interior, com um total de 204 participantes, envolvendo 16 secretarias. No processo de capacitação dos técnicos da UPL e das secretarias, utilizaram-se os seminários para confrontar a metodologia Seade com a realidade do País, e promover o intercâmbio com outras instituições públicas e privadas.

Aplicou-se o modelo citado do sistema de montagem de Subsistemas de Informações por cerca de dois anos, até ser parcialmente abandonado, porque se mostrou ineficiente. A equipe da UPL verificou que seu trabalho adentrava, em alguns casos, na organização da própria secretaria – o que nem sempre era bem recebido –, e também pelo tempo estimado para implementar o Seade, que aos poucos se mostrou demasiado.[43] Então, a Unidade alterou o enfoque para as informações segundo os setores de atividades – os Sistemas de Informações Setoriais –, constituindo uma malha no âmbito do governo do Estado. É interessante observar o tempo demandado pela UPL para a concepção mais adequada do Seade – somente os diagnósticos nas secretarias consumiram quase três anos – demonstrando a despreocupação em efetuar o trabalho dentro do período de uma gestão. Se, por um lado, pode parecer utópico, por outro, tratava-se essencialmente de um processo de aprendizado[44], em constante transformação, no qual algumas iniciativas frustradas foram utilizadas para embasar o passo seguinte.

Implantação do Sistema de Informação Setorial[45]

Em função da necessidade de operar em outra frente, para evitar a demora excessiva para integrar os Subsistemas de Informações das Secretarias, iniciou-se o projeto de implantação do Sistema de Informação Setorial. No último trimestre de 1976, a SEP dividiu as áreas de atuação do governo em setores, a saber: emprego, nutrição, saneamento, saúde, abastecimento,

[43] Entrevista com Maria Beatriz de Mattos, em 27 de agosto de 2002.

[44] Entrevista com Jorge Wilheim, em 30 de agosto de 2002.

[45] Uma metodologia para sistemas setoriais de informação: governo do Estado de São Paulo. Abril de 1978.

agricultura, promoção social, transportes, habitação, indústria, comércio e serviços, educação, segurança, energia, recursos naturais e poluição, comunicações, cultura, lazer, esportes e turismo. Esses setores relacionavam-se entre si por meio dos denominados setores globais: economia, finanças públicas, demografia, desenvolvimento urbano, informações municipais, recursos humanos da administração pública, administração pública, ação jurídica, obras públicas e ciência e tecnologia. Os Subsistemas Globais de Informações agregariam informações comuns aos diversos setores e atuariam como suporte a todos eles.

Dentre os passos efetuados no processo, cabe destacar o desenvolvimento do projeto Captação de Informação Social, para confrontar a realidade da comunidade com o planejamento feito pelas secretarias e o enfoque dos Subsistemas Setoriais de Informações. Esse levantamento consistiu na primeira etapa da elaboração do Informações da Comunidade (Infoc) – boletim mensal editado e enviado ao governador e aos secretários estaduais desde novembro de 1977. Outro aspecto importante, no sentido inverso, relacionado à implantação do Seade, ligava-se, "à idéia de democratização da informação, porque naquela época havia uma relação direta entre esta abordagem e o estigma que cercava a informação como um privilégio de uma elite".[46] Para a sua disseminação à sociedade, criou-se o Serviço de Perguntas e Respostas (SPR), e a Central de Dados e Referências (CDR), com o objetivo de tornar acessíveis, aos usuários, dados e informações estatísticas sobre os diversos setores do governo do estado.

Serviço de Perguntas e Respostas (SPR)

O SPR foi um serviço disponibilizado por telefone, criado em maio de 1977, para atuar como elemento de ligação entre o grande público e as informações de rápida recuperação existentes sobre o Estado de São Paulo. Inicialmente, o serviço localizava-se na Sala de Situação do Palácio dos Bandeirantes, fornecendo informações sobre estrutura, funções, localização dos órgãos das secretarias de Estado e dos órgãos públicos federais e seus respectivos titulares, além da indicação dos centros de documentação públicos e privados, referências bibliográficas das publicações da SEP, etc.

[46] Entrevistas com Mari Shirabayashi, Silvia de Almeida Prado e Aguinaldo Ribeiro da Cunha Filho, em 16 de outubro de 2002.

Central de Dados e Referências (CDR)

A inauguração da CDR, também ligada à UPL, deu-se em março de 1978. A idéia estava em criar um portal de livre acesso às informações geradas no Seade, de acordo com a imagem ideada por Maria Alice: um supermercado de informações em que o cliente pudesse entrar e servir-se à vontade. Dessa forma, ficaria assegurado, ao cidadão, seu direito de conhecer a realidade do estado, permitindo uma participação mais efetiva sobre as ações do governo.[47] Entre as suas atribuições, considerava uma das mais importantes a disseminação de dados e informações socioeconômicas, do estado paulista, coletadas e/ou geradas pelo Seade e pelas demais fontes de informação, e, ao mesmo tempo, orientar tecnicamente os usuários sobre as fontes disponíveis.

Entretanto, com base nos registros de acesso aos dois serviços, verificou-se que essa expectativa sobre a possível interface com o grande público não se confirmou. Em geral, as pessoas não estavam tão interessadas nas informações técnicas geradas pela CDR e acessavam mais freqüentemente o SPR. Apesar de a CDR dispor de dados atualizados sobre demografia, saúde, educação, para todo o estado, ou desagregado por município, o público em geral procurava o SPR para obter informações rotineiras, como itinerário de ônibus, ou como obter um documento de identidade. Um levantamento estatístico realizado em 1979 mostrava que, enquanto as consultas ao CDR variavam de duas a quatro ligações/dia o SPR atendia em média 15 ligações/dia, tendo respondido, entre maio de 1977 e fevereiro de 1978, a 4.178 perguntas.[48] Em suma, o SPR situava-se mais próximo do desejo da população. Na década de 1990, esse trabalho precursor encontraria o seu reconhecimento no sucesso de modalidades semelhantes, como o Poupa Tempo do Estado de São Paulo e vários outros serviços similares pelo Brasil.

Implantação do Centro de Informação e Documentária (Cidoc)

A criação do Cidoc fundamentava-se na necessidade de dotar a instituição de um órgão capaz de centralizar as atividades documentárias, e promover

---

[47] Entrevista com Maria Beatriz de Mattos, em 27 de agosto de 2002.

[48] Relatório de Utilização da CDR, SPR e Biblioteca Teixeira de Freitas.

a sua disseminação entre as unidades da CAD. Nas palavras de Vera Tokairim, responsável pelo Cidoc, o objetivo era criar um "centro de informação documentário com uma equipe capaz de analisar todas as contribuições e bibliografia atualizada para subsidiar os analistas do sistema para a tomada de decisões. Foi com esse intuito que montei uma equipe não só de bibliotecários – um avanço para aquela época".[49] O Cidoc ficou nas dependências da Cásper Líbero, desenvolvendo sem alarde atividades importantes como aquela relacionada à criação, manutenção e controle do depósito legal das publicações da SEP, para preservar a sua memória.

Vários depoimentos dos funcionários da UPL enaltecem a importância decisiva em suas carreiras de terem vivido a experiência da criação do Seade. Mas, talvez, na fala de Vera Tokairim, possam ser encontrados alguns elementos para entender melhor o que os mobilizava: "Era um grupo de jovens em torno de um projeto criador e, por isso, a construção do Seade foi sustentada, na sua essência, por sonhos e idealizações por uma sociedade melhor e mais democrática. Nas reuniões, aconteciam brigas e discussões apaixonadas e as diferenças eram colocadas de forma veemente. Esse tom teve influência profunda da Maria Alice".[50]

A Unidade de Processamento de Dados (UPD)

No planejamento da CAD, concebeu-se a UPD como unidade de apoio para desenvolver, implantar e operar os sistemas operacionais, além de estabelecer a integração do *software* e *hardware* dos subsistemas do Seade. Durante aquele período, a UPD desenvolveu alguns sistemas na Sala de Situação: o Terminal de Processamento da Sala de Situação (TPSS) – depois Serviço de Informações Municipais (SIM) –, o Sistema de Informações de Obras do Estado (Siobras) e o Sistema de Informações Governamentais (Sirg). Todos eles trabalhavam *on line*, desenvolvidos e operados pela UPD, em convênio com a Unicamp, sob a coordenação de Ricardo Iglesias. O TPSS era uma das peças fundamentais para o Seade, ideado para criar as condições técnicas para a constituição de um banco de dados com as informações socioeconômicas dos 571 municípios paulistas e, ao mesmo tempo, disponibilizá-lo para todos os integrantes do Seade, além de outros usuá-

[49] Entrevista realizada em 30 de outubro de 2002.

[50] Idem.

rios. Ele foi desenvolvido em convênio com o Centro de Computação da Unicamp (CCUEC), sob direção do professor Nelson Castro Machado. Especificamente, o convênio previa o desenvolvimento de sistemas de armazenamento, recuperação e análise de dados estatísticos via terminais.

Centralizou-se o sistema no computador de grande porte PDP-10, da Unicamp, conectado a uma estação remota na Sala de Situação, que, por sua vez, tinha interface telefônica com terminais, simultaneamente, em um processo de *time-sharing*. Instalaram-se 20 terminais remotos nas secretarias estaduais, para compor o Seade, que poderiam tanto extrair dados como alimentá-los. A configuração era inédita, naquela época, porque, até então, aquelas de computação baseavam-se no processamento em *batch* – em cúpula, como a da Prodesp –, e não possibilitavam a interface com terminais. Outra limitação no sistema da Prodesp poderia ser expressa da seguinte maneira: "a relação com o computador de grande porte era diferente da que temos hoje com os microcomputadores. Se fosse necessária alguma alteração em tabelas, sem estar prevista no plano tabular, existia um ritual a ser cumprido: reunião com o programador da Prodesp, na qual explicávamos o que queríamos para ele orçar e dar um prazo para entrega dos resultados. Estes vinham em uma kombi, com listagens imensas, que precisavam ser carregadas em carrinho, porque se os dados fossem enviados em fita magnética, nós não tínhamos como vê-los na CAD."[51]

A nova configuração – pioneira no Estado de São Paulo –, foi chamada de configuração estrela, porque era formada por um computador de grande porte conectado a vários terminais operando simultaneamente.[52] No intuito de aumentar sua capacidade, agregou-se um sistema para análise de dados, o Anali, que, a partir de demandas dos usuários e dos dados do arquivo municipal, permitia obter o posicionamento de determinado município, em relação ao estado, segundo uma determinada variável. No convênio com a Unicamp, à CAD caberia a definição dos planos de armazenamento, recuperação, atualização, exame de consistência e análise dos resultados, fornecendo os dados para processamento, codificados e perfurados, e as secretarias estaduais deveriam alimentar o arquivo de dados. O CCUEC, por sua vez, definia os sistemas, desenvolvia os *softwares* e era o responsável pela manutenção do *hardware*.

---

[51] Entrevistas com Carlos Eugenio Ferreira, em 9 de abril de 2003 e 21 de novembro de 2002.
[52] Entrevista com Ricardo Iglesias, em 11 de setembro de 2002.

Um episódio que marcou a montagem do TPSS diz respeito à consulta do SNI sobre o seu funcionamento e sobre o tipo de informações que seria veiculado. No relato de Ricardo Iglésias: "solicitaram que alguém fosse lá ao SNI, no atual prédio do Ministério da Fazenda, prestar esclarecimentos. Com o clima pouco "confortável" da época, era de se prever o não-aparecimento de voluntários – até porque algumas pessoas achavam que não sairiam de lá –, eu mesmo fui para resolver a questão. Expliquei o objetivo do sistema, como funcionava e eles falaram que estava tudo bem, mas queriam um terminal no SNI para acessar as informações. Isso foi feito e eles passaram a acessar via telex o banco de dados da CAD. Chegamos a ter alguma interlocução por conta de problemas técnicos. Nunca solicitaram informações pessoais, apenas estatísticas".[53]

Infelizmente, parte dos serviços do TPSS ficou comprometida porque alguns Subsistemas de Dados Estatísticos Setoriais pretendidos pela UPL não foram implantados nas secretarias, e também porque alguns dados apresentavam erros grosseiros por não haver um processo sistemático de verificação da sua consistência. Em conseqüência, introduziram-se algumas modificações nesse sistema, ao final de 1978, inclusive no nome, alterado para Sistema de Informações Municipais (SIM). O SIM armazenava um conjunto de 80 tabelas, com dados físicos, econômicos, sociais, administrativos e políticos, para cada município do estado, e se conectava através de um sistema desenvolvido pelo CUECC, a Rede Nacional de Telex da Embratel, disponibilizando para qualquer assinante, mediante um custo, o acesso às informações. Na ocasião, o Anali foi desativado, em função das dificuldades para treinar os potenciais usuários do sistema. Nesse, instalou-se ainda um sistema de registro de acesso para contabilizar quantas vezes era acionado pelos terminais. De certa maneira, o trabalho pode ser considerado como precursor da Internet. Seu sucesso provocou solicitação de esclarecimentos de outros governos estaduais interessados em conhecê-lo e até mesmo deu-se a montagem de um sistema semelhante no Estado do Ceará.

O Sistema de Informações das Realizações Governamentais (Sirg) resultou de uma solicitação explícita do governador e foi desenvolvido em parceria com a Prodesp para acompanhar e controlar as ações do governo, mantendo um cadastro, atualizado trimestralmente, de todo tipo de realiza-

[53] Idem.

ções: obras, financiamentos, atendimentos diversos, projetos e prestação de serviços. O Sirg foi iniciado em dezembro de 1977, atendendo aos órgãos ligados ao Gabinete do Governador, às secretarias, empresas estatais, universidades e aberto aos indivíduos interessados na atuação da administração estadual. Existiam cerca de 37.000 realizações cadastradas e se forneciam para consulta por volta de 102 mil folhas de relatórios.

O intenso trabalho da equipe de Ricardo Iglesias proporcionou também a criação do Sistema de Informação de Obras do Estado (Siobras), um arquivo atualizado, com o acompanhamento físico e financeiro de todas as obras concluídas e em execução pelas administrações direta e indireta. Os organismos estatais que executavam obras no estado mantinham o sistema atualizado, com a remessa mensal de informações e contato direto com os técnicos do Siobras. Para visualizar as obras executadas e em execução nos seus diversos estágios montou-se, na Sala de Situação, um conjunto de 25 mapas, nos quais cada uma era identificada por órgão executor e município. Esse sistema foi iniciado no segundo semestre de 1978 e, no final da gestão Paulo Egydio, havia cerca de 6.700 obras cadastradas. O grupo da UPD ainda seria responsável pela idéia de criação da Relação de Nomes e Cargos (RNC), para suprir informações sobre os vários escalões do governo e os seus ocupantes.

Apesar de curto, esse período da CAD caracterizou-se pela pequena interface desenvolvida entre a UAD e UPL. Embora, no início das atividades, as unidades convergissem para a criação de um Sistema de Informações e para a montagem da Sala de Situação, com o tempo surgiu uma diferenciação significativa na orientação metodológica dos dois grupos. Essas diferenças aumentaram, com o decorrer dos anos, a ponto de praticamente conviverem duas equipes com trabalhos paralelos. Na UAD, prevalecia uma postura pragmática que, aos poucos se submeteu às solicitações de publicações de boletins e de projetos demandados pelos órgãos do governo. Por outro lado, na UPL, sobressaía um viés tecnocrático, no esforço de engendrar uma metodologia para criar um sistema de informações. Diagnosticou, assim, a necessidade de estudos e da formação de uma equipe gabaritada sem os quais não daria para sair a campo nem induzir as secretarias a montar o seu serviço de informações – trabalhava-se, portanto, com uma expectativa de longo prazo.[54]

---

[54] Entrevistas com Mari Shirabaiashi, Silvia de Almeida Prado, Aguinaldo Ribeiro, em 16 de outubro de 2002 e com Armando Barros de Castro, em 29 de outubro de 2002.

A criação da Fundação Seade

Um prenúncio nada alvissareiro começava a despontar na época da mudança do governo estadual. A surpreendente indicação de Laudo Natel para disputar a convenção da Aliança Renovadora Nacional (Arena) para o governo do estado paulista poderia colocar em risco o Sistema Estadual de Análise de Dados Estatísticos. Segundo os depoimentos de Paulo Egydio e Jorge Wilheim, eles ficaram decepcionados com essa escolha dos militares, pois sua gestão fora no sentido de apagar as heranças negativas deixadas pelas anteriores, inclusive a do próprio Laudo Natel. Destarte, dentro da previsão pessimista para a continuidade dos trabalhos de modernização da máquina administrativa, a equipe do governo que saía avaliou como iminente a ameaça sobre as instituições alinhadas com a modernidade, principalmente sobre a CAD e o Seade.[55]

Na verdade, o quadro político alterou-se, com a vitória de Paulo Salim Maluf, contrariando os interesses de boa parte dos militares. De maneira surpreendente, ele conseguira, na última hora reverter a situação favorável a Laudo Natel, saindo vitorioso na convenção da Arena, em junho de 1978. Todavia, no concernente ao posicionamento político retrógrado, o seu triunfo em nada mudaria. Cientes da situação, alguns integrantes do governo de Paulo Egydio iniciaram um processo de articulação pensando em proporcionar às entidades em questão maior autonomia para se defender dos ataques obscurantistas. Para isso, realizaram reuniões na Secretaria de Economia e Planejamento e na Fundação Seade. O grupo era formado com pessoas com poucos vínculos institucionais, mas com fortes ligações pessoais e um interesse comum: manter o sistema de informações e a competência técnica no governo.

Como lembra o professor Luiz Gonzaga Belluzzo, então diretor de pesquisa da Fundap, "a articulação da Fundação Seade foi a base de relações pessoais porque o contato institucional era complicado, pela situação política. Não havia segurança em realizar contatos institucionais diretos, até pela instabilidade política das instituições. Por exemplo, na época, a Fundap assinou um contrato com o Cebrap, através da Hidrobrasileira, uma empresa de propriedade do Sérgio Motta".[56] As reuniões, de caráter infor-

[55] Entrevistas realizadas, respectivamente, em 29 e 30 de agosto de 2002.

[56] Entrevista com Luiz Gonzaga Belluzzo, em 10 de agosto de 2003. Sérgio Motta, além de empresário, era também um político conhecido, tendo ocupado, entre outros, o cargo de ministro de Comunicações do primeiro governo de Fernando Henrique Cardoso (1995-1998).

mal, muitas vezes ocorreram no Palácio dos Bandeirantes a convite do secretário Jorge Wilheim, com a presença de personalidades, como o professor Luiz Gonzaga Belluzo, Inácio Rangel e outros que retornavam do exílio, como Plínio de Arruda Sampaio e Almino Afonso. Ajudaram para viabilizar os encontros, o bom relacionamento existente entre os professores Rubens Murillo Marques e Luiz Gonzaga Belluzzo, velhos colegas da Unicamp, na qual ocuparam, respectivamente, as diretorias do Instituto de Matemática e Estatística e do Instituto de Economia. Em diversas oportunidades, os dois alinharam-se do mesmo lado, nas questões políticas e nas crises vividas pela universidade, nos anos 1970.

Outro importante interlocutor encontrava-se na figura do então chefe da Casa Civil, Péricles da Silva Ramos – poeta de qualidade –, igualmente, participante ativo na criação da Fundap ocorrida anteriormente. Personagem fundamental, foi Sebastião Advíncola Cunha, um entusiasta do planejamento, que participara do bem-sucedido plano de ação do governador Carvalho Pinto, e fundara, logo após, a primeira firma de consultoria nesse domínio no Brasil. Em seu currículo, ainda se podiam notar cargos de relevo, dentro da administração estadual, como, por exemplo, secretário-executivo da Secretaria da Fazenda, ocupada por Dílson Funaro, no governo de Roberto Abreu Sodré, além de ser professor da USP e editorialista do jornal *Folha de S. Paulo*. Ele fizera parte do estudo sobre os *Problemas Emergentes* e se engajou de corpo e alma no projeto para montar uma entidade de informações independente do governo, capaz de fornecer elementos de decisão para políticas públicas setoriais. Ao se lembrar do episódio, o professor Belluzo diz sem rebuços: "as reuniões daquele grupo informal, com algumas pessoas cassadas e outras em situação política delicada, conferiam um clima de semiclandestinidade para aquela articulação. Olhando retrospectivamente, percebe-se que as citadas atividades não se enquadram em um processo rigoroso de planejamento e articulação, mas sim de uma ação em algum espaço possível de atuação política e tentativa de ocupá-lo de alguma forma".[57]

Nas idas e vindas dos movimentos políticos, acontecem momentos delicados, nos quais a autonomia das instituições ficam em jogo. Todo o labor de uma equipe, de muitos anos, pode ir água abaixo por interferências políticas. E, no solo bandeirante, o retrocesso para o fisiologismo e interesses espúrios parecia iminente. Era preciso pensar em ações de prote-

[57] Idem.

ção às instituições públicas. Uma das formas encontradas para combater tal ameaça foi adequar os órgãos potencialmente periclitantes ao modelo institucional das *fundações*. Com a artimanha desse naipe, esperava-se defender a autonomia institucional e atingir um quadro de estabilidade quanto às constantes intervenções do Executivo, muitas vezes voraz em seu apetite imediatista. Pois, com a criação de mandato para o quadro diretor e uma maior flexibilidade nas relações trabalhistas com o regime celetista, parecia possível introduzir um novo fôlego ao modelo esgotado das autarquias. Por esse e outros motivos, as fundações tornaram-se moda e proliferaram, naquele momento. Na esfera federal, aconteceu a transformação do IBGE e do CNPq (1974) para essa modalidade, enquanto no âmbito da própria SEP, fora criada, em 1976, a Fundação do Desenvolvimento Administrativo (Fundap). Nas reuniões acima citadas, não pairavam quaisquer dúvidas quanto ao modelo institucional – fundação – a ser adotado para superar as possíveis turbulências que se avizinhavam. Outrossim, o exemplo da Fundap serviria de base para a construção da nova entidade vinculada à Secretaria de Economia e Planejamento.

Após toda a *démarche* preparatória, o governador Paulo Egydio propôs o Projeto de Lei 437, de 1978 para a Assembléia Legislativa, na qual "autorizava o poder executivo a instituir a Fundação Sistema Estadual de Análise de Dados (Seade)".[58] A justificativa oficial vinha assim redigida: "Sucede, porém, que nem a reformulação do Departamento de Estatística, nem a criação do Seade, notadamente tendo em vista a experiência haurida durante os anos de funcionamento desses órgãos, e, de modo especial, por não possuírem eles autonomia administrativa e financeira, foram suficientes para oferecer uma sólida estrutura funcional que pudesse atender satisfatoriamente a área da informação, recurso fundamental para toda atividade humana" (DIÁRIO OFICIAL, 4/10/1978).

Entrementes, urgia correr. A idéia amadurecera tardiamente para ganhar forma só no segundo semestre de 1978. Se não se acelerassem os trâmites, o projeto de lei não seria aprovado a tempo. O governador solicitou a sua apreciação à Assembléia em 40 dias. Contudo, antes de ir para o plenário, ele teria de passar pelas Comissões de Constituição e Justiça, de Economia e Planejamento e de Finanças e Orçamento (DIÁRIO OFICIAL, 7/11/1978). Diante do empenho de Paulo Egydio para encurtar a duração

[58] Diário Oficial do Estado. 4 de outubro de 1978.

do processo, as comissões foram substituídas por relatores especiais, atendendo ao regime de urgência imposto ao caso. Finalmente, após a aprovação na Assembléia Legislativa, a Comissão de Redação emitiu o parecer sobre o texto final da lei de criação da entidade no Diário Oficial de 10 de novembro de 1978.[59] Enfim, pouco mais de três semanas depois, em 4 de dezembro de 1978, a Fundação Seade tornou-se realidade por meio da Lei 1.866. Tratava-se de um dos últimos atos da gestão de Paulo Egydio.

Entre os cuidados tomados antes da mudança do governo, estava a criação da defasagem entre os mandatos do governador e o do diretor-executivo, como um mecanismo de tornar a Fundação menos suscetível às modificações do quadro político. Ao que tudo indica, a estratégia obteve sucesso, pois o diretor executivo manteve o seu mandato inicial até a metade da gestão de Maluf [60], e com sua posterior recondução, Rubens Murillo Marques ficaria 12 anos à frente da Instituição. Com a possibilidade de flexibilizar a estrutura antes enrijecida de regime de trabalho, os funcionários em regime CLT, até então contratados pela Prodesp, passaram para a Fundação Seade e aqueles em CLF foram convidados a ingressar no novo regime. Outra novidade introduzida nos estatutos refere-se à possibilidade de a Fundação gerar recursos próprios com a venda de projetos.

Os estatutos da Fundação – baseados nos da Fundap –, aprovados pelo Decreto 13.161, de 19 de janeiro de 1979, previa modificações na estrutura da instituição. Quiçá a mais importante tenha sido a extinção das unidades da CAD e a criação das diretorias adjuntas – embora as suas funções seguissem de perto as da antiga divisão de atividades –, com renovação nos cargos diretivos. Para ocupar a Diretoria Adjunta de Planejamento, veio Lúcio Gregori, ex-diretor da Empresa Paulista de Planejamento Metropolitano (Emplasa), em substituição a Maria Alice Pompéia, da extinta UPL. A Diretoria Adjunta de Análise, sucessora da UAD, foi ocupada por Maria Antonieta da Costa Marques e coube à Diretoria Adjunta de Estatística, sob direção de Cecília Cuckierman, herdar os trabalhos do Departamento de Estatística remanescente na estrutura da CAD. A Diretoria Adjunta de Processamento substituiu a UPD, mantendo Ricardo Iglesias na direção. Por sua vez, a Diretoria Adjunta Administrativa e Financeira ficaria sob o comando de Kunitomo Watanabe.

---

[59] Anexo A.

[60] Entrevista com Jorge Wilheim, em 30 de agosto de 2002.

Outra novidade foi a criação de um Conselho de Curadores, como órgão normativo da Fundação, constituído por representantes das seguintes instituições: Secretaria de Economia e Planejamento; Fundação de Desenvolvimento Administrativo; Universidade de São Paulo; Universidade Estadual de Campinas; Universidade Estadual Paulista Júlio de Mesquita Filho; Quatro representantes livremente designados pelo governador, sendo um deles de órgão privado de pesquisa de opinião pública. O Decreto 13.173, de 24 de janeiro de 1979, designou Paulo Diederichsen Villares para presidir o Conselho e, ao mesmo tempo, nomeou seus membros: Antônio Tuccilio, Luiz Gonzaga Belluzzo, Antônio Galvão Naclério Novaes, Zeferino Vaz, Celso Volpe, Carlos Eduardo Meirelles Matheus, Gustavo Sá e Silva e Ricardo de Mello Oliveira Gasparian.

Estava criada a Fundação Seade. Herdeira de uma longa tradição na produção de estatísticas no Estado de São Paulo – mas que até aquele momento, infelizmente, não escapara a influências políticas às vezes deletérias –, a nova instituição pretendia ser, nas palavras de seu idealizador político, o governador Paulo Egydio Martins, "uma fundação com autonomia, que não permitisse a manipulação de dados e onde seria apresentada uma radiografia do Estado, servindo de contraponto à visão empresarial, como se fosse um balanço realizado por auditores independentes".[61] Belas palavras! Todavia, conseguiria a novel entidade cumprir os seus pretendidos desígnios em meio a um ambiente hostil e infestado de fisiologismos e, por que não dizer, de corrupção financeira e/ou política? Como iria se comportar a Fundação Sistema Estadual de Análise de Dados, o Seade, no fluxo histórico sempre difícil e mutante, sobretudo, para as instituições com compromisso com a verdade? É o que veremos na história a seguir.

[61] Entrevista realizada em 29 de agosto de 2002.

...egistra novo recor...

...nprego sobe ...

PRECISA-SE

... Desde
...s em ju-
...94 e 95.
...ução civil
...mais fecha-
...o em junho.
...u 16 mil pos-
...ivil, 37 mil.
...necânico (mon-
...s, autopeças, ma-
... e eletrônico etc.),
...sável por 40% dos
...etos da indústria, fe-
...vagas em junho.
...umento de vagas no co-
...26 mil novos empregos) e
... (16 mil), mas a alta foi in-
...nte para compensar os cor-
...s outros setores.
... comparação com junho de
... o nível de ocupação na Grande
...ão Paulo registrou recuo de
...3,2%. Em 12 meses, 232 mil postos
de trabalho foram eliminados. So-
mente a indústria fechou 134 mil
vagas.

A taxa de desemprego, que era
de 16% em junho de 97 (1,394 mi-
lhão de pessoas sem trabalho),
cresceu 18,8% em 12 meses. O gru-
po mais atingido pela aumento do
desemprego no período foi o for-
...do por pessoas entre 25 e 39
...essa faixa, a taxa subiu
...das

...te
...sso
... di-

O ESTADO DE S. PAULO

Economia & NEGÓCIOS

DOMINGO, 14 DE ABRIL DE 1996

Serviços já não absorvem demitidos da indústria

Setor oferece hoje apenas metade das 14,8 mil vagas que eram abertas por mês até junho de 95

DENISE NEUMANN

O setor de serviços já perdeu 50% da capacidade de absorção da mão-de-obra demitida por outros segmentos. Nos primeiros 12 meses do Plano Real a média mensal de vagas abertas correspondeu a 14,8 mil empregos. De julho de 1995 a fevereiro deste ano (segundo ano do plano), essa média caiu 50%: a cada mês são abertas 7,6 mil vagas em serviços, de acordo com dados da pesquisa mensal de emprego e desemprego da Fundação Seade e Departamento Intersindical de Estatísticas e Estudos Sócio-econômicos (Dieese).

A ocupação cresceu 4,7% desde o início do Plano Real, puxada por serviços e comércio, mas a indústria emprega hoje 53 mil pessoas a menos do que em julho de 1995. Serviços aumentou as vagas em 223 mil postos e comércio em mais 123 mil. Deste total de novas vagas, contudo, 73% foram abertas no primeiro ano do Plano. A queda está tão acelerada que as novas vagas mensais em serviços e comércio não compensam mais as demissões na indústria.

Atrás de vagas: emprego perdido na indústria já não consegue ser reposto no mercado informal ou pelo setor de serviços e comércio

SERVIÇOS CONTRATAM 50% MENOS

---

quinta-feira, 21 de novembro de 1996 dinheiro 2

CONJUNTURA *Desocupação média neste ano em São Paulo deve ficar acima de 14% e superar a de 95, diz Seade/Dieese*

Salários sobem e desemprego fica estável

da Reportagem Local

A taxa de desemprego na Grande São Paulo ficou estável em outubro...

Evolução do desemprego na Grande São Paulo

Rendimento em 96

---

29 de janeiro de 2003 | Valor

Conjuntura A taxa foi a segunda maior da série da pesquisa Seade/Dieese, ficando abaixo apenas da de 1999

Desemprego em SP atinge 19% em 2002

Fernanda Pancheri
Do Valor Online, de São Paulo

A região metropolitana de São Paulo registrou a segunda maior taxa de desemprego em 2002. Segundo a pesquisa de emprego e desemprego da Fundação Seade e do Dieese, realizada desde 1985, a taxa de desemprego média no ano passado ficou em 19% da População Economicamente Ativa (PEA). A taxa só não foi maior que a apurada em 1999, 19,3%. O resultado significa um salto de 10,2% em relação a 2001, quando a taxa média foi de 17,6%. Na Grande São Paulo, há 1,78...

A pesquisa aponta também que, pelo quinto ano seguido, o rendimento médio teve queda. Em 2002, a renda diminuiu 8,3%, passando a corresponder a R$ 889, valor 28,3% menor que o registrado em 1997.

A baixa geração de postos de trabalho foi responsável pelo aumento da taxa. No ano passado, foram abertas 29 mil novos postos, número insuficiente para absorver o número de pessoas que ingressou no mercado, 195 mil. Apenas o trabalho autônomo e o emprego doméstico terminaram o ano...

A retração no nível ocupacional no setor de serviços no ano passado foi atribuída principalmente à queda da renda dos ocupados, que chegou a 8,3% na comparação com 2001. "Foi a queda da renda que segurou o setor de serviços", ressaltou Mendonça, do Dieese.

A pesquisa aponta que indústria gerou 13 mil novos postos de trabalho em 2002, representando 20% do total de ocupados na região, e o comércio registrou retração de 3 mil novas vagas, interrompendo o crescimento observado desde 2000.

Sem emprego
Estimativas médias da população em idade ativa, região metropolitana de SP, 1997-2002 - em mil pessoas

Condição de atividade	1997	2001	2002	Variação absoluta 2002/2001	Variações relativas Em % 2002/2001
População em Idade Ativa	13.925	14.655	14.823	168	1,1
População Economicamente Ativa	8.592	9.218	9.413	195	2,1
Ocupados	7.217	7.596	7.625	29	0,4
Desempregados	1.375	1.622	1.788	166	10,2
Em Desemprego Aberto	885	1.041	1.139	98	9,4
Em Desemprego Oculto	490	581	649	68	11,7
Inativos com Mais de 10 Anos	5.333	5.437	5.410	-27	-0,5

Fonte: Seade/Dieese

"Com a âncora cambial mantendo o plano, os salários não têm espaço para crescer", diz Martoni Branco. (LUIZ ANTONIO CINTRA)

---

2 ■ 6 dinheiro quinta-feira, 30 de julho de 1998 FOLHA DE S.PAULO

TRABALHO *Índice Seade-Dieese de junho registra novo recorde; empresas fecharam 11 mil vagas durante o mês*

Taxa de desemprego sobe para 19% em SP

ARTHUR PEREIRA FILHO
da Reportagem Local

O índice de desemprego na Grande São Paulo bateu novo recorde em junho. A região terminou o mês passado com 1,662 milhão de desempregados, o equivalente a 19% da população economicamente ativa. No mesmo período, foram eliminados 11 mil postos de trabalho.

Em maio, a taxa de desemprego havia atingido 18,9%, com 1,654 milhão de trabalhadores sem emprego. 8.000 menos que em junho.

Os dados são da pesquisa de Emprego e Desemprego do Dieese (Departamento Intersindical de Estatística e Estudos Socioeconômicos) e da Fundação Seade (Sistema Estadual de Análise de Dados).

Sérgio Mendonça, diretor-técnico do Dieese, considera "preocupante" a estabilização da taxa de desemprego em um patamar elevado. "Junho é tradicionalmente um mês de contratações, mas isso não aconteceu este ano."

Pedro Paulo Martoni Branco, diretor-executivo da Fundação Seade, diz que "a Copa do Mundo adiou o início de contratações que normalmente ocorrem em um período eleitoral". Para ele, o efeito das eleições sobre o mercado de trabalho somente será sentido a partir de agosto.

"...balho", explica Mendonça. Desde 1985, a eliminação de vagas em junho somente ocorreu em 94 e 95.

A indústria e a construção civil foram os setores que mais fecharam vagas de trabalho em junho. A indústria eliminou 16 mil postos, e a construção civil, 37 mil.

O setor metal-mecânico (montadoras de carros, autopeças, material elétrico e eletrônico etc.), que é responsável por 40% dos empregos diretos da indústria, fechou 8.000 vagas em junho.

Houve aumento de vagas no comércio (26 mil novos empregos) e serviços (16 mil), mas a alta foi insuficiente para compensar os cortes dos outros setores.

Na comparação com junho de 97, o nível de ocupação na Grande São Paulo registrou recuo de 3,2%. Em 12 meses, 232 mil postos de trabalho foram eliminados. Somente a indústria fechou 134 mil vagas.

A taxa de desemprego, que era de 16% em junho de 97 (1,394 milhão de pessoas sem trabalho), cresceu 18,8% em 12 meses. O grupo mais atingido pelo aumento do desemprego no período foi o formado por pessoas entre 25 e 39 anos. Nessa faixa, a taxa subiu 24%.

Renda média

O rendimento médio mensal das pessoas ocupadas na Grande São Paulo cresceu em maio. A alta foi de 0,5% em comparação com abril. A renda passou de R$ 862...

Fila para Wal-Mart reúne 5.000 candidatos

da Reportagem Local

Mais de 5.000 pessoas enfrentaram fila ontem para participar do processo de seleção de pessoal para duas lojas da rede Wal-Mart em São Paulo.

Ontem foi o terceiro dia de recrutamento para o Wal-Mart Supercenter Pacaembu e para o Wal-Mart Supercenter Central Plaza. No dia anterior, outras 4.000 pessoas já haviam passado pelo local de inscrição. A rede está oferecendo mil vagas para as duas lojas.

Ainda na parte da manhã, a fila já tomava seis quarteirões próximos ao conjunto esportivo Baby Barioni, na Água Branca, onde está sendo feito o cadastramento. Segundo a assessoria do Wal-Mart, as pessoas começaram a chegar ao local às 4 horas. O cadastramento começou às 8 horas.

"Sempre tivemos um grande número de pessoas procurando emprego em nossas lojas, mas o movimento desta sema..."

Capítulo III

Os difíceis caminhos

O setembro negro

A intranqüilidade tomara conta do Seade, naquele seu primeiro ano de vida. Muitas mudanças ocorriam no País, sendo talvez as mais importantes as sucessões que ocorriam nos Poderes Executivos federal e estadual. Para a Presidência da República, assumia o general João Baptista Figueiredo, um nome com trânsito entre os castelistas e a linha dura dos militares. Nesse sentido, a sucessão havia transcorrido em relativa tranqüilidade, embora muitos questionassem se a postura ambígua do novo presidente não poria em risco a abertura política implementada por seu antecessor, o general Ernesto Geisel. Entrementes, o novo presidente não traiu a confiança nele depositada. Já no ano de sua posse, em 28 de agosto de 1979, Figueiredo sancionou a Lei 6.683, anistiando as pessoas punidas desde 1961 por crimes políticos. Assim, embora lentamente, a abertura continuava, pois o famigerado AI-5 já havia sido extinto no final do governo de Geisel. De igual maneira, ainda em setembro de 1979, surge a Nova Lei Orgânica dos Partidos Políticos, acabando com o bipartidarismo. É verdade que os fatos não fluiriam tão calmamente. Basta recordar do caso da bomba-carta, na sede da Ordem dos Advogados do Brasil (OAB) em 1980, e o do Riocentro, em 1981, de triste memória. De toda forma, esses acontecimentos não chegaram a afetar a normalidade institucional de entidades públicas. Isso porque a sociedade civil havia se organizado para que não acontecesse o retrocesso.

Mas, então, por que essa falta de tranqüilidade no Seade, na ocasião sob a direção de Rubens Murillo Marques? Seria por causa da sucessão no Executivo paulista? Sim, com toda a certeza. O novo governador era Paulo Salim Maluf. Ele conseguira viabilizar, em lance surpreendente, a sua candidatura para o governo do Estado de São Paulo, em uma tumultuada convenção da Arena, em junho de 1978. Surpreendente porque uma boa parcela de militares não queria o seu nome. Eleito, Maluf tomou posse no cargo em março de 1979. Logo no primeiro ano de gestão, ele protagonizou o episódio da criação da Paulipetro, um consórcio das Centrais Elétricas do Estado de São Paulo (Cesp), do Instituto de Pesquisas Tecnológicas do Estado de São Paulo (IPT) e algumas firmas particulares, com o objetivo de encontrar petróleo na Bacia do Paraná. Nessa empreitada, gastaram-se cerca de US$ 500 milhões do erário público sem encontrar óleo algum, só água.

Figura 23 - Um dos vários encontros pela Anistia (década de 1970).

Outra característica do novo mandatário paulista estava em seu gosto pela intervenção nos órgãos públicos. Nem as universidades escapariam às suas ações. A Unicamp que o diga. No processo da sucessão do reitor Plínio Alves de Moraes (1916-2002), em 1982, o desejo do governador em ver o seu secretário da Educação, Luiz Ferreira Martins, no posto em disputa, desencadeou uma crise na instituição. Moraes exonerou vários diretores das unidades – alguns deles candidatos a reitor – além de substituir membros do Conselho Universitário, para reverter a aprovação da lista sêxtupla elaborada com base em consulta à comunidade. Para decepção do Palácio dos Bandeirantes, o secretário da Educação não figurava nem na nova lista.

O Seade, portanto, tinha razão em temer a nova situação. Ainda mais, porquanto, o novo governador mostrava claro desagrado pela adoção do sistema de fundação que alguns órgãos públicos tomaram. Nessa forma institucional, ele não poderia nomear os seus prepostos nos postos-chaves, pois os dirigentes possuíam mandato. Mesmo na Fundap, na qual o professor Luiz Gonzaga Belluzzo se demitira prevendo a intervenção[1], Maluf só conseguiu impor dois diretores, em um primeiro momento. Outrossim, ele não escondia a sua antipatia pela entidade capitaneada por Rubens Murillo Marques. Aqui, igualmente, a sua pretensão de alterar a diretoria não alcançara êxito. Mas, o governador não deixou por menos. Logo, em 1979, promoveu um corte de 30% em diversos órgãos públicos, inclusive no Seade. Redundou uma grave crise nas entidades atingidas, provocando a demissão de muitos funcionários. O problema alcançou tamanha gravidade a ponto de ser instalada, em outubro do mesmo ano, a "Comissão Especial de Inquérito destinado a apurar a realidade orçamentária do Estado e em especial no que se refere à despesa com o pessoal".[2] Chamado a depor, o secretário de Economia e Planejamento, Rubens Vaz Costa, alegou a necessidade de um ajuste fiscal nas contas do estado.

Na Fundação Seade, os reflexos do corte foram dramáticos. Seu orçamento ficou extremamente comprometido, porque, para piorar, havia uma decisão anterior do governo de manter congelado o de 1980, com base naquele de 1979. Em verdade, a situação era mais complexa, pois, como asseverava o diretor-executivo ao Conselho Curador, "considerando que no dissídio trabalhista havia sido acertado um reajuste de 45% para o ano seguinte, a Fundação não teria condições de cobrir as despesas".[3] A precariedade do orçamento concedido torna-se patente ao se lembrar que a inflação de 1979 atingiu o índice de 54%. Os prejuízos não pararam aí. De acordo com Rubens Murillo Marques, como se pode ler na Ata da Terceira Reunião do Conselho Curador da Fundação Seade, em 18 de setembro de 1979, "com o corte da dotação orçamentária para o próximo exercício, foi necessário desativar alguns projetos".[4] O desastre vinha em cascata. Até a expectativa existente de a Fundação firmar convênios com outros órgãos

---

[1] Entrevista com Luiz Gonzaga Belluzzo, em 10 de agosto de 2003.

[2] Diário Oficial do Estado, 13 de outubro de 1979.

[3] SÃO PAULO. FUNDAÇÃO SEADE. Ata da 3ª Reunião do Conselho Curador. Pronunciamento de Rubens Murillo Marques. São Paulo, Fundação Seade, 18 de setembro de 1979.

[4] Entrevista realizada em 2 de setembro de 2002.

governamentais frustrou-se, porquanto o corte também os atingiu, obrigando a diminuir suas atividades.[5] Interessante observar que em nenhum momento aventou-se a possibilidade de gerar recursos próprios, um mecanismo que já constava nos estatutos, ao qual se recorreria mais tarde, aliás, intensamente. Segundo Marques: "realmente, a Fundação poderia captar recursos, mas não havia tradição nesse sentido, como também não teríamos condições, naquele prazo curtíssimo de um ou dois meses, de mobilizar essa alternativa".[6]

Como diretor-executivo da Fundação, Rubens Murillo Marques levou a termo a decisão do secretário de Planejamento, e solicitou aos diretores-adjuntos uma lista de funcionários a serem demitidos. Os diretores recém-nomeados desconheciam a estrutura e os funcionários do estabelecimento, porém, mesmo assim, deveriam elaborar a famigerada lista, como diz o diretor-executivo da época: "Resolvemos cortar. Combinei com as diretorias demitir 30% de pessoal. Em um ou dois dias, elas me entregariam uma lista de pessoas para a dispensa. Na véspera do corte, Lúcio Gregori, diretor adjunto de Planejamento, me procurou dizendo: 'Sou contra essa decisão e não vou elaborar lista alguma'. Lúcio Gregori fora indicado por mim ao Paulo Egydio, pois eu ficara com boa impressão dele ao ver a sua gestão à frente da Emplasa, como diretor. Por isso, ponderei: "Olha, não tenho critérios para indicar os técnicos a serem dispensados em sua Diretoria, porque não os conheço. Quem pode fazer isto é você, mas se não fizer, vou escolher quatro ou cinco técnicos para passá-los para outra unidade e demitir o resto. Só não vou exonerar você por causa do seu mandato que tenho de respeitar. Pode achar truculento, mas não encontro outro jeito". E realmente cumpri a ameaça. Desloquei quatro ou cinco técnicos e demiti o resto, inclusive a secretária dele. Gregori ficou sem a secretária, sem o projeto, mas com o mandato".[7]

Lúcio Gregori enviou uma carta ao Conselho na qual explicitava o motivo da sua discordância: "Antes de serem determinados os cortes do pessoal, seria necessário uma análise mais detalhada das condições orçamentárias da Fundação, de modo a permitir uma melhor visualização das possíveis alternativas".[8] Também, alertava "há tempos sobre a necessidade

---

[5] Uma das vítimas do corte foi o antigo projeto Comércio por Vias Internas. SÃO PAULO. FUNDAÇÃO SEADE. Ata da 3ª Reunião do Conselho Curador. São Paulo, Fundação Seade, 18 de setembro de 1979.

[6] Entrevista realizada em 2 de setembro de 2002.

[7] Idem.

[8] Ata da 3ª Reunião do Conselho Curador. São Paulo, Fundação Seade, 18 de setembro de 1979.

da caracterização precisa dos projetos, dos serviços prioritários para cada setor da Fundação, da definição das atribuições e competências das diversas diretorias como elementos básicos para a tomada de decisão".[9]

Por outro lado, por causa do seu desconhecimento do quadro de funcionários, o diretor-executivo convocou três funcionários remanescentes da UPL para fazer a lista de dispensas. Eles, prontamente, negaram-se a fazê-la. Resultado: já nesta reunião, duas pessoas foram demitidas.[10] A insatisfação espalhou-se pela Casa. Multiplicaram-se as assembléias, com a participação do diretor-executivo, para discutir alternativas às demissões. Enfim, formalizou-se a proposta conjunta no sentido de reduzir a jornada de trabalho para seis horas diárias. Contudo, ela não teve guarida em nenhum dos segmentos da Secretaria de Economia e Planejamento. O pior da história ficou por conta da truculência das demissões: "O processo foi traumático. Tivemos de abandonar o prédio imediatamente, não sendo permitido nem o recolhimento dos pertences pessoais. Aconteceu em uma sexta-feira, às 17 horas. Já sabíamos dessa ameaça de corte, então, convocamos uma assembléia que se realizou no Sindicato dos Jornalistas, porque não permitiram fazê-la na Fundação Seade. Voltamos na semana seguinte, para recolher o nosso material, em meia hora, prazo máximo concedido de forma "magnânima" pela direção".[11]

Após o incidente, ocorrido em setembro de 1979, os funcionários enviaram uma "carta de protesto contra as demissões em face do corte de verba na Fundação" ao presidente da Assembléia Legislativa, por ocasião do inquérito para apurar a realidade orçamentária do estado, já mencionado anteriormente.[12] O apoio do então deputado Eduardo Matarazzo Suplicy, participante da Comissão, pouco significou para reverter o quadro – tudo ficou como dantes. A diretoria foi extinta e a atividade de planejamento desapareceu na prática. Seus funcionários, responsáveis pela concepção e implementação do Sistema Estadual de Análise de Dados Estatísticos há quatro anos, deixaram a Instituição. Dela, apenas salvaram-se o Departamento de Planejamento Gráfico e Visual, remanejado para a Diretoria Administrativa, e a Central de Dados e Referências (CDR) e Biblioteca, para a Diretoria de Processamento.

---

[9] Idem.

[10] As demitidas foram Mari Shirabaiashi e Vera Tokairim. Entrevistas com Mari Shirabaiashi, em 16 de outubro de 2002, e Vera Tokairim, em 30 de outubro de 2002.

[11] Entrevistas com Mari Shirabayashi, Silvia de Almeida Prado e Aguinaldo Ribeiro da Cunha Filho, em 16 de outubro de 2002, e Vera Tokairim, em 30 de outubro de 2002.

[12] Diário Oficial do Estado, 13 de outubro de 1979.

Rubens Murillo Marques selecionou, ainda, cinco funcionários da diretoria extinta para participar de sua assessoria.

O impacto da extinção da Diretoria Adjunta de Planejamento não pode ser subestimado. O modelo utilizado na criação da estrutura do Seade preceituava que essa diretoria seria responsável pelo planejamento, programação e disseminação de informações. Com o encerramento de suas atividades, a concepção subjacente ao modelo de criação da Fundação foi desvirtuada. Porém, não é difícil entender porque essa diretoria foi escolhida para ser sacrificada. Baseado na estratégia de produção de informações seguindo um planejamento de longo prazo, o trabalho não dava resultados imediatos, tornando mais fácil sua extinção do que a de outras diretorias.

O episódio ficou conhecido como o "setembro negro". Como o esperado, cerca de 30% dos integrantes da Fundação Seade não escaparam da degola. Ao final de 1979, o número de seus funcionários havia passado de 276 para 233, no caso do regime CLT, de 111 para 29, no CLF, e de 116 para 90 estagiários.[13] Entrementes, a entidade criada por Paulo Egydio não estava sozinha no infortúnio. As universidades paulistas, igualmente, sofriam. Em maio daquele ano, os professores universitários, reunidos, sobretudo, em torno das associações docentes recém-criadas, deflagraram uma greve. A sua reivindicação de 70% de reajuste salarial e um modesto abono de Cr$ 2.000,00, não recebeu qualquer consideração do Executivo bandeirante. O governador Maluf não tratava a questão como algo de relevância. Ao final de três meses de movimento grevista, ele acabou concedendo um abono, mas nenhum reajuste salarial.

Novos tempos para a Fundação

Esse primeiro momento difícil, entretanto, serviu de teste para a Fundação. Viveu-se um tempo traumático, é verdade, porém, ao mesmo tempo, tornou-se factível verificar o quanto estava consolidada a sua estrutura. Ante o agente desestabilizador, ela resistiu de maneira galharda. Evidentemente, o sistema original pensado para articular as informações gerenciais para o planejamento governamental seria gravemente atingido. O modelo proposto e parcialmente implantado pela equipe da Unidade de Planejamento de Informação (UPL) jamais veria um lugar ao sol, e

[13] Ata da 3ª Reunião do Conselho Curador. São Paulo, Fundação Seade, 18 de setembro de 1979.

os Centros de Informações e Análise Estatística sequer seriam instalados em algumas secretarias de Estado.

Curiosa dialética da história! Enquanto a estrutura inicial do Seade para o planejamento sofria o desmonte, o governo, aos poucos, descobria grande utilidade no sistema de informações montado no Palácio dos Bandeirantes. De fato, os dados de municípios e regiões não poderiam faltar para um dos grandes símbolos da gestão de Maluf: o governo itinerante. Político sagaz, o governador queria estreitar laços com os líderes regionais. Também sabia da irreversibilidade da distensão política em andamento. Mesmo que fosse só de fachada, ele colocava a necessidade de se comunicar com a população. Com esse objetivo, adotou a prática de se dirigir, todos os fins de semana, acompanhado de seu secretariado, presidentes e diretores de órgãos estaduais, para despachar junto com os prefeitos de regiões do interior do estado, onde decretara só aquele dia para ser capital paulista. Por exemplo, a cidade de Mogi das Cruzes funcionou como a sede do décimo quarto governo itinerante, no dia 10 de novembro de 1979, como reza o Decreto 14.202, de 3 de novembro de 1979. Era o chamado "trenzinho do Maluf".

Em conseqüência, o Seade começou a ser acionado com freqüência. As viagens sistemáticas da "comitiva governamental" para vários municípios do interior do Estado passaram a ocupar um espaço privilegiado em suas preocupações, gerando atividades que se transformaram em rotina. Essas deveriam suprir o governador com as informações relevantes sobre os municípios, para permitir o diálogo com os prefeitos e as autoridades locais. Como resultado, elaboraram-se relatórios sobre a situação socioeconômica das regiões administrativas e dos municípios, com informações sobre a política local e a situação de obras em andamento. Não se sabe se o trenzinho do Maluf funcionou de modo eficaz como *marketing* político. Mas, que fez um enorme estardalhaço, isso fez. A mídia deu amplo destaque a essas viagens.[14] Com a realização dessas tarefas, teria o governador mudado sua visão sobre a Fundação? Afinal ela atendia, e bem, a uma das suas prioridades políticas. Aliás, o relacionamento da entidade com os governantes sempre seria nesse diapasão porque cada governador a acionava sob a óptica dos seus interesses. Pelo sim, pelo não, Paulo Maluf seria um dos mandatários estaduais que mais acionaria, pelo menos nume-

[14] Relatório de Atividades. Fundação Seade, 1979.

ricamente, o sistema de informações sobre os municípios do Seade.[15] Deve-se ressaltar, nesse aspecto, que a visão imediatista do governador acabou gerando muitas dificuldades para o Seade. Em vez de fortalecer a instituição, aportando recursos financeiros e humanos para o desenvolvimento da recém-criada estrutura voltada para a pesquisa, ele determinou o corte nos gastos e redução do pessoal, prejudicando sobremaneira o projeto de longo prazo da Fundação.

Paulo Salim Maluf, conhecido como "grande tocador de obras", passou, assim, a usuário do Sistema de Informações Governamentais (Sirg). Criou, inclusive, uma comissão de acompanhamento da ação governamental, constituída de membros provenientes da Prodesp, Fundação Seade, Casa Militar e Casa Civil. Por razões óbvias, outro serviço fundamental para a gestão de Maluf foi o Sistema de Informações de Obras do Estado (Siobras). Outrossim, reformulou-se a Sala de Situação, para atender aos interesses imediatos da nova gestão, porém, continuando a manter as finalidades iniciais de proporcionar aos usuários uma visão abrangente da situação socioeconômica da dinâmica estadual e das ações governamentais.[16] Basicamente, ela deveria apresentar um conjunto de informações de forma seqüencial e integrada em três unidades:

Unidade I: Posicionamento do Estado de São Paulo no contexto nacional;

Unidade II: Caracterização do estado paulista, integrando os aspectos físico-territoriais, demográficos, econômicos, financeiros e os serviços de atendimento à população das 11 regiões administrativas;

Unidade III: Acompanhamento da ação do governo estadual através do Sirg e do Siobras.

Ao lado das três unidades, alinhou-se o Sistema de Informações Municipais (SIM) para completar a Sala de Situação.

Embora aquele período tenha sido marcado, mormente, por esse tipo de demanda, realizaram-se, também, outros estudos e projetos interessantes. Ainda em 1979, a Diretoria Adjunta de Análise desenvolveu um novo projeto, "Os Processos de Industrialização e Urbanização e as Políticas de Descentralização Industrial". Sua finalidade era estudar a tendência de

[15] Entrevistas com Rubens Murilo Marques, em 2 de setembro de 2002 e Ricardo Iglesias, em 11 de setembro de 2002.

[16] Projeto de Reformulação da Sala de Situação. Fundação Seade, 1979.

desconcentração urbano-industrial no Estado de São Paulo, ao lado das políticas de indução através das ações governamentais. Certamente, a pesquisa ia em direção a uma das plataformas do governo – a descentralização. Por seu turno, a Diretoria Adjunta de Estatística assinou o seu primeiro grande contrato[17] de prestação de serviços com a Empresa Metropolitana de Planejamento (Emplasa), para a execução da pesquisa Perfil Industrial da Grande São Paulo. Nesse projeto, o Seade elaborou um questionário a partir de orientações dos técnicos da Emplasa, com o recrutamento e treinamento de entrevistadores. Foram aplicados questionários em 1.291 estabelecimentos industriais da RMSP. A mídia não deixou de criticar o contrato. Não levando em consideração o fato de a Fundação ter sido atingida pela demissão de alguns funcionários, durante a crise de setembro, um jornal[18] ressaltava o fato de uma instituição pública realizar "estudos e projetos de sua especialidade mediante remuneração". Nessa mesma matéria, o diretor-executivo defendia-se das críticas argumentando que "o nosso maior cliente é o governo do Estado. Contudo, com a situação orçamentária difícil, muitas secretarias não têm recursos disponíveis, ficando complicado firmarem novos convênios". Com efeito, as demandas vinham de outras esferas. Em 1982, celebrou-se um convênio entre a Fundação Seade e o Instituto de Pesquisas Econômicas Aplicadas (Ipea) para o desenvolvimento de uma metodologia relativa à estimativa das contas regionais, tanto do Produto Interno Bruto (PIB) quanto da Formação Bruta do Capital (FBC).

Pesquisa demográfica: a criação do Geade

O Grupo Especial de Análise Demográfica (Geade), iniciou em 1976, começou suas atividades em estreito relacionamento com os técnicos da Diretoria de Estatísticas Demográficas do antigo Departamento Estadual de Estatística (DEE), no qual eram produzidas as estatísticas de óbitos, nascimentos e casamentos. Nesse mesmo ano, foi criada a Associação Brasileira de Estudos Populacionais (Abep), uma entidade pluralista e abrangente de demografia que constituía um importante fórum de debates sobre as questões demográficas no Brasil, da qual todos os pesquisadores do Geade participavam.

---

[17] Cr$ 3,5 milhões. Na época, o orçamento da Fundação era de Cr$ 165 milhões.
[18] Jornal *O Estado de S. Paulo*, 10 de novembro de 1979.

Diante da ampla lacuna de estudos sobre a dinâmica demográfica no Estado de São Paulo, a prioridade inicial do Geade era analisar com profundidade as tendências das variáveis de fecundidade, mortalidade, nupcialidade e migração. Para tanto, era premente a realização de um amplo diagnóstico da situação das estatísticas vitais, visando a uma reestruturação e atualização da produção delas para a elaboração dos indicadores demográficos mais adequados à análise, tais como: número médio de filhos por mulher, esperança de vida ao nascer, taxas de mortalidade por idade, sexo e causa da morte, mortalidade infantil, idade média ao casar, saldo migratório, entre outros, todos regionalmente desagregados. Esses estudos acabaram resultando nas publicações *Informe Demográfico* e *Análise Demográfica Regional*, além de um *folder* mensal denominado *Indicadores Demográficos*, que acompanhava de maneira contínua a evolução da natalidade, nupcialidade, mortalidade geral e, especialmente, a infantil, que vinha aumentando sistematicamente nesse Estado e suas regiões desde meados da década de 1960. Outros dados importantes demonstrados nesse trabalho era a intensa migração para o estado bandeirante e a taxa de crescimento cada vez mais elevada nos municípios economicamente mais dinâmicos de São Paulo.

A estatística mais preocupante era o crescimento da taxa de mortalidade infantil, no Estado, que chegou a ultrapassar o patamar de cem mortes de crianças até um ano de idade por 1.000 crianças nascidas vivas em vários municípios da Área Metropolitana e do Interior. As principais causas de morte estavam associadas à elevada incidência de doenças infecciosas e parasitárias que se alastravam rapidamente nas maiores concentrações populacionais do Estado. A situação tornava-se calamitosa. O controle dessas condições adversas era uma prioridade para a Secretaria da Saúde do Estado que, sob a coordenação de seu titular, dr. Walter Lesser, promovia uma luta incessante visando reduzir o número de mortes de crianças paulistas. As ações da Secretaria da Saúde exigiam indicadores atualizados e contínuos para identificar e localizar as concentrações da mortalidade e acompanhar sua evolução. Coube ao Geade a responsabilidade de elaborar os indicadores de mortalidade infantil para todos os municípios do Estado, mantendo um estreito diálogo com a secretaria estadual. Essas atividades tiveram seqüência na gestão seguinte, quando o dr. Adib Jatene assumiu a pasta da Saúde. O novo secretário logo procurou a recém-criada Fundação Seade para formalizar uma parceria visando ao monitoramento da mortalidade e da natalidade, por intermédio dos indicadores elaborados pelo Geade, para subsidiar as ações dessa secretaria.

A demanda e a pressão por indicadores demográficos eram intensas, o que levou o Geade a concentrar esforços na elaboração de indicadores mais apropriados às ações do governo. Foram realizados contatos com a Corregedoria Geral da Justiça visando implantar novos mapas de coleta e garantir maior agilidade no envio dos dados sobre os registros de nascimentos, óbitos e casamentos. Na mesma época, firmou-se um contrato com a Prodesp, com o objetivo de informatizar a produção das estatísticas vitais, elaborar um plano tabular mais detalhado, e realizar o processamento sistemático desses dados.

Estatísticas vitais

A produção das estatísticas vitais, com base na coleta de dados dos Cartórios de Registro Civil do Estado, teve a sua origem em 1892, sob a responsabilidade da Seção Especial de Estatística Demógrafo-Sanitária da Secretaria do Interior. Em 1942, com a criação do Departamento Estadual de Estatística (DEE), as estatísticas vitais passaram a fazer parte da Diretoria de Estatísticas Demográficas. Posteriormente, com a criação da Fundação Seade, essas atividades passaram a ser responsabilidade da nova instituição. Segundo a tradição do antigo DEE, a pesquisa mensal era realizada nos Cartórios de Registro Civil com base em dois tipos de instrumentos de coleta: mapas estatísticos, contendo dados específicos dos registros legais; e cópias das declarações de óbito. A causa básica da morte era selecionada a partir das informações existentes na declaração de óbito e associada ao respectivo registro de óbito relacionado no mapa estatístico. Tal associação só se tornava possível de ser realizada após a devida vinculação de cada declaração com o respectivo registro de óbito, relacionado no mapa estatístico de coleta nos cartórios.

Posteriormente, essa metodologia foi aperfeiçoada pela Fundação Seade, que passou a aproveitar os recursos da microinformática para agilizar o processamento e a vinculação dos dois instrumentos de coleta de dados sobre óbitos e complementar a base de dados com todas as informações disponíveis nas duas fontes. As comuns eram comparadas para análise das divergências e melhoria da qualidade. Em seguida, uma metodologia semelhante passou a ser aplicada às estatísticas de nascimentos, a partir da implantação da declaração de nascido vivo, que também é enviada à Fundação Seade pelos Cartórios de Registro Civil. Ao longo do tempo, a experiência de vinculação dessas duas fontes resultou no conhecimento detalhado das limitações e potencialidades das informações básicas e foi decisiva no aperfeiçoamento das estatísticas vitais de São Paulo. Cabe destacar que a base de dados de nascimentos e óbitos produzida pelo Seade integra o Sistema Nacional de Informações de Nascidos Vivos e Óbitos, coordenado pelo Ministério da Saúde, desde a criação desse sistema, na década de 1970, e também passaram a integrar as bases estatísticas do registro civil da Fundação Instituto Brasileiro de Geografia e Estatística (IBGE), a partir de 1997.

Nupcialidade

Um amplo estudo sobre a evolução histórica dos padrões de nupcialidade em São Paulo, suas implicações e relações com a fecundidade e migrações, foi desenvolvido no Geade, contemplando as tendências do casamento legal e suas características. Através da análise demográfica da informação disponível no Registro Civil, foram traçadas as tendências históricas das seguintes variáveis: estado civil anterior, idade ao casar, origem dos cônjuges, escolaridade, sazonalidade, etc. Esse projeto contou com o apoio financeiro da Fundação Ford e seus resultados foram apresentados no Informe Demográfico 5 de 1982.

Declaração de nascidos vivos

Um dos projetos mais marcantes realizado pelo Grupo naquele período inicial dizia respeito a um estudo abrangente sobre a mortalidade infantil. Tratava-se do trabalho *Análise da mortalidade infantil através das estatísticas vitais: um estudo metodológico para São Paulo*, desenvolvido entre os anos de 1979 e 1981, com pesquisa de campo no Município de Mogi das Cruzes. Entre seus produtos, destacou-se um experimento de implantação de uma declaração de nascidos vivos nos hospitais, maternidades e cartórios desse município. A despeito do interesse já antigo do Geade sobre o tema, este só seria implementado quando o secretário estadual de Saúde, João Yunes, entusiasmou-se com a idéia. Ele formou um grupo de trabalho integrado por representantes da Secretaria da Saúde, da Faculdade de Saúde Pública da USP, da Escola Paulista de Medicina e Seade, coordenado pela última instituição mencionada.

Com o financiamento da Fundação Ford e concessão de bolsas de pesquisa da Associação Brasileira de Estudos Populacionais (Abep), o projeto teve andamento, sendo o teste da Declaração de Nascidos Vivos realizado na cidade de Mogi das Cruzes, em 1979. Esse teste de campo consistiu na implantação da declaração nos hospitais, acompanhamento do seu recebimento pelos cartórios e posterior envio para a Fundação. Mais tarde, aplicou-se o modelo em vários outros municípios. Com o sucesso, o projeto Análise de mortalidade infantil recebeu um prêmio da Abep. A repercussão chegou até o início da década de 1990, quando o Ministério de Saúde, com a colaboração do Seade, viabilizou a implantação da Declaração de Nascidos Vivos, em todo o País. A França é outro país que também utiliza esse tipo de sistema.

O sub-registro de nascimentos

O Geade, igualmente, estudou a questão do sub-registro de nascimento. Trata-se do caso no qual a criança é registrada com atraso, ou mesmo quando o acontecimento nem chega a ser comunicado aos cartórios. Em geral, isso acontecia por diversas razões, inclusive custo do registro de nascimento. As estatísticas de nascimento consistem em um instrumento fundamental para acompanhar a evolução da população e para a construção de indicadores. Nesse aspecto, o tema do registro atrasado adquire importância, na pesquisa demográfica. Por isso, o Grupo ocupou-se do assunto, desenvolvendo uma metodologia cujo resultado ficou conhecido como Método RAN (Registro Atrasado de Nascimento). Esse método possibilitou descrever o comportamento dos registros atrasados e estabelecer uma relação no espaço e tempo com os nascimentos ocorridos e declarados no prazo. O seu sucesso refletiu-se em vários estados, sobretudo em Minas Gerais, e essa metodologia foi utilizada por vários pesquisadores em outras regiões do País. Muito mais tarde, em 1998, quando o governo federal empreendeu uma campanha nacional para diminuir o número de crianças sem registro, a Fundação Seade foi chamada a colaborar com sua experiência sobre o tema e detectar as áreas mais críticas do Estado em termos de sub-registro.

Causas múltiplas de morte

A implantação pioneira do método de investigação de causas múltiplas da morte deveu-se, também, ao labor do Geade. A declaração de óbito contempla a causa básica e as causas associadas da morte, mas somente a primeira era considerada para fins estatísticos. O Ministério da Saúde queria precisar também as causas associadas com a morte, avançando sobre o modelo anterior, que indicava apenas a causa básica. Nesse sentido, desejava realizar uma experiência-piloto, para depois disseminá-la por todo o território nacional. Dentro dessa perspectiva, a Fundação Seade era o órgão que reunia as melhores condições para implantar tal tipo de trabalho, o que acabou sendo efetivamente executado em 1980, com a adaptação do programa *Automed Classification of Medical Entities* (ACME), do National Center for Health and Statistics dos EUA, para as características brasileiras. Nesse sistema, todas as informações prestadas pelo médico e presentes na declaração de óbito são consideradas como dados de entrada do programa de computador, possibilitando a classificação automática da causa básica da morte. Destarte, a reconstituição da estrutura da morbidade torna-se mais próxima da realidade, porquanto se trabalha com um processo e não unicamente com um fator. O programa armazenava as causas múltiplas e possibilitava análises mais aprofundadas sobre o processo saúde-doença. Outra vantagem está em substituir o erro subjetivo dos codificadores de causa da morte – de alta incidência – pelo do computador, uma vez que esse é detectável e corrigível.

A Fundação envolveu-se nesse trabalho de 1976 até 1983, quando obteve os primeiros resultados. Contratou analistas para adaptar o sistema ACME, traduzindo-o para a língua portuguesa, adequando a nomenclatura e refazendo a classificação de doenças, porque algumas delas existiam nos EUA, mas não no Brasil e vice-versa. No tocante à reclassificação das causas de morte, o Geade trabalhou em cooperação com o Centro Brasileiro de Classificação de Doenças da USP. Igualmente, realizou um intenso intercâmbio com instituições norte-americanas relacionadas com a execução e utilização do programa. Graças a essas ações, desde 1984, montou-se um banco de dados de fundamental importância para os estudos sobre a evolução das causas de morte. A exploração desses dados tem demonstrado importante potencial de análise, como mostra, a título de exemplo, a parceria com a Escola Paulista de Medicina, no período entre 1994 e 1997, para o estudo da mortalidade ocorrida em função das diabetes, pesquisa realizada no âmbito do projeto Mortalidade por *Diabetes Mellitus* como causa básica e associada no Estado de São Paulo, e as pesquisas da Secretaria da Saúde, realizadas no final da década de 1990, para avaliar a ação colateral de antirretrovirais no tratamento da aids. Outrossim, o Seade serviu como termo de referência, quando o Ministério da Saúde, em 1994, testou um programa similar de seleção automática de causa básica da morte. De toda forma, ainda hoje, o Estado de São Paulo é referência nacional nesse campo.

Projeções de população

O método das Projeções de População constitui um instrumento fundamental para o planejamento dos órgãos governamentais. Por intermédio dessas estimativas, torna-se possível dimensionar as demandas sociais futuras decorrentes de tendências de crescimento da população, sua distribuição espacial e transformações da estrutura etária. Mais. A população resultante serve, igualmente, como um denominador usual para a elaboração de indicadores socioeconômicos. Nesse aspecto, a projeção de populações supre a carência de dados entre um censo e o seguinte, geralmente, um período longo de mais para estudos e ações governamentais. Sua intensa disseminação corresponde às necessidades não só dos órgãos públicos, que a utilizam como um dos indicadores mais importantes no seu planejamento, mas, também, das entidades privadas, seja para o lançamento de um produto no mercado, seja para um estudo sobre a alocação de plantas industriais.

Nos velhos tempos do Departamento de Estatística, recorria-se aos métodos de extrapolação de variáveis, com o uso de progressões geométricas, obtendo-se números razoavelmente confiáveis, considerando as limitações tecnológicas da época. O Geade, aproveitando o momento de expansão da informática, adaptou e implementou uma metodologia de projeção mais complexa, conhecida como Método dos Componentes Demográficos, no qual se prioriza o tratamento analítico em detrimento do determinismo matemático. Com ele, viabilizou-se a construção de cenários demográficos futuros mais realistas, considerando as interações de variáveis como fecundidade, mortalidade e migração. Seu ponto de partida é a divisão da população em subgrupos etários, em que se calculam as populações do período seguinte, estimadas segundo as funções de fecundidade, mortalidade e migração. As funções são construídas de acordo com hipóteses de comportamento futuro para as tendências demográficas, baseadas nos registros anteriores da dinâmica populacional e da situação socioeconômica.

No começo da década de 1980, já se usava esse método no formato de um programa de computador. O programa fora cedido ao Seade pelo então diretor da Fundação Ford no Brasil, Axel Mundigo, um conhecido cientista social da Organização Mundial da Saúde (OMS). Ele o conseguira na

Population Council. O programa foi instalado no computador da Unicamp. É bom recordar que, naquele tempo, a difusão dos microcomputadores não ocorrera ainda.

Não foi fácil rodar o programa conseguido pelo Seade, como atesta Carlos Eugênio Ferreira: "Para elaborarmos as projeções demográficas utilizando os recursos da informática, enfrentamos grandes dificuldades. Perfurávamos os cartões na CAD e depois íamos para a Sala da Situação no Palácio dos Bandeirantes, onde havia um terminal conectado ao computador da Unicamp. Passávamos a noite transmitindo dados. Mesmo tendo as listagens dos resultados, o trabalho continuava com a verificação e correção dos erros. (...) utilizávamos o programa *fiv-fiv*. Começamos com sua versão para computadores de grande porte e hoje o temos para micro".[19] O método deslocou o foco das atenções: o centro de discussões passou do modelo propriamente dito para os fatores de crescimento demográfico – migração, fecundidade e mortalidade – levando em conta as hipóteses de seus comportamentos futuros.

Por outro lado, projeções populacionais para pequenas áreas continuavam a ser um desafio, na medida em que as populações de menor porte dificultavam a elaboração de indicadores demográficos adequados para a aplicação do método dos componentes. Foi nesse ponto que entrou a contribuição metodológica da Fundação Seade, que conseguiu adequar o modelo às peculiaridades do estado paulista, estimando "parâmetros demográficos proporcionais para cada área pequena, procurando compatibilizar o crescimento de cada sub-área com o esperado para a área maior e mantendo implícita a interação das três variáveis da dinâmica populacional e a especificidade de cada sub-área".[20] Desta maneira, a tendência esperada para cada região seria resultante daquelas de cada sub-área, sendo seu controle realizado por meio da comparação da soma de projeções das regiões administrativas com aquelas realizadas para o Estado. O método dos parâmetros demográficos proporcionais trabalha com informações por idade e sexo. Permite preservar eventos por meio da evolução das gerações, de tal forma que, se ocorrer um estreitamento da população na pirâmide etária em determinada época, isso vai repercutir mais tarde em todas as faixas etárias.

---

[19] Entrevista realizada em 21 de novembro de 2002.

[20] Entrevista com Bernadete Waldvogel, em 19 de novembro de 2002.

Docpop

Em 1982, sob os auspícios do International Development Center (IDRC), do Canadá, foi criado o Sistema de Documentação sobre População no Brasil, o Docpop, com sede na Fundação Seade e coordenação do Geade. A ampla extensão territorial do País e os trabalhos descentralizados das diversas instituições que produzem estudos sobre população geraram a necessidade de um serviço capaz de promover a adequada captação e disseminação em escala nacional. A vinda, para o Seade, de Abel Laerte Paker, naquele mesmo ano de 1982, muito contribuiu para a concepção e implantação desse sistema de informações bibliográficas. Ele trabalhara, enquanto exilado, no Centro Latino-Americano de Demografia (Celade/ONU),Chile, tendo adquirido *expertise* no tema. A infra-estrutura informatizada permitiu ao Docpop reunir, no início de suas atividades, mais de 10.000 registros bibliográficos, possibilitando, assim, o acesso rápido às referências sobre população no Brasil, em uma época em que a Internet praticamente ainda não existia. Além de encabeçar uma rede nacional, o novo sistema estabeleceu convênios internacionais de cooperação com o Sistema de Documentação sobre População, do Centro Latino-Americano de Demografia (Celade/Docpal) da ONU, com sede no Chile, com o Population Information Network (Popin) das Nações Unidas e com o Comité International de Cooperation dans les Recherches Nationales em Demographie (Cicred), localizado na França e que assessora a normatização e atualização da linguagem documentária, em um sistema que capta, armazena e gerencia as informações, o Thesaurus Multilingüe de População.

Migrações internas

Ainda nos anos 80, o Ministério do Interior, dentro do Programa de Migrações Internas, firmou um convênio com a Fundação Seade, visando ao estudo mais aprofundado da dinâmica demográfica paulista dentro do projeto *Repercussões do Pró-alcool na Dinâmica Migratória do Estado de São Paulo*. As estatísticas vitais foram decisivas, na caracterização demográfica da Região Administrativa de Ribeirão Preto, e no dimensionamento de forma indireta dos saldos migratórios nas décadas de 1960 e 1970. O conhecimento das características demográficas regionais permitiu o delineamento de uma pesquisa amostral adicional, que foi realizada pelo Geade, em 1981, com a aplicação de questionários domiciliares em 17 municípios da região estudada, a partir das cadernetas dos recenseadores do censo demográfico de 1980. Os resultados do projeto trouxeram mais elementos para a compreensão do padrão regional de sazonalidade dos deslocamentos populacionais.

Pesquisa Municipal[21]

Voltando ao período inicial, a novidade aconteceu no âmbito da Diretoria Adjunta de Estatística. Fora de dúvida, nela foi criada a primeira ampla pesquisa, iniciando um processo que mais tarde moldaria uma nova esfera de competência do Seade como um centro de geração de novas metodologias para pesquisas domiciliares e de estabelecimentos. Recebeu a denominação de Pesquisa Municipal. Ela alçou a Fundação, de consumidora de registros administrativos e dados secundários, para a condição de produtora de dados primários. É verdade que, no passado, já haviam sido realizados levantamentos importantes, mas aquela investigação trazia em seu bojo critérios científicos mais definidos na construção metodológica. Além do mais, possibilitaria a realização de levantamentos periódicos e a elaboração de uma série histórica para as condições socioeconômicas dos municípios do Estado de São Paulo.

Naquele ano de 1979, já havia sido lançado o *Perfil Municipal*, uma publicação que visava caracterizar a situação socioeconômica dos 571 municípios do Estado de São Paulo. A despeito de ser um importante acréscimo entre as produções da Fundação – tanto que ainda hoje continua a existir – suas fontes de informações eram as secretarias estaduais e o próprio IBGE. Todavia, o interesse de gerar dados primários nesta área aumentava cada vez mais. Para operacionalizar a nova investigação, em 1979, firmou-se um convênio com a Associação Paulista dos Municípios (APM) para o levantamento de dados nas prefeituras. Internamente, constituiu-se um grupo com funcionários das várias diretorias, sob a coordenação da Diretoria Adjunta de Estatística, para definir o conjunto de variáveis a ser coletado e a metodologia a empregar. Esse grupo elaborou um questionário de pré-teste, aplicado em julho de 1979, em oito municípios[22] com população entre 20 e 70 mil habitantes, com os seguintes objetivos:

[21] Relatório de Atividades/Pesquisa Municipal. Fundação Seade, 1980.

[22] Bebedouro, Sertãozinho, Catanduva, Novo Horizonte, Itápolis, Ibitinga, Matão e Jaboticabal. O levantamento foi realizado em uma semana, por quatro equipes compostas por dois técnicos da Fundação.

- Verificar a organização e a disponibilidade de informações nas prefeituras;
- Testar o entendimento das questões formuladas;
- Verificar a confiabilidade dos dados disponíveis;
- Receber sugestões dos órgãos locais.

Após o pré-teste, o questionário final foi elaborado incorporando as sugestões e adaptado às limitações de informações disponíveis nas prefeituras. Como o convênio não pôde ser mantido, porque alguns municípios não eram filiados à APM, estabeleceu-se um vínculo com a Coordenadoria de Ação Regional (CAR) da SEP –, que tornaria seus Escritórios de Planejamento (Erplans) excelente base para apoiar as investigações nas regiões. O novo consórcio contou, ainda, com a participação de representantes da Coordenadoria de Planejamento e Avaliação (CPA) e da Assessoria de Projetos Especiais (APE), também da secretaria. Esse Grupo de Trabalho (GT), criado por meio de uma resolução da SEP, em março de 1980, teve a coordenação da Fundação Seade. O GT determinou os dois objetivos principais da Pesquisa Municipal:

- Conhecer a estrutura municipal e a sua organização, para "testar" a prefeitura como fonte primária de informação.
- Complementar o banco de dados municipais da Fundação.

Fez, então, o levantamento de 211 informações, distribuídas em um conjunto de seis cadernos, além do gabinete do prefeito: administração municipal; industrial; construção civil; esporte, cultura e comunicações; saneamento básico; e saúde. A coleta de dados foi realizada via correio, tendo em vista o baixo custo, mas também porque contava com o apoio estratégico dos Erplans, para realizar esse trabalho no interior do Estado. O relatório da primeira Pesquisa Municipal enfatizava a viabilidade de utilizar as prefeituras como fontes primárias de dados. Entretanto, apontava, igualmente, a necessidade de alguns ajustes técnicos na estrutura dos cadernos e na forma dos questionários. Por fim, a equipe recomendava a investigação de dois em dois anos, para atualizar o banco de dados.

Dinamização do sistema de disseminação de informações

A área de disseminação de informações que, em um primeiro momento, também havia sido atingida pela crise, naquele mesmo ano, passaria por duas modificações: a CDR foi transferida das instalações da Secretaria do Planejamento, na Rua Iguatemi, para o Seade, na Avenida Cásper Líbero, e, ao mesmo tempo, passou a responder diretamente à Diretoria Executiva, juntamente com a Biblioteca M. A. Teixeira de Freitas. Em 1981 ocorreu uma nova reestruturação da CDR, para dinamizar o serviço ofertado ao usuário e, para auxiliar nesse trabalho a Central passou a coordenar o Serviço de Perguntas e Respostas e a própria Biblioteca. Na visão de Murilo Marques, essa área tinha uma importância estratégica muito grande e, portanto, aproveitando-se das condições iniciais favoráveis dadas pela criação da Fundação, deveria ser feito um esforço para disseminar dados e estatísticas para a sociedade, procurando meios de democratizar o acesso à informação. Nesse sentido, a própria transferência da CDR para o prédio do Seade e sua incorporação à Diretoria Executiva denota a importância dada por Rubens à disseminação.

Com o objetivo de implantar essa visão, a gestão de Murilo Marques introduz novos trabalhos, dos quais se destacavam a *Relação de Nomes, Cargos e Endereços do Governo do Estado de São Paulo* e o *Perfil Municipal*; novos processos, como a impressão por fotolito; além de retomar a edição do *Anuário Estatístico*, publicação centenária que estava interrompida há quase uma década. O anuário era visto com o "carro-chefe da Fundação". Um dos desafios desse período inicial do Seade foi a retomada de sua produção e a recuperação da periodicidade daquela que acabou se tornando a primeira fundamental publicação da entidade. Sua realização consistia em um desafio, de importância estratégica incontestável, de tal forma que a sua coordenação era realizada diretamente pelo gabinete da Diretoria-Executiva, e seu processo de execução, ainda bastante artesanal tanto na produção das tabelas como no processo de revisão, edição e impressão (por linotipo), envolvia todas as áreas da Entidade. A edição de 1979, que contou com 57 fontes externas, além dos dados produzidos pelo Seade, teve uma tiragem de 3.000 exemplares, sendo distribuído, gratuitamente pelas universidades, bibliotecas e órgãos públicos estaduais.

A publicação responsável por divulgar de maneira mais ampla o nome da Fundação entre os funcionários públicos do estado foi a *Relação de Nomes, Cargos e Endereços do Governo do Estado de São Paulo*, cuja utilidade para os setores administrativos era tão importante a ponto de ser chamado, pelas secretárias dos secretários de estado, de "livrinho do Seade". Originalmente um subproduto do Sieg, foi produzido a pedido do diretor Iglesias, que solicitou à CDR um cadastro dos órgãos que constituíam a administração direta e indireta do estado de São Paulo, detalhando seus principais componentes. A primeira edição teve uma tiragem de 4.000 exemplares.

A Fundação, ao ser criada em novos moldes, trouxe, entre outras novidades, a identificação da Instituição como um órgão de pesquisa e a adoção de práticas comuns à comunidade científica. Desse ângulo, urgia apresentar os resultados de suas investigações em forma de publicação. De maneira que, em 1979, além da edição do *Anuário Estatístico*, o Seade lançou a *Relação de Nomes, Cargos e Endereços do Governo do Estado de São Paulo, Indicadores Demográficos e Perfil Municipal*. Em convênio com a Fundação Getúlio Vargas, também iniciou uma publicação trimestral chamada *Sondagem Conjuntural da Indústria Paulista de Transformação*.[23] Outra novidade aconteceu na área de demografia, com suas publicações que, já em 1982, causariam impacto no cadastro do Seade[24], a saber: *Análise Demográfica Regional, Revista Docpop, Indicadores do Movimento Migratório, Indicadores de Conjuntura, Informe Demográfico*. A Diretoria-Adjunta de Estatística, também, faria um esforço para qualificar seus funcionários, começando, em 1981, a oferecer vários seminários sobre emprego, economia, mercado de trabalho, agricultura e finanças.[25]

Se, por um lado, durante o período da gestão de Maluf, houve um comprometimento do funcionamento do sistema de informações gerenciais para voltar-se ao abastecimento de dados para o Governo Itinerante, sobretudo devido à redução de verbas, que ocasionou na diminuição do quadro de funcionários, por outro, a crise significou um teste para comprovar que a estrutura da Instituição estava consolidada, e pronta para suportar qualquer carga adversa. Nesse sentido, as articulações políticas engendradas pelo grupo da CAD para garantir a sobrevivência do órgão, naquele período, haviam sido bem calculadas e administradas com sabedoria. No final de 1982, a Fundação já recuperara parte do efetivo perdido na crise de 1979, e contava com 389 funcionários em regime da CLT, 47 em CLF e 91 estagiários.

A Pesquisa de Emprego e Desemprego (PED)

No período de outubro a dezembro de 1984 – primeiro trimestre, dos 9.000 domicílios previstos da amostra plena da Pesquisa de Emprego e

[23] Relatório de Atividades. Fundação Seade, 1979.

[24] Relatório de Atividades. Fundação Seade, 1982.

[25] Somente no ano de 1983, foram realizados 15 seminários.

Desemprego (PED), a taxa de desemprego total na RMSP apontava para os 12,4% (7,4% de desemprego aberto e 5,0% de desemprego oculto) e um total de aproximadamente 768 mil desempregados. Em 2005, a PED alcançaria o patamar dos 16,9% de taxa de desemprego na RMSP e uma estimativa de 1,696 milhões de desempregados. A expressiva modificação nesses números representava um dos aspectos mais eloqüentes do desenvolvimento assimétrico entre o crescimento desorganizado de uma economia e as condições de vida na sociedade e, ao mesmo tempo, confere ao indicador de desemprego uma importância fundamental para o monitoramento do mercado de trabalho e seus condicionantes sociais e econômicos. Possivelmente, nessa sua força em expressar a realidade da sociedade brasileira, amparada na credibilidade e competência de instituições como o Seade e o Dieese, esteja o ponto fundamental para a construção de uma pesquisa da qualidade como é a PED. Ela foi concebida sob uma demanda legítima de vários setores da sociedade paulista, que reivindicavam o conhecimento da realidade econômica, e, fundamentalmente, a explicação para aquela nascente crise do mercado de trabalho no início dos anos 80. Se, por um lado, a pesquisa servia de ferramenta importante para as negociações de políticas salariais para os sindicatos, não seriam menos contundentes as críticas de vários setores públicos e privados que se sentiram ameaçados pela exposição de um tema que já se avizinhava como um grave problema para toda a sociedade.

A legítima demanda social e a constante crítica sobre a metodologia da pesquisa – que é o centro de debates exacerbados até os dias de hoje – são certamente dois ingredientes fundamentais para entender a repercussão e o sucesso da PED nos vários embates em que se viu envolvida. Ela não só consolidou a sua visibilidade como um órgão capacitado na geração de dados primários, como internamente demarcou um ciclo de novas dinâmicas de trabalho para a Fundação. Quase tão interessante quanto seus resultados e a sua propriedade em desvelar a realidade socioeconômica, é a história que cercou a sua concepção e o acompanhamento, desde o início, da evolução de um dos graves problemas atuais de nossa sociedade: o desemprego. Fundamentalmente, o interesse pela criação do índice do nível de atividade do mercado de trabalho esteve ligado ao Dieese, que já nos idos dos anos 1950, empreendia esforços para entender as condições de vida do trabalhador por meio de uma pesquisa de orçamento familiar.

O Departamento Intersindical de Estatística e Estudos Socioeconômicos (Dieese)

O Dieese foi criado em 1955, segundo a perspectiva de que os sindicatos deviam modernizar seus métodos e aperfeiçoar seus dirigentes para avançar nos espaços políticos de negociação. Entre os novos procedimentos, estava prevista uma pesquisa de padrão de vida, para gerar uma alternativa ao precário índice de custo de vida oficial. Segundo Walter Barelli[26], a razão para condicionar o padrão de vida ao índice de custo de vida é porque "o nosso padrão de vida altera-se ao longo do tempo e isto reflete diretamente no índice de custo de vida. Então, primeiro realizamos a pesquisa de padrão de vida para depois fazer o cálculo do índice do custo de vida". Apesar do esforço empreendido, a Entidade reconheceu a fragilidade dos primeiros resultados, e foi buscar na pessoa de José Albertino Rodrigues a credibilidade e o rigor necessários para alcançar os objetivos.

A entrada de José Albertino como diretor técnico, em 1956, influenciou fortemente os destinos da Instituição, porque seu plano de trabalho consistia em um estudo das condições de vida e do mercado de trabalho da classe trabalhadora para construir um índice de custo de vida. O rigor técnico e o apuro científico foram determinantes para o seu trabalho no Dieese nos anos que se seguiram. Sua insistência para que o Dieese fosse um órgão com um campo de ação científico, e não partidário, foi assim descrito por ele: "O Dieese é o órgão técnico do movimento sindical. Ele é naturalmente político à medida que atua junto ao movimento sindical. Como órgão técnico, munido do instrumental que a ciência nos proporcionou, com a nossa formação científica, nós podemos levar – aí não é técnica – a rigor é ciência, a serviço da classe trabalhadora através do movimento sindical. O Dieese deve fornecer o conhecimento necessário, as informações para que os dirigentes sindicais tomem a iniciativa" (CHAIA, 1992).

Em 1958, o professor José Albertino Rodrigues coordenou a primeira Pesquisa de Padrão de Vida com a colaboração de alunos das ciências sociais da Faculdade de Filosofia, Ciências e Letras da USP. Essa pesquisa para cálculo do Índice do Custo de Vida recolhia informações sobre o orçamento familiar para analisar a estrutura do rendimento médio da família.

---

[26] Diretor técnico do Dieese (1968-1990); ministro do Trabalho na gestão de Itamar Franco (1992-1995); secretário do Emprego e Relações do Trabalho na gestão de Mário Covas (1995-2002). Entrevista realizada em 10 de fevereiro de 2003.

Foram selecionadas 104 famílias, entre os 12 mil questionários aplicados, que passaram a ser acompanhadas em seus gastos para estruturação do índice (CHAIA, 1992). Assim, em 1958, o Dieese elaborou seu primeiro Índice de Custo de Vida.[27] Evidentemente que, após os primeiros resultados da pesquisa, não faltaram questionamentos por parte de alguns órgãos oficiais sobre a credibilidade daquele indicador do Dieese, ao que o professor José Albertino reagiu, abrindo as portas do Dieese para a auditoria do cálculo e base de dados.[28]

Com a ascensão do regime militar, o Dieese teria suas portas cerradas em 1º de abril de 1964, em decorrência do fechamento do Sindicato dos Metalúrgicos de São Paulo e, ao mesmo tempo, o docente José Albertino, que na época era professor na Universidade de Brasília, seria demitido e preso. Após um período na prisão, José Albertino começou a trabalhar pela reativação do Dieese junto com Heloísa de Souza Martins e Mariana Batich, enquanto empreendia constantes viagens entre São Paulo, Rio de Janeiro e Brasília para pesquisas sobre seu livro *Sindicato e Desenvolvimento*. A empreitada foi bem-sucedida e o órgão reiniciou suas atividades em janeiro de 1965, permanecendo, o professor, na diretoria técnica até 1966 (CHAIA, 1992). Depois de um período em Portugal, como conta Walter Barelli, "propus a sua recondução ao cargo de diretor técnico, que eu ocupava naquele momento. Ele fez uma série de exigências com o objetivo de o Dieese se modernizar, como, por exemplo, a aquisição de computadores – isto em 1967, 1968. Ele foi a primeira pessoa a falar que o Dieese devia criar um índice de emprego. Em seguida, nós o contratamos para ser o diretor de Pesquisa de 1969/1970, para cálculo do ICV. Até falecer, em 1992, ele manteve-se próximo do Dieese, sempre colaborando conosco quando necessário".[29]

Chaia (1992) chama a atenção para dois grandes marcos históricos que determinaram a projeção do Dieese: a campanha salarial de 1957, e a comprovação da manipulação dos índices oficiais de custo de vida em 1973. A campanha salarial de 1957 marcou a entrada da instituição no cenário das discussões sobre política salarial e, pela primeira vez, foi reconhecida a sua competência como interlocutor credenciado dos sindicatos. Em 1956, o Dieese havia empreendido uma frustrada pesquisa de padrão de vida para

---

[27] A Pesquisa de Padrão de Vida considera o orçamento familiar para verificar as mudanças na estrutura dos gastos. Basicamente, são aplicados questionários para verificar o padrão de vida e, posteriormente, é realizado um trabalho de acompanhamento dos gastos por meio do monitoramento das cadernetas para renovação do Índice de Custo de Vida.

[28] Entrevista com Walter Barelli, em 10 de fevereiro de 2003.

[29] Idem.

recolher subsídios para a campanha salarial e José Albertino despendeu um segundo esforço para construir um índice de preços a partir de informações do IBGE – uma vez que o Departamento de Estatística ainda se recuperava do fechamento ocorrido na gestão de Ademar de Barros. Esse estudo formou a base técnica do índice de reajuste para a campanha salarial de 1956, e foi anexado ao processo de dissídio coletivo das categorias – o Tribunal do Trabalho deu ganho de causa aos trabalhadores.

Já em 1973, ocorreu um caso comprovado de manipulação dos índices oficiais, denunciado pela nova Pesquisa de Padrão de Vida da classe trabalhadora da cidade de São Paulo, promovida pelo Dieese, que apontou um índice de custo de vida de 26,6% – que baseava o reajuste dos salários dos trabalhadores. Esse caso veio ao conhecimento público por meio de uma matéria publicada na *Folha de S. Paulo*, que divulgou um relatório do Banco Mundial, apontando a variação dos preços durante 1973 igual a 22,6%, bem acima das 12,6% divulgados pelo governo federal.[30] Isso, junto com outros motivos, estimulou o desenvolvimento do movimento sindical entre os metalúrgicos do ABC que atingiu seu auge no final dos anos 70 projetando nacionalmente, entre outros, o nome do líder metalúrgico Luis Inácio Lula da Silva. Em 1977, o Sindicato dos Metalúrgicos de São Paulo abriu um processo contra a União e a 7ª Vara de São Paulo deu ganho de causa ao Sindicato, responsabilizando a União pelas perdas salariais dos metalúrgicos de São Paulo (DIEESE, 1984). Ainda em 1977, o próprio ministro da Fazenda, Mário Henrique Simonsen, ratificaria essa posição, apontando um índice de 26,6% para o ano de 1973.

Desta maneira, o Dieese entrou nos anos 80 com uma imagem de credibilidade e muita visibilidade nos diversos setores organizados da sociedade brasileira. Em 1979, o Dieese iniciou as tratativas para implementar uma pesquisa que permitisse captar a realidade específica do desemprego no Brasil. Isso poderia ser feito agregando, ao questionário da Pesquisa de Padrão de Vida e de Emprego (PPVE), um bloco adicional levantando informações sobre a condição de atividade das pessoas entrevistadas. No entanto, por falta de recursos, esse projeto só foi implantado a partir de 1981. Nasceu assim a PPVE.

[30] Na época, a política salarial previa que os índices de um determinado ano serviam de base para o reajustamento pelo período de 24 meses.

Segundo Walter Barelli, "A nossa tarefa era definir o padrão de vida da população assalariada paulista. As condições de vida são afetadas pela capacidade da economia gerar postos de trabalho para absorver a população economicamente ativa, mas também pelos níveis de rendimento obtidos pela população ocupada. Assim, a PPVE, na Grande São Paulo, associada ao acompanhamento dos preços da pauta de consumo da população residente, ofereceu informações importantes sobre a deterioração ou não de sua capacidade de aquisição e sobre a sua condição de emprego e desemprego. Em 1980, percebemos que haviam se modificado os custos de habitação, transporte, porque a cidade havia se transformado. Por exemplo, a participação da alimentação no orçamento familiar que havia oscilado em torno de 47% , já estava em 35%!".[31]

O Dieese havia realizado duas pesquisas de orçamento familiar, a chamada Pesquisa de Padrão de Vida, uma em 1958 e outra no biênio 69/70, ambas sob a direção de José Albertino Rodrigues. Ao final da década de 1970, ela estava pronta para cumprir a sua periodicidade decenal para atualização do custo de vida, mas com uma novidade: introduzir um módulo sobre emprego e desemprego. Um dos motivos para incluir o tema relativo a emprego na pesquisa foi, segundo Barelli, que "no Brasil até o início dos anos 80 havia falta de empregados, mas não de emprego. Passamos 480 anos trazendo escravos e imigrantes sem nos preocuparmos com o emprego. No período em que ocupei a diretoria técnica do Dieese, entre 1968 e 1990, tivemos apenas um período de desemprego com expressão, em 1982, e por acaso estávamos fazendo a PPVE".[32]

Para realizar a PPVE, a captação do financiamento foi feito na Fundação de Amparo à Pesquisa do Estado de São Paulo (Fapesp), na Fundação Seade e com recursos do Programa Nacional de Pesquisa Econômica (PNPE), um órgão do Ipea. Naquele momento, a idéia fundamental da PPVE era realizar um monitoramento do que estava acontecendo com o mercado de trabalho, porque, até aquele momento, o Dieese possuía três indicadores de movimentação de mão-de-obra: o número de carteiras de trabalho emitidas – que não era considerado um bom indicador, porque se, por um lado, contabilizava as pessoas que entravam no mercado de trabalho, por outro, não permitia captar a emissão de segundas

[31] Entrevista realizada em 10 de feveiro de 2003.

[32] Idem.

vias e as pessoas que possuíam várias carteiras de trabalho. Um outro indicador verificava o número de demissões registrado nos sindicatos[33], e o terceiro captava a oferta de emprego em jornais: que tipo de emprego, setor, etc. Segundo Barelli, "eram formas de obter informações sobre o mercado de trabalho, mas reconhecíamos que eram frágeis. Para exemplificar, atualmente, existem estudos comprovando que menos de 5% da oferta de empregos são publicados pelos jornais".[34]

Para essa inovação na PPVE, Walter Barelli delegou a Annez Troyano, funcionária do Dieese desde 1967, com a assessoria de Pedro Paulo Martoni Branco, o desenho da nova pesquisa de padrão de vida com o cálculo de indicador de desemprego. O desafio não era pequeno, porque, se o Dieese já havia adquirido proficiência para pesquisar o padrão de vida, o mesmo não ocorria com o emprego, e não se conheciam muitas experiências anteriores no Brasil. Ao mesmo tempo, para tratar do tema, que começava a despontar na pauta dos grandes problemas nacionais, deveria se tomar o máximo de cuidado na aspecto metodológico para alcançar êxito. Nesse sentido, um fato fundamental para a construção metodológica foram os contatos entre Walter Barelli e José Serra – antigos companheiros de militância política na universidade: "O Serra me questionou porque ainda não fazíamos uma pesquisa de emprego no Brasil, como havia no Chile, e me falou de um rapaz com experiência nesta área e que poderia nos assessorar sem onerar muito os recursos disponíveis. Tratava-se do Paulo Renato de Souza e logo fomos procurá-lo".[35]

Paulo Renato de Souza havia passado o seu exílio no Chile, onde, por um período, foi consultor do Programa Regional de Emprego para América Latina e Caribe (Prealc) para consolidar metodologias de mensuração de índice de emprego e desemprego.

Um trabalho fundamental de aplicação da metodologia da Prealc foi realizado na Costa Rica, para criar um sistema de informação, no nível de ministério, sobre mercado de trabalho, com o objetivo de implantar um programa de políticas públicas para o mercado de trabalho. Nessa obra, desenhou-se uma moderna metodologia de pesquisa para a mensuração de emprego e desemprego, na qual já havia a possibilidade de mensurar o desemprego oculto por desalento.

---

[33] Todas as rescisões de contrato devem ser homologadas pelo sindicato da categoria.
[34] Entrevista realizada em 10 de fevereiro de 2003.
[35] Idem.

Metodologias para mensuração de emprego e desemprego

Na Conferência Internacional de Estatística do Trabalho de 1954, a Organização Internacional do Trabalho (OIT) institucionalizou a transferência dos conceitos elaborados pelos países industrializados para os subdesenvolvidos (Troyano, 1988). Segundo esse documento, a população poderia ser estratificada entre pessoas ocupadas, desempregadas e inativas. A ocupação foi conceituada como o exercício remunerado, durante um período, que poderia ser um dia ou uma semana, e o desempregado como a pessoa que procurou emprego na semana de referência.

Essa transposição metodológica apresentava alguns problemas (TROYANO, 1988):

- Os indivíduos economicamente ativos, que não estavam procurando trabalho na semana de referência, são classificados como ocupados.
- Os países subdesenvolvidos não oferecem emprego assalariado para grande parte da população, que é obrigada a procurar atividades ocasionais para sua sobrevivência.
- Nos países desenvolvidos, as pessoas estão ativas no mercado de trabalho, porque existe um seguro-desemprego eficiente que as induz a procurar continuamente emprego, sob pena de verem seu seguro cancelado.

Naquele momento, a posição da OIT se justificava porque a sua proposta era formular conceitos e metodologias amplas o suficiente para abarcar ao máximo as pluralidades das situações socioeconômicas dos países, independentemente de seu estágio de desenvolvimento.[36]

No início dos anos 1960, a OIT criou o Programa Regional de Emprego para América Latina e o Caribe (Prealc), voltado para os problemas estruturais e da pobreza da América Latina e para a elaboração de novos marcos teóricos e desenvolvimento de pesquisas domiciliares.

Nos anos 1960 e 1970, seguiram-se muitos debates sobre a mensuração da taxa de desemprego, porque o Prealc desenvolveu um trabalho crítico sobre a metodologia da OIT para a América Latina, enfatizando aspectos como subemprego, mercado formal e informal de mão-de-obra. Segundo o Prealc, a análise de

[36] Entrevista com Annez Andraus Troyano, em março de 2002/2003.

emprego e desemprego deveria considerar o processo histórico de cada país, porque a dinâmica de seu mercado de trabalho apresenta características diferenciadas entre países desenvolvidos e em desenvolvimento. Nos países desenvolvidos, o fenômeno principal da ocupação de mão-de-obra é a flutuação de emprego relacionada com as fases do ciclo econômico ou com situações de desequilíbrio transitórias como o impacto de inovações tecnológicas. Nos países subdesenvolvidos, a essa situação, soma-se uma outra, de caráter permanente, derivada da incapacidade dos setores de gerar oportunidades de emprego em número suficiente para absorver o crescimento da força de trabalho. Desta maneira, esses países devem se preocupar com outras formas de subutilização da mão-de-obra através do subemprego e do desemprego oculto (DIEESE, 1984).

O Prealc basicamente desenvolveu linhas em pesquisas que introduziram a questão do aumento da informalidade no mercado de trabalho na América Latina, realizando pesquisas em alguns países como o Paraguai, a Colômbia, a Bolívia, etc. para levantamento e redefinição do setor informal, propondo políticas para o setor. Para redimensionar a taxa de desemprego, foi criada uma metodologia para calcular uma taxa de desemprego equivalente para o setor informal, que seria agregada ao desemprego aberto e permitiria a geração de políticas públicas para a criação de empregos para combater o subemprego e a exclusão social.[37]

Essas discussões aos poucos foram resultando em alguns avanços nas reuniões da OIT, e, em 1966, já seria publicada uma norma internacional sobre subemprego reconhecendo a heterogeneidade dos países e apontando para a necessidade de instituir processos de mensuração diferenciados. Na seqüência, vários países começam a adaptar suas pesquisas, embora através de um processo desarticulado, porque as normas são recomendações e ficam a critério dos países a sua implantação ou não. Finalmente, em 1983, é editada uma norma da OIT que permite captar o desemprego oculto por desalento, como já havia sido estudado em um documento da Cepal em 1979, que reconhecia as fronteiras entre desemprego oculto pelo trabalho precário e desemprego oculto pelo desalento.

[37] Entrevista com Marise Hoffmann, em 22 de abril de 2003.

População por condição de atividade

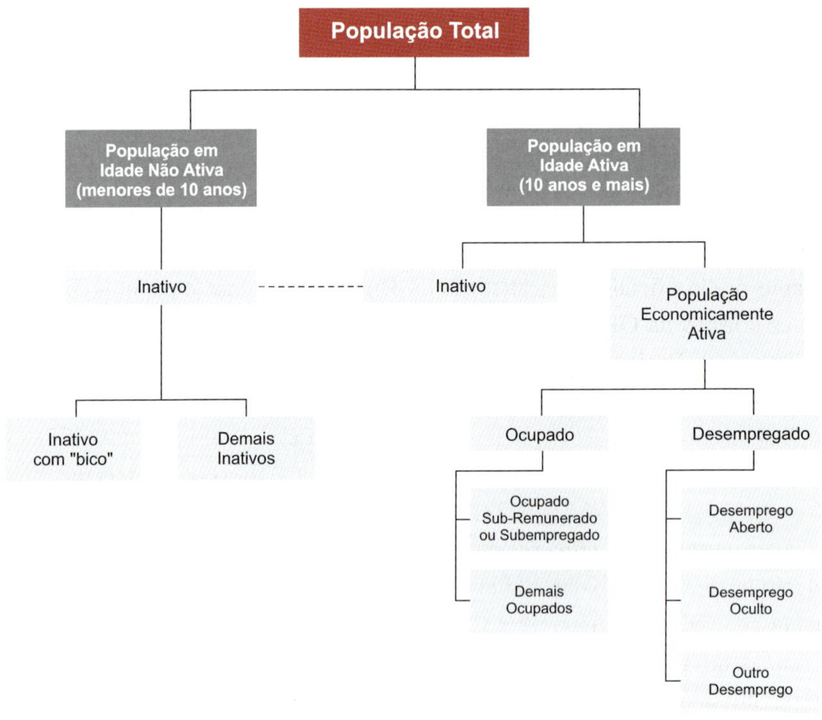

De acordo com Pedro Paulo Martoni Branco, "inicialmente, estávamos preocupados com uma perspectiva de conhecer o estrutural, porque, para acompanhar a conjuntura do mercado de trabalho, seria necessário fazer uma pesquisa mensal dos seus componentes e das taxas, o que se apresentava como inviável com os recursos disponíveis".[38] Fundamentalmente, o Dieese criou a PPVE baseada nos padrões para pesquisas domiciliares da Prealc, com a inovação nas categorias de desemprego.

[38] Entrevista realizada em 6 de março de 2003.

Na PPVE, foram considerados desempregados os indivíduos com dez anos ou mais, nas seguintes situações:

- desemprego aberto – pessoa que procurou trabalho na semana de referência, podendo ter ou não trabalho ocasional;
- desemprego oculto – pessoa que se declarou inativa, não procurou emprego naquela semana, mas procurou trabalho nos últimos três meses;
- outro tipo de desemprego – pessoa que não procurou trabalho na semana de referência, mas procurou antes e desistiu.

Naquela época, a PME do IBGE já havia ido a campo[39] com a metodologia recomendada pela resolução da OIT, de 1954. O IBGE, enquanto órgão oficial das estatísticas no Brasil, sempre acompanhou de perto as normas da OIT para garantir a comparabilidade dos indicadores entre os países. Basicamente, as diferenças entre as metodologias da PME e PPVE quanto à captação dos índices de emprego e desemprego decorrem do debate entre as duas correntes metodológicas: a primeira, do Dieese, é influenciada pela metodologia do Prealc e a do IBGE é decorrente daquela da Resolução OIT de 1954 (TROYANO, 1988).

A PME prioriza a situação de ocupação, definida como a realização de qualquer tipo de trabalho remunerado ocasional ou permanente na semana de referência, e separa as pessoas em dois grupos: ocupadas e as que não realizaram na semana de referência qualquer tipo de trabalho remunerado. Assim, a pessoa poderia não trabalhar na semana de referência, mas exercer de forma regular – pelo menos uma vez por semana – algum tipo de trabalho remunerado, incluídos aqueles trabalhos realizados no âmbito doméstico (culinária, tricô, etc.). Outra situação de ocupação, sem remuneração, desde que se dedique a ela pelo menos 15 horas ou mais na semana, inclui atividades de ajuda a instituições religiosas, beneficentes, etc.

Já no índice do Dieese, o desempregado poderia ter realizado algum trabalho ocasional na semana de referência e entrar no índice de desemprego aberto. Outro ponto fundamental nessa taxa é a ampliação do conceito de desempregado para os que não procuraram emprego na semana de referência, mas o fizeram antes e desistiram, porque pensavam não encontrar trabalho – os desempregados desalentados –, também para aqueles que se declararam inativos, mas, procuraram trabalho nos últimos três meses. Uma

[39] A primeira PME foi a campo em 1980.

preocupação inovadora do Dieese foi discriminar as ocupações para identificar as situações de subemprego, considerando os desempregados que "vivem de bico" ou não. Outra diferença entre as duas pesquisas refere-se à População em Idade Ativa (PIA), considerada pelo IBGE igual ou superior a 15 anos, enquanto no Dieese o limite cai para dez anos. Esse corte do Dieese decorre de estudos que comprovaram a procura do mercado de trabalho por pessoas com a idade mencionada, impelida, pelas precárias condições socioeconômicas do Brasil.

O levantamento de campo da PPVE foi realizado em diferentes momentos: entre abril e maio de 1981, abrangendo dois mil domicílios da RMSP (São Paulo e mais 26 municípios da Região Metropolitana), em amostra estratificada.[40] O segundo, o terceiro, o quarto e o quinto levantamentos cobriram cerca de 500 domicílios selecionados por meio da rotação da amostra inicial, e executados entre os meses de setembro e dezembro de 1982 e março a junho de 1983. Como resultado, em 1981, a pesquisa mostrou que a PEA representava 47,8% da população (5.895.562) e um desemprego total de 15.9% (9,5% de desemprego aberto) – 937 mil pessoas na Grande São Paulo. O pico do desemprego apontado pela Dieese aconteceu em março de 1983, com 17,4%. No mesmo mês, os dados oficiais obtidos pela PME-IBGE indicavam a taxa de desemprego aberto de 7.03% (IBGE, 1985).

A Parceria Seade/Dieese

Com o início do governo de Franco Montoro, houve um novo alento no processo de redemocratização[41], pois o novo mandatário sinalizava com uma administração descentralizada e via com bons olhos a criação de parcerias dos órgãos estaduais com setores organizados da sociedade. Uma demonstração dessa postura apareceu em seu gesto de comparecer a uma assembléia do Dieese, no dia anterior à sua posse como governador, e afirmar que estava tomando posse perante aos trabalhadores.[42] O novo titular da pasta da Secretaria de Economia e Planejamento, José Serra, conhecedor da experiência da PPVE, e ciente das dificuldades orçamentárias que

[40] Foi utilizado o trabalho subdivisão do município de São Paulo em áreas homogêneas, realizado pela CAD em 1977. O estudo permitia agrupar os 55 distritos e subdistritos do município de São Paulo. Nos demais municípios da RMSP, foi utilizada a amostragem do Cadastro de domicílios e pesquisa origem destino, de 1977, da Emplasa.

[41] Entrevista com Márcio Percival Alves Pinto, em 21 de fevereiro de 2003.

[42] Entrevista com Walter Barelli, em 10 de fevereiro de 2003.

inviabilizavam o prosseguimento da pesquisa no âmbito do Dieese, resolveu aportar recursos para criar uma pesquisa domiciliar de emprego e desemprego dentro de uma parceria entre a Fundação Seade e o Dieese.

Impressionado com aquela crise de emprego que culminou com o episódio da derrubada das grades do Palácio dos Bandeirantes, o governo passou a questionar os números oficiais, e tomou a iniciativa de tornar-se autônomo na geração de dados primários a partir de um quadro de técnicos habilitados e uma metodologia conceituada. A parceria, em nível institucional, foi concretizada com os recursos do governo, mas com uma imagem bastante associada ao Dieese. Isso porque os danos causados às estatísticas oficiais, após a comprovada manipulação dos índices da inflação em 1973, ainda refletiam sobre os órgãos oficiais, e a Fundação Seade sofria alguma influência desse episódio. O contrato entre as duas instituições foi firmado em 1984 e, naquele momento, uma parceria entre uma entidade vinculada aos sindicatos de trabalhadores e um órgão do Estado, ainda em pleno regime militar, representava um marco na caminhada para a democracia no Brasil.[43]

A parceria deu origem à Pesquisa de Emprego e Desemprego (PED), metodologicamente apoiada sobre a PPVE, mas com o aporte financeiro do governo. Para atender à demanda do estado, idearam-se três propostas básicas para a PED (Seade, 1995):

1. Captar e divulgar informações segundo uma metodologia que permita às instituições produtoras expressar um mercado de trabalho heterogêneo, em que os limites entre as condições de ocupado, desempregado e inativo são tênues.
2. Aplicar um questionário que, além de viabilizar essa proposta metodológica, garanta a obtenção de indicadores compatíveis com as estatísticas internacionais.
3. Construir um banco de dados que possibilite às demais instituições e aos estudiosos o processamento das variáveis descritivas do mercado de trabalho de acordo com a abordagem teórica e metodológica mais adequada a seus objetivos.

Uma das principais manifestações da percepção da importância da PED para a Fundação foi a criação de um departamento específico para operá-la, o Departamento de Análise do Mercado de Trabalho e Emprego (Damte).

[43] Entrevista com Paula Montagner, em 24 de junho de 2002.

O Departamento de Análise do Mercado de Trabalho e Emprego (Damte)

O Damte foi criado em 1983 sob a coordenação de Annez Andraus, com a participação de Atsuko Haga, Marise Hoffmann e Miguel Chaia. Márcia Rodrigues participava pelo Dieese, embora Annez ainda mantivesse vínculos fortes com aquela instituição. Como lembra Annez "o Rubens Murillo propôs montarmos um departamento com a finalidade específica de construir e operacionalizar a pesquisa, diretamente ligado à Diretoria Executiva. Na época, eu trabalhava na Diretoria de Estatística, onde não havia a força necessária para alavancar o processo e, após conversas com o Rubens e o José Serra, chegamos à conclusão de que seria mais adequado alocar o Damte na Diretoria Adjunta de Análise Socioeconômica".[44]

Ainda durante aquele ano, a equipe promoveu estudos e seminários até duas vezes por semana, reunindo bibliografia sobre mercado de trabalho e metodologias de mensuração de emprego e desemprego, nacionais e internacionais. No encaminhamento dos estudos suscitaram-se algumas questões: Como fazer a pesquisa? Que aspectos serão explorados? Que conceitos utilizar? Quais questões deveriam compor o questionário que permitissem classificar os indivíduos segundo sua condição de atividade?[45] As respostas não eram simples e, para auxiliar no trabalho, foram realizadas entrevistas com especialistas na área de mercado de trabalho, entre outros: Paulo Renato de Souza, que na época exercia atividade no governo do estado, e Cláudio Salm, do grupo de pesquisa da área da Unicamp. Posteriormente, na fase de formulação dos questionários, consultou-se ainda Paul Singer (Centro Brasileiro de Análise e Planejamento - Cebrap), Paulo Paiva (Universidade Federal de Minas Gerais - UFMG)[46] e Roberto Macedo (USP). No período, também foram realizados contatos com o IBGE que, naquela época, efetuava uma reavaliação de alguns aspectos metodológicos da PME.[47]

Conceitos básicos

Na primeira divulgação da PED (SEP/DIEESE, 1984), a equipe Seade-Dieese afirmava que "o enfoque metodológico adotado no presente projeto

[44] Entrevista realizada em 3 de fevereiro de 2003.
[45] Entrevista com Atsuko Haga, em 19 de julho de 2002.
[46] Na época, Paulo Paiva era presidente da Abep. Mais tarde seria ministro do Trabalho na gestão de Fernando Henrique Cardoso.
[47] Entrevistas com Atsuko Haga, em 19 de julho de 2002, e Marise Hoffmann, em 22 de abril de 2003.

de pesquisa representa um avanço em relação a outras pesquisas tradicionais, na medida em que procura adequar os conceitos de emprego e desemprego a uma realidade ocupacional, que foge aos padrões de uma economia desenvolvida, onde estão claramente delimitadas as condições de desemprego, emprego e inatividade. Ao contrário, em uma economia como a do Brasil, verifica-se a interpenetração das situações ocupacionais, configurando situações ambivalentes de ocupação e desemprego". Para construir um método de classificação da população em idade ativa (PIA) e captar a dinâmica dos segmentos que a compõe – ocupados, desempregados e inativos – e a relação entre eles, a PED utiliza os seguintes parâmetros: procura efetiva de trabalho em 30 dias, disponibilidade para trabalhar, com procura de até 12 meses, exercício de trabalho, tipo de trabalho exercido e necessidade de mudança de trabalho. Assim, os principais conceitos na PED são os seguintes:

População em idade ativa (PIA) – corresponde à população com dez anos ou mais.

População economicamente ativa (PEA) – é a parcela da PIA que está ocupada ou desempregada.

Ocupados – são os indivíduos que, nos sete dias anteriores, ao da pesquisa:

a) possuem trabalho remunerado exercido regularmente;
b) possuem trabalho remunerado exercido de forma irregular, desde que não estejam procurando trabalho diferente do atual;
c) possuem trabalho não remunerado de ajuda em negócios de parentes, ou remunerado em espécie/benefício, sem procura de outro trabalho;
d) excluem-se as pessoas que, de forma bastante excepcional, fizeram algum trabalho nesse período.

Desempregados – são indivíduos que se encontram em uma das seguintes situações:

a) *desemprego aberto* – pessoas que procuraram trabalho de maneira efetiva nos 30 dias anteriores ao da entrevista e não exerceram nenhum trabalho nos últimos sete dias;
b) *desemprego oculto pelo trabalho precário* – pessoas que realizam algum trabalho remunerado eventual de auto-ocupação, ou seja, sem qualquer perspectiva de continuidade e previsibilidade, ou realizam trabalho não-remunerado, ajudando em negócios de

parentes e que procuraram mudar de trabalho nos 30 dias anteriores ao da entrevista ou que, não tendo procurado neste período, o fizeram sem êxito até 12 meses atrás;

c) *desemprego oculto pelo desalento e outros* – pessoas que não possuem trabalho e nem o procuraram, nos últimos 30 dias, por desestímulos do mercado de trabalho ou por circunstâncias fortuitas, mas apresentaram procura efetiva de trabalho nos últimos 12 meses.

Inativos (maiores de dez anos) – corresponde à parcela da PIA que não está ocupada ou desempregada.

Rendimento do Trabalho – é o rendimento monetário bruto (sem descontos de imposto de renda e previdência social) efetivamente recebido, referente ao trabalho realizado no mês imediatamente anterior à pesquisa. Para os assalariados, são considerados os descontos por faltas ou outros motivos e também os acréscimos referentes a horas extras, gratificações, etc. Não são computados o 13º salário e os benefícios indiretos. Para os empregadores, os autônomos e demais posições, é considerada a retirada mensal, não incluindo os lucros do trabalho, da empresa, ou do negócio.

Amostragem

Em 1984, o Damte seria reforçado por Wilton Bussab, professor titular do Instituto de Matemática e Estatística da USP, a convite de Rubens Murillo Marques. O professor Bussab, que já havia realizado trabalhos em companhia da professora Elza Berquó e do próprio Rubens, vinha com o propósito definido de implementar o plano amostral da PED. Logo em seguida, convidaria sua orientanda, Nádia Pinheiro Dini, para auxiliá-lo nesse trabalho. De acordo com o professor Bussab, "quando o Rubens apresentou-me à equipe, alguns me olharam de lado e no início me senti um pouco deslocado. Era natural, porque eu entrei com uma postura diferente dos sociólogos e me posicionei com um mínimo de concessões dentro da técnica estatística. Isto foi tema de várias discussões, mas com o tempo esclareceu-se que o rigor matemático não era apenas 'frescura de estatístico".[48]

[48] Entrevista realizada em 6 de fevereiro de 2003.

O trabalho com amostragem não consistia em algo totalmente inovador na Fundação[49], mas, certamente, aquela sintonia com o estado da arte, seria uma experiência precursora e abriria os caminhos para todas as futuras pesquisas da Fundação Seade. Em nível nacional, as pesquisas realizadas pelo IBGE, como a Pnad e a PME, já efetuavam um trabalho de amostragem semelhante, mas certamente houve uma inovação importante e criativa para efetivar a coleta de dados por amostragem na PED.

A PED originariamente seria realizada em 9.000 domicílios, a cada três meses, mas havia um problema operacional: contratar os pesquisadores, treiná-los e ir a campo. O que fazer com os dois meses restantes? Se os técnicos fossem demitidos, no momento da fase seguinte, deveriam ser refeitos os trâmites de contratação e treinamento, e isso significaria um ônus financeiro e de tempo capaz de inviabilizar o processo. Essa foi a motivação para a proposta criativa do professor Bussab: "Sugeri fazer a divisão dos 9.000 domicílios por trimestre, em 3.000 mensais, durante os três meses, e, em vez de calcular o indicador por mês, o faríamos com o acumulado no trimestre para o mês de referência.[50] Os indicadores divulgados pela PED ainda hoje são produzidos com as informações desse sistema de trimestres móveis. No processo não havia prejuízos técnicos, até porque estávamos mais interessados na tendência dos números, além de trazer enormes vantagens do ponto de vista econômico".[51]

Na época, como os serviços de informática da Fundação ainda eram precários, o trabalho de consistência e processamento se realizava na Prodesp, que utilizava o programa do Bureau de Censo America (Cents). Essa situação perdurou até 1994, quando, através de um processo que demorou um ano, o sistema de processamento da PED foi integralmente transferido para a Fundação.[52]

A amostra prevista para a realização da PED na RMSP era, portanto, de 3.000 domicílios, perfazendo 9.000 domicílios no trimestre. A pesquisa teve início em maio de 1984, com a estratégia de expansão gradativa da

[49] Algumas experiências anteriores aplicaram técnicas de amostragem, como a implementada pelo professor Clóvis de Araújo Perez para tentar amenizar a circulação de notas fiscais no DE ao final dos anos de 1950. Entrevista com Clóvis de Araújo Perez, em 16 de agosto de 2002.

[50] O mês de referência é o último mês do período. Exemplo: os questionários aplicados em maio/junho/julho – o mês de referência é julho. A próxima pesquisa referente a agosto seria realizada segundo as consultas em junho/julho/agosto.

[51] Entrevista realizada em 6 de fevereiro de 2003.

[52] Entrevista com Nádia Pinheiro Dini, em 23 de julho de 2002.

amostra até alcançar os 9.000 domicílios. No período de maio a julho de 1984, foram incluídos, na amostra, oito municípios da região do ABC e, em agosto do mesmo ano, foram incorporados os demais municípios da RMSP. A partir de outubro do mesmo ano, a amostra passou a abranger a capital do Estado, completando o total de 9.000 domicílios pesquisado no trimestre, dimensionados pelo plano amostral.

Fluxograma da produção de dados da PED[53]

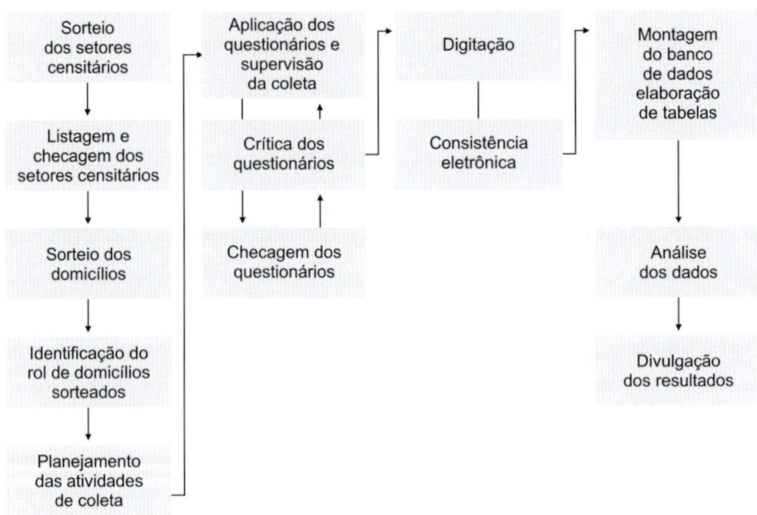

A divulgação dos resultados

No período entre outubro a dezembro de 1984 – primeiro trimestre de divulgação da pesquisa plena (com 9.000 domicílios) – a taxa de desemprego total na RMSP apontava para os 12,4% (7,4% de desemprego aberto e 5,0% de desemprego oculto) e um total de 768 mil desempregados. A adoção inicial de certos procedimentos de divulgação dos resultados da PED foi fundamental na estratégia de legitimar com a sociedade os novos

[53] Extraído do *Jornal do Seade*. Julho de 1997.

indicadores de emprego e desemprego. Mensalmente, em dias e horários prefixados, passou-se a convocar a imprensa – jornais, revistas, rádio e televisão – para conhecer as principais informações do mercado de trabalho. Com base no *press-release* que continha tabelas, gráficos e textos explicativos dos resultados mensais e do documento explicitando os principais conceitos utilizados na pesquisa, os técnicos do Seade e do Dieese discutiam e esclareciam as dúvidas sobre a evolução conjuntural do mercado de trabalho regional. Pela regularidade da divulgação e pela boa receptividade da imprensa, essa prática se mantém até os dias de hoje.

O debate científico

A ótima repercussão dos resultados da PED na imprensa que revelava índices bem mais elevados aos da PME, cuja taxa de desemprego era de 5,31%, em novembro de 1984, reanimou vários setores organizados da sociedade, que já não aceitavam esses valores e aproveitaram a existência de uma nova pesquisa para rediscutir as medidas de emprego e desemprego no Brasil. Isso provocou um intenso debate metodológico, que foi efetuado em várias etapas, passando pela discussão científica, porém vitimado em alguns momentos pelo enquadramento aos interesses políticos. Em sua essência, o foco da discussão – rica e delineada por debates e embates entre a PED e a PME nos últimos 18 anos – decorreu da adoção de orientações metodológicas diferentes. A PED, assim como a PPVE, seguia claramente as orientações para mensurar o desemprego do Programa Regional de Emprego para América Latina e Caribe (Prealc), e após as modificações previstas na décima terceira resolução da OIT, de 1983, incluindo o desemprego por desalento[54], passou também a seguir de perto a própria OIT. A PME, por sua vez, havia passado por um processo de reavaliação metodológica, logo após a edição dessa resolução, mas optou por não incorporá-la, e manteve sua base metodológica sobre a resolução de 1954.

Na avaliação da equipe da PED, os novos números para a situação do desemprego na RMSP atrairiam fortes críticas de vários setores e de instituições insatisfeitos com o impacto da realidade do mercado de trabalho que era apresentada. Sob o ponto de vista científico, a PED, como toda inovação científica que abala as teorias estabelecidas, obrigou

[54] Esta resolução seria implementada apenas em 1992 na taxa *standard* dos EUA.

as pessoas a estudarem a nova metodologia para se habilitarem a criticar e rever suas posições, ou ficarem firmes em seus antigos conceitos.[55] Essas prováveis reações tiverem um efeito catalisador nos trabalhos da PED, e foram fundamentais para estimular o rigor e a adição de vários cuidados na execução da pesquisa, porque como diz Annez "além dos cuidados metodológicos, a engenharia da PED foi feita no detalhe, como uma obra de arte apropriada para enfrentar qualquer revés. Sabíamos que qualquer falha na pesquisa seria utilizada para sua desmoralização, o que tornaria impossível a sua manutenção, e por fim atingiria a credibilidade do próprio governo estadual".[56]

Um critério fundamental para assegurar a credibilidade da pesquisa foi adotar, desde o princípio das discussões, o pressuposto de que a PED necessariamente deveria reproduzir o índice do PME. Isso possibilitaria o acompanhamento e a predição do indicador do IBGE, comparando as tendências das pesquisas, além de demonstrar a abrangência e a competência da PED. Outrossim, para garantir a confiabilidade das atividades de coleta de dados, desenvolveu-se e implementou-se um sistema de controle que inclui basicamente quatro procedimentos: verificação, pelo supervisor, dos questionários aplicados pelo pesquisador; checagem dos domicílios e questionários; critica qualitativa do material produzido durante o mês de referência; e consistência computadorizada. Em qualquer das etapas, o controle objetiva verificar se o questionário foi preenchido corretamente e no domicílio amostrado, e analisar a coerência dos dados coletados. Nos casos de dúvida, o pesquisador deverá estar apto a esclarecê-los, mesmo que tenha que retornar à unidade pesquisada.

Em artigo no qual realiza um estudo crítico da PME, Troyano et al (1985) argumentam que "à PME pode ser imputado um caráter de levantamento que mensura a desocupação e não o desemprego. Isto decorre da concepção estar centrada na atribuição de prioridade a qualquer tipo de trabalho, que seria suficiente para identificar uma situação de ocupação ou de emprego (...) ao proceder assim, nivela situações diferenciadas, equiparando, por exemplo, a situação do trabalhador assalariado, com trabalho regular, aquele que perdeu o emprego e que para sobreviver exerce alguma atividade econômica. Também classifica as pessoas que esporadicamente exercem algum trabalho remunerado, mas com uma atividade principal não-

[55] Entrevista com Wilton Bussab, em 6 de fevereiro de 2003.
[56] Entrevista realizada em 3 de fevereiro de 2003.

produtiva, como ocupadas. São exemplos os estudantes e as donas-de-casa." Outra crítica à metodologia da PME residia na procura de trabalho apenas na semana de referência da pesquisa porque "não leva em conta a disponibilidade de trabalhar dos desempregados desestimulados a continuar na procura de trabalho,(...) e o período de sete dias é por demais estrito porque são muitas as circunstâncias casuais que podem interferir na procura de trabalho" (TROYANO et al, 1985). As diferenças nos valores dos indicadores por certo foram os fatores fundamentais para o debate, mas o professor Bussab faz uma outra leitura da polêmica: "nessas pesquisas o que interessa é tendência. Se acompanharmos apenas as diferenças no índice de desemprego da PED e PME, deixaremos de perceber que as tendências são muito semelhantes, e guardam uma alta correlação entre si".[57]

O primeiro esforço mais consistente para debater os critérios metodológicos aconteceu em 1986, quando o presidente do IBGE, Edmar Bacha, e o diretor de População e Social, Cláudio Salm, iniciaram um debate para introduzir algumas modificações na metodologia da PME. Foram convidadas várias instituições nacionais, e a equipe do Seade participou ativamente dos debates, até porque os indicadores da PED já eram de domínio público e havia interesse de alguns setores do IBGE em adotar suas inovações. Nos encontros, repassou-se detalhadamente a metodologia da PED, mas, aparentemente, nada foi incorporado à PME, apesar de algumas manifestações favoráveis às inovações.[58] As dificuldades para a convergência de idéias, que surgiram principalmente na parte metodológica, não permitiram uma evolução no diálogo. Também não faltou o componente político dificultando as discussões. Argumentava-se que uma instituição como o IBGE não poderia ceder espaço para uma metodologia proveniente de um órgão ligado aos sindicatos. Aparentemente, com o "sucesso" do Plano Cruzado, houve uma nova composição política que contribuiu para os debates não evoluírem.[59] Curiosamente, no mesmo período, ocorreu um contato profícuo com o grupo da Pnad, interessado em renovar alguns aspectos de sua pesquisa com a colaboração da equipe da PED. Por conseguinte, se, por um lado, a PME manteve a sua metodologia, por outro, a Pnad, que faz uma pesquisa de mercado de trabalho anual, incorporou algumas das idéias do trabalho do Seade.[60]

---

[57] Entrevista realizada em 6 de fevereiro de 2003.

[58] Entrevistas com Atsuko Haga, em 19 de julho de 2002, e Marise Hoffmann, em 22 de abril de 2003.

[59] Entrevista com Annez Andraus Troyano, em 3 de fevereiro de 2003.

[60] Entrevista com Marise Hoffmann, em 22 de abril de 2003.

Embora o lançamento da PED tenha sido feito pelo próprio Franco Montoro, em cerimônia realizada no Palácio dos Bandeirantes, isso não impediu que ocorressem pressões sobre a PED e até algumas intimidações pessoais. Annez Troyano não duvida nem um pouco da situação pouco confortável: "Lembro-me que recebi dois ou três telefonemas de Brasília tentando me intimidar, argumentando que aquela tarefa era das instituições federais e caso não fosse observada essa prerrogativa, haveria um movimento em nível federal para inviabilizar a PED. Foi uma coisa pesada. Reportei-me ao Rubens – uma pessoa corajosa que bancou a iniciativa –, e ao Barelli pelo Dieese. Mesmo dois ou três anos depois, quando participava de fóruns e seminários em Brasília e em outro lugares eu sentia o "gelo" que outras pessoas me impunham".[61]

De uma outra perspectiva, Pedro Paulo vai ainda mais longe, ao afirmar que "A PED não foi paralisada apenas porque a sua extinção produziria um estrago político até no primeiro escalão do governo, e, portanto, não compensaria. Eu não tenho dúvidas sobre esta afirmação, inclusive, fiz questão de manifestá-la publicamente em várias oportunidades. Embora as tentativas não fossem explicitas, elas eram fortes e sempre vinham embaladas no viés técnico, na discussão metodológica, na negação dos fundamentos técnico-científicos que formam os conceitos da PED".[62]

O fato de a PED consistir na primeira pesquisa baseada em um esforço metodológico sem precedentes, na Instituição sedimentou uma base fundamental para a geração de futuras investigações. De imediato, tornou-se o principal produto da Fundação, tanto pela aplicação de sua metodologia, que demandava uma prática de pesquisa científica mais apurada, quanto ao novo patamar de visibilidade que estava conferindo à Entidade. De igual forma, determinou a introdução de um elemento importante na dinâmica da Instituição: o prazo. Segundo Annez Troyano: "acredito que a PED determinou toda a arquitetura subseqüente do Seade, porque além dos cuidados metodológicos na coleta e divulgação, também acertamos para que o prazo fosse rígido. A sociedade e a imprensa sabiam que no dia 20 de cada mês haveria a divulgação dos dados. Isto estabeleceu uma rotina de trabalho em função de uma data para a equipe que foi moldando uma concepção de trabalho que não é comum no setor público".[63]

---

[61] Entrevista realizada em 3 de fevereiro de 2003.
[62] Entrevista realizada em 6 de março de 2003.
[63] Entrevista realizada em 3 de fevereiro de 2003.

A consolidação de uma entidade

Nos fins dos anos 1970, pouca gente vislumbraria um futuro brilhante para a Fundação Seade. Os ventos contrários sopravam gelidamente em um cenário nada animador no panorama brasileiro ainda sob o regime militar. Os ecos da segunda crise do petróleo continuavam presentes, imobilizando o governo de Figueiredo, afundado em dívidas quase impagáveis. A despeito de estar se esfacelando, interna e externamente, a ditadura conseguia se impor, em muitos setores, impingindo o seu autoritarismo sectário. O Estado de São Paulo, em particular, fora aquinhoado com um governador biônico, com fortes características autoritárias, mas que cortejava o populismo. Essa conjuntura contraditória agia sobre o Seade, colocando em risco a sua sobrevivência. A Fundação mal havia nascido e já enfrentava resistências para se desenvolver. Porém, o que os seus detratores não sabiam era a vocação da entidade em enfrentar as contrariedades, pois, os seus criadores a instituíram na forma de fundação justamente prevendo tempos difíceis. Igualmente, colocaram na sua direção um homem determinado e convicto da sua missão.

Entrementes, nem tudo agia contra o Seade. De um lado, a necessidade de dados estatísticos para compreender a realidade cada vez mais complexa patenteava-se com claridade cada vez maior. De outro, o País entrara na rota de democratização, ainda que lenta, exigindo números transparentes e fidedignos em defesa da população. E a Fundação, um órgão governamental, teve a ousadia de se associar com o Dieese, uma entidade a serviço dos sindicatos dos trabalhadores, para lançar a PED que marcou época. É claro que o governo paulista, naquele primeiro lustro da década de 1980 também colaborara com uma postura mais democrática. Isso, todavia, não tira o mérito da Instituição que bravamente lutou pela sua sobrevivência e se consolidou graças à criatividade e competência dos seus integrantes. Mas, acima de tudo, deve-se louvar a sua contribuição para a redemocratização do País, com o seu compromisso com a verdade, desnudando a realidade socioeconômica, sobretudo, das classes menos privilegiadas. Pena que poucos tenham percebido isso.

DE

o, quarta-feira, 29 de setembro de

ORNAL A SERVIÇO DO BRASIL ★ ALAMEDA BAR

, mas o rendimento dos mais ricos passa a s

ção de renda cresc

A renda
cresceu
Paulo
me
ga

Juca Varella/Editoria de Arte/Folha Imagem

Aumenta a diferença entre as faixas de renda

Familiar "per capita"/mês, na região metropolitana de SP

R$ 2.460,40

FOLHA DE S.PAULO quarta-feira, 5 de maio de 1999 são paulo 3 ■ 7

QUALIDADE DE VIDA *Pesquisa da Fundação Seade aponta que taxa de desemprego passou de 12,1% para 15,7% entre 94 e 98*

Renda per capita sobe 24% no interior de SP

Destaques da pesquisa sobre o nível de vida no interior do Estado de São Paulo

O ESTADO DE S.PAULO - A11
SEXTA-FEIRA, 19 DE SETEMBRO DE 2003

SOCIEDADE

A vida melhora em São Paulo, apesar da crise

Pesquisa da Fundação Seade revela ganhos no Estado em setores como ensino e saúde

LUCIANA GARBIN

variações do nível da atividade econômica – refletidas na estabilidade dos indicadores de riqueza municipal –, acompanhadas de progressos importantes nas condições sociais."

Mesmo em condições econômicas adversas, as famílias paulistas conseguiram manter filhos na escola e passaram a dispor de melhores condições de saúde, mas permaneceram as desigualdades. As regiões metropolitanas de Campinas, Baixada Santista e São Paulo – da qual faz parte Barueri, o mais rico –, por exemplo, caracterizam-se por municípios que, mesmo com bons indicadores de riqueza, têm baixos níveis de longevidade e escolaridade. Já o oeste paulista concentra cidades pequenas e pobres, mas de bons indicadores sociais, e as maiores médias gerais ficam ao longo dos principais eixos rodoviários do Estado – Dutra e Anhangüera.

Sinésio Pires Ferreira, um dos técnicos do projeto, explica que o grande trunfo de ter um diagnóstico como esse é identificar os problemas que impedem que um município tenha boa classificação e formular políticas públicas para eliminá-los. "O índice também dá instrumentos à sociedade para avaliar o desempenho dos administradores", completa, destacando que os números devem ser atualizados a cada dois anos.

FOLHA DE S.PAULO

São Paulo, quarta-feira, 29 de setembro de 1999

DIRETOR DE REDAÇÃO: OTAVIO FRIAS FILHO ★ UM JORNAL A SERVIÇO DO BRASIL ★ ALAMEDA BARÃO DE LIMEIRA, 425 ★ ANO 79 ★ Nº 25.746 ★ R$ 1,25

Ganho 'per capita' sobe 32% entre 94 e 98, mas o rendimento dos mais ricos passa a ser 45,5 vezes o dos mais pobre

Concentração de renda cresce em SP

Aumenta a diferença entre as faixas de renda
Familiar "per capita"/mês, na região metropolitana de SP
R$ 2.460,40
R$ 1.793,30
10% mais ricos
10% mais pobres

A renda familiar "per capita" cresceu 32% na Grande São Paulo entre 94 e 98, mas o aumento foi maior para quem já ganhava mais, segundo a Pesquisa de Condições de Vida divulgada ontem pelo Seade.

Nesses quatro anos, período de implantação do Plano Real e primeiro mandato do presidente Fernando Henrique Cardoso, a renda dos 10% mais pobres subiu 24%, contra 37% na faixa dos 10% mais ricos.

NEOFAVELADA A doméstica desempregada Maria de Fátima Santos Souza, 22, que vivia em

São Paulo: 11,3% de miseráveis

O SEADE MOSTRA QUE 450 MIL FAMÍLIAS DA REGIÃO METROPOLITANA VIVEM EM TOTAL CARÊNCIA

HELIANA NOGUEIRA

A maior e mais rica metrópole brasileira possui, pelo menos, 1,681 milhão de miseráveis — habitantes que apresentam, simultaneamente, carência em moradia, instrução, emprego e renda. Das 3,914 milhões de famílias da Região Metropolitana de São Paulo (RMSP), 11,3% estão nessa situação — cerca de 450 mil famílias.

Os números, divulgados ontem pela Fundação Sistema Estadual de Análise de Dados (Seade), são da Pesquisa de Condições de Vida na Região Metropolitana de São Paulo (PCV), realizada pela Seade entre julho e agosto de 1990, em 5.500 domicílios.

"Se levarmos em conta o agravamento da crise nos últimos dois anos, a quantidade de miseráveis é seguramente ainda maior", avalia Annez Andraus Troyano, supervisora geral da pesquisa. "Cerca de 44% da população da Grande São Paulo participa de algum tipo de associação. Enquanto os pobres estão mais ligados à igreja, os ricos se preocupam mais com política."

Os números da pobreza na Grande São Paulo são alarmantes. Um total de 39,4% das famílias não dispõe de renda suficiente

Capítulo IV

Políticas públicas como alvo

A conjuntura histórica

Uma era encerrava-se. Após 12 anos à frente da Instituição (1975-1986), Rubens Murillo Marques deixava o cargo de diretor-executivo da Fundação Seade, sendo sucedido pelo professor de Economia da Unicamp, Márcio Percival Alves Pinto. Murillo Marques realizara um trabalho fundamental na criação e consolidação da estrutura da incipiente Entidade, mesmo tendo enfrentado momentos políticos difíceis, em algumas ocasiões. Sua personalidade forte, aliada à sua competência técnica foi essencial para a sobrevivência da Instituição.[1] Nas crises políticas recorrentes, que ameaçavam a sua estabilidade e autonomia, percebeu-se a necessidade da criação de mecanismos estatutários para a proteção do Seade. Não fora exatamente para evitar ingerências de cunho político que o ex-governador Paulo Egydio optara por transformar o antigo órgão em uma fundação?

Contudo, assim não pensava o ocupante seguinte do Palácio dos Bandeirantes, Paulo Salim Maluf, que gostaria muito de impor a sua política na Instituição. De mais a mais, as fundações estatais sempre foram vistas com suspeita pelo Executivo pelo fato de possuírem autonomia e, portanto,

[1] Entrevistas com Márcio Percival Alves Pinto, em 21 de fevereiro de 2003, e Pedro Paulo Martoni Branco, em 6 de março de 2003.

liberdade em demasia, de acordo com a óptica dos governantes. Esses prefeririam tê-las como seus braços operacionais, o que nem sempre acontecia. Outros, como Franco Montoro, não aceitavam a falta de transparência de algumas dessas entidades e colocavam de boa-fé regras para o seu funcionamento. O resultado de tudo isso acabava sendo o engessamento administrativo e tentativas de ingerência política nas fundações. Essa situação, segundo o próprio Rubens Murillo, levou-os a "optar, digamos assim, por uma estrutura fechada e pouco democrática, concentrando os poderes na Diretoria-Executiva".[2] Assim, uma gestão longa, em uma estrutura forjada e consolidada em meio a tais turbulências, poderia ensejar algumas idiossincrasias e criar algumas preferências, nos trabalhos do Seade, com marca muito forte do diretor-executivo.

Nesse sentido, a vinda de Márcio Percival – ex-assessor de José Serra, secretário de Economia e Planejamento do governo de Franco Montoro –, representava uma renovação, gerando até mesmo "uma expectativa positiva na Casa e um clima de confraternização em torno desse fato".[3] Efetivamente, o perfil do novo diretor-executivo era animador. Além do cargo acima mencionado, ele ocupara a Chefia do Gabinete da Secretaria da Agricultura, sendo, em seguida, vice-presidente da Caixa Econômica Estadual. Entretanto, embora houvesse uma perspectiva otimista, as condições objetivas externas para consolidação da Entidade revelaram-se adversas. Um dos motivos parecia estar na intrincada interlocução entre o Governo do Estado e a direção do Seade. Outro fator remetia à complexa situação da economia do País. Após um período de grave recessão econômica, entre 1981 e 83, seguida de uma melhoria entre 1984 e 85, o processo inflacionário voltara de modo redobrado, obrigando o governo federal a iniciar diversos planos para estabilizar a economia.

Ao lado desse difícil quadro econômico, ocorriam mudanças deveras significativas na esfera política. O retorno do comando do Executivo nacional para as mãos da sociedade civil, com o restabelecimento dos ideais democráticos, representava uma lufada de ar fresco nas esperanças do povo brasileiro por um país melhor. Nesse diapasão, era imprescindível a alteração de nossa Carta Magna então vigente, cujos preceitos refletiam os poderes discricionários de elite governante respaldados pela força militar.

[2] Entrevista realizada em 2 de setembro de 2002.

[3] Entrevistas com Luiz Henrique Proença Soares, em 14 de junho de 2002 e 07 de março de 2003.

Figura 24 - Diretas. (Arquivo jornal O Estado de São Paulo).

A elaboração de uma nova Constituição Federal tornara-se uma necessidade premente. Para isso, deflagrou-se um processo eleitoral para a formação de um novo Executivo e do Legislativo igualmente renovado. Após duas décadas de regime militar, um civil assumiria a Presidência da República. A eleição de 1984 ocorreria de maneira indireta, como queriam os militares, não obstante a enorme mobilização popular em torno da campanha para o sufrágio direto, movimento que ficou conhecido como Diretas-Já. A vitória no Colégio Eleitoral coube a Tancredo Neves, candidato da oposição liderada pelo Partido do Movimento Democrático Brasileiro (PMDB). Desafortunadamente, logo após sua posse, o político mineiro acabaria falecendo, sendo sucedido por seu vice, José Sarney, na Presidência da Nova República, designação adotada pelo primeiro governo civil, após interregno de 20 anos.

Na esfera estadual, a eleição para a sucessão de Franco Montoro aconteceu no final do ano de 1986, com a vitória de Orestes Quércia, vice-governador na gestão que se despedia. Sua candidatura enfrentou a contrariedade de uma parcela significativa do seu partido (PMDB), que havia apoiado Antônio Ermírio de Moraes no sufrágio. Nesse mesmo pleito, são eleitos os deputados e senadores que comporiam a Assembléia Nacional Constituinte e seriam responsáveis pela elaboração da nova Constituição Federal. Embora do mesmo partido de Franco Montoro, Quércia conferia um perfil mais pragmático ao governo do Estado. Mas isso também trazia alguns benefícios, como lembra o professor Márcio Percival, "o espírito empreendedor do Quércia, conseguiu manter um gasto com investimentos na ordem de US$ 3 bilhões/ano para viabilizar uma política de transporte, desenvolvimento, municipalização. Esse posicionamento era fundamental, naquele momento, porque as propostas recessivas do FMI estavam no centro das atenções dos vários setores organizados da sociedade. Seu governo considerou, por exemplo, o gasto público para a ampliação da malha viária do estado mais importante do que o pagamento de juros, porquanto garantiria a geração de empregos".[4]

As crises salariais deflagradas pela explosão inflacionária eram generalizadas, e a Fundação Seade também passaria por um expressivo achatamento salarial. Entretanto, a crise do salário na Entidade seria acompanhada por uma outra mais fundamental. A indicação do professor Márcio Percival, por Franco Montoro, um mês antes de Orestes Quércia assumir a sua gestão, aparentemente, fez o novo governador se achar sem vínculo forte com os destinos da Instituição. Outrossim, por sua postura centralizadora, o governador sujeitou a contratação de novos funcionários para a Administração estadual, Direta e Indireta, à sua aprovação pessoal. Os dois fatores, de alguma maneira, tiveram impacto negativo no Seade, dificultando a realização dos seus projetos. Posteriormente, a própria determinação da Constituição Federal de vincular a contratação de pessoal em instituições públicas à obrigatoriedade de concurso, seria uma espécie de catalisador no processo de comprometimento da flexibilidade das fundações. A Constituinte de 1988 representou um retrocesso do ponto de vista da Administração Pública, que àquela altura ainda se beneficiava da descentralização e flexibilização do Decreto-Lei 200, de 1967.

Tais medidas, decorrentes de uma complexa correlação de interesses, causaram um engessamento do aparelho estatal, ao impor aos serviços do Estado e empresas estatais regras burocráticas rígidas. Sobretudo, a Administração Indireta sofreria um duro golpe em sua maleabilidade operacional, pois a nova Constituição lhe atribuía normas de funcionamento idênticas às que regiam a da Direta. A conjunção de todos esses fatores tornou-se um enorme obstáculo para a Diretoria-Executiva implantar seu projeto de trabalho. A alta inflação do período, que o governo federal não conseguia controlar, corroía os salários dos funcionários. As normas da nova Constituição dificultavam a contratação de novos colaboradores. Nesse cenário, ficava patente a dificuldade em manter e contratar pessoal qualificado para a Instituição. Em algumas oportunidades, o professor Márcio Percival tentou viabilizar reajustes salariais, mas apenas ao final de sua gestão, com o apoio

[4] Entrevista realizada em 21 de fevereiro de 2003.

do secretário de Economia e Planejamento, Frederico Mathias Mazzucchelli[5], conseguiria efetuar uma pequena correção salarial.[6]

No final da gestão de Rubens Murillo Marques, visando melhorar os processos internos e abranger novos estudos, realizaram-se duas modificações significativas na estrutura da Fundação Seade. Pelo Decreto 26.400, de 5 de dezembro de 1986 foram criadas a Diretoria Adjunta de Estudos Populacionais e a Diretoria Adjunta de Produção de Dados, esta resultante da fusão das Diretorias Adjuntas de Estatística e Processamento.

Propostas da gestão[7]

Ao iniciar sua gestão, Márcio Percival apresentou uma série de diretrizes, com o intuito de nortear as ações da Instituição.[8] O novo diretor planejava uma série de ações como:

- intensificar a relação com os usuários, principalmente aqueles ligados à administração estadual, à luz dos progressos da área de informática;
- incrementar a capacidade de processamento de dados, para reduzir a dependência e os custos com a prestação desses serviços em outras instituições;
- capacitar o pessoal na área da informática;
- fazer a revisão conceitual e operacional dos sistemas de informações implantados;
- aumentar as receitas próprias geradas a partir de serviços remunerados;
- adotar uma política mais dinâmica de publicação e divulgação das informações, análises e estudos especiais.

Figura 25 - Márcio Percival Alves Pinto, diretor-executivo (1987-91).

---

5 Assim como Márcio Percival, Frederico Mathias Mazzucchelli era professor do Instituto de Economia da Unicamp.

6 Entrevistas com Luiz Henrique Proença Soares, em 14 de junho de 2002 e 7 de março de 2003.

7 Relatório de Atividades, 1988.

8 Idem.

A nova diretoria havia traçado um conjunto de metas ambicioso. Entrementes, a conjuntura madrasta do período iria interferir na condução delas. Boa parte das propostas de gestão baseou-se no desenvolvimento do setor de informática. É verdade que na Instituição já existia uma tradição em trabalhar com a área de forma bastante competente. Porém, nos meados do decênio de 1980, a situação não se classificaria como ideal, seja no acompanhamento do estado de arte, seja na adequação dos computadores e seus periféricos aos das últimas gerações. Para estabelecer o novo patamar tecnológico, e colocar o Seade nos trilhos da terceira revolução tecnológica, desenvolveu-se o ambicioso Plano Diretor de Informática (PDI). O PDI previa a expansão e a modernização do parque computacional, além da disseminação da informática entre os funcionários da Fundação, com a criação de um Grupo de Treinamento em Informática. Além disso, o PDI propunha a aglutinação do processamento dos inúmeros sistemas existentes na época, em um Sistema Integrado de Base de Dados localizado na própria Fundação Seade. Até então, tais sistemas eram desenvolvidos e processados nas máquinas da Prodesp e da Unicamp, causando dificuldades na articulação das informações, até porque, em grande parte, o processamento ocorria em ambientes operacionais distintos, como se verifica abaixo:

Prodesp - Sistema de óbitos, Nascimentos e Casamentos, Sirg, PED, Docpop, Sistema de Documentação de Informação Bibliográfica Socioeconômica;

Unicamp - Sisseade[9];

Fundação Seade (microcomputadores) - Sistema de Informações sobre Mercado de Trabalho, Sistema de Referência de Informações Seade, Sistema de Regionalização Socioeconômica, Sistema de Fecundidade e Variáveis Correlatas, Sistema de Indicadores Demográficos Preliminares, Sistema de Projeções de População, Sistema de Acompanhamento da População Economicamente Ativa, Sistema de Migrações, Sistema de Diagnóstico do Setor Industrial do Estado de São Paulo, Sistema de Pesquisas Municipais, Sistema de Finanças Públicas Municipais, Sistema de Documentação de

[9] O sistema foi decorrente da união do SIM e do Sistema de Informações Conjunturais (SIC) em 1987. Em 1988, esse serviço foi transferido para o Digirede da Fundação Seade.

Informação Bibliográfica Socioeconômica, Sistema de Nomes, Cargos e Salários do Governo Estadual, Sistema de Gerenciamento de periódicos da Fundação Seade, Sistemas Administrativos.

Além de todos os problemas já citados, havia ainda um outro fator que aumentava a complexidade da administração dos processamentos. Os sistemas deveriam compartilhar o tempo de máquina com a confecção da folha de pagamento e o fluxo de caixa da Fundação – prioridades absolutas para a área administrativa da Instituição. Desnecessário dizer que a situação estava longe de ser ideal. Para superar esse estado de coisas desconfortável, realizou-se um estudo que diagnosticou a possibilidade de alcançar a independência da Entidade na área, capacitando-a pra abrir mão dos processamentos externos. Tal desiderato seria alcançado com um treinamento adequado à numerosa equipe do Departamento de Informática[10], aliado à renovação e ampliação do número de equipamentos. Os benefícios desse programa eram evidentes. Além das claras vantagens operacionais de se centralizar todo o sistema, havia também o aspecto temporal, pois o Seade não podia controlar o prazo de produção da Prodesp, que atendia a diversas instituições estaduais.

Não havia dúvidas de que o PDI traria uma série de vantagens. Com a aprovação do projeto, elaborou-se a estratégia da sua implantação, dividida em três fases: Na fase I, concluída em 1988, foram adquiridos 23 computadores pessoais, com CPU 80286 e periféricos, perfazendo um total de 60 microcomputadores. A fase II cristalizou-se com a compra do supermicro do Digirede/8000, em dezembro de 1986, um equipamento em consonância com o estado da arte da época. A aquisição desse computador colocava a Fundação entre os poucos possuidores de um equipamento com a seguinte configuração: 2 Mb de memória RAM, 190 Mb de disco rígido e capacidade para dez terminais. É inegável que a sua chegada ao Departamento de Informática constituiu um verdadeiro marco, pois o Digirede/8000 permitiu à Instituição tornar-se independente dos serviços de processamento da Unicamp, após mais de uma década. Com o início previsto para 1988, a fase III previa a expansão do parque computacional para um sistema de computação modular, que permitiria a ligação em *clusters* e a integração do

[10] O Departamento de Informática contava com 41 técnicos em 1988. Plano Diretor de Informática da Fundação Seade.

Seade com uma rede local Ethernet. Os planos para a fase III eram ambiciosos, e o orçamento de seus custos dava uma medida da proposta: US$ 800 mil a US$ 1.2 milhões.[11] Todavia, justamente por sua magnitude, a fase III acabou não sendo implementada, por causa dos problemas de restrição orçamentária.

Diagnósticos socioeconômicos

Uma das prioridades da gestão do professor Márcio Percival Alves Pinto relacionava-se à adequação dos sistemas de informações para a realização de um bom diagnóstico socioeconômico do Estado de São Paulo. Nesse sentido, de acordo com as suas palavras, "convidamos alguns professores para auxiliar na concepção e implementação de projetos. Eles vinham à Fundação para proferir palestras e, ao mesmo tempo, incentivamos os técnicos para cursarem a pós-graduação. Aliás, essas práticas permaneceram na Fundação como importantes atividades –, os funcionários progredirem na carreira acadêmica, e a atuação de professores como consultores. Foi uma forma que encontramos de emprestar a cultura da universidade para auxiliar na formulação de políticas públicas".[12] Por outro lado, a contratação de consultores também atendia à escassez de pessoal em alguns setores atingidos por perdas em seu quadro efetivo que não podiam ser repostas em função das restrições políticas e legais.

Intentou-se, na gestão de Márcio Percival, realizar estudos analíticos abordando a situação socioeconômica do Estado de São Paulo, com a pretensão de diagnosticar alguns problemas e alavancar políticas públicas. A direção da Fundação acreditava que esses trabalhos tinham importância fundamental para uma análise da situação do estado bandeirante e suas perspectivas. Segundo o então diretor-executivo: "Devíamos responder a algumas perguntas: qual era a função de São Paulo na década de 1980? O estado estava perdendo poder econômico em nível nacional? Também era importante analisar em detalhes as cadeias produtivas e acompanhar aquele processo de interiorização de indústrias no estado. O trabalho que desenvolvíamos estava engajado nessa proposta mais ampla, reorganizando a nossa entidade para suportar uma política de desenvolvimento regional e realizar o planejamento dos gastos públicos para a ampliação de investimentos no estado".[13]

---

[11] Idem.

[12] Entrevista com Márcio Percival Alves Pinto, em 21 de fevereiro de 2003.

[13] Idem.

Para alcançar as suas finalidades, o Seade montou um rico banco de dados, construiu uma série de indicadores e efetuou com maior intensidade as análises, principalmente setoriais. Entrementes, ao focar como uma das prioridades as análises de maior complexidade e fôlego, sentiu-se a necessidade de compor uma equipe de técnicos em um outro patamar do padrão de qualidade. Daí o empenho do diretor-executivo em propiciar oportunidades para eles se aperfeiçoarem, sobretudo, freqüentando cursos de pós-graduação para a obtenção do mestrado e do doutorado, como já mencionado. Por meio desses trabalhos, diagnosticou-se, por exemplo, um refluxo do processo migratório dos grandes centros para o interior. Esse esclarecimento, em particular, decorreu dos esforços iniciais do grupo de demografia. Outra observação resultante refere-se à queda no ritmo do crescimento dos grandes centros urbanos, mormente na RMSP. A interiorização vinha se manifestando desde os finais dos anos 1970 com o desenvolvimento de pólos tecnológicos no interior, sobretudo em Campinas e São José dos Campos.

Outrossim, as investigações do Seade indicavam claramente a expansão da malha viária colada à mudança e à evolução da economia paulista. Ao mesmo tempo, ao pesquisar as finanças municipais das cidades submetidas ao desenvolvimento para o interior, a Fundação conseguiu verificar a existência de apertos no orçamento citadino por causa da necessidade de as prefeituras arcarem com o processo de urbanização. As análises demonstraram ainda a precarização das relações de trabalho nos anos 1980. Apesar da oferta de emprego não estar caindo, o salário real piorara e o subemprego aumentara. Todos esses estudos desempenharam um papel relevante na elaboração de orçamentos e no planejamento da política de gastos e investimentos do governo de Quércia. Esta afirmação poderia parecer contraditória à colocação previamente feita da relação não muito harmoniosa entre a Fundação e o governador. Acontece que existia um mediador dessa situação embaraçosa, na figura do secretário de Planejamento e Economia, o professor Frederico Mathias Mazzuchelli. Igualmente docente da Unicamp, ele sabia avaliar bem o significado dessas análises cuidadosas do Seade e aproveitá-las. Mas isso não foi suficiente para contornar a situação delicada da Entidade.

Não é que tivessem faltados esforços em melhorar a relação da Instituição com o governo. Uma das medidas adotadas para tal desiderato tomou a forma de estabelecer uma ponte entre a universidade e o Executivo. Como explica Márcio Percival: "As unidades universitárias produzem conhecimento, mas têm dificuldades em transformá-lo em políticas concretas. Por sua vez, o governo enfrenta problemas para a formulação delas porque faltam informações necessárias, dados confiáveis e tempo suficiente para pesquisá-los. A Fundação entrou exatamente para fazer a intermediação das duas partes, agilizando o processo, desde a geração de conhecimento até a concretização das políticas públicas. Nesse sentido, o Seade não atuou diretamente na formulação das políticas, porém, auxiliou-a através de diagnósticos e análises. Quando fazíamos o diagnóstico, mostrávamos não só o que estava acontecendo, mas, igualmente, as tendências do emprego, da demografia, da economia e do investimento".[14]

O reconhecimento da utilidade da Instituição, aos poucos, ultrapassou as fronteiras da Secretaria de Planejamento e Economia. Começaram a vir demandas, por exemplo, de José Machado de Campos Filho, secretário da Fazenda, ou, então, de Alda Marcantonio, secretária do Menor, interessada no número de crianças de rua para efetuar a sua assistência. Do mesmo modo, alguns órgãos estatais, como a Sabesp, recorriam aos estudos de projeções demográficas.

Até alguns setores privados beneficiavam-se das informações da Fundação para – trata-se apenas de uma ilustração – construir *shoppings*, hotéis e outros estabelecimentos comerciais. Por outro lado, para executar melhor ainda tais funções o Seade, precisava realizar mais estudos e pesquisas. De maneira semelhante, sentia a conveniência de efetuar investigações na área social, por exemplo, para engendrar indicadores de qualidade de vida. Todavia, tais expectativas não se traduziram em ações concretas, por motivo das restrições orçamentárias. A àquela altura dos acontecimentos, não se podia contar com as receitas próprias, pois, os seus montantes eram ainda desprezíveis.

Note-se que o período da gestão do professor Márcio Percival transcorre em uma época agitada e turbulenta da transição de uma fase da história para outra, tanto no cenário nacional quanto no internacional. No Brasil, vivia-se a mudança de um regime ditatorial para outro, democrático, enquanto, no mundo, a União das Repúblicas Socialistas Soviéticas (URSS) dissolvia-se, lentamente, no fogo incerto da *glasnost* (transparência) e da *perestroika* (reestruturação) de Mikhail Gorbatchov que ascendera ao poder em 1985. Todavia, o desaparecimento da URSS, concretizado em 1991,

---

[14] Idem.

pondo fim ao quase meio século de Guerra Fria, não significou paz e prosperidade para o planeta Terra. Muito ao contrário, as dissensões políticas, as ambições econômicas e as diferenças culturais represadas no embate ideológico das duas visões do mundo, explodiram em confrontos e lutas sangrentas, por toda parte. Uma ilustração dramática encontra-se na Guerra da Bósnia (1992-1995), esfacelando a antiga Iugoslávia em confrontos civis responsáveis por 250.000 mortos. Por outro lado, novas forças consolidavam-se como, por exemplo, a Comunidade Econômica Européia que, na altura do ano de 1986, já contava com 12 países-membros. Na verdade, vivia-se um divisor de águas, com a maré revertendo, embora de modo lento, favoravelmente para os Estados Unidos, graças, principalmente, à ascensão norte-americana no domínio do *software*. Embora os tigres asiáticos continuassem rugindo e ameaçando o mercado ianque, uma silenciosa, porém palpável, reviravolta acontecia no mundo dos negócios. Os seus efeitos, contudo, só seriam sentidos na década seguinte.

No Brasil, o tripé econômico capital nacional – empresa estatal – multinacional no qual se baseara o regime militar, ainda perdurava no decênio de 1980, contudo, já em contagem regressiva para a sua dissolução. Um de seus resultados traduzia-se na perda do prestígio da ideologia do planejamento. Essa realidade, aos poucos, vai se fazer sentir também no Seade. No começo da gestão de Márcio Percival, o assunto não constava da pauta. Porém, à medida que o tempo passava, o planejamento, cada vez mais, era empurrado para o pelourinho. No final dos anos 1980, com a prevalência da idéia do mercado ser mais eficiente que o Estado, as privatizações ganham espaço, colocando uma pá de cal nas pretensões do governo planejador. Um dos componentes do tripé – empresa estatal – ruía, estabelecendo o primado da ideologia neoliberal defendida pelo Consenso de Washington.

Ao comentar esse fato, Márcio Percival, não consegue esconder o seu inconformismo: "Desde esse tempo, a palavra planejamento tornou-se maldita. Trata-se de um absurdo, pois o desenvolvimento nacional não vai ocorrer sem planejamento, principalmente em um país tão heterogêneo e desigual como o Brasil. As regiões apresentam diferenças gritantes sob os pontos de vista socioeconômico, cultural, capacidade financeira, etc. Em qualquer política devem-se considerar tais fatores e isto só é possível com o planejamento: como gastar, onde investir, quanto investir, quais as carências e assim por diante. Só dessa forma conseguiremos concretizar o chamado pacto federativo. Atualmente, a situação está mudando. Ante a constatação do fracasso do modelo neoliberal causadora da crise social e econômica hodierna intimamente relacionada com o processo de globalização, a idéia de planejamento ganhou força de novo".[15] Todavia, se estas palavras soam verdadeiras nos dias de hoje, neste luminoso ano de 2008, naquele período da sua gestão, o planejamento não atraia muita gente, sobretudo políticos. E, por certo, isso tem muito a ver com as agruras vividas pela Instituição a partir do último lustro da década de 1980.

Voltemos às ações da Fundação, no período dirigido por Márcio Percival. Desde o governo de Montoro aumentara o estímulo à participação popular na esfera pública, junto com a descentralização das políticas públicas. Ainda durante a sua gestão, ocorreu a criação de diversos conselhos estaduais, como os da condição feminina, da comunidade negra, do idoso, e outros. Em especial, com o surgimento do Conselho Estadual da Condição Feminina, em 1983, e da Delegacia Especial da Mulher, em 1986, o Seade produziu um estudo intitulado *Retrato da Violência contra a Mulher*, em parte, pressionado pelas feministas e conselheiras interessadas em ter os dados por sexo. Em parceria com o Conselho da Condição Feminina, analisaram-se as informações contidas nos boletins de ocorrência da Delegacia Especial da Mulher para traçar o perfil das mulheres vítimas da violência. Esse estudo marcou época, no movimento das mulheres paulistas, porque não somente divulgou informações relevantes, mas, igualmente, exerceu um papel importante na fundamentação da expansão do número de delegacias especiais da mulher pelo Estado de São Paulo. Apesar de pontual, consistiu em um primeiro passo para o desenvolvimento das investigações sobre o gênero, modalidade que, mais tarde, se consolidou na Fundação.

Na mesma direção, sempre no intuito de oferecer subsídios dinâmicos para a formulação de políticas públicas, o Seade engendrou um diagnóstico sobre a população de até 20 anos – *O jovem na Grande São Paulo* –, que focalizava as condições de vida desse grupo etário desde o nascimento até o momento aproximado de sua reprodução biológica e social. Nessa análise, publicada em dezembro de 1988, ultrapassou-se o chamado "problema do menor", tratando-o com metodologia adequada em seus aspectos mais cruciais, e problematizada, como, por exemplo, o papel das transformações da dinâmica demográfica na configuração e nas demandas da população

---

[15] Idem.

jovem. O trabalho antecipou uma preocupação, posteriormente intensificada em vários estudos da entidade, com a representação gráfica do nível de carências associado à população jovem para poder visualizar com facilidade as áreas em que isso se dá com mais ou menos força.

Vale ressaltar, também, o trabalho pioneiro realizado pelo Seade para traçar o perfil do idoso na Grande São Paulo. A inspiração veio do Plano de Ação Mundial sobre o Envelhecimento, aprovado pela Assembléia Mundial sobre o Envelhecimento, acontecida na Áustria, em 1982. O plano constitui uma espécie de referência para todas as nações interessadas no planejamento que considera o processo de envelhecimento populacional. No caso da Grande São Paulo, no final dos anos 1980, a despeito da participação relativa da população idosa ainda ser pequena, em números absolutos, esse contingente era bastante expressivo. E as estimativas indicavam, para o início do século XXI, um número cada vez maior de idosos, em comparação com as camadas mais jovens da população brasileira. Esse estudo buscava aferir uma série de características da população de 3ª idade como sua magnitude, sua distribuição espacial e sua condição socioeconômica, visando identificar suas demandas específicas e dos setores que seriam mais fortemente pressionados por esse crescente contingente populacional. O resultado acabou sendo publicado em 1990 com o título de *O idoso na Grande São Paulo*.

Uma das conseqüências desse período profícuo em estudos analíticos foi o aumento significativo das publicações da Fundação. A produção bibliográfica mantinha um ritmo de crescimento constante, a despeito de todas as dificuldades que a Instituição enfrentava. O *Relatório de Atividades* de 1988 relacionava as seguintes publicações: *Anuário Estatístico, Perfil Municipal, PED, Relação de Nomes e Cargos e Endereços, Coleção Economia Paulista, São Paulo e Conjuntura, Informe Demográfico, Indicadores Demográficos, Análise Demográfica, Tendências de População, Revista Docpop, São Paulo em Perspectiva, Série São Paulo 80, Retrato da Violência contra a Mulher, Sisseade – Manual*. No ano seguinte seriam agregados os *Indicadores Financeiros dos Municípios Paulistas, Coleção Economia Paulista: A Interiorização do Desenvolvimento Econômico no Estado de São Paulo, Reestruturação Industrial e Competitividade Internacional*. Sobre temáticas sociais, foram editadas duas publicações, citadas acima, sobre os jovens e os idosos na Grande São Paulo, tornando ainda mais vasto o rol de trabalhos publicados pela entidade. Como se vê, a quantidade de publicações naquela época era de tal magnitude que, apenas no ano de 1990, a gráfica da Fundação Seade reproduziu uma tiragem de 50.579 exemplares.

Nesse conjunto, deve ser destacado o lançamento, em 1987, da Revista *São Paulo em Perspectiva,* ligada à Diretoria Adjunta de Análise Socioeconômica. Na realidade, o periódico retomava uma publicação anterior, iniciada em 1985, ainda na gestão de Rubens Murillo Marques, chamada *Revista da Fundação Seade – São Paulo em Perspectiva.* Agora, com a editoração nas mãos de Miguel W. Chaia, ela ganhou um novo rumo editorial. Foram realizadas várias modificações, entre as quais a mudança da periodicidade, que passou de quadrimestral, para trimestral e a ampliação no quadro de colaboradores, até então restrito aos técnicos da Fundação. Graças a essa nova visão, vários pesquisadores de institutos de pesquisas e professores de universidades, com visões diferenciadas sobre a temática proposta, passaram a ser convidados para colaborar com artigos e comunicações, tornando a publicação mais abrangente. Segundo Chaia, a "*São Paulo em Perspectiva* veio para divulgar as informações e análises produzidas pelo Seade, e constitui um mecanismo de interação entre a Instituição e a sociedade".[16] Era uma forma inteligente de mostrar as propostas trabalhadas e desenvolvidas dentro dos quadros da entidade para a população em geral, tarefa de grande importância.

A Pesquisa de Condições de Vida (PCV)

Motivações externas

No final da década de 1980, divulgava-se um diagnóstico, em vários países da América Latina vitimados pelos processos políticos autoritários nas décadas de 1960 e 1970, de que grandes parcelas da população haviam sido deixadas à margem do desenvolvimento econômico. No Brasil, a emblemática política do Ministro Delfim Netto de "fazer o bolo crescer para depois repartir", não só fracassara como apareceram fortes evidências de que o problema da redução da pobreza de sua população nunca constou como prioridade, de fato, na agenda do governo militar. A distensão política na década de 1980, com a queda do regime militar, recoloca a sociedade

[16] Entrevista realizada em 24 de julho de 2002.

civil no poder, com a participação de setores organizados da sociedade no governo, mas não altera de maneira relevante a situação econômica do País. Ocorre uma estabilização econômica, durante o período inicial da Nova República, após a aplicação de um choque heterodoxo na economia, o Plano Cruzado, mas logo em seguida o País mergulha em uma profunda recessão e com índices alarmantes de inflação.

Em tal clima, as discussões e as soluções propostas para os problemas relativos ao empobrecimento da população, em sua maioria, foram relegadas a programas de cunho assistencialista. Não por acaso, sua adoção quase sempre se deu em períodos eleitorais. Assim, a temática pobreza chega ao final da década de 1980 sem um equacionamento satisfatório. Pior. Nem sequer conseguiu estabelecer um ponto de partida para a construção de políticas públicas adequadas. Entrementes, na Assembléia Constituinte de 1988 esse assunto ganhou força com a ampla participação de setores da sociedade. Afinal, aquele processo de redemocratização convidava a sociedade a conhecer-se melhor e a reivindicar espaços de participação política. O aumento da demanda de informações sobre os temas de interesse público, em um país como o Brasil com os seus enormes problemas sociais, resultou, naturalmente, na emergência da pobreza no centro das grandes questões nacionais: Quantos são os pobres? 16 milhões? 32 milhões? Como definimos a linha da pobreza? Nesse debate, criou-se a percepção de que, para avançar nas discussões, era necessário definir de uma metodologia mais adequada para a mensuração da pobreza.[17]

Motivações internas

Tais discussões ressoavam, na Fundação Seade, e motivaram a transformação da percepção generalizada sobre a importância e a dimensão da pobreza, no Brasil, em uma pesquisa domiciliar dentro dos padrões de excelência da Instituição. Evidentemente, aquele tema não era uma novidade para os técnicos da Entidade. Havia elementos gerados pelas análises das condições do mercado de trabalho fornecidos pela PED que permitiam obter uma primeira avaliação sobre a dimensão da exclusão social.[18] Um aspecto in-

[17] Entrevistas com Luiz Henrique Proença Soares, em 14 de junho de 2002 e 7 de março de 2003.

[18] Entrevistas com Annez Andraus Troyano, em 3 de fevereiro de 2003, e Paula Montagner, em 24 de junho de 2002.

teressante da nova pesquisa relacionava-se à sua demanda original, diferenciada da PED, que atendera a uma solicitação explícita do governo do estado. A Pesquisa de Condições de Vida (PCV) foi "fundamentalmente criada a partir das percepções entre os técnicos e o corpo diretivo do Seade, que chegaram ao diagnóstico da ausência de uma pesquisa com aquelas características".[19]

A PCV constituiu-se em uma investigação inovadora sob diversos aspectos. Desse ângulo, o diagnóstico das características da PED e da PNAD/ IBGE desempenhou um papel significativo. Ambas têm em comum a idéia de fazer um retrato da realidade, mas não são instrumentos de ação do setor público. A abordagem da PCV focava exatamente o que as duas não faziam, como bem aponta Annez Andraus Troyano: "Não bastava realizar a mensuração da situação acompanhada do diagnóstico: era necessário avançar para gerar um instrumento analítico de intervenção na realidade. Então, tomamos como preocupação básica conceber a pesquisa como um instrumento de ação do setor público".[20]

Primórdios da PCV

A definição da Diretoria Adjunta responsável pela realização da PCV, fez parte de um amplo processo de negociação interna. Em um primeiro instante, a pesquisa seria efetuada pela Diretoria Adjunta de Estudos Populacionais, sob o comando da professora Neide Patarra, mas, logo em seguida, a decisão seria alterada. A Diretoria Adjunta de Análise Socioeconômica, sob a direção de Annez Andraus Troyano, foi encarregada de conceber a metodologia e operacionalizar os questionários da primeira pesquisa de condições de vida realizada no Brasil. Sem dúvida, foi fundamental, nesse processo de definição, a experiência da equipe responsável pela construção da PED, alocada no Damte. Assim, a Diretoria Adjunta de Análise Socioeconômica passou a concentrar as primeiras atividades do novo estudo, com o auxílio importante de alguns professores da Unicamp, que se ocupavam de investigações relacionadas à temática da pobreza.

Essa participação decorreu facilitada pela ligação histórica da Unicamp com a Fundação e também porque Márcio Percival era docente da afamada

[19] Entrevistas com Luiz Henrique Proença Soares, em 14 de junho de 2002 e 7 de março de 2003.
[20] Entrevista realizada em 3 de fevereiro de 2003.

instituição acadêmica. Além deles, outros consultores de renome participaram do processo de construção da metodologia. De acordo com o diretor-executivo da época, "várias pessoas participaram da discussão da PCV, mas gostaria de registrar os nomes de alguns consultores. O professor Vilmar Faria, já falecido, notabilizara-se como pesquisador do Cebrap e da Fundap, e mais tarde seria um assessor bastante próximo do presidente Fernando Henrique Cardoso. Era um profundo conhecedor da área de análise e metodologia de pesquisas, e da avaliação das políticas sociais. A professora Sônia Míriam Draibe, do Núcleo de Políticas Públicas (Nepp) da Unicamp sempre se destacou como uma pesquisadora de estudos de problemas sociais. De igual maneira, lembraria da participação da Fátima Jordão e do professor Juarez Brandão, que coordenou um projeto fundamental para o início da Pesquisa de Condições de Vida".[21]

O primeiro passo

Com essas premissas iniciais, iniciou-se, em 1988, o projeto Pobreza Urbana na Grande São Paulo, com as seguintes atividades[22]:

- elaboração preliminar do projeto;
- análise dos resultados das Pnad e PED;
- análise de questionários de pesquisas socioeconômicas;
- realização de uma pesquisa qualitativa com famílias pobres urbanas da RMSP.

O projeto resultou de um convênio firmado entre a Fundação Seade e o CNPq[23], para realizar um levantamento sistemático das condições de vida na RMSP, envolvendo estudos dos dados das Pnads, no período de 1981 a 1987 e das PEDs, entre 1986 e 1987.[24] O trabalho, liderado pelo professor Juarez Brandão em 1989, foi publicado na Revista *São Paulo em Perspectiva* (LOPES e GOTTSCHALK, 1990). No artigo, os autores fazem um estudo do impacto dos planos econômicos e das condições do mercado de trabalho sobre as famílias, em diferentes níveis de pobreza, da

[21] Entrevista realizada em 21 de fevereiro de 2003.

[22] Relatório de Atividades, 1988.

[23] Na realidade, o convênio foi estabelecido apenas para viabilizar a participação do professor Juarez Brandão no projeto. Na época, ele era diretor de Pesquisas do CNPq. Entrevista realizada em 18 de março de 2003.

[24] Relatório de Atividades, 1989.

RMSP. O período considerado abrange a década de 1980, que é marcada pela recessão econômica de 1981 a 1983, a relativa recuperação entre 1984 e 1985, a bolha de consumo do Plano Cruzado e a crise que se seguiu. Trabalhando com o conceito de linha de pobreza baseada na construção de uma renda familiar *per capita*, os autores inovam ao adotar a família como a unidade de análise mais adequada para estudar a pobreza – um critério que seria importante para a PCV. O projeto significou uma abordagem mais meticulosa sobre a temática, no âmbito da Fundação Seade. Ao mesmo tempo, foi possível aquilatar as deficiências nas informações disponibilizadas pelas pesquisas, que se mostraram pouco adequadas como subsídios para a mensuração da pobreza.[25]

Metodologia

Até aquele momento, as pesquisas interessadas em fazer a mensuração da pobreza utilizavam dois métodos, denominado, pelo economista indiano vencedor do Prêmio Nobel, Amartya Sen (SEN, 1981), de *direto* e de *renda*. O método direto classifica como pobres as pessoas cujo nível de consumo está abaixo de um mínimo especificado, normalmente relacionado a uma "cesta básica" de bens e serviços. Suas limitações dizem respeito à dificuldade em identificar as necessidades básicas, em meio às variações pessoais e locais, além do fato da sua quantificação permitir apenas a avaliação das conseqüências da pobreza (TROYANO et al., 1990). O segundo método, o da *renda*, mais extensivamente utilizado nas investigações, associa um determinado nível de renda – chamado de linha de pobreza – à satisfação das necessidades básicas de sobrevivência da população. Segundo Troyano et al. (1990), essa forma de enfoque estaria em situação oposta à do *método direto,* porque seria adequado apenas para revelar as causas de pobreza. Fundamentalmente, a crítica corrente a esse método refere-se à sua suscetibilidade aos fatores espacial e temporal, que podem determinar, para um mesmo nível de renda, distintas condições de vida.

Ciente de tais carências, a PCV procurou alternativas melhores. Uma influência importante em sua concepção veio de uma investigação periódica de condições de vida na Argentina, realizada pelo Instituto Nacional de Estadística y Censos (Inec), com começo em 1984, logo após a queda

[25] Entrevista com Juarez Brandão Lopes, em 18 de março de 2003.

do regime militar argentino. O articulador dessa metodologia foi Oscar Altimir, um economista da Cepal, insatisfeito com os métodos então em voga. Ele propôs uma alternativa nova para a mensuração da pobreza. Incluiu, ao lado do critério de renda, alguns fatores sociais para construir indicadores de acompanhamento do processo de empobrecimento, e possibilitar o entendimento da estratificação dos pobres através de um somatório de carências. Entre as necessidades básicas para construir o conceito de pobreza, introduziram-se, além de renda, a moradia, saúde, educação e o mercado de trabalho (ALTIMIR, 1981). A consideração desses fatores combinava bem com as idéias da equipe da PCV. Por exemplo, a análise dos resultados da PED evidenciara o fato de o mercado de trabalho, assim como a renda, ser uma variável necessária para a mensuração da pobreza, embora insuficiente. Por isso, aparecia como fundamental captar outras dimensões do fenômeno e estabelecer novos critérios para a construção do conceito de pobreza. Segundo Annez: "Havia a necessidade de lançar um olhar diferenciado sobre a realidade, e para tanto, deveríamos gerar um instrumento de visão integrada".[26]

Outra orientação metodológica proposta pela PCV fez-se na direção de relegar o indivíduo para segundo plano e propor a família como categoria básica de análise. Essa opção justifica-se porque "as condições de vida serão mais bem compreendidas, quando a referência é a família na qual se inserem os indivíduos – a família é o grupo social básico que define a sobrevivência do indivíduo, pois é constituída por pessoas que compartilham a moradia, e são solidárias na satisfação de uma série de necessidades básicas" (SEADE, 1992). Assim, a PCV passou a buscar maneiras de caracterizar os pobres, dentro de uma abordagem mais completa e articulada, fugindo do dogma relacionado ao absolutismo da renda, que passou a ser apenas um dos componentes da análise. "Esse período foi importante, não só porque enriqueceu os debates no Brasil sobre mensuração da pobreza, mas também porque colocou as bases metodológicas dentro da perspectiva de realizar uma pesquisa empírica, com uma amostra bastante significativa, e depois garantir a sua periodicidade".[27]

Em suma, para desenvolver a metodologia da PCV abandonaram-se as limitações implícitas no método direto e no da renda, e lançou-se um

---

[26] Entrevista realizada em 3 de fevereiro de 2003.

[27] Idem.

olhar articulado para as dimensões (escalas setoriais), que, segundo os critérios metodológicos da equipe, condicionam a vida das famílias: moradia, instrução, saúde, emprego e renda. Esses aspectos significaram um avanço sobre a caracterização simplista de pobres e não-pobres e permitiram uma nova representação da heterogeneidade das realidades socioeconômicas. Isso possibilitou a classificação das famílias segundo um gradiente de carências, seja através dessas escalas setoriais, seja do cruzamento delas, chamada de escala multissetorial. Em conseqüência, a PCV foi desenvolvida como um instrumento de coleta de dados para permitir a caracterização das seguintes unidades de informação: domicílio, família e indivíduo, em seus aspectos coletivos – habitação, patrimônio e posse de bens de consumo –; e individuais – educação, saúde, emprego e rendimentos.

Por que essas dimensões?

De acordo com a equipe da PCV, as cinco dimensões – moradia, instrução, saúde, emprego e renda – utilizadas para mensurar a pobreza permitem construir um painel das condições de vida da população, pois servem para avaliar se as necessidades básicas estariam sendo atendidas; pra qualificar o acesso de indivíduos e famílias ao mercado de consumo; e estimar a capacidade de a estrutura produtiva para incorporar a oferta de mão-de-obra (SEADE, PCV, 1998). No Relatório Preliminar da PCV[28], explana-se sobre a escolha das temáticas para a construção dos indicadores:

Figura 26 - Habitação. (Arquivo jornal O Estado de São Paulo).

Habitação e condições de vida

A pesquisa verifica as dimensões da habitação, as condições habitacionais e o acesso aos serviços urbanos essenciais – água, luz, esgotamento sanitário e coleta de lixo. Outro aspecto que determina boa parte da estabilidade dos moradores é relacionado ao vínculo da

[28] Pesquisa de Condições de Vida na RMSP. Relatório Preliminar. Fundação Seade, Diretoria Adjunta de Análise Socioeconômica (documento interno de janeiro de 1991).

família com a sua moradia: se própria, alugada, cedida ou invadida. A pesquisa também realiza o histórico das moradias para obter a evolução da habitação familiar.

Trabalho e condições de vida

O conhecimento da inserção dos indivíduos no mercado de trabalho foi considerado fundamental na PCV, porque o trabalho é o principal meio de obtenção de renda para a maior parte da população. Além disso, o trabalho influencia suas condições de vida, não só através dos benefícios sociais e dos direitos trabalhistas, mas na sua inserção social como indivíduo. Dentro desse raciocínio, a investigação permite captar a descontinuidade na ocupação e as conseqüências nas condições de vida da família do trabalhador. Esse módulo amparou-se integralmente na PED.

Rendimentos e condições de vida

Considerou-se, a renda familiar, a variável central da pesquisa, embora a posse de bens duráveis de consumo e de algum patrimônio familiar, também, constituísse um indicador importante.

Saúde e condições de vida

O acesso aos serviços de saúde é um elemento fundamental na caracterização das condições de vida. Esse módulo investiga a procura de serviços de clínicas, de postos de saúde, de hospitais, etc.

Educação e condições de vida

Segundo a equipe, os problemas do analfabetismo, repetência e evasão escolar, não podem ser entendidos só no campo circunscrito à escola, mas, sim, conjugados a toda uma rede de baixos rendimentos e precárias condições de vida. A pesquisa capta informações sobre o acesso à pré-escola, os motivos de evasão dos estudantes de primeiro grau, tipo de escola freqüentada – se pública e/ou privada – período de permanência na escola, reprovação, algum trabalho exercido pelo estudante e benefícios (merenda, passe escolar, reembolso de mensalidades).

Levando em conta essas dimensões, elaborou-se um questionário distribuído nos seguintes blocos temáticos: A - domicílio, família e morador; B - habitação e patrimônio familiar; C - atenção à saúde; D - educação; E - inserção no mercado de trabalho, benefícios no trabalho e rendimentos.

Destarte, seguia-se o preceito do *Relatório Preliminar* da PCV: "Somente a partir de uma pesquisa de caracterização ampla, que perpassa vários setores da atividade humana, com rigor estatístico, é possível estabelecer este tipo de mensuração complexa em profundidade".[29]

Dos conceitos para a estatística

Mas se a orientação metodológica havia adquirido contornos definidos, já em relação à operacionalização estatística da teoria, não se podia dizer o mesmo. Como lembra o professor Wilton Bussab, "é muito difícil medir em ciências sociais, pois os seus fenômenos são mais intrincados do que os físicos. Essa dificuldade está bastante associada às definições. Podemos definir o cortiço como uma habitação de dois cômodos, e depois a nossa pesquisa caracterizar um morador de apart-hotel como um encortiçado!".[30] Os desafios de construir um indicador familiar estavam presentes, por exemplo, na definição do grau de escolaridade de uma família composta por um chefe da família analfabeto e o filho formado em nível superior. Ou, ainda, como seria construído um indicador de renda para uma família na qual convivem um aposentado, um estudante que vive de mesada e um desempregado?

Plano amostral

Para constituir da primeira amostra, a PCV beneficiou-se das informações das casas nas quais haviam sido realizadas as pesquisas da PED. Pois tinha de se pensar na economia na execução do projeto, naquela época de vacas magras. E, como diz o professor Bussab, "o custo é um dos principais fatores na realização de um plano amostral".[31] Ora, para uma pesquisa que estava sendo integralmente custeada pela Fundação Seade, a utilização da base de dados criada pela PED significava não apenas a economia de recursos, mas, igualmente, a possibilidade de ser bem-sucedida. Os domicílios foram selecionados, por um processo de amostragem, em duas etapas. Na primeira, utilizaram-se as informações das 32.207 unidades familiares – acumuladas na PED durante o ano de 1989 –, para estratificá-las segundo rendimentos: pobres, não-pobres, prováveis pobres ou prováveis não-pobres. Na segunda

[29] Idem.
[30] Entrevista realizada em 6 de fevereiro de 2003.
[31] Idem.

etapa, sorteou-se uma subamostra de 6.496 domicílios para aplicação do questionário (SEADE, 1992).

A PCV vai a campo

A PCV estava preparada, mas havia dificuldades para conseguir os recursos necessários para iniciar o trabalho da pesquisa de campo. Isso somente vai acontecer no último ano da gestão do governador Orestes Quércia, graças à forte intervenção do secretário estadual de Economia e Planejamento, Frederico Mazzucchelli, que conseguiu a liberação dos recursos. Contraditoriamente, um dos fatores importantes para o convencimento das autoridades veio da Constituição de 88, que havia referendado o processo de municipalização de políticas públicas para avaliação dos municípios. A Carta Magna, que havia criado uma série de dificuldades para a Fundação, com o engessamento de sua flexibilidade operacional, dessa vez, auxiliava na obtenção de recursos para seu projeto mais relevante naquele período.

A Fundação Seade, de acordo com os seus estatutos, tinha a função de acompanhar a evolução da situação socioeconômica da população paulista. Foi para cumprir essa obrigação, além de todas as razões anteriormente colocadas, que levou a PCV a campo, pela primeira vez, na RMSP entre junho e agosto de 1990. Efetuou-se o levantamento em 5.426 domicílios, com 23 mil pessoas entrevistadas, representando um universo de 17 milhões de pessoas, agregadas em 4,5 milhões de famílias. A primeira PCV investigou os seguintes temas: domicílio; família e morador; habitação e patrimônio familiar; utilização de serviços de saúde; educação; inserção no mercado de trabalho e benefícios do trabalho; e rendimentos.

A Análise dos resultados

A análise das informações resultantes desse levantamento buscou captar especialmente as vulnerabilidades das famílias nos seguintes aspectos: emprego formal, renda, acesso aos serviços públicos ou complementares através do vínculo empregatício, moradia, saúde, e educação. Constataram-se, igualmente, outros aspectos da vulnerabilidade familiar, como, por exemplo, o fato de ser chefiada por mulheres.[32] Normalmente, tais famílias são constituídas por

[32] Entrevista com Annez Andraus Troyano, em 3 de fevereiro de 2003.

crianças com pouca possibilidade de participar na geração de renda, e baseadas, portanto, apenas sobre a renda de um adulto. Ao lado disso, existe o agravante do baixo salário da mulher, ainda discriminada no mercado de trabalho. Conforme as crianças avançam na idade, elas passam a ganhar importância na geração da renda da família, mas também iniciam um processo de afastamento da vida escolar.

Como o acesso a serviços de saúde não possui um patamar mínimo – a carência nessa dimensão não significa necessariamente a falta de saúde, mas possibilidades menores de atendimento médico –, na análise de resultados, adotaram-se como critérios para a classificação socioeconômica das famílias, os seguintes itens: moradia, instrução, emprego e renda. Partindo do cruzamento das escalas setoriais desses temas, foi possível identificar as combinações de carências que atingem as famílias da RMSP. No tratamento estatístico, o somatório de carências permitiu agrupar as famílias segundo grupos homogêneos, de acordo com o grau de suas necessidades. Foram constituídos quatro grupos de famílias, estratificadas por meio de técnicas de análise estatística multivariada[33]: A, B, C e D, na ordem decrescente da condição socioeconômica. Ou seja, os pobres em pior situação de moradia, instrução, renda e emprego foram classificados na classe D. A equipe do professor Bussab desempenhou um papel fundamental na análise multissetorial, operacionalizando aquele aparato conceitual com rigor técnico e criatividade.[34]

Os primeiros resultados dessa edição foram publicados em janeiro de 1991, apenas seis meses após a conclusão da coleta das informações no relatório *Pesquisa de Condições de Vida na Região Metropolitana de São Paulo*. Essa agilidade para divulgar os resultados decorreu da velocidade e eficiência do processamento dos dados da pesquisa nos recém-inaugurados computadores. A PCV consistiu na primeira pesquisa processada integralmente nas instalações da Fundação Seade. Outrossim, a rapidez em sua divulgação sinalizava claramente não só o acerto da concepção do PDI, mas, também, a sua importância para a Instituição e para a sociedade, no sentido de estar em consonância com a velocidade dos acontecimentos do mundo planetarizado.

---

33 Esse tipo de técnica realiza uma média ponderada, mais apurada do que a média simples utilizada para cálculo do Índice de Desenvolvimento Humano (IDH) da ONU.

34 Entrevistas com Annez Andraus Troyano, em 3 de fevereiro de 2003, Atsuko Haga, em 19 de julho de 2002, Marise Hoffmann, em 22 de abril de 2003, e Márcio Percival Alves Pinto, em 21 de fevereiro de 2003.

Impactos externo e interno

Comentando o processo da investigação da condição de vida da população pobre, Annez Andraus Troyano afirma com toda a convicção: "a abrangência de uma pesquisa como a PCV exige a interação de vários setores, e, neste aspecto, ela protagonizou um momento importante de conjugação de esforços na Fundação em torno de uma atividade. A Diretoria Adjunta de Análise Socioeconômica passou a receber vários convites de outras instituições de pesquisa, interessadas em conhecer aquela novidade, tão necessária naquele momento".[35] Levando em consideração certas críticas feitas à apresentação dos dados da PED, na divulgação dos resultados da PCV procederam-se alguns ajustes para facilitar o entendimento das pessoas externas à Fundação. Do mesmo modo, efetuou-se uma meticulosa descrição da metodologia da PCV na publicação que levou os resultados ao conhecimento público.

Os questionários, os resultados e a metodologia da PCV foram apresentados em formato de livro, acompanhado de uma novidade: a disponibilização das informações em versão eletrônica (disquete). Com a flexibilização adicional na divulgação dos dados, graças a esse recurso tecnológico, a PCV passou não só a representar um instrumento de referência da investigação na temática de mensuração da pobreza, como permitiu ao Seade tornar-se conhecido como gerador de pesquisas de grande porte.[36] Não resta dúvida de que a criação da PCV tornou-se um divisor de águas na história da Fundação, constituindo-se em mais uma das inovações desenvolvidas na área da investigação socioeconômica, atestando a competência da equipe da entidade.

O balanço da gestão

Em comparação com o período de gestão do seu antecessor e do seu sucessor, Márcio Percival Alves Pinto ficou pouco tempo na direção da Fundação Seade. Suas ações ocorreram em meio à instabilidade de toda sorte, reflexo de uma época de transição não só no âmbito nacional, porém, sobretudo, no internacional. Isso significou uma perda de identidade de instituições, mormente, em seu aspecto cultural. O planejamento estatal tornou-

---

[35] Entrevista com Annez Andraus Troyano, em 3 de fevereiro de 2003.

[36] Entrevista com Wilton Bussab, em 6 de fevereiro de 2003.

se uma das vitimas dessa conjuntura, perdendo o prestigio que auferira no tempo do Regime Militar. Se lembrarmos do fato de a Fundação ter sido criada e prestigiada pelo governo Paulo Egydio, justamente para ser um instrumento importante do planejamento estadual, pode se aquilatar a dimensão do problema herdado pelo diretor-executivo.

É verdade que as dificuldades já haviam despontado anteriormente, pois nem todo ocupante do Palácio dos Bandeirantes mostrara compreensão pelo papel do Seade. Todavia, naquele momento, a questão adquiriu uma feição estrutural, se considerada a onda neoliberal que chegava ao País. E não era só isso. Como que esquecidos do passado pouco edificante relacionado às suas atividades, muitos políticos brasileiros propagavam aos quatro ventos que de ora em diante a política resolveria tudo. Com certeza, essa política não seria com P maiúsculo, mas impregnada de fisiologismo e de outros defeitos tradicionais que maculara a vida legislativa do Brasil no passado. De fato, Márcio Percival enfrentou problemas mais nessa direção do que dos obstáculos colocados pela ideologia neoliberal com a sua idéia do Estado mínimo. Como se disse, tratava-se de uma época de transição e o governo brasileiro não embarcara ainda totalmente nessa prática em moda nos quatro cantos do mundo.

A estratégia, ou uma das estratégias, do diretor-executivo, para fazer frente à situação, caracterizou-se pela maior aproximação da competência e da seriedade dos trabalhos acadêmicos para dentro da entidade. Convicto de que o planejamento continuava sendo fundamental para desenvolver o País tão cheio de desigualdades e carências, ele optou em estimular os integrantes da Fundação não só em se aperfeiçoar em academicamente por meio de mestrado e doutorado, como realizando pesquisas em profundidade, em colaboração com as universidades. Dessa maneira, ele intentava transformar o conhecimento das academias em prática útil, para as políticas públicas, pelo fornecimento de informações e técnicas essenciais para o planejamento regional. Uma das conquistas mais retumbantes nesse aspecto consistiu na elaboração e execução da PCV, embora ela só tenha se consolidado na gestão posterior, durante o mandato de Pedro Paulo Branco na Diretoria-Executiva do Seade.

Entretanto, em nossa opinião, o maior legado da gestão de Márcio Percival encontra-se nos diversos estudos e investigações realizados pelos pesquisadores da Instituição e publicados em forma de artigos, comunicações e livros. Essa grande massa de produção intelectual está à espera de uma avaliação condigna e de uma oportunidade para contribuir na prática para a melhoria da sociedade brasileira. Se isso não aconteceu de maneira intensa até agora, é porque toca em um tema tabu da nossa cultura imediatista: a rentabilidade da associação da prática com a teoria. Desse ângulo, à primeira vista, a estratégia adotada pelo diretor-executivo parece não ser conveniente nem convincente para valorizar a Entidade. Afinal, a parceria universidade-empresa ou universidade-governo não conseguiu decolar até hoje na sociedade brasileira.

Contudo, tal visão não se sustentaria, neste caso específico do Seade. A despeito das dificuldades de toda monta, a estratégia permitiu à Instituição sobreviver e dar o seu recado. A PCV é uma prova disso. A repercussão de seus resultados ultrapassou a esfera pública para se espraiar até no âmbito privado. Mas não se pode restringir todo o trabalho dessa gestão a apenas um produto. Deflagraram-se muitas ações, para atender às demandas governamentais, sobretudo atinentes à política do desenvolvimento regional. Nesse sentido, a Instituição reestruturou-se para melhor realizar tais atividades, simultaneamente ao trabalho de planejar os gastos públicos para ampliar os investimentos no estado. Ao mesmo tempo, a decisão de promover a independência na área de informática e implementar um programa intenso de treinamento de técnicos, permitiu mudar o patamar de administração do processamento de dados, criando benefícios evidentes para a Fundação.

Entrementes, quiçá o maior ganho da Fundação Seade nesse período deva ser creditado ao seu sucesso em formar um quadro de pessoal altamente competente e gabaritado capaz de vencer os desafios. Sem esse contingente humano qualificado, a Entidade teria soçobrado ante o terrível vendaval neoliberal que assolou a década final da vigésima centúria. É pelo menos o que testemunha a história.

Seade ... fia da atividade

Raio X de São Paulo

Comparação entre Pesquisas da Atividade Econômica Paulista (Paep)

	1996	2001
Entrevistas - em mil		
Total de empresas	**28**	**43**
Indústria	13,8	17
Comércio	11,3	9,7
Construção civil	2,6	2,8
Serviços	0,35*	12,1
Bancos	0,092	1,4
Custo	**R$ 5 milhões**	**R$ 9 milhões**
Tempo	1 ano e meio	1 ano
Abrangência	16 regiões administrativas do Estado e a região metropolitana de São Paulo	16 regiões admini do Estado e a re metropolitana Santista e Ca
Equipe	7 escritórios regionais 500 técnicos e pesquisadores de campo	21 escritóri 86 técnico 1.092 pe

Fonte: Fundação Seade * Apenas de informática

vazio e, prin- Estado, a adual de e) reativa a Econômica zada pela pri- n 1996.

vai custar R$ 9 um censo paulis- dias e grandes em- ais de trinta funcio- o procuradas. São abelecimentos nesse ue representa mais da o total que será consulta- 3 mil. Somente para com- s pequenas a pesquisa será mostragem. Na Paep de 1996, m visitadas 28 mil empresas.

Um dos problemas que serão esolvidos é a escassez de infor- mações sobre o setor de serviços paulista. No trabalho anterior, apenas serviços de informática analisados. Mas essa é a mais se expande. no ano passa- nciados

das. Em seguida, o comércio, com 9,7 mil, a construção civil, com 2,8 mil, e bancos, com 1,4 mil.

"Nos anos 90, houve um vendaval na forma como a economia foi exposta ao capital externo, o que impactou a dinâmica da atividade, especialmente em São Paulo", diz o diretor de produção de dados, Luiz Henrique Proença Soares. Ele observa que a nova pesquisa detalha ura do emprego paulista, em que se vê a ten tação. Alé

em ni

cada vez m responsab

Entre o tá o Min Por co maçõ sion ve c

Bauru 103 anos - A Cidade do Futuro, o Futuro da Cidade

FUNDAÇÃO SEADE:

Indústria não deve servir como redenção

Bauru é uma cidade que caminha no rumo certo em direção ao desenvolvimento e possui as características de uma localidade que tem tudo para progredir. Isto é o que atesta a Fundação Seade, que acredita muito mais no poder do potencial histórico do comércio e da prestação de serviços da cidade do que nas vantagens de um investimento em massa na industrialização.

J. R. Calêpso

Quioshi Goto

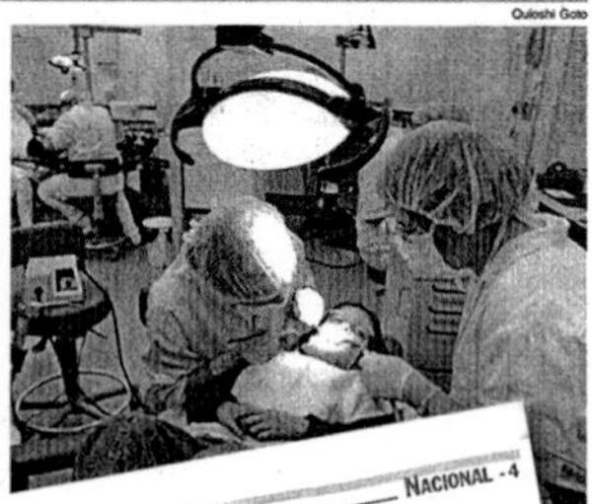

Seade diz que indú...

O sociólogo e diretor de produção de dados da Seade, Luiz Henrique Pro... ares, ... senv... medi... entre ... condiç...

Seade faz raio-X da economia paulista

Pesquisa da Atividade Econômica Paulista compara resultados de 1996 e 2001 dos principais setores que movem a economia do Estado de São Paulo

Atividade Econômica Paulista 2001 (em %)

Fonte: Fundação Seade Pesquisa da Atividade Econômica Paulista

Distribuição do comércio segundo atividades (em %)

Atividade da empresa	1996 Unidades	1996 Pessoal ocupado*	1996 Valor adicionado	2001 Unidades	2001 Pessoal ocupado*	2001 Valor adicionado
• Comércio de Veículos Automores - Varejo e Atacado	8,0	11,3	14,2	9,8	12,5	15,7
	1,0	6,6	9,7	1,6	9,5	11,9
			2,9	9,7	5,3	1,5
					1,0	0,6

O comércio, embora empregue um número um pouco superior de pessoas em relação à indústria, viu diminuir os postos de trabalho em 2001. A informação faz parte da Pesquisa da Atividade Econômica Paulista (Paep), realizada pela Fundação Sistema Estadual de Análise de Dados (Seade), entre agosto de 2002 e setembro de 2003, apresentada ontem, e que compara os resultados de 2001 com os da primeira pesquisa, referente ao ano de 1996. De acordo com Miguel Matteo, chefe da Divisão de Estudos Econômicos da Fundação Seade e coordenador da pesquisa, a Paep apresenta um raio-X dos principais setores da economia paulista.

"Com exceção de serviços, analisado pela primeira vez, todos os outros setores apre... queda na compara... 2001.

... dústria, que ocupa 26,85%, mas bem menor que serviços, que emprega 45,93%. O varejo concentra a maioria das empresas do setor: 81,2%. Mas, também sofreu os efeitos da retração econômica: em 1996 o comércio empregava 2,07 milhões de pessoas e em 2001, decresceu para 1,92 milhão.

Como principais responsáveis pela queda, o coordenador ... dação Seade destaca a ...

...undação Seade prepara nova radiografia da atividade paulista

Débora Guterman
De São Paulo

Antes que se desenhe um vazio estatístico sobre São Paulo e, principalmente, o interior do Estado, a Fundação Sistema Estadual de Análise de Dados (Seade) reativa a Pesquisa da Atividade Econômica Paulista (Paep), realizada pela primeira e única vez em 1996.

A pesquisa, que vai custar R$ 9 milhões, é quase um censo paulista. Todas as médias e grandes empresas, com mais de trinta funcio...

Raio X de São Paulo
Comparação entre Pesquisas da Atividade Econômica Paulista (Paep)

Entrevistas - em mil	1996	2001
Total de empresas	**28**	**43**
Indústria	13,8	17
Comércio	11,3	9,7
Construção civil	2,6	2,8
Serviços	0,35*	12,1
Bancos	0,092	1,4
Custo	**R$ 5 milhões**	**R$ 9 milhões**
Tempo	1 ano e meio	1 ano
Abrangência	16 regiões administrativas	16 regiões administrativas

... exclusivas no mercado interno ou em blocos regionais —, o patrimônio — alterado com privatização.

A primeira Paep mostrou, por exemplo, que apesar de representarem apenas 1,7% dos casos, as empresas com 500 ou mais empregados concentravam cerca de 60% do parque de computadores da indústria paulista. E dos cerca de 350 mil estabelecimentos comerciais, 86 mil usavam computador. "Com certeza, houve um pulo gigantesco na introdução do sistema informati...do", opina Proença Soares.

... pesquisa também revelou ... 8,2% das indústrias paulistas ...ortavam parte de sua produ... e as vendas ao exterior cor...pondiam a 10% da receita to... das empresas. Das empresas ...sultadas, 11,4 mil, ou 17,5%, ...ram alguma mudança de ...trole entre 1990 e 1996. No ... da indústria, apenas 873 fi...am aquisições — sua receita ...resentava 35,7% do setor.

...os próximos dias, os pesquisa...es saem a campo. Serão seis ...es de entrevistas e outros seis ... análise. O resultado vai per...ir identificar a reestruturação ... que passa São Paulo. A região ...tropolitana de São Paulo vai ...centrar a maior parte da amos... com 20.944 empresas entrevis...as. As informações das empre... têm garantia de sigilo.

Seade faz "censo" de empresas em SP

Fundação vai pesquisar 43 mil firmas, incluindo comércio, serviços e bancos. Os resultados serão divulgados em seis meses.

Em aproximadamente seis meses, o estado de São Paulo terá uma radiografia completa das transformações ocorridas na última década nas empresas paulistas. Começou ontem a segunda edição da Pesquisa da Atividade Econômica Paulista - 2001, realizada pela Fundação Seade. Serão pesquisadas 43 mil empresas (cerca de 20 mil apenas no município de São Paulo), total que vai chegar a 80 mil incluindo as filiais, num universo de 1 milhão de empreendimentos. Serão ouvidas todas as empresas do estado com mais de 30 empregados. As demais serão pesquisadas por amostragem.

A novidade nesta segunda edição em relação à primeira é a inclusão do setor de serviços. No ano passado, dos novos investimentos feitos no estado – estimados em US$ 23 ... setor de serviços suplantaram os do industrial, destacou o diretor adjunto de Produção de Dados do Seade, Luiz Henrique Proença Soares.

Os questionários vão ser respondidos por 17 mil indústrias, 9,7 mil estabelecimentos comerciais, 2,8 mil empresas de construção civil, 12,1 empresas de serviços e 1,4 instituições financeiras. A mostra vai abranger 74 setores de atividade distribuídas por 16 regiões administrativas do estado e três regiões metropolitanas (Grande SP, Campinas e Baixada).

Investimento – O aumento do tamanho da amostra e a inclusão do setor de serviços ampliaram o investimento no estudo, que saltou de R$ 5 milhões no estudo de 96 para R$ 9 milhões em 2002. Esses recursos foram alocados entre diversos órgãos do gover...ral. Há o apoio de diversas federações de empresas, entre elas a Associação Comercial de São Paulo e a Federação das das Associações Comerciais do Estado, Facesp.

Mais de mil pesquisadores, distribuídos por 21 escritórios regionais e 88 técnicos, 22 com nível de mestrado e doutorado, estarão envolvidos no levantamento.

O estudo vai possibilitar mostrar a economia do estado de São Paulo, que é a quarta em ordem de importância na América Latina, superada apenas pelo próprio Brasil, México e Argentina, em sua complexibilidade e multifacetamento, diz Soares. Vale ressaltar que o estado responde por 50% da produção industrial brasileira.

A pesquisa pretende apresentar em detalhes a reestruturação da economia paulis... produtivo, tecnológico, comercial, patrimonial e a dinâmica regional.

As empresas vão responder questões como os investimentos efetuados em 99 e 2001 e os programados para entre 2002 e 2004. A introdução de produtos com novas tecnologias também será um item tratado. A inovação é um indicador do grau de competitividade das empresas, diz o diretor do Seade.

Além disso, será composto um painel de onde vem a receita das empresas e a contribuição das exportações no faturamento. Isso pode ajudar a definir as políticas em relação aos mercados como Alca e Mercosul.

Teresinha Matos

Em 96, 23 mil firmas participaram

A primeira edição da pesquisa da Fundação Seade, que apresentou os dados relativos ao universo das empresas paulistas em 96, trouxe informações relevantes. Segundo o estudo, que pesquisou 23 mil empreendimentos, as empresas de varejo com apenas uma loja empregavam 78% do pessoal ocupado.

O comércio varejista respondia por 72% do pessoal ocupado no setor, o atacado ... motivo por 11%. De um total de 350 mil empresas comerciais, apenas 86 mil utilizavam computadores.

As empresas com mais de 500 empregados concentravam 60% do parque de computadores paulistas em 96. Entre as empresas industriais paulistas, 8,2% exportavam parte de sua produção e a receita equivalia a aproximadamente a 10% da receita total das empresas.

Retorno – A primeira edi... ano de trabalho de campo e mais seis meses para compilação. Na ocasião, a Fundação Seade trabalhou com sete escritórios regionais.

Segundo a coordenadora técnica do estudo, Maria de Fátima Araújo, 70% das empresas responderam à pesquisa. Neste ano, a expectativa é de um retorno de 80%

Sigilo – Os técnicos do Sedae garantem que o sigilo dos dados estatísticos, que agora ...

Capítulo V

Um novo *momentum*

Novos planos

No início de 1991, chegava ao fim o mandato do professor Márcio Percival Alves Pinto na direção da Fundação Seade. Ele deixava o cargo para voltar a se dedicar ao trabalho acadêmico na Unicamp. Sua gestão ocorreu em um período de grandes adversidades, calcadas na própria situação do País, que enfrentava diversos desafios, entre os quais se destacavam a consolidação da democracia e a aparentemente insolúvel crise econômica. Mas o advento de uma nova década, com um novo chefe do Poder Executivo Federal, que tomara posse em 1990 com a promessa de realizar enormes mudanças sociais, políticas e econômicas, suscitava novas esperanças na sociedade brasileira. Era nesse cenário que a recém-empossada diretoria assumia o controle do aparato estadual de análise de dados.

Havia um aspecto sobre o qual pairavam poucas dúvidas em relação à gestão[1] de Pedro Paulo Martoni Branco: a valorização da criatividade e a profusão de idéias, explicitadas em meio a um discurso envolvente e absolutamente afinado com as expectativas da Instituição.[2] Tratavam-se das vantagens de ter como diretor-executivo um técnico do

[1] Entrevistas com funcionários daquela época.

[2] Idem.

próprio quadro de funcionários e um profundo conhecedor dos meandros do serviço público. A sua fácil interlocução com as esferas do poder ajudaria a Entidade se distanciar de alguns problemas da gestão anterior. Além do apoio do governador Luiz Antônio Fleury Filho, Pedro Paulo mantinha fortes relações pessoais tanto na esfera estadual quanto na federal do poder público. Esses relacionamentos seriam essenciais no processo de instauração de uma nova dinâmica na Fundação. Segundo ele, "em minha longa militância política e técnica, foi fundamental o acesso às pessoas que ocuparam posições estratégicas do governo, particularmente, no período no qual assumi a diretoria-executiva do Seade. Infelizmente, no Brasil, muitas vezes o acesso aos dirigentes ainda depende de caminhos que ultrapassam as relações institucionais".[3]

O novo diretor-executivo tinha uma longa história relacionada à produção de dados estatísticos, pois integrara, no final da década de 1970, o grupo do Dieese responsável pela criação da metodologia que originaria a PED. Essa sua trajetória lhe permitiu fazer uma reflexão aprofundada sobre a Instituição e elaborar muitas propostas visando ao aprimoramento do Seade. Pedro Paulo conhecia como poucos os interstícios da Fundação e sabia dos gargalos e dos nós que dificultavam o pleno desenvolvimento da Entidade. Entretanto, como lembra Ernesto Senise, que faria parte da assessoria do diretor-executivo, "nós tínhamos muitas idéias, mas ainda não havia uma estrutura definida para sua articulação, e, ao mesmo tempo, a instituição passava por um momento difícil e sem condições de suportar aquelas idéias".[4] Nesse aspecto, logo patenteou-se a necessidade de engendrar um projeto para restabelecer a Instituição, no bojo de uma estratégia para articular as idéias aventadas. Todavia, havia um contexto nacional a ser ponderado, decorrente de uma década de profundas crises econômicas tratadas com remédios tão ineficientes quanto traumáticos para a sociedade brasileira.

O governo de Collor

A eleição de Fernando Collor de Mello aparentemente marcava o início de uma década promissora e de renovação para o Brasil. A Nova República, denominação criada para simbolizar o governo de José Sarney, o primeiro

[3] Entrevista realizada em 6 de março de 2003.
[4] Entrevista realizada em 6 de agosto de 2003.

civil a ocupar a Presidência da República desde João Goulart, não conseguira debelar as enormes idiossincrasias do Estado brasileiro, o que fez a população em geral perder, de novo, a confiança nos políticos tradicionais. Nesse cenário conturbado é que surgiu a figura do novo presidente. Apesar de ligado às tradicionais oligarquias do Nordeste brasileiro, ele fez fama combatendo a corrupção e as desigualdades sociais, fatos que o haviam transformado em um temido "caçador de marajás" em Alagoas. Sua candidatura recebeu o apoio de vários setores organizados, principalmente da grande mídia, temerosos com a possível radicalização do processo político por parte das classes menos favorecidas. Com todo esse apoio, não é de se surpreender a vitória do ex-governador alagoano no pleito para a Presidência da República – que acolheu nada mais nada menos do que 22 candidaturas – em uma disputa tão acirrada, quanto contestada, com o candidato Luiz Inácio Lula da Silva.

Sua figura emergia em um período carente de uma liderança. Ocorreu um processo de desgaste profundo, na gestão de Sarney, que levou ao imobilismo ou à falta de qualquer reação àquela crise econômica com uma inflação anual que chegou, em 1989, a 1.863,56%, segundo o INPC/IBGE. Em virtude desse cenário desolador, um candidato sem expressão nacional e sem apoio dos grandes grupos políticos conseguiu vencer a eleição, baseado em grande parte apenas em seu carisma, sem um planejamento condizente para a execução de suas propostas. Mas, uma vez eleito, sua vontade de realizar um governo para deixar a "direita indignada e a esquerda perplexa", sem um programa de governo factível, não tinha consistência. Sua curta gestão basear-se-ia em algumas medidas polêmicas e marcadas pelo improviso, como os planos econômicos e uma reforma administrativa equivocada. As ambições de Collor não eram poucas, principalmente considerando sua precária base parlamentar centralizada no irrelevante Partido da Reconstrução Nacional (PRN), mas o jovem presidente logo percebeu que a consecução desses projetos não seria tarefa fácil.

No plano econômico ele adotou *stricto sensu* o receituário neoliberal, que havia sido sistematizado no Consenso de Washington, recém-promovido como o novo norte a ser seguido pelos países latino-americanos. O Consenso de Washington foi uma expressão cunhada no fim dos anos 1980 pelo economista americano, John Williamson, para representar um conjunto de medidas que pregavam a estabilização monetária, a disciplina fiscal e a abertura comercial. Sintetizando, ele tentava organizar, sob a hegemonia dos EUA, um receituário consensual das políticas consideradas necessárias por instituições, como o Banco Mundial e o Fundo Monetário Internacional (FMI), para superar os problemas dos países da América Latina, muito endividados. Em resumo, recomendava a aplicação das políticas neoliberais para a América Latina (FIORI, 1992).

Williamson dividiu essa política em três planos: o primeiro, de ordem macroeconômica, preceituava um rigoroso ajuste fiscal, cuja consecução passaria inevitavelmente por um programa de reformas administrativas, previdenciárias e fiscais. A idéia fundamental dessa medida estava em promover a estabilização monetária e uma rígida política fiscal sob uma política monetária estrita. O segundo plano seria de ordem microeconômica: diminuir a carga fiscal sobre o capital para aumentar a sua competitividade no mercado internacional – desregulamentado e aberto. Neste sentido, a única alternativa para as empresas seria através do aumento da competitividade, passando pela diminuição dos benefícios sociais dos trabalhadores e/ou diminuição dos salários. O terceiro plano condicionou as duas propostas iniciais ao desmonte da estrutura vigente, baseado nas medidas protecionistas ao mercado interno, no ultrapassado modelo de substituição de importações sustentadas por pesadas estruturas tributárias e previdenciárias. Tais medidas seriam "naturalmente" introduzidas pela renegociação das dívidas externas, ou no condicionamento de aquisição de novos empréstimos. A desregulamentação dos mercados e a generalização do uso do dólar como referência para as contas externas e internas dos países sinalizava a globalização financeira, principal fenômeno que afetaria a economia mundial nos anos 1990, determinada pela grande mobilidade do capital financeiro.

O Plano Brasil Novo – mais conhecido como Collor I –, editado no dia da posse do novo presidente, seguiu de perto essa receita, com a pretensão de elevar o Brasil do terceiro para o primeiro-mundo, sem escalas. Aliás, o plano iniciaria um processo de tentativas econômicas frustradas que atravessaria os governos seguintes das mais diferentes matizes ideológicas. Entre as ações tomadas no Collor I, tivemos uma nova mudança de moeda – medida quase sempre adotada nos planos econômicos brasileiros –, o congelamento de preços públicos e prefixação dos salários, que passaram a ser negociados entre patrões e empregados. Mas, quiçá, a medida mais polêmica fosse o bloqueio por 18 meses de contas-correntes e cadernetas de poupança com valores acima de Cr$ 50 mil, prejudicando, sobretudo, o pequeno poupador. O objetivo era diminuir a liquidez da economia, evitando a escalada do consumo e subseqüente avanço inflacionário. Pouco depois, a ministra da Economia, Zélia Cardoso de Mello, cederia às pressões das empresas, passando a liberar gradativamente os recursos na conhecida "operação torneirinha".

O Plano também realizou um traumático processo de corte nos gastos públicos, pra reduzir a máquina estatal e recuperar o equilíbrio das contas púbicas. Defendeu a extinção ou a venda de 23 mil empresas estatais no Programa Nacional de Desestatização – iniciando a onda das privatizações dos anos 1990 – e a demissão de 360 mil funcionários públicos. Vários órgãos públicos e institutos de pesquisa desapareceram, enquanto outros, como o próprio IBGE, foram profundamente afetados, incapazes até mesmo de cumprir suas rotinas tradicionais. Alguns anos foram necessários para se recuperar do trauma causado por aquela radical reforma administrativa. A abertura comercial não seria realizada de forma diferente. Com uma política de redução brusca de alíquotas de importação, liberando abruptamente os mercados nacionais para as empresas internacionais, junto com a suspensão de incentivos fiscais, o Plano Collor ocasionou uma quebradeira sem precedentes na indústria nacional.

Rapidamente, a realidade demonstrou a fragilidade daqueles atos. Não obstante o fato de o Brasil necessitar de mudanças, as ações tomadas pelo novo governo foram muito rápidas e realizadas de maneira atabalhoada, provocando prejuízos sem solucionar os problemas nacionais. Ao final do ano de 1990, a inflação já demonstrava novamente toda a sua força, comprovando a ineficácia do plano executado. O período de recuperação da economia vai se iniciar apenas no final do ano de 1992, decorrente de um profundo processo de reestruturação interna da indústria nacional causado pela abertura das importações. Nessa época, o governo já estava envolto em escândalos de corrupção e marchava célere para o processo de *impeachment* de Fernando Collor de Mello.

O planejamento estratégico situacional (PES)

Ao contrário do que ocorria no Planalto Central, a marca do improviso ficaria longe da nova equipe diretiva do Seade. Pela sua concepção, o processo de recuperação da Instituição deveria passar por um período de estudos e escolha de uma metodologia adequada para o planejamento das atividades.[5] Como conta Pedro Paulo[6], "dediquei os primeiros meses do meu primeiro mandato a um conjunto de ações baseado em uma metodologia em que o Walter Barelli estava trabalhando. Inclusive, ele havia aplicado esse método quando coordenou a área econômica do governo paralelo do Lula".[7] Esse modelo recebia o nome de Planejamento Estratégico Situacional (PES), desenvolvido pelo economista chileno Carlos Matus, ex-presidente do Banco Central do Chile e ministro do Planejamento na gestão do Presidente Salvador Allende. Para operacionalizar aquela metodologia, a Fundação criou a Superintendência de Planejamento Estratégico, ligada diretamente à Diretoria-Executiva, com Ceres Alves Prates ocupando a posição de superintendente. Também foi composta uma instância superior para apoiar e deliberar sobre todas as atividades, com os seguintes membros: Pedro Paulo Martoni Branco, diretor-executivo; Annez Andraus Troyano, diretora-adjunta; Luiz Henrique Proença Soares, chefe de Gabinete; Ceres Alves Prates, superintendente de Planejamento; Maria Cecília Comegno e Lenira Machado, assessoras da Diretoria-Executiva; e Walter Barelli como consultor para supervisão dos trabalhos de implantação do PES.

A criação do PES foi uma resposta ao complexo quadro que apresentava a América Latina do final dos anos 1980, no qual conviviam as crises financeiras e o modelo de intervenção do Estado com um processo de redemocratização decorrente do fim do regime militar em vários países. Dentre outras conseqüências, desse processo resultaram alguns impasses criados pelos conflitos de interesses de diferentes grupos sociais que reclamavam a concentração excessiva de poder em uma minoria tecnocrática. Os grupos, em seus diagnósticos, criticavam o caráter economicista e instrumental do planejamento dos tecnocratas incapaz de compreender as circunstâncias sociais, e propunham propostas alternativas na forma de planejar. Tal tipo de planejamento governamental começou a ceder espaço a outro foco que envolvia a negociação permanente entre o Estado e a sociedade, para viabilizar politicamente os projetos de governo (MATUS, 1987). Dentro dessa idéia de governabilidade sob formas mais democráticas e participativas de gestão o PES, idealizado por

[5] Entrevista com Ceres Alves Prates, em 26 de agosto de 2003.

[6] Entrevista realizada em 6 de março de 2003.

[7] Lula constituiu esse governo logo após perder as eleições de 1989, com o objetivo de acompanhar a gestão de Fernando Collor de Mello na Presidência da República.

Carlos Matus, ganhou força. Matus – um teórico cepalino – passara dois anos na prisão sob o aguilhão da ditadura do general Augusto Pinochet. No período de reclusão na masmorra, ele concebeu uma metodologia valorizando a idéia de planejamento como um aspecto da formação política na qual se reconhecia a importância dos conflitos provenientes dos embates entre as distintas forças sociais.

A metodologia do PES

O PES prevê a formulação dos problemas, a identificação das ações para solucioná-los e sua articulação com o orçamento disponível; o desenho da estratégia que possibilite a viabilização dos resultados do plano; o acompanhamento e a avaliação das ações para possibilitar a sua correção em tempo hábil; a formulação da sistemática de cobrança e prestação de contas; e a elaboração da agenda do dirigente para avaliar a ação (ALVES e LIMA, 1991). Essa seqüência do método criado por Matus estrutura-se sob quatro momentos: explicativo, normativo, estratégico e tático-operacional. *Momento Explicativo (foi, é, tende a ser):* nessa etapa, reconstituem-se os processos de geração do problema e os elementos que o explicam, compostos por variáveis controláveis ou não. Da reconstituição da situação, são identificados os nós críticos ou as causas determinantes do problema. *Momento Normativo (deve ser):* é o estágio para conceber o desenho da ação, considerando todas as limitações de ordens financeira, política, organizacional, capaz de modificar a situação do problema. *Momento Estratégico (pode ser):* nessa fase, verifica-se a viabilidade do plano, articulando o momento normativo – "deve ser" – e o estratégico – "pode ser". *Momento Tático-Operacional (fazer):* consiste na etapa que precede a ação e prolonga-se durante o seu desenrolar. Faz a mediação entre o conhecimento e a ação de correção do problema, acompanhando o gerenciamento do processo, a administração de crises, os orçamentos, as prestação de contas, o cronograma, etc.

Primeiros passos do PES no Seade

O grupo, assessorado por Barelli, iniciou a aplicação do PES diagnosticando que o problema da entidade estava na falta de valorização do usuário, "um tema que perpassava sistematicamente todas as áreas de atuação da

Fundação".[8] A existência de uma instituição produtora de informação justifica-se apenas se alguém usar essa informação. Ora, se a Entidade não valoriza o usuário, certamente este não dará crédito aos dados por ela produzidos[9]. Como previa o método do PES, era necessário definir uma visão de futuro para a Instituição e uma imagem idealizada da solução do problema. Essa etapa tornava-se necessária porque "quando a orientação metodológica é focada no problema, estruturando-se as causas e as conseqüências em detalhes, fica difícil sair daquela problemática. A projeção da solução permitia retornar ao problema em outro patamar".[10]

De acordo com Pedro Paulo, "logo percebemos o distanciamento, o desinteresse e a pouca valorização do Seade no governo. Com essa noção de auto-estima ferida, nos perguntamos: por que eles nos valorizariam? Invertamos a equação e partimos para a valorização do usuário do Seade, para que eles reconhecessem nossa existência".[11] Ceres completa "isso foi uma revolução na Fundação. Havia muitas informações nas gavetas dos técnicos porque a sua disseminação não era considerada relevante. A nova diretriz obrigou a Fundação a olhar para fora da Instituição, mais consciente de seu valor associado à produção de informações úteis para a sociedade, apresentadas de forma clara e de acordo com as necessidades dos usuários".[12] Com essa premissa, a Fundação Seade realizou uma pesquisa qualitativa para conhecer o seu usuário e a expectativa dele com relação à atuação da Entidade. Na diligência, também havia o interesse de captar opiniões dos usuários para adequar os seus produtos e serviços às demandas do mercado.[13]

A Pesquisa Perfil do Usuário realizada entre julho de 1992 e junho de 1993, nos setores público e privado, foi conduzida por uma equipe composta por dez integrantes das quatro diretorias técnicas, sob a coordenação de Sylvia Cioffi, representante da Central de Dados e Referência. Um dos módulos da pesquisa continha um levantamento sobre a imagem da Fundação Seade: o resultado apresentou uma Instituição com credibilidade, mas alertava para algumas deficiências, como os produtos e serviços serem desconhecidos e de estar com algumas

[8] Perfil do Usuário – Relatório Final. Fundação Seade, outubro de 1993.
[9] Entrevista com Ceres Alves Prates, em 26 de agosto de 2003.
[10] Idem.
[11] Entrevista realizada em 6 de março de 2003.
[12] Entrevista realizada em 26 de agosto de 2003.
[13] Perfil do Usuário – Relatório Final. Fundação Seade, outubro de 1993.

informações desatualizadas. Na investigação, igualmente, estudaram-se as idéias, as expectativas e as avaliações do usuário, para construir uma tipologia do cliente da Fundação, referente ao seu comportamento na busca e tratamento de informações.[14] Segundo Pedro Paulo, "as pessoas não sabiam o que é, ou o que faz o Seade. Elas, em sua maioria, não tinham conhecimentos técnicos na área e não sabiam nem a utilidade de um indicador, de um dado, ou de uma informação sistematizada. O setor privado via a Fundação como uma instituição pública que não oferecia uma contrapartida aos impostos recolhidos de seus cofres. Desenhamos, então, um processo para levar ao usuário conhecimento sobre o Seade, e ao mesmo tempo, definimos alguns produtos para que um conjunto mínimo de informações fosse vendido".[15]

O treinamento de Matus

Alguns cuidados seriam necessários para transportar o PES para a Fundação, porquanto ela seria a primeira instituição pública a aplicar essa metodologia, no Brasil.[16] Para estabelecê-la, alguns pressupostos deveriam ser preenchidos, como a participação efetiva dos funcionários da Entidade. Entretanto, havia um passo anterior que precisava ser dado: treinar um núcleo de funcionários capazes de disseminar a metodologia entre os colegas, possibilitando a aplicação efetiva do programa de planejamento. Uma das iniciativas interessantes partiu de Walter Barelli, então ministro do Trabalho do Presidente Itamar Franco, velho colaborador do Seade, desde a época em que dirigia o Dieese. Ele propiciou a participação de dois integrantes[17] da Superintendência de Planejamento no curso de PES realizado pela equipe do Instituto Cajamar para os filiados da Central Única dos Trabalhadores (CUT) e do Partido dos Trabalhadores. Nesse diapasão, Pedro Paulo determinou à Superintendência de Planejamento a coordenação do processo.

O processo de planejamento no interior do Seade já havia sido iniciado e a necessidade de consolidar a aplicação do método para todas as áreas levou à contratação de Matus para um treinamento intenso, com cerca de

[14] Idem.

[15] Entrevista realizada em 6 de março de 2003.

[16] Mais tarde, a Fundap seguiria os passos e também outras instituições públicas federais e estaduais. Entrevistas com Ceres Alves Prates, em 26 de agosto de 2003, e Ernesto Veja Senise, em 6 de agosto de 2003.

[17] Maria Josefa del Carmen M. Soto e Ernesto V. Senise.

50 funcionários da Fundação Seade, visando torná-los aptos a utilizar o PES. Um bom exemplo foi a elaboração de diagnósticos prévios – resultantes das análises desenvolvidas previamente com a assessoria de Walter Barelli sobre os problemas da Instituição – e, de modo simultâneo, auscultar o quadro interno para referenciar a montagem de grupos temáticos de acordo com suas áreas de conhecimento. Assim, com os diagnósticos e equipes definidos, aplicou-se os quatro momentos do PES. "Na parte da manhã, ministravam-se conhecimentos teóricos e, à tarde, eles eram aplicados nos temas pré-definidos. Em todos eles aplicavam-se os momentos da metodologia tendo como problema central a valorização do usuário. Quando o treinamento acabou, havia sido feito o planejamento estratégico sobre vários assuntos do Seade".[18]

Todos os participantes estavam comprometidos não só com a visão estratégica da instituição, mas também com as ações necessárias para a mudança da dinâmica de trabalho. Em conseqüência, todas as ações ficaram comprometidas com uma visão estratégica na qual a perspectiva final focava o usuário, pois a necessidade da sua valorização havia sido diagnosticada como o problema a ser solucionado. Em uma segunda instância, pessoas de todas as áreas da Fundação foram chamadas para contribuir na consecução da "árvore de problemas", que vai se configurando para alcançar o objetivo traçado. Surgiram, destarte, os "nós críticos", os pontos de fragilidade da Instituição, possíveis causadores dos grandes óbices à solução do chamado macroproblema.

Plano de cargos e salários

Entre os ideais que basearam a criação da Instituição, figurava a necessidade de ter um corpo de funcionários constituídos por técnicos altamente qualificados, cuja remuneração estivesse de acordo com as suas capacidades. Entretanto, a inflação, que permeou a economia brasileira durante toda a existência da Entidade, até então, corroera os vencimentos dos trabalhadores em geral e o reajuste era sempre uma tarefa tortuosa dependente de inúmeros fatores. A Fundação não escapava desse cenário e a questão salarial chegava aos anos 1990 como um dos problemas internos da entidade. Nas gestões anteriores, propuseram-se planos de cargos e salários para

[18] Entrevista com Ceres Alves Prates, em 26 de agosto de 2003.

recuperar os ordenados fortemente desvalorizados com a crise dos anos 1980, mas os resultados haviam sido pífios, em meio à crise do Estado, sem quase margem para as negociações orçamentárias.

Desta feita, o plano de cargos e salários seria negociado com a Secretaria da Fazenda e a Secretaria de Planejamento e Gestão[19], baseado em um projeto consistente. Ele fazia parte de um pacote de medidas com o desenho da nova estrutura, um plano de ação de acordo com um orçamento meticulosamente planejado para alavancar o processo. O pano de fundo para a negociação saíra do diagnóstico: qualificar a Instituição para produzir informações para os usuários – entre eles, o próprio Governo do Estado. A estratégia foi baseada essencialmente em valores e princípios, sem as ações concretas, que seriam decorrência do processo de negociação.[20] Nesse sentido, foi imprescindível o apoio dado pelo secretário de Planejamento e Gestão do governo Fleury, Eduardo Maia de Castro Ferraz, economista da Universidade Estadual de Campinas. Ciente da importância estratégica da produção de dados estatísticos atualizados para o planejamento governamental, ele aprovou o documento *Bases para um Programa de Gestão* apresentado pela Fundação. Tratava-se, na verdade, de uma espécie de acordo entre o secretário Eduardo Maia e o diretor Pedro Paulo no sentido de melhorar as condições de trabalho no Seade em troca da produção de dados mais atualizados, pela Instituição, com maior celeridade, pois os existentes estavam bastante defasados, mormente os municipais.

Com efeito, para concretizar as arrojadas transformações propostas, não se poderia prescindir da participação efetiva e colaboração dedicada dos funcionários da Instituição. Desse ponto de vista, a recuperação dos salários desempenharia o papel de forte agente motivador para o processo de mobilização. Graças à compreensão do secretário estadual e do esforço da Fundação, ainda no primeiro ano da gestão de Pedro Paulo Martoni Branco, aprovou-se o Plano de Cargos e Salários – o único aprovado naquele período em todo o setor público estadual – e implementado com um significativo reajuste de salários.[21] Com o novo patamar salarial, implantaram-se, sem muito alarido, algumas medidas de controle nem sempre simpáticas: a adoção de um crachá de identificação e o estabelecimento da

[19] Em 1991, a Secretaria de Economia e Planejamento transformou-se em Secretaria de Planejamento e Gestão.

[20] Entrevista com Ceres Alves Prates, em 26 de agosto de 2003.

[21] Relatório de Atividades, 1991.

catraca na entrada do prédio do Seade, em substituição às antigas folhas de ponto. As medidas permitiram um controle maior sobre o horário de trabalho e, ao mesmo tempo, impunham os mesmos critérios para todos os funcionários.[22] A planejada metamorfose da Entidade estava sendo posta em execução. O equacionamento da questão salarial fora o primeiro passo. Todavia, outros problemas subsistiam, entre os quais o da infra-estrutura em processamento de dados. O diagnóstico do PES para a área de informática foi contundente: não havia recursos humanos qualificados ou equipamentos para operar as modificações previstas.[23] Urgia atingir um novo patamar em matéria de tecnologia da informação.

Informática

O diagnóstico acima, na realidade, não trazia nada de novo. O *Plano Diretor de Informática* de 1988, por exemplo, afirmava exatamente o mesmo. Entretanto, dessa vez, se planejara considerando a adequação das ações aos recursos disponíveis e ao prazo de implantação – aspectos pouco cuidados em outras oportunidades. Ao mesmo tempo, abria-se uma condição nova de negociação: o papel central da informática no bojo da reestruturação da Fundação para bem servir a sociedade e, em particular, o governo estadual.[24] A importância atribuída aos novos rumos traçados para a área de informática ficava explícita ao se constatar o fato de a Diretoria-Executiva ter decidido centralizar as ações de modernização daquele setor na Superintendência de Planejamento Estratégico. Dali partiram as iniciativas para a criação de um novo grupo, que se tornaria o centro de todas as inovações pretendidas para o setor de informática. A opção de desvincular esse processo do Departamento de Informática (DI) deve-se ao número excessivo de seus integrantes. Desejava-se um procedimento ágil e articulado na execução do plano enquanto a participação do DI – que na época contava com aproximadamente 50 funcionários – a tornaria morosa, pois muito de seus técnicos ainda não estavam familiarizados com o estado da arte da tecnologia da informática.[25]

[22] Jornal da Fundação Seade. Entrevista com Elio Bolzani, em abril/maio de 1994.
[23] Entrevista com Ernesto V. Senise, em 6 de agosto de 2003.
[24] Entrevista com Ceres Alves Prates, em 26 de agosto de 2003.
[25] Entrevista com Ernesto V. Senise, em 6 de agosto de 2003.

Ainda em 1992, nova equipe foi montada, inclusive com a participação de especialistas de outras instituições, como a Fundação para o Desenvolvimento Tecnológico da Engenharia (FDTE) da Escola Politécnica da USP. Dessa maneira, surgiu o Núcleo de Novas Tecnologias da Informação (NNTI), criado em junho de 1993, vinculado diretamente à Diretoria-Executiva, e a sua coordenação foi entregue a Ernesto Senise, até então integrante da Superintendência de Planejamento. Composto por 11 pessoas, o Núcleo recebeu como tarefa inicial desenhar uma nova plataforma tecnológica para conjugar as atividades da Fundação e as propostas da nova gestão. Portanto, os primeiros resultados do NNTI diziam respeito às especificações técnicas para as licitações de compra de computadores, o que até então, constituía um problema.[26]

Enquanto se preparava para melhorar seus equipamentos e distribuir os micros que chegavam à Fundação, tarefa que demandou muito esforço[27], o Núcleo se habilitava para montar a sua rede interna com o objetivo de disponibilizar informações através de sua conexão externa via Bulletin Board System (BBS). O processo de montagem desta na Fundação iniciou-se em 1995, apenas alguns meses após a implantação desse serviço no Brasil. Com a consultoria de Aleksandar Mandic, o introdutor deste sistema no País, a BBS era a cristalização da possibilidade de qualquer usuário conectado àquela rede acessar aos dados da Instituição. Após um período de quatro meses em caráter experimental, o BBS Seade foi inaugurado em novembro de 1995. Através do BBS, disponibilizaram-se os seguintes produtos: *Anuário Estatístico, Perfil Municipal, Pesquisa de Emprego e Desemprego, Pesquisa das Condições de Vida, Relações de Nomes e Cargos,* entre outros.[28] No próprio Núcleo montou-se uma pequena rede local, com cinco microcomputadores e um servidor, com o propósito de criar uma célula de testes. O processo de implantação da rede de informática foi coordenado pela própria superintendente de Planejamento, Ceres Prates, porque "havia a clareza de que o projeto mexia com toda a estrutura da Instituição, ao introduzir uma nova cultura no gerenciamento da produção de informação. Tratava-se de um processo delicado, sujeito a algumas reações, que, possivelmente, o grupo da informática sozinho não teria condições de contornar".[29]

---

[26] Idem.

[27] Idem.

[28] Jornal da Fundação Seade, nº 13, ano 2, novembro/dezembro de 1995.

[29] Entrevista realizada em 26 de agosto de 2003.

A montagem da rede de informática começou com o diagnóstico de que os dados da Fundação deveriam ser compartilhados por todos os técnicos. Isso não acontecia, a despeito de dever ser algo corriqueiro. A realidade mostrada pelos estudos da equipe de planejamento apontava para as enormes dificuldades de acesso às informações entre os diversos departamentos da Fundação. O tempo despendido em memorandos para solicitar e organizar informações não se coadunava com a agilidade necessária para o órgão.[30] Em 1993, a rede local se instalara, permitindo uma discussão para saber como os dados que estavam nas "gavetas" dos técnicos poderiam ser disponibilizados. A equipe de planejamento sugeriu uma proposta polêmica, mas julgada necessária para alcançar tal intento: os micros simplesmente seriam colocados à disposição dos técnicos sem o *disk-drive* para o disco flexível. Isso significava que, a partir daquele momento, para as pessoas acessarem "suas" informações, necessariamente deveriam passá-las para o NNTI introduzi-las nos discos do servidor da rede local.

Para assegurar a proteção das informações na rede local, adquiriu-se um *software* de segurança Curió, da empresa Módulo, ao lado de todos os procedimentos básicos dos administradores de rede como o *backup* diário dos arquivos dos usuários em fitas *dat*, o seu armazenamento em cofres de segurança anti-chamas, o acesso restrito às áreas de trabalho e a instalação de antivírus nos servidores e nas estações de trabalho. Instalou-se esse programa de segurança em todos os microcomputadores do Seade, fato crucial para o gerenciamento centralizado e para a auditoria de acessos dos usuários a áreas dos servidores, auxiliando também no controle do uso de licenças de *softwares*. Como esperado pela equipe de Planejamento, a reação por parte dos técnicos não foi das melhores, considerada autoritária por muitas pessoas. As resistências foram vencidas, aos poucos, pelo discurso oficial: "a Fundação, enquanto órgão público, devia prestar serviços à população, ao usuário e, para isso, as informações deveriam estar disponíveis".[31] A idéia de diferenciação entre o público e o privado surtiu tal efeito que, em pouco tempo, já surgiu um novo problema a ser resolvido: como não se sabia do montante de informações "engavetadas", o sistema implantado – sem um modelo de banco de dados mais adequado –, rapidamente esgotou sua capacidade de armazenagem.

[30] Entrevistas com Luiz Henrique Proença Soares, em 14 de junho de 2002 e 7 de março de 2003.
[31] Entrevista com Ceres Prates, em 26 de agosto de 2003.

O primeiro servidor do Seade – um microcomputador Prológica 486SX, 33MHz, de 32 Mbytes de memória RAM, HD SCSI de 1.4 GHz e uma unidade de fita *dat* de *backup* de 4 mm – chegou em julho de 1993. Logo depois, seria ativado o serviço de *e-mail* interno, com um aplicativo gratuito, utilizado até hoje, chamado Pegasus mail.[32] O BBS Seade também permitia a aquisição *online* de algumas publicações e produtos eletrônicos, mediante cartão de crédito ou depósito bancário. No mesmo ano, através do Instituto Nacional de Análises Sociais e Econômicas (Ibase), o Seade conectou-se ao mundo pelo provedor da Alternex – o primeiro provedor comercial brasileiro. Com isso, tornou-se possível a instalação do correio eletrônico externo. A ligação "carioca" teria duração aproximada de seis meses, enquanto eram ultimados os preparativos para a conexão com um provedor na Fapesp.

Até essa etapa, a implementação de melhorias na informática da Fundação havia sido realizada com os recursos da dotação orçamentária e com um pequeno auxílio proveniente da verba angariada com a prestação de serviços. Posteriormente, por meio de um projeto da Fapesp, conseguiram-se recursos suficientes para dar um novo ímpeto ao processo de informatização, com a aquisição de equipamentos e serviços. No começo de 1996, o estabelecimento já contava com o reforço de dois microcomputadores com a tecnologia Risc, 40 micros 486, dois Pentium (servidores), uma estação de trabalho Spark/Sun, e reformulação no sistema de cabeamento lógico do prédio. A aprovação desse auxílio na entidade de fomento, todavia, enfrentou resistências, como lembra o professor Fava, na época, diretor Científico da Fapesp: "Fui ao Seade verificar a situação de perto, e solicitei um projeto para estudar a viabilidade do apoio da Fapesp. Como o projeto feito caracterizava-se por ser tipicamente institucional, o Conselho Superior da minha instituição não aprovou a cessão dos recursos com a alegação de que aquela solicitação estaria entre as obrigações do governo estadual e da Secretaria de Planejamento. Ao contrário de hoje, naquela época ainda não havia certas linhas de financiamento para a infraestrutura de entidades. Por mais que argumentássemos, fundamentados na vinculação da Fundação com a pesquisa, não conseguíamos mudar a opinião do Conselho. Mas, com a grande colaboração do professor Wilson Cano, que participava do Conselho Curador do Seade e do Conselho Superior da

[32] Entrevista com Sérgio Rabelo, em 12 de agosto de 2003.

Fapesp, e do professor Ruy Laurenti, conseguimos reverter a situação e o auxílio saiu em 1994".[33]

Entre outros benefícios, a nova plataforma tecnológica permitiu ao Seade romper um contrato de 20 anos de prestação de serviços com a Prodesp[34], tornando-se finalmente autônoma para todos os processamentos de seus dados. Ao mesmo tempo, os novos equipamentos e a instalação de um cabeamento lógico adequado em todo o prédio, viabilizaram a transição definitiva da BBS para a Internet comercial. Com o acesso oficial à *world wide web* em 1º de janeiro de 1996, a Fundação foi o primeiro órgão do Governo do Estado, excluindo as Universidades, a conectar-se à rede mundial e a disponibilizar um *site* na Internet, fato sem similar entre outras instituições do gênero na esfera nacional.[35] O *site* da Fundação, no momento inicial, permitia um passeio virtual pelo Estado de São Paulo e disponibilizava o relógio populacional, construído com o auxílio da Diretoria Adjunta de Estudos Populacionais, projetando a população do Estado minuto a minuto.

Segundo Luiz Henrique Proença Soares, "existiam dois aspectos essenciais na implementação da internet. Primeiro, permitiu a concretização do princípio de que a informação deve circular garantindo o seu acesso ao cidadão. Desde o começo, vislumbramos a Internet como uma maneira de tornar a informação disponível ao usuário e não apenas como um mecanismo de propaganda institucional. O segundo levou a um questionamento da Instituição: diante de uma vitrine da dimensão da Internet, como deveríamos equacionar as informações e expor a nossa estrutura? O que é a Fundação Seade? Como os produtos seriam apresentados? Por diretorias, por pesquisas, por temas? Foi o início de um exercício de reflexão que ainda não se esgotou".[36] De igual maneira, a nova tecnologia impôs uma nova dinâmica de trabalho: "Até aquele tempo, o técnico terminava o seu relatório, enviava para o editorial e acabava o seu trabalho. Na nova situação, ele não parava aí. Devia pensar no fato de as informações irem para uma rede de milhões de potenciais usuários, além da necessidade de disponibilizar não só os dados, mas, também, os seus limites, as metodologias e os conceitos empregados e, se possível, o questionário".[37]

---

[33] Entrevista realizada em 19 de março de 2003.

[34] Nesta época, a Prodesp realizava os serviços de processamento da PED e das estatísticas vitais.

[35] Em 1997, a página eletrônica da Fundação Seade receberia o prêmio Top de Internet da Associação dos Dirigentes de Vendas e Marketing do Brasil (ADVB).

[36] Entrevistas com Luiz Henrique Proença Soares, em 14 de junho de 2002 e 7 de março de 2003.

[37] Idem.

Com o desenvolvimento de trabalhos na Internet, um espaço muitas vezes qualificado como "mundo sem lei", devido à inexistência de normas e regulamentos inequívocos, o Seade, preocupado em assegurar a integridade e a confiabilidade de seus produtos, implantou um sistema de segurança para separar os acessos internos dos externos. Enquanto a nova plataforma tecnológica estabelecia-se impondo uma dinâmica intensa na Fundação, tem início um plano de capacitação maciça dos funcionários na área de informática e rede. Para empreender a operação, foi contratada uma empresa para ministrar treinamentos em produtos da Microsoft, pacotes estatísticos, capacitação na Internet, com aulas na sala específica nas dependências da Gerência de Informática.

Da mesma maneira, cabe ressaltar que, no período em questão, o Seade teve importante papel no sentido de aportar inovações tecnológicas nas fontes produtoras de dados. O amplo projeto de modernização pelo qual passava a Instituição não seria funcional com a existência de gargalos em sua base de produção de informações. E, nesse diapasão, talvez o trabalho de maior impacto tenha sido o de informatização dos cartórios, projeto que permitiu, a partir do ano de 1994, a transferência dos dados relativos aos atestados de óbito e das declarações de nascimento por meio de disquetes, em vez dos antigos formulários impressos. Para viabilizar esse trabalho, foi assinado o Termo de Cooperação Técnico-Científico Seade-Arpen (Associação dos Registradores das Pessoas Naturais de São Paulo), com o intuito de disciplinar os esforços para normatizar e organizar a coleta de informações relativas aos eventos vitais registrados nos cartórios e processados na Fundação.

A Central de Dados e Referência (CDR)

Com a política de valorização do usuário, as luzes voltaram-se para a Central de Dados e Referência (CDR), que havia passado por um período de profunda estagnação. Nos primórdios da década de 1990, o atendimento e a livraria da CDR ficavam no terceiro andar, com o horário de funcionamento entre 14 e 17 horas. Quando uma pessoa procurava alguma informação, e/ou publicação, cumpria o seguinte ritual: identificava-se na portaria, tomava o elevador para o terceiro andar para ser atendido na CDR. Se, eventualmente, precisasse dos serviços da Biblioteca, era direcionado ao décimo andar, retornava ao terceiro para fazer alguma cópia xerográfica, e, depois, devolvia a publicação subindo sete andares. A mudança no tratamento dispensado ao usuário foi um dos emblemas da primeira gestão de Pedro Paulo. Em setembro de 1993, a CDR transferiu-se para o térreo juntamente com a livraria/sala de pesquisa/biblioteca, com um horário de funcionamento mais amplo: das 9 às 18 horas e com o acesso para a rua. Era a cristalização mais expressiva da política de valorização do usuário – a Fundação voltada para o público em contato mais estreito.

Por outro lado, a disponibilização das informações dos departamentos para a CDR deveria ser mais ágil, e, naquele processo de "democratização interna" da Fundação, o respaldo da direção executiva desempenhou um papel fundamental. Nas palavras de Vivaldo Conti, que na época ocupava a chefia da CDR, "tratou-se de uma longa e difícil empreitada, porém, aos poucos, conseguimos consolidar o projeto, porque as políticas de valorização do funcionário resultara em alterações na postura dos técnicos".[38]

O concurso

A realidade dos recursos humanos da Fundação era precária. Vários departamentos conviviam com a falta de pessoal e o quadro de desqualificação técnica abrangia uma parcela significativa dos funcionários. Com esses argumentos, negociou-se, com o Governo do Estado, a realização de um concurso. Por causa das restrições constitucionais e das dificuldades financeiras do estado paulista, o Seade não havia contratado um funcionário sequer, desde 1987! Sobravam 294 cargos vagos não preenchidos no quadro de pessoal, por motivo de saídas de funcionários, seja por aposentadorias ou demissão voluntária. Diante de tal situação calamitosa, os diretores apelaram para a contratação de autônomos, embora tal prática não fosse recomendada, pois trazia consigo um vínculo empregatício precário, e causava um expressivo passivo trabalhista. Mesmo com essas restrições, em dezembro de 1994, os autônomos representavam 50% do quadro de funcionários do Seade, uma situação absolutamente indesejável.[39]

Depois das tentativas de realização do concurso em 1991 e 1993, finalmente obteve-se a aprovação do governador Fleury, em janeiro de 1994. O concurso contou com a inscrição de 1.400 candidatos, e efetuou-se pela

[38] Entrevista com Vivaldo Luiz Conti, em 28 de julho de 2003.

[39] Jornal da Fundação Seade, nº 9, Ano 2, dez. 1994/jan. 1995.

Fundação para o Vestibular da Universidade Estadual Paulista (Vunesp), em duas etapas: em outubro de 1994, a prova escrita, seguida de entrevistas e análise de currículos. O concurso efetivou 278 novos funcionários na Fundação, dos quais 44% possuíam nível universitário. No dia 19 de dezembro de 1994, os novos funcionários foram recepcionados no Centro de Convenção Rebouças. Após a recepção, eles visitaram as instalações do Seade, onde todas as Diretorias Adjuntas haviam preparado uma exposição de suas atividades. O acontecimento certamente apresentava motivos de sobra para ser comemorado, afinal, o efetivo havia praticamente dobrado: até o dia anterior, a Instituição possuía 335 funcionários.[40] Igualmente, durante aquele ano de 1994, o prédio da Entidade foi reformado para readequar as instalações para aquele *momentum*. A reforma foi concluída no final de 1994, com a modernização das instalações e a construção de um novo auditório no primeiro andar, para 74 pessoas.

A busca dos "recursos próprios"

O PES retomou a iniciativa de manter um patamar mínimo de produtos comercializáveis. A proposta não era ambiciosa, apenas pretendia fazer parte da matriz de financiamento daquela gestão da seguinte maneira: com a dotação orçamentária, esperava-se manter a folha de pagamento do pessoal contratada pela CLT, bancar os custos de manutenção do prédio (água, prédio, luz, etc). Os recursos provenientes da venda de produtos e serviços seriam direcionados para os gastos que apresentavam dificuldades ao serem pleiteadas verbas do Estado: atualização na área de informática e outros equipamentos, instalações, treinamento de pessoal e outros. A despeito de ter sido uma experiência sem grandes pretensões, seu sucesso adquiriu importância fundamental, posteriormente, quando pairou a ameaça da sobrevivência da Instituição por causa do ajuste fiscal do governo de Covas, pois sinalizou a possibilidade de conseguir recursos substanciais por intermédio da comercialização de projetos.[41] Para confirmar essa tendência, bastava verificar a trajetória da arrecadação da CDR, nos três primeiros anos da gestão de Pedro Paulo: US$ 27.233,49, em 1991, e US$ 29.211,82, em 1992, passando para um faturamento bruto de US$ 81.529,19, em 1993.[42]

---

[40] Idem.

[41] Entrevista com Ceres Alves Prates, em 26 de agosto de 2003.

[42] INFORME. Publicação de circulação interna na Fundação Seade. Ano 1, nº 2, jan./1994.

Prazos

Para organizar a periodicidade dos produtos da entidade, instituiu-se uma data-limite e fatal. Com exceção da PED, praticamente todas as atividades e projetos da Fundação não obedeciam, até então, ao prazo definido. Deflagrou-se um processo para estabelecer uma cultura de compromisso para o cumprimento de prazos, principalmente nas publicações. Assim, no final do ano de 1993, quando começaram os processos de contratação de serviços externos para editoração e impressão, já se formara uma nova disciplina relativamente à conduta a esse respeito, entre seus pesquisadores e técnicos do estabelecimento.[43]

Criação das gerências

Dando continuidade ao ambicioso plano meticulosamente planejado pela gestão de Pedro Paulo, em dezembro de 1994, foi feita uma ampla reestruturação do organograma da Instituição, com a criação de gerências. Havia dois propósitos básicos na transformação organizacional:[44] no âmbito funcional, pretendia-se romper as divisões estanques de tarefas entre os departamentos, direcionando o foco para o processo, que perpassaria todas as gerências, de modo a atingir um grau de organicidade maior para o desenvolvimento de trabalhos. O outro propósito vinha da necessidade de criar uma hierarquia intermediária mais forte, abaixo das diretorias, com autonomia e poder de decisão em relação aos técnicos. "Com a criação das gerências, pretendemos provocar o surgimento de uma liderança com parte do poder de decisão, além daquela exercida pelos diretores".[45]

Disseminação de informações

Durante essa primeira gestão, uma outra seqüência de acontecimentos influiu significativamente nos destinos do Seade. A importância da disseminação das informações produzidas não havia passado despercebida pela equipe do diretor Pedro Paulo. Nesse sentido, efetuaram-se diversas ações,

[43] INFORME. Publicação de Circulação Interna na Fundação Seade. Ano 1, nº 3, fev./1994.
[44] Entrevista com Ceres Alves Prates, em 26 de agosto de 2003.
[45] Idem.

com o intuito de divulgar de maneira mais ampla os trabalhos realizados. Entre as iniciativas, destacam-se:

- A publicação do *Anuário Estatístico 1992*: editado em dois volumes, abarcando o período entre os anos de 1990 e 1992, esse trabalho trouxe diversas inovações, como a inserção de textos analíticos prefaciando os capítulos; divulgação de notas metodológicas e da bibliografia; além da inclusão de novos capítulos sobre o meio ambiente e sobre o sistema financeiro.
- Com base nos dados censitários de 1991, edita-se o *Novo Retrato de São Paulo,* em 1992. A obra traz informações relevantes sobre a queda na taxa de crescimento populacional e a nova distribuição demográfica no Estado de São Paulo, indicando como fatores preponderantes, para esses fatos, a queda da taxa de natalidade e a redução no número de imigrantes. Em função do interesse gerado por esse trabalho, a sua reedição foi impressa em 1993.
- O *Atlas de População do Estado de São Paulo*, obra realizada em cooperação com o Departamento de Geografia da USP, no ano de 1993, foi o primeiro do gênero editado em terras brasileiras, representa, por meio de mapas, a evolução histórica das principais características demográficas da população paulista.
- O desenvolvimento de estudos sobre os dados da Pesquisa de Condições de Vida. As primeiras publicações retratam as condições de vida das famílias da RMSP em sete volumes: Educação, Habitação, Mercado de Trabalho, Renda, Saúde, Abordagem Metodológica e Principais Resultados.
- Em 1993, lança-se uma série de publicações que tinha como objetivo analisar as condições de vida e pobreza dos seguintes segmentos sociais: crianças e adolescentes, famílias chefiadas por mulheres e mulheres por origem étnica.
- Em 1994, divulga-se a primeira versão eletrônica do *Anuário Estatístico*, edição totalmente preparada pela Fundação Seade.

A expansão da PED

Em um primeiro estágio, a expectativa do Departamento de Análise do Mercado de Trabalho era criar uma boa pesquisa e mantê-la, o que, por si só, já se consistia em um grande desafio. Entrementes, a qualidade do trabalho rapidamente atraiu a atenção de outros estados, até para surpresa dos responsáveis.[46] No final dos anos 1980, o Rio Grande do Sul, a Bahia, o Paraná, Pernambuco, Brasília, entre outros, mostraram interesse em conhecer a metodologia empregada na Pesquisa de Emprego e Desemprego. Sobretudo, despertava curiosidade as diferenças existentes entre a PED e a Pesquisa Mensal de Emprego, realizada pelo IBGE. De toda forma, aconteceu um processo de expansão do sistema de investigação defendido pelo Seade para outras regiões metropolitanas, por meio de parcerias com o Dieese e órgãos públicos locais, principalmente com as secretarias estaduais de Trabalho. A PED levou a sua metodologia para as seguintes regiões:

- Região Metropolitana de Belém (1988), aplicada pelo Instituto de Desenvolvimento Econômico Social do Pará (Idesp) e Secretaria de Estado do Trabalho e Promoção Social (Seteps/Sine-PA).
- Distrito Federal (1992), pela Companhia do Planalto Central (Codeplan) e Secretaria do Trabalho (STb-GDF/Sine-DF),
- Região Metropolitana de Porto Alegre (1992), pela Fundação de Economia e Estatística Siegfried Emanuel Heuser, em convênio com a Fundação Gaúcha do Trabalho e Ação Social, órgão da Secretaria do Trabalho e Ação Social (FGTAS/Sine-RS).

Um fator restritivo no processo de disseminação mais acelerada da PED para outras regiões era o seu custo relativamente elevado. Mas, no final de 1993, a pesquisa recebeu um reconhecimento do Ministério do Trabalho e Emprego e do Conselho Deliberativo do Fundo de Amparo ao Trabalhador (Codefat)[47], o que permitiu o financiamento da PED nos estados que possuem regiões metropolitanas e no Distrito Federal, desde que aplicada a metodologia da Fundação Seade/Dieese, observando-se a consistência do projeto e a contrapartida estadual. A participação de Walter Barelli, então ministro do Trabalho na gestão de Itamar Franco, foi funda-

[46] Entrevista com Annez Andraus Troyano, em 3 de fevereiro de 2003.

[47] O Codefat é um órgão colegiado, de caráter tripartite e paritário, composto por representantes dos trabalhadores, dos empregadores e do governo, que atua como gestor do FAT. Dentre as funções mais importantes do órgão, estão: elaborar diretrizes para programas e para alocação de recursos; acompanhar e avaliar seu impacto social; propor o aperfeiçoamento da legislação referente às políticas. Também exerce o controle social da execução destas políticas – no qual estão as competências de análise das contas do Fundo, dos relatórios dos executores dos programas apoiados, bem como de fiscalização da administração do FAT.

mental nesse processo. Ele assinou a portaria em 14 de janeiro de 1994, outorgando à Fundação Seade e ao Dieese a condição de Centro de Referência para aplicação da metodologia PED. A portaria registra que o "rigor científico e metodológico, aliado à presteza na disponibilidade das informações, verificados ao longo de sua existência, converteram a PED num dos mais importantes e confiáveis indicadores socioeconômicos conjunturais".[48] Tal reconhecimento possibilitou a dispensa da licitação para a contratação do Seade e do Dieese nacional por sua notória especialização e ao mesmo tempo, garantiu às instituições interessadas em implantar o sistema PED o acesso aos recursos do Fundo de Amparo ao Trabalhador (FAT)[49], inclusive a Fundação Seade.

As resoluções do Codefat, de 14 de dezembro de 1993, a respeito do assunto, estão na Figura 28:

Resolução 54, de 14 dezembro de 1993.

O Conselho Deliberativo do Fundo de Amparo ao Trabalhador (Codefat) , no uso de suas atribuições legais e tendo em vista o disposto no inciso II do artigo 2º da Resolução 1, de 28 de fevereiro de 1991, resolve:

Art. 1º Recomendar à Secretaria de Políticas de Emprego e Salário a adoção de urgentes providências com a finalidade de que:

I - seja contratada empresa especializada em organização e método com o objetivo de:

a) elaborar proposta para a estrutura de pessoal necessária ao desenvolvimento das atividades do Programa do Seguro-Desemprego, e, particularmente, da Secretaria-Executiva do Codefat, de forma coerente com os pertinentes planos de carreira da Administração Pública Federal;

b) conceber sistema de acompanhamento e avaliação da execução dos convênios celebrados com os Estados, para a

[48] INFORME. Publicação de Circulação Interna na Fundação Seade. Ano 1, nº 2, jan./1994.

[49] O Fundo de Amparo ao Trabalhador (FAT) é um fundo especial, vinculado ao Ministério do Trabalho e Emprego (MTE), destinado ao custeio do Programa do Seguro-Desemprego, do Abono Salarial e ao financiamento de Programas de Desenvolvimento Econômico. A principal fonte de recursos do FAT está na contribuição para o Programa de Integração Social (PIS), criado por meio da Lei Complementar 7, de 7 de setembro de 1970, e para o Programa de Formação do Patrimônio do Servidor Público (Pasep), instituído pela Lei Complementar 8, de 3 de dezembro de 1970.

> operacionalização pelos Sistemas Nacional de Emprego (Sine), nos estados, do Programa do Seguro-Desemprego, bem assim dos demais instrumentos que envolvam recursos do FAT;
>
> II - sejam contratadas consultorias operacionais, relativas às atividades exercitadas em decorrências dos convênios celebrados com os estados, para a operacionalização do Programa do Seguro-Desemprego;
>
> III - sejam contratadas a Fundação Seade de São Paulo, e o Dieese nacional, detentores solidários da metodologia da Pesquisa de Emprego e Desemprego (PED), respeitadas as particularidades de cada entidade no âmbito da realização e difusão da PED, suas relações institucionais, técnicas e operacionais, para, em conformidade com o inciso XIII do artigo 24 da Lei nº 8.666[50], de 21 de junho de 1993, prestarem serviço.
>
> **Resolução 55**, Artigo 1º, item 4.1: Serão financiadas as Pesquisas de Emprego e Desemprego (PED) nos Estados que possuam Regiões Metropolitanas e no Distrito Federal, desde que aplicada a metodologia da Fundação Seade/Dieese, observando-se a consistência do projeto e a contrapartida estadual.

Graças à resolução do Codefat, permitindo repassar os recursos do FAT em apoio financeiro à pesquisa, as seguintes regiões metropolitanas acabaram aderindo à realização da PED:

- Região Metropolitana de Curitiba (1994), por meio do Instituto Paranaense de Desenvolvimento Econômico e Social, (Ipardes), em convênio com a Secretaria de Estado do Emprego e Relações do Trabalho (Sert/Sine-PR) e a Companhia Paranaense de Energia Elétrica (Copel).
- Região Metropolitana de Belo Horizonte (1995), por meio da Fundação João Pinheiro e da Secretaria de Estado do Trabalho e Ação Social (Setas/Sine-MG).

[50] "**Art. 24.** É dispensável a licitação: XIII - na contratação de instituição brasileira incumbida regimental ou estatutariamente da pesquisa, do ensino ou do desenvolvimento institucional, ou de instituição dedicada à recuperação social do preso, desde que a contratada detenha inquestionável reputação ético-profissional e não tenha fins lucrativos."

- Região Metropolitana de Salvador (1996), por meio da Superintendência de Estudos Econômicos e Sociais da Bahia (SEI) e pela Secretaria do Trabalho e Bem-Estar Social (Setrabes), em convênio com a Faculdade de Ciências Econômicas da Universidade Federal da Bahia.

A existência de escritórios Regionais do Dieese, que passaram a acompanhar diretamente a aplicação da pesquisa, facilitou a transferência do conhecimento para o emprego da metodologia. A Fundação Seade treinou pessoas nas instituições e prestou a assistência técnica na implantação e no acompanhamento, além de revisar mensalmente os relatórios de todos os Estados, prática que se mantém até hoje.

A era das "pesquisas de estabelecimentos"

Os diagnósticos já referidos haviam dado conta que algumas pesquisas necessitavam de um choque de qualificação, tanto em sua metodologia, quanto em seu quadro de pessoal. Em meio às dificuldades para contratar técnicos, realizou-se um esforço para expandir o potencial cognitivo da Fundação, trazendo consultores ligados a diversas universidades e centros de pesquisa.

Pesquisa Municipal Unificada (PMU)

Nesse processo, que coincidia com a reestruturação dos departamentos, a primeira pesquisa que passou por uma profunda reformulação, foi a Pesquisa Municipal (PM). Apesar de ter sido um marco importante no aprendizado das atividades de investigação, a diversificação de temas e interesses tornou-a dispersa, sem uma periodicidade definida. "As periodicidades diferenciadas de aplicação do questionário de saneamento, saúde, finanças públicas, etc., causaram a fragmentação da PM em várias pesquisas, e isso impossibilitava a apropriação das políticas municipais em seu conjunto".[51] A PM era realizada no Departamento de Indicadores Sócio Econômicos, que, logo depois, tornou-se a Gerência de Indicadores Socioeconômicos (Geind) sob coordenação de Maria de Fátima Infante Araújo.

[51] Entrevista com Maria de Fátima I. Araújo, em 7 de abril de 2003.

A reestruturação dessa investigação tinha a finalidade de promover a unificação das pesquisas segmentadas e, por isso, passou a chamar-se Pesquisa Municipal Unificada (PMU). Ela entrou em ação pela primeira vez em 1993[52] (ano de referência 1992), abrangendo uma gama de ações públicas municipais, com os questionários de abastecimento, desenvolvimento urbano, habitação, saneamento básico, limpeza pública, saúde, educação, cultura, esporte e turismo, promoção social, transporte municipal, finanças públicas municipais e estrutura administrativa da prefeitura. A PM já levantava nas prefeituras os gastos setoriais, mas nessa edição foram agregados ao questionário de finanças municipais vários anexos para captar setorialmente os financiamentos para as diversas ações públicas nas áreas de educação, saúde e saneamento, entre outras.

A primeira versão coletou informações nos 625 municípios, sendo que a equipe do Seade foi responsável pela coleta nos municípios de três regiões: RMSP, Campinas e Jundiaí/Bragança Paulista. Nos outros, os professores da Unesp, devidamente treinados pela Fundação Seade, foram os responsáveis pela supervisão de campo. Nesse processo de reestruturação, colaboraram os seguintes consultores: Armando de Barros de Castro, Áurea Maria Queiróz Davanzo, Dalcio Caron, Gustavo Zimmermann, Laura Tavares Ribeiro Soares, Maria Cecília Guião Leite, Sônia Nahas de Carvalho, Ulysses C. Semeguini. Estabeleceu-se uma periodicidade de dois anos e se realizou um trabalho para convencer as prefeituras não só a disponibilizar as informações como também a incorporar essa prática na própria rotina administrativa.

Como na pesquisa anterior, a PMU/96 (ano base 1995) cobriu os 645 municípios do estado, adotando, dessa vez, a seguinte estratégia para a coleta de dados: pesquisa presencial em 122 municípios e por correio nos restantes. Nessa edição, foram abordados 11 temas: estrutura administrativa, política urbana, habitação, saneamento básico, limpeza pública, saúde, educação, transporte municipal, cultura, esportes e turismo, abastecimento e finanças municipais. Desses cadernos, disponibilizaram-se 776 variáveis em formato eletrônico. É interessante notar que, percebendo a PMU como um excelente instrumento para a obtenção de dados, além do seu alcance e da sua pertinência para a sua área de atuação, algumas instituições quiseram participar do questionário, solicitando a

[52] Nesse ano, ainda era denominada Pesquisa Municipal.

inclusão de quesitos específicos e colaborando no financiamento da coleta de dados. São elas:

PMU/96

Secretaria da Educação do Estado de São Paulo;
Secretaria da Saúde do Estado de São Paulo;
Companhia de Saneamento Básico do Estado de São Paulo (Sabesp).

PMU/98

Secretaria Estadual do Meio Ambiente;
Secretaria da Cultura do Estado de São Paulo;
Fundo para o Desenvolvimento da Unesp (Fudunesp).

PMU/2000

Secretaria de Assistência ao Desenvolvimento Social;
Secretaria de Estado da Educação;
Secretaria de Estado do Governo e Gestão Estratégica;
Secretaria de Estado do Meio Ambiente.

PMU/2004

Secretaria de Estado do Governo e Gestão Estratégica;
Secretaria de Estado da Educação;
Secretaria de Estado da Agricultura e Abastecimento;
Companhia de Desenvolvimento Habitacional (CDHU);
Companhia de Saneamento Básico do Estado de São Paulo (Sabesp).

A Pesquisa da Atividade Econômica Paulista (Paep) – movimentos iniciais

Se PMU abria os caminhos para um novo patamar de desenvolvimento metodológico – e apresentava resultados concretos –, sem dúvida, a principal beneficiária desse processo de aprendizado seria a Pesquisa da Atividade Econômica Paulista (Paep). A Paep era um sonho antigo dos dirigentes da Fundação. A gestão do professor Márcio Percival realizara um profícuo trabalho de diagnósticos sobre a economia paulista e apenas não conseguiu efetuar uma pesquisa propriamente dita em função das poucas possibilidades de articular recursos para realizá-la. Ademais, o ambiente da economia nacional e da mundial transformava-se grandemente, protagonizados por agentes e cenários caracterizados por novos termos, como globalização, neoliberalismo, terceira revolução tecnológica, entre outros, integrando-se ao glossário do mundo econômico. Anunciava-se, destarte, um novo estágio do processo de internacionalização, no qual predominavam as estratégias de concorrência, colusão e coordenação das grandes empresas e diminuíam as ações de governos nacionais.

O Governo do Estado de São Paulo, por meio da Secretaria de Economia e Planejamento, solicitou, em 1989, um estudo sobre a realidade econômica no novo contexto ao Núcleo de Economia Social e Urbana (Nesur) do Instituto de Economia da Unicamp. A investigação tinha como objetivo analisar as transformações na economia, demografia e urbanização paulista e nacional durante as décadas de 1970 e 1980. Desse estudo, ainda fez parte a elaboração de cenários para a década de 1990, com o objetivo de subsidiar as políticas econômicas e sociais do governo paulista. Das reuniões preparatórias para a pesquisa, surgiu a necessidade de criar um espectro mais amplo de estudos para apropriação da complexidade do quadro socioeconômico. O diagnóstico e as projeções, concluídos no segundo semestre de 1990, foram separados em quatro grandes módulos:

a) Economia (Setores Produtivos); Demografia e Emprego; Urbanização;
b) Políticas Sociais;
c) Infra-estrutura; Energia, Transporte e Saneamento;
d) Instituições e Financiamento do Setor Público.

A parte b do projeto esteve a cargo do NEPP da Unicamp, e as partes c e d da SRL Consultoria. A parte a acabou resultando na coleção chamada *São Paulo no Limiar do Século XXI*[53], publicada em oito volumes, em uma co-edição da Secretaria de Planejamento e Gestão e a Fundação Seade, em março de 1992:

Volume 1 – Cenários Econômicos – Internacional e Brasileiro;
Volume 2 – Diagnósticos Setoriais – Agropecuária;

[53] O trabalho foi coordenado pelo professor Wilson Cano e contou com a participação de renomados professores: Barjas Negri, Rui Granziera, Ulysses Semeghini, Sérgio Salles, Carlos Américo Pacheco, Aloísio Teixeira, José Luís Fiori, Cláudio Dedecca, Sinésio Pires Ferreira, João Manuel Cardoso de Mello, Luciano Coutinho, Maria da Conceição Tavares.

Volume 3 – Diagnósticos Setoriais da Economia Paulista – Indústria e Serviços;
Volume 4 – Cenários Demográficos;
Volumes 5 a 8 – Urbanização.

O trabalho, de ampla magnitude, analisou exaustivamente a economia paulista, detendo-se, sobretudo, na caracterização dos setores industrial e de serviços, que passavam por modificações. Propôs, também, cenários econômicos de âmbito internacional e nacional, usando como referência o fortalecimento do projeto neoliberal na agenda das instituições multilaterais. A realização desses estudos e de muitos outros efetuados naquele período certamente tinha suas razões. O crédito da inspiração ia para a globalização financeira, avassalador fenômeno na economia mundial, determinada pela intensa mobilidade do capital financeiro e estimulada pela desregulamentação dos mercados, causadora de perplexidade em vários setores socioeconômicos. Para muitos, tratava-se da maior responsável pelos graves problemas da economia e da sociedade, enquanto outros a saudavam como tendo o gabarito ideal para a resolução dessas mesmas questões. Seu alcance parecia ilimitado, estendendo-se até mesmo à cultura, com as imponentes redes internacionais de moda e alimentação assumindo mais importância nos costumes dos países. Era, definitivamente, um desafio para os intelectuais.

Na década de 1980, no Brasil, o quadro estrutural da sua economia não só refletia o processo de globalização financeira, mas, igualmente, uma incerteza proveniente das políticas econômicas incapazes de debelar o processo inflacionário. No período, o mundo desenvolvido vivia uma fase de reestruturação industrial, transformando profundamente as economias capitalistas. Conforme Coutinho (1992), as modificações nos padrões de concorrência obrigaram as indústrias a se adequarem às novas exigências para participação no mercado. Por outro lado, a Terceira Revolução Tecnológica apontava para um novo modelo de produção industrial. As linhas de produção, caraterizadas pelo grande número de operários atuando em processos repetitivos e/ou fragmentados, viram-se substituídas por sofisticadas ilhas de produção intensivas em tecnologia microeletrônica, como as células de manufatura e seus robôs, com o emprego de automação e informática e ampla flexibilidade. As inovações tecnológicas e organizacionais transformaram o padrão de competitividade, exigindo não só a adequação tecnológica, como uma reestruturação gerencial e uma nova postura estratégica das empresas para ampliarem seus estoques de conhecimentos. Nesse turbilhão, o Brasil promoveu a abertura de mercado e a desregulamentação da economia responsável por sua inserção marginal no comércio internacional. Com baixa capacidade de inovação, limitava-se a participar com a exportação de bens intensivos em recursos naturais e/ou energia e/ou mão-de-obra barata. Com isso, sua *performance* só poderia ser baixa, porque a competitividade mundial acirrava-se cada vez mais na direção de produtos com maior qualidade e tecnologia agregados.

As motivações da pesquisa e a instabilidades na Fundação Instituto Brasileiro de Geografia e Estatística (IBGE)

A reforma administrativa imposta pelo governo de Collor a todos os órgãos públicos da Administração para enfrentar, a crise de financiamento do setor, fragilizara bastante o IBGE, no início dos anos 1990. A respeitada instituição passou por um período de instabilidade, o que ocasionou o atraso na divulgação das pesquisas econômicas anuais e, principalmente, impossibilitou a realização do censo econômico qüinqüenal em 1990 – fato registrado pela primeira vez, desde seu início, em 1970.[54] Naquele período, foi comum o atraso de até cinco anos na divulgação dos resultados das investigações econômicas, mormente motivado pelo contingenciamento de recursos do governo federal.

À revelia dessa situação, nos anos 1991 e 1992, notou-se uma forte demanda dos dados econômicos do Estado de São Paulo, desde o setor público, passando pela imprensa – que sempre foi e ainda hoje permanece como maior demandante[55] –, até o setor privado, carente de informações sobre os impactos causados pela desenfreada abertura comercial às importações. Contudo, não havia dados atualizados, e os existentes estavam superados pelas intensas transformações no cenário econômico. Mesmo o acesso aos resultados do censo econômico de 1985 – principal fonte de informações sobre a dinâmica econômica do País –, configurava-se difícil, além de os seus resultados terem sido divulgados com oito anos de atraso!

[54] O próprio censo demográfico foi protelado de 1990 para 1991.
[55] Entrevistas com vários funcionários da Fundação Seade.

Especificamente, a Fundação convivia com dois problemas causados pela carência de informações sobre a dinâmica econômica no Estado de São Paulo, cujas raízes ligavam-se basicamente às pesquisas e aos censos do IBGE. Por um lado, o Seade, como órgão produtor de informações, recebia a pressão de várias entidades, tanto do setor público quanto do privado, interessadas na situação da economia paulista, e, por outro, ele próprio necessitava de dados como órgão responsável pelo Cálculo das Contas Regionais. A Fundação estava calculando o PIB do Estado de São Paulo no início da década de 1990 com os dados do censo econômico de 1980! Outro exemplo pode ser conferido no *Relatório de Atividades do Seade,* em 1991, que registrava um convênio com o IBGE, naquele ano, para aquisição dos dados do censo econômico de 1985, que, no entanto, só foi publicado em 1993!

Diante dessa conjuntura caótica do sistema de estatísticas econômicas, alguns órgãos do setor público e grupos de pesquisa, que precisavam de informações desse naipe, começaram a lançar mão de soluções alternativas para tentar contornar a situação. Uma prática para minimizar o problema no âmbito das universidades, e da própria Fundação, consistiu no uso de *proxys* para inferir o nível de atividade econômica. Assim, foram utilizados, por exemplo, o consumo de energia elétrica, informações da PED, da Relação Anual de Informações Sociais (Rais) e do Valor Adicionado Fiscal, para auxiliar nos informes sobre o nível da atividade econômica. A PED apontava para a retração do mercado de trabalho e verificou que, no período entre 1989 e 1996, o nível de emprego na indústria caíra de um terço, e o desemprego total saiu da taxa de 8,7% (1989) para 15,1% (1996) na RMSP. Com tal panorama, o Seade traçou um desafio para delinear uma pesquisa sobre a atividade econômica: relacionar o avanço na taxa de desemprego às transformações tecnológicas do arranjo produtivo no estado. Todavia, para fazer frente à realidade, os dados obtidos dessa maneira e o exercício da criatividade mostraram-se insuficientes para suprir a necessidade de informações, mesmo porque, em alguns casos, eram produzidas com relativo atraso.

Um movimento marcante do final do período considerado foi o empreendimento do IBGE, em 1995, de reformular as estatísticas econômicas brasileiras. Para isso, introduziu uma modernização metodológica, com o intuito de padronizar os conceitos, tendo como referência os dos órgãos internacionais. Também adotou questionários mais simplificados junto com a redução de amostras, por causa dos novos ajustes no orçamento da instituição. A coordenação do processo ficou a cargo da Comissão de Acompanhamento de Pesquisas Econômicas, criada pelo IBGE. O Seade foi convidado a participar do esforço, juntamente com outras instituições.[56] Foram firmados dois contratos de cooperação entre a Fundação e o IBGE: o primeiro para efetuar a Pesquisa Censo Cadastro em estabelecimentos industriais, comerciais e de serviços na RMSP; e, o segundo, referente à cooperação técnica para a participação de sete técnicos da entidade, durante dez meses no IBGE, com a finalidade de reavaliar as pesquisas econômicas.[57]

Entre os resultados desses trabalhos, destacam-se: a extinção do censo econômico, a publicação de uma Nova Classificação Nacional de Atividades Econômicas (Cnae/1995), a reformulação da Pesquisa Industrial Anual (PIA) e da Pesquisa Anual do Comércio (PAC). A Pesquisa Censo Cadastro, pensada como suporte para o novo sistema de produção de estatísticas econômicas, executada entre 1994 e 95 já com base na nova Cnae, alcançou todo o território nacional, abrangendo 400 mil empresas. Na RMSP, sua realização ficou por conta do Seade em 100 mil estabelecimentos. Para Maria de Fátima Infante Araújo, que participou pela Fundação, a pesquisa "foi importante porque nos ajudou a dar os primeiros passos para entender a abordagem do empresário".[58] Como conseqüência imediata desse trabalho conjunto entre a Fundação Seade e o IBGE, estabeleceu-se um novo patamar de relacionamento entre os técnicos das duas instituições propiciando a aquisição de uma experiência rica pelos técnicos do Seade: "O contato denso com o IBGE por intermédio das equipes técnicas teve um papel muito importante porque deu um lastro de confiança para nos aventurarmos na Paep".[59]

Da pesquisa de estabelecimentos para a pesquisa da atividade econômica

Naquela conjuntura, beneficiando-se do ímpeto causado pelas modificações na estrutura da Fundação, a recém-criada Gerência de Indicadores, sob a Di-

---

[56] Fundação Instituto de Pesquisa Econômica Aplicada (Ipea), Banco Nacional de Desenvolvimento Econômico e Social (BNDES), Instituto de Economia Industrial da Universidade Federal do Rio de Janeiro, Ministério da Indústria, Comércio e Turismo e da Confederação Nacional da Indústria (CNI).

[57] Jornal da Fundação Seade. Ano 2, nº 12, jun./out. 1995.

[58] Entrevista realizada em 7 de abril de 2003.

[59] Idem.

retoria-Adjunta de Produção de Dados, lançou-se na busca de uma pesquisa que pudesse investigar as informações socioeconômicas não abarcadas nos trabalhos já existentes. Nas idéias iniciais da equipe, a investigação deveria ser de fôlego e visaria estabelecimentos – reunindo vários temas da dinâmica econômica sob uma única metodologia – e se constituiria em um aporte complementar de informações às pesquisas domiciliares (PED/PCV). Entretanto, ainda não havia clareza com relação à sua natureza, porque se, de um lado, não se pensava em ir ao chão de fábrica, nem tampouco pretendia ser uma pesquisa conjuntural. A definição efetiva sobre o tipo de pesquisa, a sua profundidade e abrangência, só se concretizou efetivamente durante as discussões sobre a metodologia.[60] Embora o processo interno de discussão metodológica tivesse sido iniciado em 1992, somente ganhou força com a realização do concurso público citado, pois isso permitiu reestruturar a equipe técnica a partir da contratação de mestres e doutores, com o foco na Paep. Os contratados imprimiram um novo ímpeto à equipe, motivando, inclusive, a procura de cursos de pós-graduação por seus membros mais antigos.[61]

Como resultado, firmaram-se três propostas fundamentais: mensuração econômica, captação dos processos de reestruturação técnico-produtiva e dinâmica da distribuição espacial da atividade econômica do Estado de São Paulo. A investigação deixava de ser um mero levantamento sobre os estabelecimentos para ser um estudo da caracterização da atividade econômica – daí o seu nome de Pesquisa de Atividade Econômica Paulista (Paep). Numa segunda etapa de trabalho, a equipe da Paep, com o apoio de alguns consultores, apresentou um projeto à Fapesp solicitando financiamento para contratar especialistas para o preparo de diversos *papers* temáticos. O projeto possibilitou a definição de um marco teórico para a pesquisa.

Para a discussão metodológica, externou-se o convite para várias instituições de pesquisa participarem do debate. Neste, sem dúvida, a contribuição fundamental veio do Instituto de Economia da Unicamp. Sua colaboração deu-se em muitas frentes, seja pelo Núcleo de Economia Social, Urbana e Regional (Nesur) – responsável pelo trabalho São Paulo no Limiar do Século XXI – com a participação ativa dos professores Carlos Américo Pacheco e Barjas Negri, junto com as professoras Áurea Davanzo e Rovena Negreiros, seja por meio do Núcleo de Economia Industrial e da Tecnologia (Neit), com Luciano

---

[60] Idem.

[61] Idem.

Coutinho e Ana Lúcia Gonçalves da Silva. De igual forma, notou-se a presença forte do Núcleo de Economia Agrícola (NEA) com José Graziano e Walter Belik, ao lado do Instituto de Geociências da Unicamp, com Ruy de Quadros, André Furtado, Sérgio Salles, e outros. A USP também colaborou, por intermédio da Fundação Vanzolini, do professor Afonso Fleury, da engenharia de produção da Escola Politécnica da USP, da Fundação Instituto de Administração (FIA) e a Fundação Instituto de Pesquisas Econômicas (Fipe), que designou o professor Sérgio Buarque de Holanda para auxiliar especialmente na área de mensuração econômica. Pelo Cebrap, contribuiu Alexandre Comin, economista com especialização na área de fusões e incorporações empresariais. Outros consultores também participaram em diversos momentos do processo de elaboração de temas e da estratégia de financiamento da pesquisa. Estão entre eles: Paulo Roberto Nassar de Oliveira, Mauro Sinder, Pedro Luís Nascimento e Silva, Rosa Maria Marques, Gildo Magalhães dos Santos Filho, Paulo Gonzaga Mibielli de Carvalho.

O quadro abaixo apresenta os temas e as instituições consultadas (EQUIPE TÉCNICA DA PAEP, 1999):

Temas	Instituições Consultadas
Novas Formas de Organização e Gestão do Trabalho	Dieese
Qualificação, Treinamento e Demanda de Mão-de-Obra	Dieese
Indicadores de Competitividade	Instituto de Economia - Unicamp
Inovação e Capacitação Tecnológica	Instituto de Geociências - Unicamp
Dinâmica Espacial e Regional	Instituto de Economia - Unicamp
Produtividade e Qualidade	Fundação Vanzolini - USP
Reestruturação Patrimonial	Cebrap
Serviços	Instituto de Economia - Unicamp
Mensuração Econômica	Fipe – USP
Bancos	Instituto de Economia - Unicamp

A dinâmica de trabalho envolveu reuniões regulares entre os técnicos do Seade e os das demais instituições, sobre temas específicos. Por exemplo, dois seminários contaram com a participação de todos os grupos: em dezembro de 1996, debateu-se a reestruturação produtiva e o seu impacto no mercado de trabalho, e, em março de 1997, discutiu-se a forma final dos questionários da nova pesquisa, a Paep. Os questionários resultaram de um meticuloso trabalho de investigação das experiências internacionais e nacionais para garantir, entre outras, a sua comparabilidade. Alguns técnicos da Fundação, por terem trabalhado na reestruturação do sistema de estatística econômica do IBGE, tiveram acesso direto às metodologias de outras instituições do gênero no mundo. Eles constataram a existência de inúmeras experiências na área, mas, na essência, trabalhando apenas com temáticas específicas sobre mensuração econômica e inovação tecnológica.[62] A proposta da Paep era mais ambiciosa e abrangente. Nesse período, a discussão metodológica fez-se apoiada nos professores do Instituto de Economia da Unicamp, Carlos Américo Pacheco, Barjas Negri e José Graziano; do Instituto de Geociências da Unicamp, Ruy Quadros; e do IBGE/Universidade Federal do Rio de Janeiro (UFRJ), Paulo Gonzaga.

A possibilidade e a necessidade de realizar a mensuração econômica decorreram de maneira quase imediata daquele período de carência de informações sobre a economia. Outrossim, do seu ângulo, o Seade precisava dirimir a tensão entre sua missão de órgão estatístico do estado paulista – aportar informação ao público –, e o contingenciamento de dados ocasionado pela crise do IBGE. Faltavam números precisos sobre a dinâmica das principais regiões, com indicadores para quantificar a velocidade, a intensidade e a abrangência dos processos de transformação da economia paulista. A Paep surge no fluxo de tais preocupações.

Reestruturação técnico-produtiva e inovação tecnológica

Segundo Luiz Henrique Proença Soares, coordenador-geral da Paep, "havia a percepção de que ao se abrirem as fronteiras da economia brasileira à competição internacional, produziram-se significativos impactos sobre as empresas. Rapidamente parecia disseminar-se o uso de novas tecnologias, em especial no tocante à informática, mas, igualmente, quanto aos novos métodos de organização da produção, novos requisitos para a contratação da força de trabalho, etc" (1999). No diagnóstico de Coutinho (1992) sobre essa reestruturação, as tendências da inovação no novo padrão de competitividade seriam:

[62] Idem.

- Predominância do complexo eletrônico, incorporando maior valor aos produtos e alterando as características do emprego e renda.
- Automação integrada flexível, que permite avanços nos processos de produção.
- A incorporação da microeletrônica causou profundas modificações no processo de trabalho, porque exige interação mais qualificada do trabalhador com o equipamento.
- Transformação das estruturas e estratégias das empresas. A evolução da tecnologia de informação permitiu, às organizações, o acesso a uma posição de mais controle das atividades e do ambiente, acirrando ainda mais a competitividade.
- As novas bases de competitividade exigem maior interação entre os diversos agentes envolvidos: empresas, instituições de pesquisa e universidades.
- Intensificação da globalização. Com a maior interação dos mercados financeiros, a formação das redes globais de gestão informatizadas permite flexibilidade e agilidade na coleta de informações sobre as mais diversas áreas e assuntos.
- Formação de alianças tecnológicas para estimular os processos de inovação, reduzindo os custos e a incerteza na busca do novo, e, também, como forma de difundir o modelo que moldará um novo padrão de competitividade.

Suzigan (1992) relacionou algumas características da indústria nacional no final dos anos 1980, como a defasagem tecnológica em vários aspectos: equipamentos, instalações, processos, produtos. Os gastos em Pesquisa e Desenvolvimento (P&D) eram excessivamente baixos, comparados aos dos países centrais, o que implicava a forte dependência tecnológica. O controle de qualidade caracterizava-se pela ineficiência, dado o grau de protecionismo dedicado às indústrias, e tornava-se uma restrição enorme para competir com outros países. Havia um grande atraso na implantação de modelos modernos de organização para dinamizar e reduzir custos das atividades das empresas. Finalmente, os relacionamentos entre usuários, fornecedores e trabalhadores situavam-se basicamente no âmbito mercantil, sem a busca de atividades ou informações cooperativas que permitissem ganhos de competitividade para as firmas.

Entretanto, aquela abertura havia forçado várias empresas a iniciarem algumas modificações. Essa reestruturação das indústrias, sob o ponto de vista qualitativo, já fora diagnosticada em uma investigação chamada *Estudos da Competitividade da Indústria Brasileira (Ecib)*. Esse trabalho, realizado em 1993 pela parceria do Instituto de Economia/Unicamp e Instituto de Economia e Indústria/UFRJ sob a coordenação dos professores Luciano Coutinho e João Carlos Ferraz, teve o financiamento do Ministério da Ciência e Tecnologia e do Banco Interamericano de Desenvolvimento (MCT/Bird). Na obra, os autores identificaram vários dos processos de reestruturação da economia brasileira[63] que contribuíram para melhorar a visão fragmentada, então disponível, sobre a indústria brasileira. Esse material foi bastante utilizado pela equipe da Paep, "como os resultados do Ecib ainda não estavam publicados, nós tirávamos cópias dos textos para estudar e alimentar nossas discussões. Construímos a Paep com base nesse estudo, com certeza, o mais inovador na época".[64] Por outro lado, a despeito do Ecib consistir em uma análise qualitativa importante, ficou evidente para a equipe a sua carência no aspecto quantitativo, mostrando a potencialidade de uma área de atuação a ser explorada.

Inovação tecnológica

A Paep foi a primeira abrangente pesquisa sobre inovação tecnológica no Brasil. No período, havia somente a investigação da Associação Nacional de Pesquisa, Desenvolvimento e Engenharia das Empresas Inovadoras (Anpei) sobre P&D, mas em universo reduzido de firmas e com uma proposta metodológica mais modesta. Em 1996, finalizou-se o questionário baseado nas diretrizes metodológicas da Organização para a Cooperação e o Desenvolvimento Econômico (OCDE) sobre as pesquisas de inovação, reunidas na obra conhecida como *Manual de Oslo*.[65] Essa convergência metodológica

[63] Os setores industriais analisados foram: agroindustrial; químico; metal mecânico; eletrônico; têxtil; celulose; papel e gráfica; materiais de construção. Os fatores estudados para cada setor foram: condicionantes macroeconômicos da competitividade; determinantes político-institucionais da competitividade; determinantes de natureza regulatória da competitividade; condições infra-estruturais da competitividade; condicionantes sociais da competitividade; condicionantes internacionais da competitividade.

[64] Entrevista com Maria de Fátima I. Araújo, em 7 de abril de 2003.

[65] Nessa abordagem a empresa é considerada inovadora se introduziu produtos ou processos tecnológicos novos ou modificados.

permitiu "conversar" com outras pesquisas sobre inovação tecnológica da mesma linha. No período entre 1994 e 96, efetuaram-se estudos comparativos dos processos de inovação tecnológica em São Paulo com os de outros países. Posteriormente, os estudos sobre o tema no Brasil seriam catalisados com a presença de Carlos Américo Pacheco na Secretaria Executiva do Ministério da Ciência e Tecnologia, motivando, inclusive, o IBGE para a criação de sua própria pesquisa de inovação.

Dinâmica territorial

Um terceiro aspecto importante, para a Paep, decorreu da idéia de que estaria ocorrendo um forte processo de migração das indústrias em direção ao interior do estado. A idéia corrente era que as empresas transferiam-se cedendo às vantagens fiscais oferecidas pelos municípios, mas, ao mesmo tempo, para se refugiar dos movimentos sindicais da classe operária facilitados pela concentração de empresas na RMSP. Por isso, um dos principais méritos da Paep remete ao seu empenho em desenhar uma amostra que permitisse a desagregação das informações pelas regiões do estado paulista, verificando as diferenças entre as diversas áreas, a sua importância na economia estadual e as suas potencialidades.

O desafio dos indicadores demográficos

Indubitavelmente, a nova dinâmica instituída na Fundação nos anos 1990 afetou todas as suas áreas. Não foi diferente com a Diretoria Adjunta de Estudos Populacionais (Daep), herdeira da longa tradição do Geade em pesquisas sobre a população. As mudanças tiveram início em 1991, quando Carlos Eugênio Ferreira substituiu Neide Patarra no comando dessa diretoria. As reformas na estrutura funcional da entidade, caracterizadas principalmente pela criação das gerências e extinção dos departamentos teriam muita importância nesse contexto. Um dos reflexos diretos foi a incorporação da Gerência de Populações (Gepop), composta pelas Divisões de Indicadores, de Análise Demográfica e de Projetos Especiais, na estrutura da Daep. Nesse sentido, foram reestruturadas as funções operacionais, tanto as manuais como as informatizadas, de todas as rotinas ligadas à produção e geração de indicadores demográficos, objetivando atingir maior agilidade e reduzir os prazos de processamento e disponibilização das informações.

Em 1993, ocorre a implantação do Sistema de Informações de Mortalidade por Causas de Morte, desagregadas por idade, sexo e municípios. Nessa época, o arquivo completo com os dados de óbitos encontrava-se armazenado em um computador de grande porte da Prodesp, o que dificultava sua utilização. Esse problema foi solucionado com a instalação de microcomputadores no Seade, possibilitando que os sistemas de recuperação de dados fossem desenvolvidos internamente. O novo processo permitiu o rápido acesso, por disquetes, às informações necessárias para o monitoramento das condições de saúde da população pela Secretaria de Saúde do estado. No mesmo ano, também, se iniciou a exploração dos dados hospitalares, com base nas Declarações de Nascidos Vivos. Usando essas informações como referência, montou-se o Sistema de Informações sobre Nascidos Vivos, que permite a emissão de relatórios mensais, por município, de variáveis relevantes associadas à saúde materno-infantil.

A divulgação dos dados do Censo de 1991 tornou possível a revisão dos cálculos das estimativas populacionais, possibilitando também a elaboração de estudos e a montagem de um banco de dados com as projeções para a década de 1990. Nesse mesmo período, desenvolveu-se o Sistema de População, em disquete, com informações populacionais para a década de 1980 e para os primeiros anos do decênio seguinte. Os dados estavam desagregados por sexo, situação do domicílio e municípios do estado. O reconhecimento da competência da Diretoria de População, sobretudo na construção metodológica do tratamento de dados demográficos, permitiu o estabelecimento de um convênio com o International Development Research Center (IDRC) do Canadá, visando a exploração de uma metodologia adequada para captar as informações sobre a mortalidade infantil no Nordeste brasileiro, local onde os sistemas de coletas eram precários.

Outro projeto desenvolvido na forma de convênio, dessa vez com a Fundacentro, objetivava identificar, quantificar e caracterizar os trabalhadores que sofreram um acidente de trabalho fatal. Nesse sentido, o cerne da investigação consistia na avaliação demográfica e epidemiológica dos acidentes de trabalho, utilizando as declarações de óbitos e complementando com informações coletadas no Instituto Nacional de Seguridade Social (INSS). Inicialmente, o estudo cobriu a análise da mortalidade por acidentes de trabalho no Município de São Paulo, no período entre os anos de 1991 e 1992. Em seguida, o estudo foi realizado nos municípios do interior do estado paulista.

A evolução da PCV

Por sua vez, a Pesquisa de Condições de Vida (PCV) continuava. Não resta qualquer dúvida que a sua criação havia sido um dos pontos marcantes da história do Seade. Sua importância pode ser atestada pelas discussões que sua moderna metodologia suscitou no cerne da sociedade brasileira, provocando o debate sobre os índices de pobreza e exclusão social de nosso País. Desenvolvida e executada inicialmente no final da gestão de Márcio Percival Alves, esse trabalho consolidou-se definitivamente nos anos 1990. Após a sua primeira edição, a PCV, a exemplo da PED, também foi bastante assediada para a realização em outros estados, mas, aparentemente, os custos não permitiram o avanço das negociações, naqueles tempos de escassez de recursos.[66] De qualquer modo, o *Relatório de Atividades* de 1991 informa a realização de convênios no âmbito da OIT (1991), e da Fundação Ford (1991-1992) para apoio financeiro à disseminação da metodologia da PCV para outros estados.

Em sua segunda edição, realizou a pesquisa entre maio e outubro de 1994, passando a incluir todos os municípios paulistas com mais de 80 mil habitantes em sua área urbana. Atendendo algumas demandas de instituições governamentais, incorporaram-se novos temas, como aquele sobre os meios de transporte. Nesse sentido, merece salientar a colaboração da Fundacentro, que permitiu efetuar um trabalho pioneiro na PCV com a introdução de vários quesitos sobre a ocorrência de acidentes de trabalho e doenças profissionais.

Essas adaptações estavam de acordo com as novas diretrizes adotadas pela gestão de Pedro Paulo, visando fornecer informações úteis ao usuário, o que só se tornava possível graças à abordagem multissetorial da pesquisa, uma importante inovação, pois a produção de estatísticas ligava-se tradicionalmente ao trabalho setorial. Nessa versão da PCV, devido à preocupação com o desemprego e a pobreza de seu município, o então prefeito de Campinas, José Roberto Magalhães Teixeira, estabeleceu um acordo de cooperação e integração de esforços com o Seade, de forma a inserir uma amostra adicional, da ordem de dois mil domicílios. Os principais resultados, divulgados em 1994, exclusivos para o município, permitiram traçar o quadro da heterogeneidade da situação socioeconômica das

[66] Entrevista com Annez Andraus Troyano, em 3 de fevereiro de 2003.

famílias de Campinas no qual se classificou 21,7% como pobres e 7,4% como miseráveis.

A rigor, a edição de 1998 da PCV deveria ser exposta no próximo capítulo. Todavia, como constitui um bloco homogêneo com o tema exposto nesta seção, junto com o fato de ela ter sido realizada no mandato – o segundo – do mesmo diretor-executivo Pedro Paulo Martoni Branco, achamos conveniente discuti-la aqui. Na versão de 1998, a PCV ampliou sua abrangência espacial no Estado de São Paulo para os municípios com população urbana maior do que 50 mil habitantes. Também alargou o escopo temático, que alcançou nove seções: aspectos demográficos; caracterização das famílias; condições habitacionais; situação educacional; inserção no mercado de trabalho; renda e patrimônio familiar; acesso a serviços de saúde; portadores de deficiência; e vítimas de crime. Essas duas últimas dimensões foram incorporadas à investigação devido à grande demanda por esse tipo de informação dirigida à Fundação por instituições públicas e privadas.

Além disso, acompanhando a tendência comum em pesquisas domiciliares de outros países, introduziram-se quesitos sobre eventuais dificuldades de pagamentos de despesas correntes, como alimentação, aluguel ou prestação da moradia, contas de água, luz e gás, além de prestações de bem duráveis adquiridos a prazo. Um outro aspecto inovador, dessa edição, dizia respeito aos cuidados adicionais para garantir a comparabilidade de indicadores com outras instituições do gênero, no âmbito da América Latina. Finalmente, com o objetivo de atender à demanda do Programa das Nações Unidas para o Desenvolvimento (Pnud) e do Instituto de Pesquisa Econômica Aplicada (Ipea),[67] a PCV-98 introduziu em seu levantamento, uma série de questões visando obter informações sobre o acesso da população a bens e serviços coletivos, total ou parcialmente subsidiados pelo Poder Público.

Como uma pesquisa extremamente complexa, a PCV encontrou algumas dificuldades orçamentárias, nos anos posteriores, para sua integral realização. Ela integrou-se aos sistemas estruturantes da Fundação Seade e, atualmente, tem forte participação na geração de recursos da Instituição. Por exemplo, em 2002, efetuou uma Pesquisa de Condições de Vida para a CDHU, nos municípios da região de São José do Rio Preto com menos de 50.000 pessoas. Em todas as edições, ocorreram algumas modificações de-

[67] Instituições às quais a Fundação Seade associou-se no âmbito do projeto Avaliação da Incidência e do Impacto Distributivo dos Gastos Público e Social, por Estratos de Renda.

correntes de um aperfeiçoamento pretendido pela equipe responsável pela pesquisa, ou devido a alguma demanda externa, e mesmo alguma perda relacionada à restrição orçamentária.[68] Porém, fundamentalmente, todas as edições primaram por um aspecto: o cuidado em garantir a série histórica dos indicadores mais importantes.

Seria praticamente impossível tentar aquilatar o impacto dos dados da PCV, nas políticas públicas, tal a complexidade e extensão dos desdobramentos de uma pesquisa dessa natureza. Mas a professora Sônia Draibe, uma de suas consultoras e constante usuária dos dados da pesquisa, relata que, em trabalho realizado para a Companhia do Metrô de São Paulo, utilizou os dados da PCV para conhecer o impacto dos investimentos naquele meio de transporte, na vida social de bairros e regiões. Segundo ela, esse estudo foi um dos fundamentos para o BID aprovar o financiamento para uma nova linha de metrô. Em outro exemplo, a professora cita a importância da PCV-94 para o Plano Diretor de Campinas e a implantação do Programa de Renda Mínima na cidade.[69]

A PCV na Organização Internacional do Trabalho (OIT)

Um dos aspectos fundamentais da PCV foi a adoção do seguinte pressuposto em sua concepção: a indissociabilidade da pesquisa de mensuração e do instrumento na formulação de política pública. Pela sua base de dados, as autoridades do município no qual se realizou a pesquisa podem identificar os miseráveis junto com as informações necessárias para estabelecer uma política de auxílio integrada e/ou setorial.[70] Essa característica da PCV, em parte, surgiu como uma resposta às políticas públicas absolutamente desarticuladas, provenientes de cadastros independentes de diversos órgãos públicos, que não só impossibilitam a inclusão socioeconômica de uma família, como não conseguem impedir a continuidade da reprodução do padrão de pobreza. De acordo com Annez Troyano, esse aspecto de instrumentalizar a geração de políticas públicas foi muito bem recebida pela OIT, a tal ponto de formalizar o reconhecimento da PCV internacionalmente.

---

[68] Entrevista com Sônia Nahas, em 7de agosto de 2002.
[69] Jornal do Seade. Ano 6, nº 37, jan./fev. 1999.
[70] Entrevista com Annez Andraus Troyano, em 3 de fevereiro de 2003.

Documento da OIT

Em 1994, o Instituto Internacional de Estudos do Trabalho, da Organização Internacional do Trabalho (OIT/ONU), lançou, para todos os países, uma publicação em inglês, sobre a PCV da Fundação Seade. Em seu prefácio, está assim escrito: "o Instituto Internacional de Estudos do Trabalho da OIT tem enfatizado a necessidade de explorar a heterogeneidade dos mercados de trabalho e da pobreza e suas relações. Embora na América Latina exista farta literatura e muitos bancos de dados, é ainda necessária uma análise mais adequada para estabelecer as explicações para a relação entre trabalho e pobreza (...) O Instituto Internacional de Estudos do Trabalho acredita que o projeto desenvolvido pela Fundação Seade para estudar as condições de vida da população e as suas relações com o trabalho é interessante porque tenta ir além das tradicionais abordagens unidimensionais. Essa pesquisa propõe uma descrição mais sensível de como o mercado de trabalho está estruturado e sua participação na criação e reprodução da pobreza (...) acreditamos que será de grande interesse para analistas e instituições que trabalham com mercado de trabalho e pobreza em contextos semelhantes" (FOUNDATION INTERNATIONAL INSTITUTE FOR LABOUR STUDIES, 1994).

Esse reconhecimento da PCV, pela ONU, como referência na área de mensuração da pobreza, em nível mundial, de certa forma também foi extensivo à PED, porque corresponde ao módulo de mercado de trabalho da PCV. Destarte, a Fundação Seade ganhou o reconhecimento da mais importante entidade internacional para as suas principais pesquisas. Tratava-se de mais uma prova da excelência da Instituição e dos significativos avanços que ela vinha alcançando sob a gestão do diretor-executivo Pedro Paulo.

junho, mas número de empreendi
dia empresa muda
estimento em São
ança
s de investimentos em SP - 1º semestre (US$ bilhões)
US$ 15,4 bi
US$ 6,9 bi
2001
2002
Araçatuba e Bauru melhoram posição no
Araçatub
Interior
5,0
3,6
Diversos municípios (*)
3,3
0,3
politana
7,0
2,8
Agricultura e outros (**)
0,04
0,001
Serviços
9,3
3,4
Comércio
0,1
Indústria
Posição no ranking (im
Ano
Regiões
Metropolita
1º
S. J. d
4º
nicípio ** silvicultura e setores sem definição
municações, e a
librar co-

Seade aponta maior presença feminina no mercado

PESQUISA: A inserção das mulheres no mercado formal de trabalho cresceu mais do que a dos homens no Estado de São Paulo entre 2000 e 2002. Mas elas continuam recebendo salários inferiores, se considerada a média de rendimentos, segundo pesquisa divulgada ontem pela Fundação Sistema Estadual de Análise de Dados (Seade).
Dos 514,3 mil empregos criados no período, 54% foram ocupados por mulheres, o que aumentou em 1 ponto porcentual sua participação no total dos empregos existentes. Em 2002, essa participação passou a corresponder a 38,9%, o que, em termos absolutos, equivale a 3,3 milhões de empregos, em relação aos 5,2 milhões ocupados por homens.
O levantamento mostra que o salário médio recebido pelas mu...

FOLHA DE S.PAULO — DINHEIRO — quarta-feira, 16 de junho de 2004

SEM PUJANÇA *Empresas de cidades da região metropolitana perdem peso e passam a contribuir menos para o PIB naciona...*

Riqueza da indústria de SP vai para o interior

ADRIANA MATTOS
DA REPORTAGEM LOCAL

Caiu a participação da região metropolitana de São Paulo, que inclui a capital, no valor total da riqueza gerada pela indústria no Estado. Cidades como Campinas, São José dos Campos, Franca e Bauru, que compõem o chamado "entorno metropolitano", expandiram o seu peso nessa conta.
Os dados fazem parte da Paep (Pesquisa da Atividade Econômica Paulista) apresentada pela Fundação Seade.
Pelo levantamento, em 1996 a cidade de São Paulo era responsável por 33,1% do valor adicionado total das empresas no Estado. Em 2001, a taxa caiu para 28,8%. ...

Mulheres negras concentram renda menor e desemprego maior em SP

A2 | Valor | Quinta-feira, 30 de agosto de 2001

Débora Guterman
De São Paulo

O desemprego, que apresenta taxas crescentes, tem sido ainda mais expressivo entre a população negra e, em especial, entre as mulheres negras. Na hierarquia do mercado de trabalho, são os homens não-negros os que possuem as menores taxas de desemprego, de 17,2%, seguidos pelas mulheres não-negras, 18,9%, pelos homens negros, 19% e, finalmente, pelas mulheres negras, 25,1%.
Pior: a diferença entre os sexos vem aumentando, uma vez que o ritmo é mais acelerado para as mulheres do que para os homens, com variação, no período, de 36,6% e de 27,1%, respectivamente. Em 2000, na comparação entre as raças, a população negra apresenta uma taxa de desemprego de 21,7%, enquanto a não-negra, de 15,7%.
Esse é a conclusão do primeiro estudo sobre o mercado de trabalho, sob a perspectiva de gênero, e abrange a Região Metropolitana de São Paulo. Realizado pela Fundação Seade, será apresentado na 3ª Conferência Mundial contra o Racismo, Discriminação Racial, Xenofobia e Formas Conexas de Intolerância, promovida pela Organização das Nações Unidas a partir de amanhã e que vai até o dia 7.
A disparidades entre gênero e raça se estendem na comparação dos rendimentos médios. As trabalhadoras negras recebem 54% do valor pago às não-negras e, no paralelo entre os homens, o percentual é de 52%. Nem mesmo para os trabalhadores negros com maior escolaridade a realidade fica mais branda. As mulheres não-negras com ensino superior completo recebem 65% do rendimento dos homens não-negros com igual nível de instrução. E o valor pago aos ocupados negros corresponde a 64% do recebido pelos não-negros com mesmo grau de instrução. "Apesar de as mulheres terem nível de instrução maior que o dos homens, sejam negras ou não, elas ocupam os postos de trabalho mais vulneráveis", observa a gerente de análise socioeconômica do Seade, Paula Montagner.
Em relação às ocupações, 52,6% das mulheres negras exercem postos de trabalho precários, incluindo assalariados sem carteira, autônomos e empregados domésticos. O índice cai para 36,9% entre as não-negras.
"A participação crescente de homens e mulheres negros na segunda metade dos anos 90 não reflete a menor discriminação e sim que eles têm ocupado postos de trabalho mais vulneráveis e, ainda, possuem rendimentos baixos, o que os leva a procurar trabalho mais cedo do que os não-negros", comenta Paula. Em 2000, a população negra, que representa 31,6% da população economicamente ativa (PEA), concentra 39% do total de desempregados.
A região metropolitana de São Paulo é a que tem maior concentração de negros, respondendo por 33% da população... 17,4 milhões...

Desemprego é maior entre negros
E as mulheres negras têm sido ainda mais atingidas*

Situação Ocupacional	Homens e Mulheres	Mulheres Total	Negras(1)	Não-negras(2)	Homens Total	Negros(1)	Não-negros(2)
PEA 1995	100	100	100	100	100	100	100
Desempregados	13,2	15,3	17,8	13,9	11,8	14,9	10,2
Ocupados	86,8	84,7	82,2	86,1	88,2	85,1	89,8
PEA 2000	100	100	100	100	100	100	100
Desempregados	17,6	20,9	25,1	18,9	15	19	13,2
Ocupados	82,4	79,1	74,9	81,1	85	81	86,8
Índice de Crescimento** Desempregados	146,6	159,7	155,2	162,8	134,5	125,7	140,9

Fonte: SEP. Convênio Seade-Dieese. Pesquisa de Emprego e Desemprego — PED. "Na Região Metropolitana de São Paulo, no período de 1995 a 2000

Brasil

Políticas regionais Valor cai 55% até junh...

Interior e média ... perfil do investi...

Gustavo Faleiros
De São Paulo

Os planos de investimento do Estado de São Paulo sofreram importantes mudanças no primeiro semestre de 2002. Em relação ao ano passado, eles diminuíram em 55%, passando de cerca de US$ 15,5 bilhões para US$ 6,9 bilhões. Contudo, o que mostra a pesquisa inédita da Fundação Sistema Estadual de Análise de Dados (Seade) é que também o perfil dos empreendimentos se alterou. Eles passaram a ser feitos pelas pequenas e médias empresas e se dirigem cada vez mais para o interior.
O número de empreendimentos anunciados aumentou...

Falta de confiança — Queda dos anúncios de investimentos em...

GAZETA MERCANTIL
ESTADO DE SÃO PAULO

SÃO PAULO, SEGUNDA-FEIRA, 13 DE ...
ANO V - Nº 1022

ABC perde investi... aponta pesquisa do ...

Recursos investidos na região caíram 65% no a...

Marcelo Moreira
de São Bernardo

Os "evasionistas", aqueles que defendem que o ABC está acabando por conta da perda de riquezas e da fuga de empresas para outras regiões, ganharam mais força na última semana com a divulgação da pesquisa Investimentos Privados Anunciados no Estado de São Paulo de 2001, da Fundação Seade (Sistema Estadual de Análise de Dados). Na comparação com o ano anterior, os dados são aterradores para o ABC: uma queda de 65% no investimento das empresas.
As companhias em geral anunciaram intenção de investimento de US$ 665 milhões na região em 2001. Em 2000, o valor chegou a US$ 1,9 bilhão. O valor aplicado cai desde 1999, embora o número de empreendimentos tenha permanecido o mesmo na indústria e aumentado em comércio e serviços. Em resumo, a região ficou em 2001 com apenas 0,28% dos investimentos do estado. O levantamento do Seade é baseado nas intenções de investimentos privados, coletadas em reportagens publicadas nos principais jornais do País. Os dados são posteriormente confirmados nas empresas.
As explicações sobre os motivos da queda de investimentos são conheci...

US$ 143 milhões em 2000 para US$ 157 milhões no ano passado.
O montante anunciado para o comércio também dobrou sua participação, de 2% para 4%, embora o volume de recursos tenha caído 37%, de US$ 43 milhões para US$ 27 milhões. Aqui, se verifica a mesma questão, já ...

Fuga de capi...
Intenção de investimento e... (em US$ milhões)
2000 / 2001
ABC 1.900 / 665; Indústria 1.700 / 480; Serviços 157 / 143; Comércio 27 / 43
Fonte: Seade

Mais mulheres conseguem emprego

GAZETA MERCANTIL — SEXTA-FEIRA, 27, E FIM DE SEMANA, 28 E 29 DE OUTUBRO DE 2000

Raymundo de Oliveira
de São Paulo

A pesquisa Mercado de Trabalho Feminino no Estado de São Paulo no período de 1994 a 1998, divulgada ontem pela Fundação Seade/Dieese, mostra que a participação da mulher no mundo profissional passou de 47,3% para 50,9%. A maior parte das pessoas hoje no mercado de trabalho (71,4%) têm idade entre 25 e 39 anos. Nestes quatro anos, entraram no mercado de trabalho 849 mil mulheres, 536 mil a mais do que homens. Entre os homens, a taxa de participação recuou de 74,3% para 72,3%. A pesquisa também revela que o número de mulheres exercendo cargos de direção e planejamento aumentou de 12,8% em 1994 para 15,1% em 1998, e diminuiu a diferença entre salários de homens e mulheres. O rendimento médio das mulheres subiu de R$ 553, em 1994, para R$ 712 em 1998. Entre os homens, a participação nos cargos de chefia passou de 15,6% para 18,2% e o rendimento médio saltou de R$ 1.000 para R$ 1.108. Segundo a coordenação da pesquisa, o maior número de mulheres e homens em cargos de chefia ocorreu pela maior oferta destes postos, já que mais empresas se instalaram no estado.
Nas funções consideradas semi-qualificadas e não-qualificadas, a participação das mulheres recuou de 26% e 21,7% para 21,3% e 19,9%, respectivamente, e entre os homens a queda na participação em cargos desqualificados foi menor, de 39,3% e 9,4% para 36,8% e 9,1%, respectivamente. O nível de ocupação das mulheres aumentou 12,1% em quase todos os segmentos produtivos, exceto na indústria, enquanto que para os homens o incremento foi de apenas 2,1%. Com mais mulheres procurando emprego, a taxa de desemprego feminino registrou aumento de 25,2% nos quatro anos pesquisados. Para os homens, o aumento na taxa foi de 16,5%.

Força feminina
Participação das mulheres no mercado de trabalho

Indicadores	1994	1998
Taxa de participação (em %)		
Mulheres	47,3	50,9
Homens	74,3	72,3
Taxa de Desemprego Total (em %)		
Mulheres	15,9	19,9
Homens	12,3	14,3
Tatal de Ocupados (em 1.000 pessoas)		
Mulheres	10.185	10.799
Homens	4.052	4.540
Rendimento Médio (em R$)*	6.133	6.259
Mulheres	822	937
Homens	553	712
	1.000	1.108

Fonte: Fundação Seade. Pesquisa de Condições de Vida - PCV
*Inflator utilizado: ICV-Dieese. Valores em reais de fevereiro de 2000

Capítulo VI

A era dos desafios – novas pesquisas

Tempos difíceis

Naquele dia 19 de dezembro de 1994, a recepção festiva aos novos funcionários parecia consagrar um momento histórico para a Fundação Seade. Poderia muito bem ser a coroação do trabalho da Diretoria-Executiva em seu esforço de reformulação da entidade. Dessa forma, com a superação dos problemas estruturais existentes vislumbrar-se-ia um futuro promissor para a Instituição. Era essa a impressão reinante, mas não passava de um equívoco. Tratava-se apenas de um período de calmaria, que antecede a tempestade. Algo ameaçador surgia no horizonte, originário da área governamental. Mais uma vez, os problemas conjunturais do estado paulista afetariam de maneira repentina e violenta o Seade.

Quando o governo de Mário Covas assumiu o poder, em 1º de janeiro de 1995, encontrou uma situação financeira caótica e desastrosa. A herança recebida somava uma dívida de US$ 58 bilhões, cinco vezes a receita tributária anual do Estado de São Paulo. Sequer existiam recursos para saldar a folha de pagamentos do funcionalismo estadual; o atraso médio no pagamento aos fornecedores superava seis meses; mais de 2,3 mil obras estavam paralisadas, com pagamentos atrasados em até cinco anos. As dívidas cresciam explosivamente por conta de juros, que não eram pagos. Contudo, a gravidade da situação financeira do Estado não se constituía uma novidade.

Um pouco antes, no governo anterior, no final do ano de 1994, o Banco do Estado de São Paulo (Banespa) sofrera intervenção do Banco Central, devido à sua situação de insolvência. Os créditos "duvidosos" concedidos nas gestões anteriores causaram uma perda financeira quase irrecuperável do estabelecimento bancário oficial do estado mais rico da Nação. A dívida do Banespa chegava a US$ 11 bilhões, originária não só por ter coberto o *déficit* do Estado, mas, também, motivada por empréstimos não pagos por empresas privadas. Esse tipo de calote acentuara-se na gestão anterior, alcançando a astronômica quantia de US$ 7 bilhões. O Banco Central estava coberto de razão, ao realizar a intervenção.

Diante da precária condição econômica encontrada, o governador Mário Covas anunciou, em 15 de janeiro de 1995, a aplicação de um ajuste fiscal profundo. Segundo o então secretário da Fazenda, Yoshiaki Nakano, as medidas de ajuste basicamente vinham para consolidar a dívida e equilibrar o orçamento. Além disso, adotou-se o lema "só se gasta o que se arrecada" (NAKANO, 1998). Entre as medidas de urgência adotadas, foram verificadas as alternativas para aumentar a arrecadação, com a reorganização dos mecanismos de fiscalização e modernização do aparelho estatal. Porém, apesar do desequilíbrio fiscal e da alta dívida estadual causar desconforto e inquietação nos altos escalões do Poder Executivo paulista, havia expectativas positivas, oriundas principalmente de Brasília. Naquele momento, a Presidência da República passava a ser ocupada por um antigo companheiro de partido de Mário Covas, Fernando Henrique Cardoso, que assumia a chefia do Governo Federal respaldado pelo sucesso do Plano Real, responsável pela estabilização da economia nacional.

O Plano começara em março de 1994, durante a gestão do Presidente Itamar Franco, segundo as linhas mestras traçadas pelos economistas Pérsio Arida e André Lara Resende, em um trabalho acadêmico. Nele, rejeitava-se o tratamento de choque da economia, como congelamentos de preços e salários, utilizados nos fracassados planos anteriores, mas estabelecia estágios sucessivos, para atingir o patamar de estabilização. No primeiro estágio, foi criada uma nova referência monetária, a Unidade Real de Valor (URV), para a qual todos os preços foram convertidos. Com tal medida, a expectativa da equipe econômica comandada por Fernando Henrique, então ministro da Fazenda, era que se iniciasse o retrocesso da "inflação inercial", um fenômeno decorrente da chamada cultura inflacionária vigente naquele momento no País. O segundo estágio marcou a conversão da moeda, baseada na URV, que passou do cruzeiro para o real, com a paridade de um para um em relação ao dólar. Além disso, aumentou, expressivamente a taxa de juros, com o objetivo de conter o consumo exacerbado – fato acontecido no Plano Cruzado – e, ao mesmo tempo, atrair o capital externo para captação de dólares, graças à remuneração elevada, e, dessa forma, viabilizar a sustentação da economia nacional com moeda forte.

Sem dúvida, o Plano Real fora um sucesso na estabilização da moeda e contenção da inflação. Se, em julho de 1994, a inflação era de 46%, em dezembro do mesmo ano ela havia baixado para 0,6%, e mantinha-se a paridade entre o dólar e o real. Entretanto, os remédios utilizados para obter esses resultados ocasionaram efeitos colaterais. A política de juros implementada para conter a inflação sufocava a economia e trazia um ônus demasiado para as empresas nacionais, refletindo na sociedade como um todo, com o declínio na geração de novas oportunidades de trabalho. Em todo caso, a tão sonhada estabilização financeira rendeu frutos políticos, alicerçando a candidatura de Fernando Henrique Cardoso à Presidência da República. Eleito, ele consolidou o controle inflacionário, porém, não conseguiu promover a retomada do crescimento econômico, uma das promessas da sua campanha eleitoral. Isso se tornou alvo de intensas críticas e seria o epicentro de um enorme debate, dentro do governo, entre os monetaristas e os desenvolvimentistas. Os monetaristas amparados pelo sucesso no combate à inflação saíram amplamente vitoriosos.

Esse desfecho não fugia muito ao que estava acontecendo no cenário latino-americano. A implantação do receituário neoliberal, que fora inaugurado na era Collor, no País, agora estava em pleno vigor nos países vizinhos. A nova ordem do dia passava pela flexibilização de contratos de trabalho, privatizações, reforma do Estado, diminuição do aparelho estatal e poucos se animavam a discordar. Afinal, eram tais ajustes que o FMI condicionava para continuar a conceder os empréstimos para as economias fragilizadas da maior parte do continente americano. No Brasil, igualmente, várias medidas foram adotadas para consolidar a abertura de mercado, enquanto outras objetivavam subtrair algumas das conquistas sociais instituídas pela Assembléia Constituinte de 1988. De acordo com os novos gestores brasileiros elas opunham-se às novas necessidades do Estado moderno dos tempos de globalização. A adoção praticamente irrestrita das fórmulas do FMI serviu para que o País se inserisse no mercado financeiro internacional, tornando-se atraente para investimentos. Por outro lado, aquele processo expunha o País a ser mais suscetível aos sucessivos abalos decorrentes das crises internacionais e sua dependência de um "capital volátil", que, a qualquer momento, ameaçava as reservas nacionais.

No tocante ao Seade, algumas ações do governo trouxeram resultados dramáticos. Muitos se relacionavam com a onda de reformas sob o receituário neoliberal lançada pelo Executivo. É bem verdade que, em geral, elas não chegaram a bom termo. Embora temas como a reforma tributária, política e previdenciária recebesse manchetes da mídia, nenhuma se concretizou por inteiro. Mas, em uma, – aquela dirigida para a diminuição do Estado – os senhores do poder conseguiram avançar de forma significativa. Um de seus alvos dirigia-se à morosa e gigantesca burocracia estatal. Para transformá-la, criou-se o Ministério da Reforma Administrativa do Estado (MRAE), com o objetivo reduzir o aparelho estatal e promover o corte de gastos públicos. Em tal conjuntura, como esforço para obter uma estrutura mais ágil, tanto no nível federal quanto no estadual, intensifica-se a implantação da informática em todos os níveis – o chamado e-gov – na burocracia governamental.

Sistema Estratégico de Informações (SEI), um retorno?

O Estado de São Paulo também teria o seu governo eletrônico, com um programa de informatização associado, inclusive, como uma forma de melhorar o controle orçamentário. Implementou um moderno Sistema Estratégico de Informações (SEI), como instrumento de gestão, em busca de um modelo gerencial eficiente. O SEI atendia a uma necessidade verificada logo nos primeiros dias de governo, quando os integrantes do primeiro escalão defrontaram-se com a inexistência de informações para a tomada de decisões. O novo órgão deveria promover:

- a disponibilização de informações públicas de interesse da sociedade e melhorias na eficácia da prestação de serviços;
- a interação entre membros dos grupos executivos;
- a integração das ações governamentais;
- o controle, a avaliação e o ajustamento das ações governamentais;

Com o intuito de viabilizar esse modelo, constituiu-se o Grupo de Coordenação da SEI, formado pela Prodesp, Fundação Seade, Fundação Prefeito Faria Lima - Cepam, Fundap, Emplasa e Secretaria do Governo de Gestão Estratégica, que centralizava os trabalhos. Na área operacional, a

SEI determinou a instalação de uma rede de informática, centralizada no Palácio dos Bandeirantes, com conexões em todas as secretarias. Ao observar as finalidades e os atributos da nova entidade, muita gente ficaria perplexa. A criação do Sistema Estadual de Dados, em 1976, também não tivera os mesmos objetivos e características? Embora não contasse com o suporte tecnológico da telemática dos anos 1990, o Seade desempenhara bem o seu papel, fundamentado sobre pressupostos metodológicos sólidos estudados e concebidos de acordo com um amplo diagnóstico sobre o uso da informação nas secretarias do estado. Não bastaria a sua modernização, sobretudo do ponto de vista computacional, para exercer a mesma função do recém-criado organismo?

Uma resposta a tal indagação poderia ser a má fama das fundações naquele tempo. Não havia qualquer disposição do governo de Covas em fortalecer e expandir órgãos com tal rubrica. A fala do professor Carlos Antônio Luque, na ocasião ocupando uma posição privilegiada para acompanhar esse processo de saneamento das contas públicas estaduais, e, ao mesmo tempo, fazendo parte do Conselho Curador da Fundação Seade, não proporciona qualquer dúvida: "Naquele momento, havia uma visão generalizada na Administração Direta de que as fundações eram demasiadamente independentes – essencialmente baseadas no desenvolvimento de projetos próprios que, eventualmente, não atendiam aos interesses do governo –, sem um vínculo mais expressivo com as secretarias. Por outro lado, dentro da hierarquia dos salários na máquina pública, os maiores salários estavam nas empresas estatais e fundações. Em conseqüência desses fatores, criou-se uma visão negativa dessas entidades na Administração Direta, o que, naquela conjuntura, acabou precipitando uma situação difícil para as fundações. Isto marcou um nível de exigência elevado para estas instituições ajustarem suas despesas".[1] Na verdade, a precariedade da situação não permitia qualquer tergiversação, como relembra o professor Luque: "Não havia recursos nem para cobrir a folha de pagamento de funcionalismo público, que foi dividida em três parcelas. Esse estado de coisas atingiu todos os órgãos públicos do Estado de São Paulo".[2]

De qualquer modo, junto com o processo para a nova estruturação operacional e atualização tecnológica, o governo de Covas ia aplicando

[1] Secretário-adjunto da Secretaria de Economia e Planejamento do Estado de São Paulo, de 1996 a 2005. Entrevista realizada em 28 de março de 2003.

[2] Idem.

medidas de ajuste e os resultados foram aparecendo. O impacto das medidas de restrição orçamentária pode ser aquilatado ao se constatar o seguinte: de dezembro de 1994 a outubro de 1998, o número de funcionários públicos diminuiu em 20%, o que significa, em números absolutos, 200 mil funcionários públicos a menos. E o ajuste orçamentário não se restringiu apenas na diminuição do *headcount* do funcionalismo público. Segundo Yoshiaki Nakano, "outro grande item objeto de cortes, foi a transferência de recursos para as fundações, autarquias e empresas, que representam muitas vezes interesses corporativistas setoriais e cujo fechamento não faria diferença alguma na administração estadual" (NAKANO, 1998).

Assim, o governo de Covas determinou o corte de 30% na transferência de recursos orçamentários para as Fundações, seguido de orientação para diminuir o custeio das instituições, o que foi obtido em 7%. Diante do fato, o diretor-executivo Pedro Paulo tomou a decisão de gerar recursos próprios pelo Seade para fazer frente às inevitáveis crises orçamentárias que se desenhavam. Interessante observar que o governo de Covas, com grande probabilidade, não aprovava tal conduta, porquanto, a sua idéia seria fazer diminuir o tamanho da entidade para se ajustar ao corte de verbas. Pelo menos, era essa a percepção do corpo diretivo da Fundação.

A crise na Fundação

O corte orçamentário determinado por Covas provocou um início de crise na Fundação Seade. A dinâmica adquirida no início dos anos 1990 sofreu um golpe quase mortal, provocando um ponto de inflexão na trajetória da entidade. A situação tornara-se bastante complexa, em um curto espaço de tempo. Mas não é exatamente nos momentos de grandes dificuldades que surgem as inovações mais engenhosas? Evidente que, para isso, era necessária a existência de uma equipe altamente gabaritada, capaz de se adaptar aos mais diversos cenários. E era esse o caso da Entidade de nosso estudo. Segundo algumas pessoas do alto escalão da Instituição, naquele período, um dos fundamentos que permitiu à Fundação Seade absorver parcialmente o impacto foi, sem dúvida, a criatividade em suscitar novas alternativas para aumentar as receitas e diminuir as despesas.[3]

[3] Entrevistas com José Max Reis Alves, em 29 de julho de 2003, e Luiz Henrique Proença Soares, em 14 de junho de 2002 e 7 de março de 2003.

Na adoção de medidas para o corte do pessoal, várias ações foram cuidadosamente concebidas e implementadas. A angústia e a emoção pareciam explodir a qualquer momento, porquanto todo empregado do Seade convivia com a expectativa de demissão. A enorme batalha empreendida para realizar o concurso, junto ao governo estadual, para recompor o quadro de funcionários fora por água abaixo. Entre as primeiras medidas para tentar minimizar a perda do pessoal, estava a redução de jornada de trabalho de oito para seis horas, aplicada a todos os funcionários, com remuneração proporcional ao do número de horas trabalhadas. Os chefes de divisão e as gerências tiveram um tratamento diferenciado, visto que continuaram com oito horas de serviço, porém, recebendo o salário correspondente a sete horas. Também se estabeleceu um Programa de Demissões Voluntárias, adotado por 37 funcionários celetistas e quatro do regime CLF.

A despeito de engenhosa e evitar ao máximo as perdas, a solução não escapou às críticas de alguns setores, tanto da área sindical quanto governamental. Foi o caso do Sindicato dos Trabalhadores em Processamento de Dados e Empregados em Empresas de Processamento de Dados do Estado de São Paulo, que representa os interesses profissionais, individuais e coletivos dos servidores do Seade. Inicialmente, a entidade concordou com a redução da jornada, para preservar o emprego ameaçado. Logo em seguida, contudo, posicionou-se contra, com o receio de ver tal sistema de seis horas implantado de forma permanente. Por seu turno, a Secretaria de Economia e Planejamento não deixou de exercer pressão, embora de modo velado, no sentido de acabar com a estratégia adotada pela direção da Fundação com medo de que outros órgãos estaduais similares adotassem a mesma prática. Finalmente, esgotadas todas as possibilidades de manobras para manutenção do quadro, em julho de 1995, o corte de funcionários na Fundação Seade tornou-se inevitável. Em conseqüência, o número de empregados passou pela seguinte modificação:

Evolução do número de funcionários

Regime de contratação	30/6/1995	30/7/1995
CLT	581	463
CLF	14	7
Total	**595**	**470**

Assim, na crise de 1995, foram demitidos, entre voluntários e obrigados, 118 funcionários do regime CLT e sete do CLF, num total de 125. Segundo algumas fontes, devido às alternativas propostas e à agilidade em sua implementação, entre todas as instituições que tiveram seu orçamento cortado, a Fundação Seade foi o órgão no qual o impacto do ajuste fiscal teve menores proporções. Vale destacar, neste aspecto, a orientação criteriosa imprimida por sua direção à política de cortes. A não ser em casos muito específicos, os técnicos imprescindíveis para a elaboração e produção das pesquisas permanentes ou estruturantes não foram despedidos, para não quebrar o processo da realização dos projetos. Evidentemente, uma crise nessas proporções causou traumas, estragos e prejudicou alguns trabalhos. De toda forma, dada a premência da situação, pensou-se em algumas medidas de urgência para recompor o orçamento da Instituição. Para isso, recorreu-se majoritariamente à geração de recursos próprios – uma possibilidade prevista no estatuto da Fundação.

Geração de recursos próprios

Aliás, a Fundação já vinha utilizando tal expediente – geração de recursos próprios – desde a primeira gestão do diretor Pedro Paulo. Mesmo porque a experiência de executar projetos sob encomenda não poderia ser considerada nova. Em todas as gestões anteriores, uma parcela dos trabalhos – ainda que insignificante diante de seu orçamento – fôra realizada sob contrato comercial. Mas, não há que se negar, notava-se em seu interior grande dificuldade em incorporar tal prática. Como órgão de características públicas, não se sentia à vontade em explorar comercialmente sua produção principalmente na época em que o orçamento supria as suas necessidades. Também dependera muito da percepção de seus diretores-executivos quanto à missão e à identidade da Instituição. Por exemplo, o professor Rubens Murillo Marques não entendia a geração de recursos como uma atividade inserida na missão da Entidade nem que tivesse alguma aderência com a Instituição.[4] Outro era o pensamento do diretor Pedro Paulo: "eu colidi com a visão constituída no período do Rubens, de que não poderíamos exibir ao Tesouro nossa capacidade de gerar receita própria. Essa leitura adequava-se de maneira correta para a época da sua gestão, em um momento de expansão dos

[4] Entrevista com Rubens Murillo Marques, em 2 de setembro de 2002.

gastos públicos. Além do mais, o Seade ainda estava em construção, sem capacitação plena para atender às demandas do mercado. Minha atuação ocorreria em um cenário diferente, com forte redução no orçamento. Não havia como fugir da venda de serviços".[5]

Mesmo nesse caso, os objetivos iniciais foram modestos[6], mas significou um avanço no contato comercial com outros órgãos do Estado. Essa experiência prévia ajudou a abrir os caminhos para uma prática agressiva de venda de contratos, pois o *know-how* adquirido serviu como base para as novas ações. Tal posicionamento suscitou polêmicas na Instituição, com reflexos ainda nos dias de hoje. O viés acadêmico – em geral contrário à captação de recursos – marcava uma presença significativa no Seade, embora não tão forte como nas universidades. Nessa perspectiva, os trabalhos de pesquisa ficariam prejudicados pela prestação de serviços.

A crise teve um mérito: iniciou um processo de reflexão sobre a identidade e a missão institucional da Fundação Seade feita por seus próprios integrantes. Afinal, quais são as reais necessidades da Entidade? Qual é o ponto de equilíbrio entre a geração de recursos e a manutenção do potencial cognitivo necessário para o cumprimento da sua missão? Tratam-se de questões instigantes, que dividem opiniões[7] e permanecem como um dos principais temas da agenda da Fundação ainda hoje. Mas, naquele momento, estava em jogo a própria sobrevivência da Organização, e, assim, pouco havia a ser ponderado. Isto não significava que devia ser realizado a qualquer custo. Como explica o então diretor-executivo, Pedro Paulo M. Branco: "tomamos alguns cuidados nessa busca de clientes: não deveria ocorrer uma concentração excessiva em qualquer eixo de políticas públicas, porque a nossa entidade iria ficar sobrecarregada naquele setor, e acabaria se adequando às suas características".[8]

Tomava-se cuidado, também, em promover, no grau maior possível, a venda dos serviços relacionados com as pesquisas já tradicionais da Fundação. Afinal, ela havia se estruturado nessa direção. Com essa diretriz, pretendia-se obter o reconhecimento público das suas linhas mestras de trabalho, junto com a possibilidade de gerar recursos para garantir a sobrevivência do sistema. Para o seu sucesso, tornava-se necessário estabe-

---

[5] Entrevista realizada em 6 de março de 2003.
[6] Ver Capítulo V.
[7] Entrevistas com diretores-executivos.
[8] Entrevista realizada em 6 de março de 2003.

lecer uma estratégia comercial para conquistar os clientes. Para tanto, realizou-se um trabalho de divulgação da Fundação Seade e de seus serviços ao mercado, especialmente da sua capacidade de gerar informações úteis e necessárias para o funcionamento de quaisquer órgãos.[9] Coroando esses esforços, uma extensa rede de clientes públicos, a maioria do âmbito estadual e alguns do governo federal, passou a demandar projetos ao Seade. Isso não só permitiu à Fundação recobrar progressivamente seu orçamento como, inclusive, conseguiu financiar de maneira sistemática algumas de suas pesquisas.

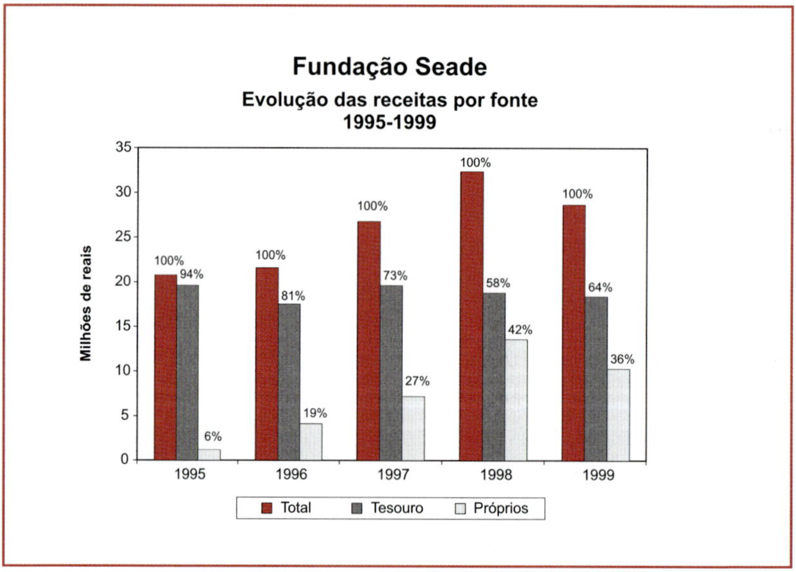

Com tais resultados, pode-se inferir que a Fundação Seade, além do reconhecimento de sua competência técnica, possuía capacidade gerencial para estabelecer vínculos com empresas públicas e privadas com base em cronogramas rígidos de execução de projetos. Entrementes, tal sucesso comercial revelava um outro aspecto de uma instituição séria, com o seu passado estendendo-se por um longo século, se pensarmos em suas raízes

---

[9] Idem.

longínquas. Por ela haviam passados inúmeros técnicos e consultores, que, no período em consideração, ocupavam posições estratégicas em órgãos públicos, facilitando não só a compreensão da importância das pesquisas propostas, mas também, a sua negociação.

Ao lado do sucesso na geração dos recursos próprios, efetuaram-se alguns ajustes, visando à diminuição dos custos. Por exemplo, optou-se pelo fechamento da tipografia pertencente à Fundação. Isso ocorreu fundamentalmente porque seu trabalho não se configurava como uma missão precípua da Entidade, sendo apenas complementar. Constituída há pelo menos 50 anos, a gráfica desempenhara a contento a sua função. Por ocasião do seu encerramento, ainda era responsável por inúmeras publicações da Instituição. Porém, o seu parque de máquinas não resistira ao passar do tempo, exibindo uma visível obsolescência. Sua atualização em meio aos avanços da informática requereria recursos não desprezíveis. De mais a mais, o crescimento e a diversificação do mercado tipográfico propiciavam um significativo aumento de oferta de serviços de impressão a preços acessíveis.

Não por acaso, nesse mesmo período, ocorre a introdução da Internet na Fundação Seade, permitindo a substituição dos veículos impressos por aquelas de formato eletrônico. Foi o que aconteceu com o Docpop, logo seguido por outras publicações. Era inevitável, entretanto, que acontecessem algumas baixas, como a interrupção do *Anuário Estatístico* e do *Informe Demográfico*. Mas, seria de fato a divulgação em formato eletrônico mais eficiente que a de papel? Ainda hoje o tema está em debate. Outra baixa aconteceu com a extinção da Diretoria-Adjunta de Estudos Populacionais. Tratava-se de uma perda de grande monta. As investigações do Seade nesse domínio haviam alcançado um prestígio inegável. Ergueu-se um clamor de protesto por parte de demógrafos, sobretudo daqueles ligados às universidades públicas paulistas. Por exemplo, Maria Coleta Ferreira Albino de Oliveira do Núcleo de Estudos de População (Nepo/Unicamp), como conselheira da Fundação, posicionou-se veementemente contra o encerramento das atividades da citada Diretoria-Adjunta.[10] Tudo em vão. Por ser momento de crise, estabelecera-se uma nova correlação de forças entre os diversos segmentos da Instituição na qual a diretoria citada submergiu.

[10] Ata da reunião do conselho de curadores de 14 de julho de 1995.

A PED como fonte de recursos

Apesar de toda a sua tradição, a Pesquisa de Emprego e Desemprego (PED) não escapou da conjuntura madrasta. Isso significava que ela não mais poderia ser efetuada simplesmente recorrendo aos recursos orçamentários, como se fizera nos primeiros tempos. Embora, nesse caso específico, sempre houvesse possibilidade de financiamento externo, não se pensou em utilizá-la, porquanto o orçamento da Instituição conseguia cobrir as suas necessidades. Ademais, o caráter público da Fundação inibia de certa forma a cobrança dos seus serviços, sobretudo para órgãos congêneres, como as secretarias estaduais.[11] Esse sentimento vigorava de modo tão forte que não se recorreu a tal expediente nem mesmo quando a Entidade passou por dificuldades financeiras no final dos anos 1980.

Entrementes, a situação mudara. A saúde do Seade dependia em muito dos recursos externos que conseguisse. A política do governo paulista dos anos 1990 não permitia qualquer vacilação. Em tal conjuntura, a PED revelou a sua potencialidade em captar recursos. E o diretor-executivo Pedro Paulo sabia disso: "a PED esteve na linha de frente nesse processo porque já possuía uma tradição reconhecida, além da possibilidade de desdobramentos. Era como se fosse um bom cavalo arriado e montado para ser portador de outras pesquisas específicas de interesse para algumas clientelas capazes de produzir receita para a Instituição. Iniciei a ação nessa direção até para aumentar as defesas e preservar a própria pesquisa".[12]

Com o passar do tempo, o reconhecimento da PED canalizou várias demandas de órgãos públicos e privados, solicitando outras informações sobre o mercado de trabalho além daquelas constantes no questionário. A própria concepção do projeto facilitava o trabalho nesse sentido. Ela oferecia a possibilidade de adicionar sem dificuldade ao seu questionário regular outros itens. Essa orientação derivava das recomendações da Cepal e aparecera no *Informativo de Lançamento da PED* (maio/1984): "Uma vez montado este sistema, com pequeno custo adicional, através da aplicação de questionários específicos, será possível coletar dados referentes a outros aspectos que afetam a população da região tais como renda, saúde, habitação e outros". Durante o período de 1985 a 1988, a própria

[11] Entrevista com Annez Andraus Troyano, em 3 de fevereiro de 2003.
[12] Entrevista realizada em 6 de março de 2003.

equipe de pesquisadores já havia aplicado um questionário suplementar visando melhorar a captação dos dados de rendimentos originários de pensões e aposentadorias.

Uma das primeiras solicitações externas para o bloco suplementar da PED ocorreu em 1994, quando se estabeleceu um contrato entre a Fundação Seade e a Fundacentro, para medir a ocorrência de acidentes de trabalho na RMSP, caracterizando o acidente e as causas associadas. Desde então, o recurso do bloco suplementar tem sido largamente utilizado, como nas seguintes pesquisas: acidentes de trabalho (1996/97); experiência anterior de trabalho (1996); formação profissional (1997); informações complementares sobre rendimento e acesso a programas sociais (1999); mobilidade ocupacional (2001); hábitos de leitura e acesso e usos da Internet (2001); informações complementares sobre a renda (2003); vítimas de crime (2005).

Reforma do Estado

Sem dúvida alguma, um dos pilares da reforma do Estado e de ajuste das contas públicas nas esferas federal e estadual, era o amplo programa de privatizações das instituições estatais. O tema era polêmico. Entre outros aspectos, estava em jogo o fim do histórico monopólio estatal nas áreas de siderurgia, energia, petróleo e telecomunicações. Somente esse aspecto seria suficiente para dar uma dimensão dos interesses envolvidos e os *lobbies* articulados para ficar com as polpudas empresas estatais brasileiras. Não faltavam motivos para alimentar discussões, como, por exemplo, o fato de o BNDES ter criado uma generosa linha de empréstimos para os investidores interessados nos mega-leilões. A despeito de todas as críticas, o governo de Fernando Henrique Cardoso privatizou praticamente, até a segunda metade de 1998, toda a área de distribuição e geração de energia elétrica, além daquela de telecomunicações, incluindo a Telecomunicações Brasileiras (Telebrás) e as empresas estaduais. Em meio aos grandes debates sobre as privatizações, estabeleceu-se o fim do monopólio estatal da Petrobras sobre exploração e o refinamento do petróleo.

Outra polêmica instaurada nesse amplo processo de reformas decorreu da criação do Programa de Fortalecimento do Sistema Financeiro Nacional (Proer), para sanear o sistema financeiro do País. O Proer socorreu vários bancos privados e estatais em situação calamitosa, vítimas, em grande medida, da incompetência administrativa ou corrupção. Essa operação custou US$ 20 bilhões aos cofres públicos e foi justificada pelo temor de um grande choque de confiança no sistema financeiro, caso todas essas instituições declarassem bancarrota, ocasionando um colapso.

O programa de privatização do Governo Federal teria uma filial no Estado de São Paulo, responsável pelo Programa Estadual de Desestatização. A situação das estatais paulistas, a exemplo do Banespa, só poderia ser considerada péssima. Em 1997, quando se fechou um acordo para renegociação da dívida do estado paulista com a União, verificou-se que o rombo nas estatais chegava a R$ 45 bilhões. Imediatamente, o Banespa, a Companhia de Entrepostos e Armazéns Gerais de São Paulo (Ceagesp) e a Ferrovia Paulista (Fepasa) foram federalizados, enquanto se acelerava o processo de privatizações. No âmbito estadual, o setor energético apresentava um perfil demais atraente. A Centrais Elétricas de São Paulo (Cesp) era dona de 17,6% do mercado nacional de geração de energia, e, a Eletropaulo, a maior distribuidora da América Latina. Não espanta que o governo estadual montasse um programa especial de privatização para melhor operacionalizar e manter o rendimento de suas estatais na área (ZYLBERSZTAJN , s/e, s/d.).

A guerra fiscal

Nos anos 1990, várias empresas multinacionais começaram a se interessar em investir no País por causa das facilidades fiscais aqui existentes. Nesse direcionamento, precisavam descobrir, nas dimensões continentais do País, o local mais adequado para estabelecer suas instalações físicas. Evidentemente, na escolha deveria se considerar os pressupostos da eficiência capitalista, como a localização, a disponibilidade de energia e matéria-prima, o escoamento de mercadorias, fundamentais para viabilizar qualquer empreendimento corporativo. Cientes do interesse das multinacionais, alguns estados da Federação tomam a iniciativa de oferecer benefícios fiscais exagerados, com o intuito de atraí-las. Tal política agressiva, e em alguns momentos pouco ética, significou o surgimento da chamada "guerra fiscal", entre os diversos estados, para obter investimentos diretos e gerar empregos em curto prazo.

O mecanismo mais utilizado na guerra fiscal foi a isenção e/ou diminuição de alíquota do Imposto sobre a Circulação de Mercadorias e Serviços de qualquer Natureza (ICMS), junto com a disponibilização de linhas de financiamento com juros extremamente baixos para compra de equipamentos, instalações e montagem de infra-estrutura. Nesse diapasão, vários estados adotaram programas baseados em longos períodos de isenção fiscal, sem, contudo, ter garantias de retorno econômico. Um caso emblemático desse processo tumultuado aconteceu na instalação da montadora Renault, em Curitiba. O governo paranaense investiu US$ 300 milhões na instalação da empresa, que, em contrapartida, gerou dois mil empregos diretos – muito pouco, para justificar um gasto de tal magnitude.

O governador Mário Covas posicionou-se radicalmente contra a guerra fiscal. Em sua visão, esse tipo de política era ineficaz, se olhada no longo prazo. Esses megaempreendimentos não se concretizavam por considerações de fatores econômicos propriamente ditos, mas por acordos burocráticos que desrespeitavam as regras básicas do capitalismo de eficiência alocativa. Assim, os critérios de qualificação de mão-de-obra, proximidade do mercado consumidor, oferta de matéria-prima, infra-estrutura de transporte adequada, disponibilidade de energia, não recebiam o merecido destaque, sendo relegados ao segundo plano. Por outro lado, os governos engalfinhavam-se nessas disputas, esquecendo-se de que a instalação das empresas requeria um aumento na infra-estrutura dos setores de saúde, educação, transportes, segurança e moradia. De acordo com o governador Covas, essa política imediatista, além de transgredir alguns princípios básicos do capitalismo, também gerava repercussão negativa no investidor estrangeiro, com o aumento do custo Brasil.

Fato é que, entretanto, segundo o IBGE, a participação do PIB de São Paulo havia caído de 40,09%, em 1980, para 36,9%, em 1995, e alguns setores da indústria paulista creditavam esses números à guerra fiscal. Para fazer frente a esse diagnóstico negativo, propuseram-se alguns programas para dinamizar a economia paulista: o Programa de Participação da Iniciativa Privada na Prestação de Serviços Públicos e na Execução de Obras de Infra-estrutura, presidido pelo vice-governador Geraldo Alckmin; o Programa de Desenvolvimento e Competitividade, dirigido por Emerson Kapaz (secretário da Ciência, Tecnologia e Desenvolvimento Econômico); o Programa de Qualificação e Requalificação Profissional, com Walter Barelli (secretário do Emprego e Relações do Trabalho); o Programa de Reestruturação e Desestatização do Setor Energético, coordenado por David Zylbertajn (secretário da Energia). Por exemplo, o Programa de Desenvolvimento e Competitividade deveria promover o desenvolvimento, com medidas de fortalecimento da competitividade da economia paulista, com estímulo à geração de empregos.

De toda maneira, a guerra fiscal ocupava a agenda do governo estadual, demandando algumas medidas para a verificação da veracidade do seu impacto no Estado, e, ao mesmo tempo, estabelecer algumas metas para atrair investidores. Instaurou-se até mesmo uma Comissão Parlamentar de Inquérito (CPI), finalizada em maio de 1996, no âmbito da Assembléia Legislativa, para apurar os danos causados pela guerra fiscal, sugerindo providências para acabar com a concessão de benefícios tributários. Nesse contexto, o governo de Mário Covas tratou de demonstrar que existiam alternativas seguras no Estado para o investidor, principalmente estrangeiro, e incentivá-lo a participar daquele ambicioso plano de privatização das estatais paulistas.

Guia de Investimentos e Geração de Empregos

Para cumprir a tarefa de divulgar o Estado de São Paulo, atraindo o investidor estrangeiro, o governador solicitou à Fundação Seade uma publicação, demonstrando as virtudes da região bandeirante. O investidor nacional não era uma prioridade, até porque havia o diagnóstico de que ele participaria dos leilões, em geral associado ao capital estrangeiro.[13] O primeiro produto foi um livro editado em português, espanhol e inglês com o título de *Um mundo chamado São Paulo – A melhor opção para investimentos* (1996), resultado de um trabalho coordenado por Maria Cecília Comegno. Com essa publicação em mãos, Mário Covas visitou vários países europeus, para divulgar São Paulo, mostrando a suas vantagens comparativas para o investimento. "Naquele momento, o interesse do governo era promover as privatizações. A idéia consistia, portanto, em atrair investidores para participar do processo. Identificamos um conjunto de vantagens existente no estado paulista: maior mercado consumidor da América Latina; avançada rede de ensino e pesquisa; existência de pólos tecnológicos; melhor infra-estrutura de transportes e comunicação do Brasil; excelente rede de serviços de apoio para o desenvolvimento da indústria e comércio; um parque industrial diversificado e mercado em expansão no interior do Estado".[14]

[13] Entrevista com Maria Cecília Comegno, em 23 de julho de 2002.

[14] Idem.

O trabalho inspirou-se em uma idéia do então secretário da Ciência e Tecnologia, Desenvolvimento Econômico e Turismo, Emerson Kapaz. Ele estava interessado em demonstrar a potencialidade e a competitividade do Estado de São Paulo ao setor empresarial por meio de dados e informações – não disponível até aquele momento. Um dos seus desideratos, era vislumbrar a relação entre o volume de investimento e a criação de novas oportunidades de trabalho. Essa relação não se dava de forma direta, porque foi observado, em algumas situações, um aumento do investimento, acompanhado de menor geração de empregos. Tal aspecto atraiu o interesse do secretário do Emprego e Relações do Trabalho, Walter Barelli, que passou a financiar o projeto.

O impacto positivo do livro citado teve desdobramentos, suscitando um projeto para produzir um sistema de informações socioeconômicas capaz de exibir as vantagens estruturais do estado bandeirante para atrair investimentos e, conseqüentemente, ampliar a oferta de empregos e melhorar a competitividade das indústrias paulistas. O *site* bilingüe Guia de Investimentos e Geração de Empregos foi disponibilizado em março de 1998, organizado em seis temas: oportunidade de negócios; pólos de desenvolvimento; São Paulo e seus municípios (banco de dados da Fundação com mais de 300 variáveis); metrópole das economias emergentes; centro industrial; melhores condições para produzir. Todas as informações estavam desagregadas por município. Esse *site* tornou-se o segundo mais visitado do Seade.

A Pesquisa de Investimentos no Estado de São Paulo (Piesp)

No mesmo processo, a Secretaria de Ciência, Tecnologia e Desenvolvimento Econômico mantinha um levantamento sobre as iniciativas de investimento dos empresários locais. Tratava-se de trabalho um tanto quanto precário, utilizando basicamente informações de jornais e as fornecidas pelos próprios empresários e prefeitos. A questão central dessa pesquisa era caracterizar os investimentos e os investidores e a sua correlação com a criação de empregos. A situação alterou-se, em 1998, na gestão do professor Flavio Fava de Moraes como secretário de Ciência e Tecnologia. Visando promover melhorias nesse serviço, tomaram-se algumas medidas, para torná-lo mais rigoroso sob o aspecto metodológico. Nesse contexto, a Secretaria solicitou um primeiro estudo ao Seade, para verificar quantos empregos poderiam ser projetados a partir dos investimentos considerados e, para tanto, disponibilizou para a Fundação a sua base de dados acumulada desde 1995.

Entretanto, a pesquisa só pôde ser implantada de forma sistemática em julho de 1998, quando a Secretaria do Emprego e Relações de Trabalho (Sert) estabeleceu um convênio com o Seade. Para a Sert, que desenvolvia o Programa de Qualificação e Requalificação Profissional, em parceria com o Ministério do Trabalho, essas informações seriam estratégicas, pela identificação das tendências de expansão da atividade produtiva por setor e regiões do Estado e as demandas futuras de mão-de-obra. Tais subsídios alimentariam as atividades e as decisões dos membros das Comissões Municipais de Emprego e da Comissão Estadual de Emprego, na seleção dos cursos de qualificação de trabalhadores, tendo em vista as características do mercado de trabalho local. Em 2002, a Secretaria de Ciência, Tecnologia e Desenvolvimento Econômico passa novamente a participar da Piesp em função da necessidade de acompanhar a atividade econômica e a promoção do desenvolvimento, assessorando os setores produtivos com maior competitividade no Estado.

No caso em pauta, diferentemente de outras pesquisas congêneres, a metodologia consiste na captação e confirmação nas empresas de informações veiculadas em anúncios divulgados pelos principais jornais do Estado de São Paulo[15] referentes a investimentos produtivos. Esses, pelo menos potencialmente, aumentam a capacidade produtiva da economia, contribuindo para a produção de bens e serviços e gerando empregos permanentes. Para explicitar as características do investimento, tomam-se como principais variáveis o valor, o período, a finalidade, a localidade e a origem do capital. Os dados obtidos são organizados segundo a Classificação Nacional de Atividades Econômicas (Cnae), por Região Administrativa, município, tipo de investimento, origem do capital e empresa. Com eles, produzem-se não só relatórios analíticos semestrais como, também, anuais, que, conjuntamente com as informações coletadas são disponibilizados no *site* da Fundação Seade.

Essa pesquisa possui duas características interessantes. De um lado, representa uma alternativa barata para monitorar a economia comparada

[15] *Gazeta Mercantil, O Estado de S. Paulo, Folha de S. Paulo, Valor, Diário Comércio & Indústria, O Prefeito, Diário do Grande ABC* e outros 27 jornais de diferentes municípios.

às grandes pesquisas de atividade econômica realizadas no Estado de São Paulo. Por seu caráter inovador, trata-se de uma alternativa menos dispendiosa de acompanhamento das expectativas, por parte dos empresários, em relação ao andamento dos negócios. Por outro lado, constitui-se na única pesquisa de prospecção da Fundação Seade (COMEGNO e PAULINO, 2003) – o anúncio é uma expectativa de investimento. Ao sistematizar os dados de um cenário futuro, disponibilizando, portanto, uma informação estratégica, oferece elementos de análise para os atores públicos e privados acerca das próximas demandas que tais decisões estarão engendrando.

A Pesquisa da Atividade Econômica Paulista (Paep) na berlinda

Aquela crise na Fundação havia atingido em cheio os trabalhos da Paep. Como relata Maria de Fátima, a despeito do desgaste emocional, o clima era de luta e muito esforço: "Durante a crise, alternávamos a participação nas assembléias realizadas no auditório, com a execução dos projetos para solicitação do financiamento. Foi desafiante, porque construíamos um projeto novo, mesmo sem saber os desdobramentos da crise, que não mostrava sinais de trégua. A Paep simbolizava uma luz no fim do túnel".[16]

Colocou-se, de fato, um desafio: quais seriam os parceiros e os clientes da Paep? Em um primeiro momento, levando-se em consideração o interesse na construção metodológica e os segmentos potencialmente beneficiados pela pesquisa, a sua articulação adequava-se mais ao meio acadêmico. Sendo assim, nada mais natural do que procurar parcerias para o financiamento nos órgãos públicos vinculados à investigação científica e tecnológica. Em conseqüência, os recursos para a Paep foram captados nas linhas de financiamento da Finep e da Fundação de Amparo à Pesquisa do Estado de São Paulo (Fapesp). O financiamento da etapa referente ao desenvolvimento da metodologia deu-se por conta do Plano de Ação para a Área Social, vinculado ao Programa de Macropolíticas de Modernização, de âmbito federal. Isso porque o plano viabilizava o apoio aos estudos sobre Inserção Competitiva e Modernização Produtiva. Os resultados possibilitaram, outrossim, alguns estudos analíticos para o Ministério de Ciência e Tecnologia (MCT).

[16] Entrevista realizada em 7 de abril de 2003.

Treinamento de pessoal

O processo de treinamento da Paep foi contínuo, desde o primeiro dia até as etapas finais da pesquisa de campo. Coordenadores, supervisores de campo e pesquisadores, não só passaram a conhecer a metodologia da pesquisa mas também foram qualificados para realizar a abordagem ao empresário. Nesse aspecto, valorizaram-se alguns detalhes, como peculiaridades relacionadas ao porte das empresas. Por exemplo, constatou-se a existência de obstáculos para obter as informações de grandes empresas, donas de estruturas mais complexas, e, normalmente, mais ciosas em fornecer dados da sua propriedade.

Por sua vez, naquele período, a Fapesp recebia solicitações de recursos de vários grupos das universidades para estudar a economia paulista. A instituição não tardou em identificar, na iniciativa da Fundação Seade, a oportunidade de aglutinar demandas desarticuladas sobre as condições socioeconômicas do Estado e, ao mesmo tempo, otimizar a concentração de recursos em torno de um único esforço. Assim, responsabilizou-se pelo financiamento dos trabalhos de campo. Embora a possibilidade de envolver o setor privado para captação de recursos tenha sido considerada, essa alternativa não se viabilizou. Fundamentalmente, as empresas sondadas argumentaram que aquele tipo de serviço já havia sido amplamente subsidiado através dos impostos – nesse sentido, segundo a visão corrente dos empresários, a entidade estaria simplesmente cumprindo uma obrigação anteriormente negligenciada.[17]

Graças a esses acordos, a participação da Fundação Seade na parte financeira ficou vinculada apenas à manutenção salarial dos técnicos envolvidos no desenvolvimento metodológico e na operacionalização da pesquisa. Os recursos da Paep/96 vieram, portanto, das parcerias com alguns órgãos públicos e universidades paulistas. As empresas privadas participaram pouco, ou apenas de forma difusa, embora o tema fosse relacionado diretamente aos seus interesses.

Às vésperas do início da pesquisa de campo da Paep, o Consórcio Intermunicipal das Bacias do Alto Tamanduateí e Billings,[18] solicitou à

[17] Entrevista com Pedro Paulo Martoni Branco, em 6 de março de 2003.

[18] Esse consórcio é formado pelos seguintes municípios: Diadema, Mauá, Ribeirão Pires, Rio Grande da Serra, Santo André, São Bernardo do Campo e São Caetano do Sul.

Fundação Seade a criação de uma base de dados e a ampliação da pesquisa para cada município daquela região, para potencializar as políticas públicas. Esse trabalho, financiado pelo Consórcio, permitiu a construção de uma sólida base de dados para investimentos do setor privado, e foi fundamental para a constituição da Agência de Desenvolvimento Econômico do Grande ABC (BRANCO, 1999), responsável pela elaboração de diagnósticos sobre a dinâmica da economia da região.

Divulgação da pesquisa

As informações para constituir o cadastro das empresas a serem consultadas foram extraídas do Cadastro Central de Empresas do IBGE – com os dados atualizados do Censo Cadastro realizado em 1995 –, e da Rais,[19] do Ministério do Trabalho. Assim, foram selecionadas 515.129 empresas,[20] majoritariamente comerciais (456.506). O restante era formado por 47.652 empresas industriais, 9.243 de construção civil, 1.728 de informática e 155 bancos. A escolha pela amostragem forneceu uma relação de 39.312 empresas para aplicação do questionário.

Mas não bastava constituir um cadastro eficiente e meticuloso. Era necessário articular uma estratégia de mídia para divulgação da Paep nas empresas, para levar a pesquisa ao conhecimento do empresariado de todo o Estado, sensibilizando a classe em relação às benesses do projeto. Afinal, se, por um lado, a parceria financeira com o setor privado tornou-se improvável, por outro, evidenciou-se, após os primeiros contatos com as empresas, que o seu apoio político seria indispensável para viabilizar o trabalho. Além disso, a equipe da Paep tinha ciência que um dos desafios a serem enfrentados seria estabelecer um vínculo de credibilidade e confiança com as companhias pesquisadas. Tais fatores definiriam a sua aceitação para responder aos questionários. Como a Fundação Seade não tem a força de lei para obter as informações – diferentemente do que ocorre com o IBGE – tornou-se necessário construir uma estratégia para obter a colaboração das empresas. A abordagem estendeu-se desde o *marketing*, para levar ao

[19] A Relação Anual de Informações Sociais (Rais) é um instrumento de coleta de dados instituída pelo Decreto 76.900, de 23 de dezembro de 1975, com os objetivos de suprir as necessidades de controle da atividade trabalhista no País; prover os dados para a elaboração de estatísticas do trabalho; e disponibilizar informações do mercado de trabalho às entidades governamentais.

[20] Empresas com 30 ou mais pessoas no setor da indústria e construção civil e com 20 ou mais nos outros setores.

conhecimento do empresário a existência da própria Fundação Seade – constatando-se que vários deles a desconheciam –, até a garantia de sigilo das informações prestadas. Por fim, teria de remover o ceticismo de alguns setores mais conservadores, que alimentavam a seguinte idéia: por se tratar de um órgão governamental, ela deveria estar realizando aquela investigação como um instrumento de fiscalização.[21]

Diante de tais dificuldades, a estratégia para obter o apoio político do empresariado baseou-se na idéia de desenvolver um amplo leque de relações. O esforço de construção das parcerias traduziu-se em um documento de cooperação técnica institucional com diversas associações empresariais: Federação das Indústrias do Estado de São Paulo (Fiesp), Federação do Comércio do Estado de São Paulo (Fecesp), Federação do Comércio do Estado de São Paulo, Consórcio Intermunicipal das Bacias do Alto Tamanduateí e Billings, Federação das Associações Comerciais do Estado, Conselho Regional de Contabilistas, Associação Comercial do Estado de São Paulo, Sindicato de Construção Civil (Sinduscon), Conselho Regional dos Contabilistas do Estado de São Paulo, Imprensa Oficial do Estado e Federação Brasileira de Bancos (Febraban). A pesquisa ainda recebeu a colaboração institucional de várias outras entidades.[22]

Os contratos efetuados, em boa parte, foram anunciados em edições do *Jornal da Paep*, criado para divulgar a pesquisa às companhias, com a apresentação de informes e manifestações dos presidentes das associações parceiras no empreendimento. Dessa maneira, quando o pesquisador chegava à empresa para o seu labor, esta já possuía ciência da pesquisa, seus objetivos e as instituições envolvidas no processo. Segundo Maria de Fátima, "este jornal permitiu um outro nível de relacionamento com as empresas porque continha todos os esclarecimentos necessários, e, inclusive, levava o aval da associação à qual pertencia o estabelecimento. Também colocamos os logotipos de todas as instituições parceiras no questionário da pesquisa – por isso o apelidamos de macacão de piloto".[23]

[21] Entrevista com Maria de Fátima I. Araújo, em 7 de abril de 2003.

[22] IBGE, Sociedade de Usuários de Informática e Telecomunicações, Associação Brasileira da Indústria Gráfica, Associação Brasileira da Comunicação Empresarial, Associação Brasileira de *Agribusiness*, Associação Brasileira de Exportadores de Cítricos, Associação Brasileira da Indústria Química, Associação Brasileira da Indústria Farmacêutica, Associação Brasileira das Redes de Farmácias e Drogarias, Instituto Municipal de Ensino Superior de São Caetano do Sul, Instituto Toledo de Ensino de Bauru, Universidade Estadual Paulista Júlio de Mesquita de São José do Rio Preto, Prefeitura de São José dos Campos, Prefeitura de Santo André.

[23] Entrevista realizada em 7 de abril de 2003.

Todos esses cuidados foram plenamente recompensados: das quase 40 mil empresas em jogo, apenas cerca de 30% dos questionários não se aproveitaram, em decorrência de incorreções, recusa e perda operacional.

Após seis anos de ações preparatórias, a Paep foi a campo para realizar pesquisa-piloto em Sorocaba, no mês de junho de 1997. Em seguida, iniciou-se efetivamente a sua aplicação em todo o Estado de São Paulo. A pesquisa levou 13 meses, entre agosto de 1997 e agosto de 1998 (ano de referência – 1996), com a coleta de 2.400 variáveis nos 22.000 questionários retornados. O escrutínio efetuou-se nos setores de indústria, comércio, construção civil, serviços de informática e bancário. Embora tenham sido desenvolvidas metodologias e questionários para pesquisar todos os tipos de empresas, por falta de recursos financeiros nem todos os segmentos do setor de serviços foram abrangidos. A perquirição nesse setor restringiu-se aos bancos, em razão de sua centralidade na economia do Estado, e aos estabelecimentos relacionados com a informática, para captar aspectos relacionados à reestruturação técnico-produtiva. A investigação caracterizou-se pelo uso intensivo da informática, beneficiando-se de novas ferramentas colocadas na praça. O questionário foi disponibilizado em versão eletrônica, o que, entre outras facilidades, permitia alguns testes de consistência já durante o seu preenchimento. Outra novidade de relevo ficou por conta da transmissão de dados via Internet. Pela primeira vez no País, um órgão oficial de estatística fazia uso desse recurso em uma pesquisa socioeconômica de grandes proporções.[24]

Paep/1996 – alguns resultados

A publicação da Paep/1996 trouxe resultados imediatos para a análise conjuntural da economia paulista. Através de seus dados, refez-se praticamente o mapa, sob o ponto de vista produtivo. Na nova configuração, identificaram-se os novos pólos econômicos do estado paulista e as regiões e os setores mais inovadores em tecnologia. A pesquisa revelou também um dado surpreendente: acreditava-se que estava ocorrendo uma fuga de empresas para o interior, com a menor participação da RMSP. Entretanto, a Paep/1996 mostrou que essa área ainda era a principal região industrial do

[24] *Jornal do Seade*, abr./1998.

País e atraía muitos investimentos. E mais, por trás daquela aparente letargia do setor industrial da região, havia um importante movimento de reestruturação do arranjo produtivo, com foco na inovação tecnológica. Cerca de um quarto (24,8%) das empresas industriais paulistas, responsáveis por 68% do Valor Adicionado (VA), introduziu alguma inovação de produto ou processo entre 1994 e 1996.[25] A imagem negativa da RMSP estava vinculada à crise do mercado de trabalho e não à queda de produção. A eficiência oriunda da reestruturação das empresas e das inovações tecnológicas resultara no crescimento do desemprego, o vilão da região. Mas a diminuição de emprego relacionava-se com a estagnação econômica vigente no período.

Os resultados da Paep confirmaram a tendência anteriormente detectada pela Pesquisa de Investimento no sentido de identificar a concentração da economia paulista. O raio de aproximadamente 150 km, centralizado na RMSP, abrangendo Campinas, Sorocaba, Jundiaí, Vale do Paraíba, Santos e Sorocaba, formava um conjunto fortemente integrado, apresentando 82% das unidades industriais, 85% do pessoal ocupado, e 90% do VA. Além disso, embora as fábricas tivessem sido transferidas para o interior do Estado, o centro das decisões das empresas mantinha-se na RMSP. Esse diagnóstico permitiu substituir a tese de esvaziamento pela idéia da metrópole que vai anexando os arredores em seu ritmo de crescimento. O caminho da interiorização seguia essa rota desvelada pela pesquisa.

Em 1996, a RMSP concentrava 60% do VA da produção industrial paulista, com forte presença dos complexos metal-mecânico, petroquímico, eletro-eletrônico e de comunicações. A cidade de São Paulo – certamente a região mais duramente atingida pela estagnação econômica e reestruturação produtiva responsável, sobretudo, pelo desemprego nas indústrias – ainda era responsável por 33% da produção industrial, e, ao mesmo tempo, sofria um forte incremento no setor de serviços. Tais informações geraram um forte impacto na mídia porque contradizia a visão corrente. Os jornalistas procuravam a Fundação Seade já com uma pauta pré-definida relativa ao esvaziamento da RMSP e à crise da região, porém, ao consultar os resultados da Paep, viam-se forçados a mudar completamente as matérias.[26] Quanto ao setor de serviços, esclareceu-se

[25] Segundo avaliação dos técnicos do Seade, esta, provavelmente, foi uma reação aos novos desafios do início da década de 1990 impostos pelo repentino processo de abertura comercial às importações.

[26] Entrevista com Maria de Fátima I. Araújo, em 7 de abril de 2003.

o peso dos bancos na dinâmica econômica: as cinco maiores instituições bancárias atuantes no Estado detinham 77,1% dos correntistas e 69% das agências e postos de atendimento.

Beneficiada pela rápida inserção da Fundação Seade na rede mundial de computadores, a divulgação da Paep baseou-se amplamente nos recursos da telemática. Foi produzido um CD-ROM contendo cerca de 1.100 variáveis, e vários resultados da pesquisa, além de conceitos e metodologia. Seguiram-se notícias divulgadas em jornal, televisão, rádio, etc., estimulando a realização de seminários e a edição de várias publicações. A revista *São Paulo em Perspectiva* editou um número especial para divulgar os resultados da Paep, com artigos de vários técnicos acerca da metodologia da Fundação Seade e com análises de especialistas em economia. Em *Indicadores de Ciência, Tecnologia e Inovação,* publicada pela Fapesp, em 2001, há um alentado artigo (CARVALHO, 2001) sobre a indústria paulista, informando os principais resultados e com análises sobre o novo desenho do arranjo produtivo do Estado esclarecido pela investigação acima referida.

O desenlace da Paep viabilizou extensa produção científica e jornalística. A utilização de seus resultados permitiu a elaboração de variados trabalhos acadêmicos – dissertação de mestrado, teses de doutoramento, artigos científicos, livros, projetos de pesquisa, etc. Ao mesmo tempo, as suas informações foram largamente divulgadas em congressos, seminários e reuniões, tanto nacionais quanto internacionais. Do mesmo modo, os jornais não perderam a oportunidade de difundi-las, seja como noticiário seja como comentários. O melhor ficou por conta do banco de dados formado com os resultados do projeto. Com isso, criaram-se condições para atender às inúmeras demandas de projetos para secretarias de estado e instituições associadas ao setor privado. Em outras palavras, a Fundação atingiu um patamar de excelência reconhecido pelas entidades dos mais variados segmentos da sociedade. A título de exemplo, mencione-se a experiência da Fiesp no programa de competitividade para definição dos Arranjos Produtivos Locais (APL), que se beneficiou continuamente das informações disponibilizadas no banco de dados.

A execução da Paep, sem dúvida, afetou positivamente a imagem da Instituição. Embora a melhoria, nesse aspecto institucional, seja de difícil mensuração, sua existência fica patente no aumento das consultas feitas à entidade, visando a elaboração de novos projetos. Um desses contatos acabou viabilizando uma demanda com desdobramentos expressivos para a Fundação Seade: a solicitação da Pesquisa de Atividade Econômica Regional (Paer) pelo Ministério da Educação e Cultura (MEC).

Pesquisa de Atividade Econômica Regional (Paer) – o maior contrato da Fundação Seade

O desemprego tornara-se o cavalo-de-Tróia do governo de Fernando Henrique Cardoso, naquele período. A questão afetava o MEC e o Ministério do Trabalho (MTb), como seria de se esperar. Destarte, ambos gostariam de conhecer o mercado de trabalho nos setores de indústria e serviços em âmbito nacional. A nova situação colocada pela globalização exigia transformações tecnológicas na estrutura produtiva para que as empresas pudessem ser competitivas. Os investimentos das companhias estavam indos nessa direção? Qual seria o seu impacto na mão-de-obra? Produzir-se-ia, por conseguinte, algo de novo na República do Brasil? Como as pesquisas do IBGE ainda não conseguiam responder a tais indagações, o MEC buscou na Paep uma ferramenta mais adequada para subsidiar o Programa de Expansão da Educação Profissional (Proep), um ambicioso projeto para reavaliar e reestruturar o ensino técnico profissionalizante em todo o território nacional.

A solicitação dos ministérios era clara: identificar as demandas do mercado de trabalho que pudessem contribuir para as transformações nos currículos das escolas técnicas profissionalizantes. Por outro lado, a pesquisa realizaria um levantamento sobre o tipo de envolvimento das empresas com o sistema de ensino técnico profissionalizante (público ou privado) – por exemplo, se havia alguma política interna para qualificação de pessoal –, para diagnosticar como esses fatores impactavam na futura demanda de mão-deobra. O reconhecimento da aptidão da Fundação Seade para realizar essa investigação vinha da recomendação de uma missão do BID. Em visita à Fundação, os analistas dessa entidade parceira no financiamento do Proep, reconheceram o mérito das técnicas e da metodologia da Paep para servir como uma base qualificada dos objetivos do programa que se iniciava. E não tiveram nenhuma hesitação em recomendá-las com entusiasmo.

Para a construção da Paer, manteve-se praticamente a mesma equipe de trabalho da Paep, apenas com a agregação de alguns consultores na área de educação profissional. A nova pesquisa foi elaborada com base no módulo

Programa de Expansão da Educação Profissional (Proep)

O Proep foi uma iniciativa do MEC, em parceria com o MTb, de acordo com a Lei 9.394, de 20 de dezembro de 1996 (Lei de Diretrizes e Bases da Educação - LDB) que previa a expansão, a modernização e a qualificação do sistema de educação profissional. Segundo esses órgãos, a reestruturação do mercado de trabalho, em função da rapidez com que se processa a substituição de tecnologias, exigia algumas medidas: ampliação e diversificação da oferta de vagas; adequação de currículos às demandas do mercado de trabalho e aos avanços tecnológicos; qualificação e reciclagem de trabalhadores e formação de jovens e adultos nos níveis médio e superior. O Proep foi estruturado em três subprogramas:

- Com o desiderato de adequar os Centros Federais de Educação Tecnológica, Escolas Técnicas Federais e Escolas Agrotécnicas Federais às diretrizes da legislação, o programa financiaria: obras de ampliação; aquisição de equipamentos; capacitação de professores; introdução de novos modelos de gestão escolar e desenvolvimento técnico-pedagógico;
- Restruturação dos Sistemas Estaduais de Educação Profissional baseada na compatibilização da oferta com as demandas do mercado de trabalho, evitando a duplicidade nas ações das instituições afins;
- Construção de novas escolas e atendimento do Segmento Comunitário.[27]

O financiamento do Programa – US$ 500 milhões – foi captado junto às seguintes instituições: 25% de recursos do MEC, 25% de recursos do FAT/MTb, e 50% provenientes de empréstimo do BID.

Os projetos receberiam os recursos na forma de investimento a fundo perdido, e, portanto, não teriam a obrigatoriedade de restituí-lo à União. A contrapartida do solicitante seria: disponibilizar o local para construção das instalações; arcar com as despesas de custeio (manutenção e operação); articular o Centro de Educação Profissional com a comunidade e o setor produtivo local.

Apesar de algumas iniciativas bem-sucedidas, o ministro da Educação, Cristóvam Buarque, paralisou as atividades do Proep em 2003, devido à precariedade de recursos colocados à disposição, pelas prefeituras, para manter as instalações. Em algumas cidades, como Presidente Prudente, as instalações foram concluídas e abandonadas, por causa da falta de recursos.

[27] Conjunto de entidades da sociedade civil, com iniciativas na área da educação profissional: sindicatos patronais ou de empregados, instituições privadas sem fins lucrativos, e prefeituras.

do questionário da Paep/1996 relativo aos recursos humanos, ampliado e colimado com os interesses específicos do MEC. O novo projeto também significou uma oportunidade para aplicação de um questionário de inovação tecnológica nas grandes indústrias com sede local,[28] para comprovar algumas assertivas que haviam sido constatadas no Estado de São Paulo sobre a reestruturação do mercado de trabalho. Com a consultoria do professor Ruy de Quadros, diagnosticou-se a existência de algumas similaridades entre a dinâmica de inovação do estado paulista e os da Espanha e Austrália. Esses países, naquele momento, apresentavam patamares de inovação tecnológica semelhantes, e havia um forte interesse em verificar se esse processo também ocorria em outros estados da federação.

Na Paer, desenvolveu-se uma metodologia diferenciada para avaliar o ensino técnico nas escolas rurais (agrotécnicas), chamada de Dimensionamento da Demanda de Mão-de-Obra Agrícola. Essa metodologia foi baseada nas informações do Sensor Rural, Pnad e Censos Agropecuários. Igualmente, realizou-se uma pesquisa qualitativa, entrevistando os principais agentes locais: sindicatos rurais, sindicatos de trabalhadores, associações regionais, gerentes do Banco do Brasil, Embrapa, etc.

Na definição das atividades das instituições parceiras na execução da Paer, definiu-se que a Fundação se encarregaria da execução dos questionários e o MEC, dos trabalhos de interpretação e análise, que depois seriam divulgados para suas agências locais efetuarem as discussões regionais. Mas, após diversos entendimentos interinstitucionais, coube ao Seade, também, as atividades de análise dos resultados coletados.

A Paer vai a campo

Formalmente, a Paer correspondeu a um projeto em âmbito nacional, com duração de 34 meses.[29] Tinha como objetivo obter o desenvolvimento, a aplicação e a disseminação de metodologias para caracterizar a demanda de mão-de-obra, com ênfase nas ocupações técnicas relacionadas na Classificação Brasileira de Ocupações. O trabalho de campo foi realizado entre os anos de 1999 e 2000, em 25.000 empresas no Brasil, amostra obtida a partir do cadastro de empresas do IBGE e Rais. Uma das peculia-

[28] Empresas com mais de 100 pessoas ocupadas.
[29] Início em julho de 1998 e término em maio de 2001.

ridades do projeto diz respeito à relação de proximidade estabelecida com as instituições pesquisadas. Para operacionalizar a aplicação dos questionários, os técnicos da Fundação alojaram-se nas instalações das escolas, de onde supervisionaram as atividades dos pesquisadores, selecionados entre alunos e ex-alunos do próprio estabelecimento. Esses trabalhos foram coordenados a partir de escritórios regionais, montados em localidades definidas pela concentração de indústrias. Essa estrutura contribuiu para agilizar a divulgação dos resultados. A pesquisa nas regiões demorava de três a quatro meses, e os resultados tornavam-se conhecidos após meio ano, graças à agilidade no processamento e na análise dos dados. A Paer alcançara êxito indiscutível. Apesar de não ser a sua finalidade primeira, um dos aspectos fundamentais dessa pesquisa estava no resgate de informações sobre a atividade econômica de várias localidades. Em função da interrupção de algumas pesquisas econômicas, diversas séries de dados haviam sido perdidas, ou mesmo nunca haviam sido desagregadas para localidades específicas.

Como se tratava de uma iniciativa sem precedentes no Brasil, a criação da Paer foi fundamental para iniciar a discussão sobre a inovação tecnológica sob o ângulo apontado e no surgimento de grupos similares de pesquisa. Em 2002, foram realizados três seminários para repassar a metodologia utilizada para outras regiões[30] do País com a presença de pessoas de várias instituições ligadas ao ensino técnico profissionalizante. Os congressos objetivavam, essencialmente, a divulgação e a capacitação. O próprio IBGE beneficiou-se dessa pesquisa. Quando decidiu realizar sua Pesquisa Industrial de Inovação Tecnológica (Pintec), pôde usufruir de contatos para discutir aspectos da mensuração de inovação tecnológica e também foi um usuário da base de dados e do cadastro de empresas inovadoras levantado pela Paer. A execução da Pintec deu-se em 2001 (ano de referência – 2000), com o apoio financeiro do Ministério da Ciência e Tecnologia (MCT), graças, em parte, à gestão de Carlos Américo Pacheco, então seu secretário-executivo. O MCT ampliou significativamente sua visão sobre as transformações tecnológicas e suas relações com o ensino, antecipando alguns cenários em formação no Brasil todo. Por outro lado, o MCT efetuava um intenso processo de reestruturação dos indicadores de tecnologia e P&D, enriquecido com as informações da Paer.[31]

---

[30] Os seminários foram realizados em Brasília, São Paulo e Recife.

[31] Entrevista com Maria de Fátima I. Araújo, em 7 de abril de 2003.

PED – discussão de uma pesquisa unificada

Em nenhum momento os debates e as discussões metodológicas sobre o tema de emprego e desemprego estiveram fora da agenda das instituições executoras de pesquisas domiciliares sobre mercado de trabalho. Entretanto, em 1996, os debates intensificaram-se em decorrência de um esforço gigantesco para cumprir uma iniciativa do Ministério do Trabalho. O ministro Paulo Paiva solicitou um estudo para unificar as pesquisas domiciliares de emprego e desemprego, de forma a evitar a duplicação de esforços e possibilitar redução de gastos, uma vez que a PME realizava-se com recursos do IBGE, e a PED, que então já estava operando em várias regiões metropolitanas, utilizava parcela substantiva das verbas do Conselho Deliberativo do Fundo de Amparo ao Trabalhador (Codefat),[32] com exceção da RMSP, na qual o custeio se fazia via orçamento do Estado de São Paulo. Outra pesquisa participante desse processo ficava por conta do Sistema Nacional de Emprego (Sine/Ceará), que, inclusive, havia sido construída sobre alguns fundamentos da PED.[33]

O passo inicial do processo esteve a cargo do ministro Paiva, com a formação de um grupo de trabalho com "notáveis" da área, para avaliar as pesquisas existentes. Todavia, as dificuldades logo afloraram. O primeiro problema surgiu bem no início: o grupo de trabalho não foi bem-aceito por algumas instituições, que consideraram a sua participação inexpressiva. Após um ano de impasse causado por essa insatisfação, ampliou-se o fórum de debate e se reformulou o processo de discussão. Basicamente, estabeleceram-se dois fóruns de debate: um para discutir as questões de ordem metodológica e operacional, com especialistas de todas as entidades, e outro para temas relativos ao encaminhamento institucional, formado pelo presidente do IBGE, pelo diretor-executivo da Fundação Seade, pelo diretor técnico do Dieese e pelo diretor do Sine/Ceará. Consumido o ano de 1996 em negociações para readequar o processo de encaminhamento da unificação das pesquisas, o grupo elaborou uma proposta clara para o ano seguinte: criar um sistema unificado de pesquisas domiciliares nacional, consorciando as PEDs regionais, o Sine Ceará, PME e Pnad.

[32] A secretaria executiva do Codefat é exercida pelo ministro do Trabalho.

[33] Entrevista com Marise Hoffmann, em 22 de abril de 2003.

O esforço para alcançar essa finalidade arrastou-se pelo ano de 97 e pela metade de 98, dentro da dinâmica de reuniões semanais no Rio de Janeiro. Participaram pela parceria Seade Dieese, sucessivamente, o gerente de análise, Sinésio Pires Ferreira, a gerente de métodos quantitativos, Nádia Pinheiro Dini e a gerente de metodologias e pesquisa, Maria Alice Cotrim, e pelo Dieese, a economista Marise Hoffman. No dizer desta: "Foi um trabalho muito estafante porque envolvia deslocamentos constantes e os resultados das discussões não se apresentavam animadores. Havia muita discussão política e técnica, mas fundamentalmente havia duas posições definidas: o IBGE de um lado, e a parceria Seade/Dieese e Sine/Ceará, de outro".[34]

A proposta da Seade-Dieese-Sine/Ceará tinha como objetivo a constituição de um banco de dados agregando todas as possibilidades de desemprego – com as situações de desemprego por trabalho precário e desalento –, retratando de modo mais fidedigno a realidade do mercado de trabalho. Essa proposta trazia em seu bojo a necessidade de ampliar o questionário da PME, que até então não considerava tais modalidades de desemprego. Por outro lado, a PME argumentava que havia absoluta necessidade de garantir a comparabilidade dos indicadores com os de outras instituições internacionais, que em geral, trabalham com a taxa de desemprego aberto. As discussões ocorreram dentro de tais posições, mas em nível técnico detalhado, que balizariam um plano de ação para operacionalizar a nova pesquisa.[35]

Outra discordância do IBGE referia-se ao fluxo do questionário da PED, que, ao optar por iniciá-lo pela procura de trabalho, criaria um viés de valorização desse aspecto, no enquadramento das pessoas na condição de atividade. Por outro lado, o grupo Seade-Dieese-Sine/Ceará criticava a excessiva compactação do questionário da PME, que, em apenas uma pergunta, qualificava a condição de atividade do entrevistado: ocupado, desempregado e inativo, além de adotar um período de sete dias – muito curto – para a investigação da procura de trabalho. A despeito de ser possível registrar alguns avanços nas discussões relativas à captação do desemprego oculto por desalento e por trabalho precário, o IBGE não admitia trabalhar com mais de um indicador. O Instituto insistia na constituição de um banco de dados via um indicador restrito de desemprego – o desemprego aberto. Por outro lado, a possibilidade de

---

[34] Idem.
[35] Idem.

trabalhar dessa forma acarretaria um grave problema: a perda da série histórica de alguns indicadores – e, no caso da PED, a sua série para captação do desemprego oculto pelo trabalho precário desapareceria. Finalmente, vislumbrou-se a possibilidade de progresso com a idéia de engendrar um único banco de dados comum, preservando, entretanto, a faculdade de divulgar os indicadores específicos de acordo com a opção de cada instituição.

Preocupação de natureza diferente, porém igualmente não desprezível, dizia respeito à possibilidade de os PEDs regionais abrirem mão da execução do trabalho de campo, tornado-se apenas usuários dos dados. Seria uma perda significativa, pois dificultaria a introdução de suplementos específicos por região, um mecanismo fundamental para atender demandas de governos estaduais. Como conseqüência, inviabilizaria a manutenção de equipes nos órgãos estaduais para a produção contínua de informações sobre o mercado de trabalho, perda maior ainda quando elas são também responsáveis por outros projetos nas mesmas entidades. Um exemplo claro desse fato é a equipe da PED, periodicamente envolvida na organização e execução da Pesquisa de Condições de Vida (PCV).

O processo de discussão da pesquisa unificada encerrou-se em outubro de 1998 com a proposta de realização de um seminário internacional, no qual deveria ser apresentado um plano para implementar propostas elaboradas no decorrer dos dois anos de trabalho. Tal plano não se efetivou. Concretamente, desse processo resultou apenas um esboço de questionário único que jamais seria implantado. Por outro lado, apesar das discussões sobre a pesquisa unificada não terem registrados progressos significativos, foram importantes para amadurecer algumas propostas que, em 2002, seriam concretizadas na reformulação da PME.[36]

Sensor Rural

Nos primórdios da década de 1990, a Fundação Seade procedeu a uma reavaliação das suas pesquisas no sentido de verificar se ela cumpria bem a sua missão de fornecer conhecimento dos principais determinantes

[36] No seminário de lançamento da PME 2002, foi explicitado o aproveitamento da discussão da pesquisa unificada na reformulação do questionário da PME. Na época de discussão da pesquisa unificada, o IBGE havia aceitado a proposta de aumentar para 30 dias o período de procura de trabalho para o desemprego aberto. Esse critério concretizou-se em 2002. Entrevistas com Marise Hoffmann, em 22 de abril de 2002, e Pedro Paulo M. Branco, em 6 de março de 2003.

da formação econômica e social do Estado de São Paulo. Constatou-se, então, que a área de agricultura estava pouco contemplada. De fato, a entidade não dispunha de um instrumento de produção periódica e sistemática de estatísticas relacionadas ao acompanhamento do mercado de trabalho agrícola no solo paulista. Ciente dessa situação, em 1991, o diretor-executivo Pedro Paulo Branco convidou o professor José Graziano[37] do Instituto de Economia da Unicamp para participar da estruturação de um banco de dados do setor agrícola. Desse projeto resultou a definição de uma metodologia para estimar a demanda da força de trabalho agrícola, que deu origem à pesquisa com o nome de Sensor Rural. Os resultados eram publicados em forma eletrônica e disponibilizados na Internet com dados sobre a demanda da força de trabalho agrícola. O levantamento tem como foco as principais culturas no Estado de São Paulo e no Brasil com a periodicidade quadrimestral: em abril (fevereiro)[38], agosto (junho) e novembro (setembro), e com ênfase na intenção de plantio para a safra seguinte. As fontes para calcular as estimativas para as culturas do Brasil provê do Levantamento Sistemático da Produção Agrícola (LSPA-IBGE) e, para o Estado de São Paulo, do Levantamento de Safra feito pelo Instituto de Economia Agrícola (IEA)/ Coordenadoria de Assistência Técnica Integral (Cati), órgãos da Secretaria de Agricultura e Abastecimento do Estado de São Paulo.

A metodologia utilizada pela Fundação Seade na estimativa da demanda da força de trabalho agrícola define os seguintes aspectos para cada cultura nas regiões produtoras:

- as exigências de força de trabalho, em homens-dia por hectare, segundo seis grupos de operações: preparo do solo, plantio, capina, outros tratos culturais, colheita e beneficiamento – pós-colheita;
- a distribuição relativa (porcentagens) das exigências de força de trabalho para cada um dos seis grupos de operações durante o ano (calendário agrícola), para captar a sazonalidade da demanda de força de trabalho;
- a estimativa da área cultivada no ano (ou mês) considerado.

[37] O ex-ministro José Graziano foi consultor da Fundação Seade praticamente durante toda a década de 1990. Ele somente sairia dessa condição para se engajar na campanha para as eleições presidenciais de 2002.

[38] Mês de referência.

A relação desses itens fornece a distribuição da demanda da força de trabalho por cultura, segundo os vários meses do ano.

Durante todo o decênio de 1990, o Seade cultivou de maneira dinâmica o Sensor Rural. Ainda hoje, apesar da redução da equipe técnica, a Fundação faz o cálculo das estimativas sob a demanda de usuários, porém, o boletim eletrônico contendo a análise dessas variáveis, que era divulgado quadrimestralmente na Internet, foi extinto em agosto de 2002.

Pesquisa Conjuntural das Micro e Pequenas Empresas (Pecompe)

Ao longo dos anos, a Fundação Seade adquiriu uma *expertise* em metodologias e técnicas de pesquisas de campo, dispondo de capacidade para, rapidamente, absorver demandas de outras entidades. Em 1997, estando já em curso a Paep, o Serviço de Apoio às Micro e Pequenas Empresas de São Paulo (Sebrae/SP) procurou a Fundação com o objetivo de melhorar a captação de informações sobre as suas afiliadas. Iniciativa essa que resultou em um convênio entre as duas instituições para realizar a Pecompe. Entre 1997 e 1999, fez o levantamento de dados com o propósito de analisar o desempenho das companhias nos setores de indústria de transformação, comércio e serviços. Além disso, captava o contingente de pessoas ocupadas e os gastos com salários. Desde 2000, a periodicidade da pesquisa tornou-se mensal, com a finalidade de verificar o faturamento, o número de ocupados e os gastos com salários em uma amostra de 2.500 empresas. Os resultados dessa empreitada são apresentados para o Estado, para a RMSP e interior e os municípios do ABC, e estão desagregados por área de atuação: indústria, comércio e serviços. A série histórica de dados encontra-se disponível no *site* do Sebrae.

Assessoria para ações do Fundo de Manutenção de Desenvolvimento do Ensino Fundamental e de Valorização do Magistério (Fundef) no ensino e magistério

A experiência em montagem de sistema de alimentação e recuperação de informações aliada ao conhecimento acumulado em pesquisas educacionais e finanças públicas municipais possibilitaram o estabelecimento de uma parceria da Fundação Seade com o Ministério da Educação, com o objetivo de subsidiar a implementação do Fundef, criado por emenda constitucional em 1996.

O primeiro estudo, iniciado nesse mesmo ano, teve a finalidade de montar um Sistema de Acompanhamento da Situação Financeira e do Ensino Fundamental nos Estados e Municípios estabelecendo parâmetros e formas de monitoramento dos montantes de recursos a serem transferidos. Esse sistema proporcionou, ao ministério, as condições de definir e acompanhar o valor destinado a cada governo estadual e municipal em função de alunos matriculados. Em 1999, além de incorporar atualizações e inserções de novas informações a esse sistema, o Seade desenvolveu novas ferramentas para o gerenciamento do Fundef. Ainda no âmbito do Programa de Acompanhamento dos Recursos Vinculados ao Financiamento de Educação, essa parceria foi retomada em 2001, basicamente, para desenvolver uma metodologia de análise dos impactos do Fundef sobre as receitas e despesas e da disponibilidade dos recursos dos municípios vinculados ao financiamento da educação.

As pesquisas de gênero

Assim como a PCV, as pesquisas de gênero representam um marco importante para a Fundação Seade, sobretudo, como abordagem multissetorial. Normalmente, as instituições responsáveis pelas estatísticas tendem ao desenvolver projetos setoriais, e, de certa forma, esquivam-se da complexa realidade de nossa sociedade que é caracterizada por sua multiplicidade. Não foi o caso da entidade em questão. Quando a PCV concretizou uma metodologia multissetorial, venceu um desafio. Esse tipo de abordagem nos estudos de gênero mereceu atenção por influência das resoluções tomadas nas conferências da ONU, situando as questões prioritárias na área, para recomendarem aos governos nacionais, e as de reivindicações de movimentos de mulheres. Embora ainda não conte com uma pesquisa periódica específica, a questão de gênero há muito tempo permeia todos os trabalhos da Fundação Seade. E não poderia ser diferente, pois a Instituição tem uma história marcada pela diversidade de atividades e um quadro funcional que, nos seus quase 30 anos de história, modificou-se continuamente, inclusive na sua proporção entre homens e mulheres, até alcançar uma arrebatadora maioria feminina, nos dias de hoje.

Historicamente, é possível que as atividades de estudos e pesquisas sobre gênero tenham suas raízes na criação do Conselho Estadual da Condição

Feminina (CECF)[39], em 1983. Fazia parte da agenda do CEDF, a avaliação das condições de vida das mulheres no Estado de São Paulo e, para tanto, era necessário que os órgãos de estatística divulgassem suas informações desagregadas por sexo. Tal exigência contemplava também as reivindicações de várias organizações femininas do País e de setores das próprias universidades ao IBGE. Com a criação do CECF, sua primeira presidente, Eva Blay, encaminhou proposta desse teor para a Fundação Seade.

A chegada à Fundação Seade, em 1986, de Maria Cecília Comegno, militante do movimento feminista e integrante do CECF, daria início a um novo momento na história da Entidade, com a realização do primeiro estudo sobre as ocorrências registradas pela primeira delegacia da mulher,[40] que havia sido criada no final do governo de Montoro. Nesse trabalho desenvolvido entre 1986/87, em convênio com o CECF, foi feita uma análise de boletins de ocorrência de violência contra a mulher e de pais contra filhos registrados na delegacia citada. O trabalho constitui a primeira sistematização de registros de violência contra a mulher, no Brasil, e tornar-se-ia uma obra de referência para os órgãos ligados ao movimento feminista naquele período.[41]

Na época, com base nos dados da PED, publicou-se um artigo sobre a situação da mulher no mercado de trabalho (HAGA, 1986), indicando diferenças importantes entre os sexos nas taxas de desemprego.

Distribuição dos desempregados segundo tipo de desemprego e sexo

Região Metropolitana de São Paulo - out./nov./dez. – 1984

Tipos de desemprego	Mulheres	Homens
Total	**15,5**	**10,4**
Aberto	10,1	5,6
Oculto	5,4	4,8

[39] Atualmente vinculado à Secretaria de Estado de Relações Institucionais, o CECF foi criado, em 1983, na gestão do governador Franco Montoro. É um órgão consultivo, na medida em que recebe as reivindicações das mulheres dos setores organizados, e as transforma em políticas públicas. Ao mesmo tempo, assessora o Governo do Estado nas questões relativas à mulher nos seguintes temas: cultura, direitos humanos, educação, legislação, meio ambiente e habitação, mulheres negras, participação política, saúde, trabalho, e violência.

[40] Baseada no modelo espanhol, esta foi a primeira delegacia no Brasil. Em 2007, existiam 129 delegacias no Estado de São Paulo.

[41] Entrevista com Maria Cecília Comegno, em 23 de julho de 2002.

A despeito de existirem informações e pessoas interessadas em fomentar a questão do gênero, na Fundação Seade, aparentemente, as iniciativas restringiram-se à esfera individual. Um impulso em direção à sistematização de dados relativo ao gênero seria dado em 1991, com a condução de Maria Cecília Comegno à Assessoria da Direção-Executiva. Um exemplo disso ocorreu em 1992, durante os trabalhos preparativos da Convenção Paulista pela Eliminação de todas as Formas de Discriminação contra a Mulher, quando foi acertado um convênio entre a Fundação Seade e o CECF, visando à organização de um sistema de informações sobre a mulher paulista para subsidiar políticas públicas.

Mulher e Trabalho

Os estudos de gênero só ganharam importância na Fundação Seade com o desenvolvimento do projeto Mulheres no Mercado de Trabalho da RMSP.[42] Sua origem remete, em um primeiro momento, a uma iniciativa individual, quando Sandra Brandão, analista de mercado de trabalho da PED, tomou conhecimento do Fundo para Eqüidade de Gênero, mantido pela Agência Canadense de Desenvolvimento Internacional (Cida). Ela submeteu um projeto para realizar um estudo mais meticuloso sobre a inserção feminina no mercado de trabalho, a partir dos dados da PED. A existência de uma pesquisa com dados atualizados sobre o mercado de trabalho foi fundamental para a sua aprovação. Iniciado em setembro de 1996, em parceria com o Dieese, a sua execução estendeu-se até o final de 1999, para a produção de um banco de dados disponível na Internet e de um boletim impresso com análises sobre a inserção, no mercado de trabalho, das mulheres e dos homens.[43]

O Fundo para a Igualdade de Gênero/Cida renovou o acordo de cooperação com a Fundação Seade, em 2.000. Dessa vez, o projeto incorporou objetos maiores: a análise do mercado de trabalho feminino no Estado de São Paulo e a produção de indicadores para a construção de intervenções voltadas à eliminação das discriminações no mundo do trabalho. Para tanto, constituíram-se parcerias com instituições estratégicas e com potencialidade de intervenção nas questões de gênero e trabalho: CECF, Sert e Dieese. Na medida

[42] Idem.

[43] Relatório de Atividades, 1996.

em que essas entidades atendem a diferentes públicos lidando com a temática das relações de gênero no mundo de trabalho, a construção dessa base de indicadores e do conjunto de estudos permitiriam trocar experiências, ampliar a reflexão teórica e subsidiar a criação de políticas, mais eficazes para a redução da desigualdade de gênero existente no mercado de trabalho estadual.

Durante quatro anos, produziram-se 44 números do boletim *Mulher & Trabalho* sobre os mais variados temas e disponibilizados regularmente na Internet. Entre outros resultados, obtiveram-se alguns avanços metodológicos. Ao serem incluídos, na análise de dados, gênero e cor, simultaneamente, pôde-se quantificar as disparidades existentes entre mulheres brancas e não-brancas em relação à taxa de participação, ocupação, desemprego e rendimento segundo diferentes variáveis. Questão controvertida, a desigualdade de rendimentos entre homens e mulheres exigiu uma apuração mais adequada, pois o que normalmente se compara é o rendimento médio total, sem levar em conta as diferenças de inserção, escolaridade, tempo de experiência e jornada de trabalho entre os sexos, as-

Mercado de trabalho no Estado de São Paulo(1)

Indicadores	1994	1998
Taxa de participação (em %)		
Mulheres	47,3	50,9
Homens	74,3	72,3
Taxa de desemprego total (em %)		
Mulheres	15,9	19,9
Homens	12,3	14,3
Total de ocupados (em 1.000 pessoas)	**10.185**	**10.799**
Mulheres	4.052	4.540
Homens	6.133	6.259
Rendimento médio (em reais)(2)	**822**	**937**
Mulheres	553	712
Homens	1.000	1.108

Fonte: Fundação Seade, Pesquisa de Condições de Vida (PCV).

(1) As informações para o Estado de São Paulo referem-se à RMSP e aos municípios do interior com pelo menos 80.000 habitantes na sua zona urbana, em 1994 e 50.000 habitantes, em 1998.

(2) Inflator utilizado: ICV do Dieese. Valores em reais de 2000.

pectos que acabam afetando a medida. A introdução do cálculo por horas trabalhadas, já que as mulheres têm uma jornada aproximadamente 15% inferior à dos homens, mostrou maior proximidade de remuneração.

O projeto permitiu avançar o conhecimento da situação da mulher trabalhadora, principalmente na Grande São Paulo; identificar as mudanças registradas ao longo da década de 1990 e avaliar essas questões sob o ângulo das organizações das unidades familiares, sobretudo daquelas chefiadas por pessoas do sexo feminino. Além do que, pela forma de divulgação adotada – entrevista coletiva para a imprensa –, criou vínculos com diferentes usuários, como sindicatos, entidades governamentais, centros de pesquisas, etc. Com tudo isso, a Fundação qualificou-se como uma referência obrigatória em estudos de mercado de trabalho e de gênero.

Mulheres em Dados

Com a chegada de Felícia Madeira, à Diretoria-Adjunta de Análise Socioeconômica, os estudos de gênero ganharam novo impulso. Em março de 1997, foi inaugurada, com o apoio do CEFC, uma *homepage* no *site* do Seade – *Mulher em Dados*. Esse sistema de informações disponibilizou um conjunto de dados sobre as mulheres, no Estado de São Paulo, abordando temas como demografia, educação, saúde, trabalho e renda, e violência. Ao mesmo tempo, criou-se um informativo impresso contendo, além de dados, análises sobre os diferentes aspectos da situação das mulheres, geralmente elaboradas pelos especialistas e que, seguindo uma antiga tradição da Fundação, era divulgado mensalmente em entrevista coletiva da imprensa.

O projeto *Mulheres em Dados* constituiu um esforço inicial de agregar, em um só sistema, informações que se encontravam dispersas e fragmentadas, originárias de fontes oficiais produtoras de dados resultantes de pesquisas domiciliares e de registros. Essa experiência possibilitou, entre 1999 e 2001, o desenvolvimento de um projeto mais abrangente – os *Indicadores de Gênero* – para o Conselho Nacional dos Direitos da Mulher.[44] Esse órgão, preocupado em implementar a transversalidade de gênero nas políticas públicas e dispor de recursos cognitivos para aumentar sua capacidade de intervenção, solicitou a montagem de um banco de dados para a Internet com vistas a realizar análises sobre a situação da mulher no Brasil.

[44] Órgão do Ministério da Justiça, criado em 1985.

Nesse trabalho, foram construídos indicadores nas áreas de trabalho, saúde e direitos reprodutivos, educação, violência e participação política. No âmbito do projeto, realizou-se o primeiro levantamento a respeito das condições de funcionamento das delegacias de atendimento especial às mulheres de todo o País.

Programas habitacionais

Muitas vezes, colocou-se, diante da Fundação Seade, o desafio de atender a demanda dos projetos governamentais com problemas na sua execução, exigindo soluções rápidas, sobretudo, na coleta de dados e na organização de informações. Um exemplo relevante encontra-se em sua contribuição para a CDHU, iniciada em 1998. Em um prazo recorde de seis meses, o Seade desenvolveu dois projetos essenciais para o programa Sonho Meu, dessa empresa estatal, destinado a promover a construção de moradias para a população de baixa renda. O primeiro envolveu o planejamento, a preparação e a execução do cadastramento de 500.000 famílias inscritas no programa e o levantamento de seus dados. Em um segundo contrato, foram processadas e analisadas as características demográficas e socioeconômicas das famílias habilitadas pelo CDHU.

Dessa primeira experiência, decorreram inúmeros projetos, visando qualificar as demandas de habitação popular, e estabelecendo laços estreitos com a Fundação.[45] Tal parceria seria tão profícua que, mais tarde, o professor Flavio Fava de Moraes faria o seguinte diagnóstico: "Hoje o CDHU está entre os maiores clientes da Fundação Seade, a tal ponto que quase não seria necessário procurar outras fontes, tal a demanda de serviços para cadastramento de favelados, controle de mutirões, localização de cortiços e outros estudos, que são fundamentais para as políticas habitacionais, no qual o Seade tem notória competência".[46]

Demografia – questões metodológicas

O conhecimento acumulado com a exploração e a análise das estatísticas demográficas, a multiplicidade temática que envolve seu uso e a demanda

---

[45] Entrevista com Pedro Paulo M. Branco, em 6 de março de 2003.
[46] Entrevista com Flavio Fava de Moraes, em 19 de março de 2003.

crescente de informações contribuíram para o desenvolvimento, por parte do Seade, de vários projetos para instituições responsáveis por atividades de planejamento no âmbito governamental. Alguns desses projetos representaram, para a equipe de demógrafos da Fundação, novos desafios metodológicos para estabelecer um relacionamento de fontes de dados distintas, por meio das técnicas de vinculação de dados. Exemplo disso é a pesquisa sobre a saúde dos trabalhadores, para a Fundacentro/Ministério do Trabalho e Emprego, realizada em 1995. O projeto, apoiado na exploração de uma fonte de dados mais completa sobre os casos fatais de acidentes de trabalho, objetivou promover o relacionamento e a análise de informações das duas principais fontes sobre esse tema: registros do INSS e os de óbito do Estado de São Paulo.

Outro aspecto associado à demanda crescente do planejamento das ações públicas é a necessidade de dispor de projeções populacionais regionais e para pequenas áreas. Os exemplos mais eloqüentes estão nas experiências da área de educação, em projeções da população em idade escolar, nas parcerias firmadas com a Sabesp, visando caracterizar a demanda em saneamento; e na área de saúde, com a finalidade de estimar a população-alvo das campanhas de vacinação. No primeiro caso, as projeções de demanda escolar foram detalhadas por nível de ensino e desagregadas por municípios. A evolução dos efetivos escolares, nos diferentes níveis de ensino, está associada à dinâmica demográfica, por um lado, e às taxas de escolarização, por outro. Em geral, nas idades que se caracterizam por uma taxa de escolarização próxima aos 100%, os efetivos escolares decorrem basicamente do fator demográfico. O processo de redução da fecundidade repercute diretamente no número de nascimentos e, portanto, na evolução das novas gerações escolares. Considerando que esse processo é bastante diferenciado, a Secretaria de Estado da Educação solicitou ao Seade, em 1996, projeções da demanda escolar segundo distintos cenários demográficos e de escolarização.

A Sabesp, tendo em vista a necessidade de um novo modelo de gestão descentralizado em unidades regionalizadas e de um planejamento baseado em informações adequadas, requisitou o Seade, em vários momentos, para desenvolver projeções demográficas que subsidiassem o dimensionamento da demanda por saneamento básico no Estado. Dessa maneira, firmaram convênios em 1987, em 1997 e em 2002, com o objetivo de viabilizar o estudo prospectivo da dinâmica demográfica paulista, por meio da elaboração, para todos os municípios paulistas, da projeção da população residente e flutuante, de domicílios ocupados, vagos e de uso ocasional, segundo as condições de localização urbana e rural.

O terceiro exemplo mencionado relaciona-se com campanhas na área da saúde pública. O público-alvo das campanhas nacionais de vacinação realizadas todos os anos é a população infantil, menores de cinco anos, pertencentes às gerações de nascimentos ocorridos nos cinco anos anteriores, que sobreviveram até a data dos eventos citados, referentes à prevenção em massa da saúde da população. Para responder a essa demanda específica da Secretaria de Estado da Saúde, a Fundação Seade desenvolveu uma metodologia, para estimar a população infantil, que leva em conta os dados do Sistema de Estatísticas Vitais, e subsidia, desse modo, a organização das campanhas anuais de vacinação e a estimativa das respectivas coberturas, em cada município paulista.

Também com a mesma secretaria, de 1995 a 1997, o Seade desenvolveu um projeto de acompanhamento contínuo da mortalidade infantil, mortalidade materna e das características do recém-nascido. Desde 1998, as parcerias firmadas anualmente com a Secretaria de Estado da Saúde passaram a considerar igualmente a avaliação da qualidade dos dados de nascimentos e óbitos, produzidos pelas administrações municipais de saúde para o controle das ocorrências municipais e a vigilância epidemiológica local. A comparação entre os arquivos de ocorrências elaborados pelas secretarias municipais de saúde, por um lado, e a base de dados da Fundação, por outro, permitiu avaliar a regularidade, a cobertura e a qualidade das informações produzidas nos municípios. Essa prática vem delineando um novo papel, para o Seade, no monitoramento da qualidade de arquivos de dados municipais.

A informação a serviço do cidadão

Uma meta prevista no PES da Fundação Seade, desde o início da gestão do diretor Pedro Paulo Martoni Branco, era colocar a informação a serviço do cidadão:[47] "Nesse sentido, todos os meios são utilizados e todas as oportunidades exploradas. Do atendimento individual a coletivas de imprensa. Da intensa utilização da Internet à distribuição dirigida de materiais im-

[47] Ver Capítulo V.

pressos. E, de modo especial, da ativa participação em empreendimentos que requeiram e demandem tais informações".[48]

Entre as principais iniciativas bem-sucedidas destaca-se a criação de *Publishop*. A livraria da Fundação Seade sofreu profunda reformulação, pois, até então, a loja permitia ao usuário o acesso apenas às sua publicações. Em viagem à Austrália, o diretor-adjunto Luiz Henrique Proença Soares tomou conhecimento de uma loja de um organismo estatal que reunia as principais publicações produzidas no âmbito governamental. Tendo em vista essa experiência, rapidamente foram mapeados todos os órgãos do governo do Estado de São Paulo que, possivelmente, poderiam oferecer suas publicações. Com ampla aceitação de todas as entidades consultadas, o processo foi concluído em meados de 1999. Assim, pela primeira vez, os produtos editoriais mais importantes dos órgãos do Governo do Estado de São Paulo ficaram reunidos em um único local, para a aquisição ou consulta do usuário.

Vinte anos do Seade

Figura 27 - Lançamento do programa comemorativo dos 20 anos do Seade. Luiz Henrique Soares Proença, Pedro Paulo Martoni Branco, Felícia Reicher Madeira e Amaro Angrisano (setembro de 1998).

Em 1998, a Fundação Seade alcançava a sua maioridade, completando 20 anos. A data fazia por merecer uma comemoração, pois a jornada não fora fácil. Sem dúvida, a Entidade vencera muitos obstáculos que se antepuseram em seu caminho como a falta de recursos e, até mesmo, em alguns momentos, de incentivos governamentais. Porém, graças à competência e ao esforço dos seus integrantes, ajudada pela conjuntura histórica de valorização da informação, a Instituição estava mais viva do que nunca. Algumas das suas pesquisas, como a PED, transformaram-se em referências não só nacionais, mas também, internacionais. Outras investigações destacaram-se, pela originalidade e importância. Para provar isso, basta citar as pesquisas de gênero e as inovações metodológicas na área de demografia. Todavia, o momento de comemoração é, igualmente, de

[48] Relatório de Atividades, 1998.

reflexão crítica para pensar o futuro da Instituição. De fato, muitas lições poderiam ser extraídas da sua acidentada, porém, rica trajetória histórica.

Sob tal perspectiva, durante o ano todo, engendraram-se diversas publicações e eventos comemorativos. O Estado de São Paulo entrava no novo século com a maior população juvenil de sua história demográfica. Essa constatação e o fato de o Seade estar próximo da comemoração de seus 20 anos de existência, forneceram uma boa motivação para o título de uma coletânea lançada na ocasião: *20 Anos no Ano de 2000.* Tratava-se de um estudo socioeconômico sobre a juventude paulista abordando a dinâmica demográfica espacial, fecundidade, mortalidade, migração, nupcialidade, educação e o emprego. Também, apresentava análises sobre as situações de riscos da juventude, tais como mortes violentas, aids, maternidade e uniões precoces, aborto, condições de habitações precárias, etc.

No *Jornal do Seade,* foram publicadas entrevistas com pessoas de marcantes participações na história da Entidade como Paulo Egydio Martins, Jorge Wilheim, Rubens Murillo Marques, Walter Barelli, Franco Montoro, entre outros. Os seminários e depoimentos promovidos serviram para fomentar a reflexão sobre as atividades desenvolvidas e as expectativas em torno da Fundação. Foi realizada uma série de palestras com Gilberto Dupas, Nelson Senra, Luiz Pereira Awazu da Silva, Luiz Jorge Werneck Vianna, Celso Vianna, e Regina Pacheco, para entender o entorno no qual vive o Seade. Ainda no *Jornal do Seade*, vários intelectuais foram convidados a se manifestar sobre a Instituição, entre eles: Elza Berquó, Gilson Schwartz, Flavio Fava de Moraes. Oficialmente, em 10 de setembro, a cerimônia de comemoração dos 20 anos da Fundação Seade aconteceu na sede do Parlamento Latino-Americano. Cumpre ainda registrar que o Relatório de Atividades de 1998 teve uma edição especial com informações sobre as comemorações daquele ano. Todos os presságios indicavam um futuro promissor para a Fundação Seade.

Figura 28 - Funcionários do Seade no evento de lançamento do programa comemorativo dos 20 anos do Seade (setembro de 1998).

O ESTADO DOS MUNICÍPIOS

Índice Paulista de Responsabi

170 ANOS
Assembleia Legislativa
do Estado de São Paulo
1835-2005

FOLHA DE S.PAULO — COTIDIANO — sexta-feira, 19 de setembro de 2003

SP DESIGUAL *Levantamento feito pela Seade mostra que só 1/3 dos municípios paulistas têm bons níveis de longevidade e escolarida*

Ação social é adequada em 30% das cidade

A CARA SOCIAL DE SÃO PAULO

Agrupamentos segundo o Índice Paulista de Responsabilidade Social (IPRS)

Grupo 1 — 23 milhões de hab. (81 municípios)

Incorpora os municípios localizados ao longo dos principais eixos rodoviários do Estado (vias Anhanguera e Dutra), que se interceptam na cidade de São Pa...

Grupo 2 — 5 milhões de hab. (48 municípios)

Municípios que, embora com níveis de riqueza elevados, não atingem bons indicadores sociais. São os situados na...

Grupo 3 — 3,5 milhões de hab. (211 municípios)

Caracteriza-se pela presença de municípios com nível de riqueza baixo, mas com bons indicado...

Grupo 4 — 3,5 milhões de hab. (191 municípios)

Nível de riqueza baixo, mas com níveis médios de...

Grupo 5 — 2 milhões de hab. (141 municípios)

É compost...

Vale do Ribeira — Região onde estão concentrados os municípios mais carentes

Evolução do IPRS no Estado

	1992	1997	2000
Escolaridade	57	71	87
Longevidade	53	60	65
Riqueza			60

Melhores

Riqueza	Barueri (80)
Longevidade	Santa Salete (99)
Educação	Oscar Bressane (99)

Piores

Riqueza	Barra do Chapéu (13)
	Itapirapuã Paulista (13)
Longevidade	Fernão (33)
Educação	Barra do Turvo (42)

CHICO DE GOIS
DA REPORTAGEM LOCAL

A produção de riqueza nos municípios nem sempre é traduzida em qualidade de vida para a população. Cidades consideradas ricas enfrentam dificuldades para levar a seus habitantes melhores condições de educação e saúde. Em contrapartida, municípios com baixo nível de riqueza no Estado de São Paulo possuem bons indicadores sociais.

...car Bressane, que tem o ... nível de educação no Estad... dos melhores em longev... Para a Seade, esse agrupam... chamado de "saudável".

Já o grupo dois, onde e... municípios com nível de ... elevados, não atinge bons ... dores sociais. Compõe... agrupamento três catego... cidades: turísticas, industr... de condomínios de alto pa...

Barueri e Cotia são ex... De acordo com os técn... Seade, pessoas com ren...

O ESTADO DE S.PAULO - A11 — SEXTA-FEIRA, 19 DE SETEMBRO DE 2003

SOCIEDADE

A vida melhora em São Paulo, apesar da crise

Pesquisa da Fundação Seade revela ganhos no Estado em setores como ensino e saúde

LUCIANA GARBIN

No começo do ano passado, semanas após o município de Santa Salete construir um velório, ainda circulava pela cidade a brincadeira de que seria preciso matar alguém para usá-lo. Segundo o prefeito, Ademar Luiz Cintra (PMDB), só seis meses depois o local foi inaugurado, com a morte de um homem que tinha ido de São Paulo viver lá. Coincidência ou não, Santa Salete é o município que conseguiu no Estado a melhor nota de longevidade no Índice Paulista de Responsabilidade Social.

Kathia Tamanaha/AE-6/5/1999

Vista aérea de Barueri: maior índice de riqueza

Organizado pela Fundação Seade, a pedido da Assembléia Legislativa de São Paulo, o índice leva em conta, além da longevidade, estatísticas de riqueza e escolaridade e mostra que, apesar da estagnação da economia no Estado entre 1997 e 2000, a maioria dos municípios apresentou ganhos sociais importantes.

Também aponta para uma grande heterogeneidade regional e o crescimento dos setores primário e terciário, em detrimento do industrial. "O que se viu em São Paulo, ao longo dos últimos anos, foram tímidas variações do nível da atividade econômica – refletidas na estabilidade dos indicadores de riqueza municipal –, acompanhadas de progressos importantes nas condições sociais."

Mesmo em condições econômicas adversas, as famílias paulistas conseguiram manter filhos na escola e passaram a dispor de melhores condições de saúde, mas permaneceram as desigualdades. As regiões metropolitanas de Campinas, Baixada Santista e São Paulo – da qual faz parte Barueri, o mais rico –, por exemplo, caracterizam-se por municípios que, mesmo com bons indicadores de riqueza, têm baixos níveis de longevidade e escolaridade. Já o oeste paulista concentra cidades pequenas e pobres, mas de bons indicadores sociais, e as maiores médias gerais ficam ao longo dos principais eixos rodoviários do Estado – Dutra e Anhangüera.

Sinésio Pires Ferreira, um dos técnicos do projeto, explica que o grande trunfo de ter um diagnóstico como esse é identificar os problemas que impedem que um município tenha boa classificação e formular políticas públicas para eliminá-los. "O índice também dá instrumentos à sociedade para avaliar o desempenho dos administradores", completa, destacando que os números devem ser atualizados a cada dois anos.

Nas próximas fases, devem surgir novos indicadores, além dos 13 analisados atualmente. Entre esses, haverá um para medir qualidade do ensino e outro para dinâmica populacional.

O ESTADO DOS MUNICÍPIOS

Santa Salete (maior longevidade)
Pedrinhas Paulista (único na região de Marília no Grupo 1)
Oscar Bressane (maior escolaridade)
Barueri (maior riqueza)

CIDADE DE SÃO PAULO

Pontos obtidos numa escala de 0 a 100

Riqueza (2000)	Longevidade (1999/2001)	Escolaridade (2000)	Classificação
[illegible]	65	90	Grupo 1 (boa média nos três itens, apesar das desigualdades)

OABSP

Advocacia on-line
Comissões
Comunicação
Controladoria
Galeria de fotos
Institucional
Subsecções

CAASP
ESA
Jornal do Advogado
A OAB vai à Escola
OABPrev

Clipping Jurídico

Imprima esta Notícia — Envie esta Notícia por E-mail

Lei Estadual nº 10.765, de 19 de fevereiro de 2001: Cria o Índice Paulista de Responsabilidade Social - IPRS

Fonte: Administração do Site
21/02/2001

O VICE-GOVERNADOR, EM EXERCÍCIO NO CARGO DE GOVERNADOR DO ESTADO DE SÃO PAULO:
Faço saber que a Assembléia Legislativa decreta e eu promulgo a seguinte lei:
Artigo 1º - Fica criado o Índice Paulista de Responsabilidade Social - IPRS.
§ 1º - O IPRS será elaborado a partir de dados fornecidos pelos Municípios e considerará indicadores de resultados, esforços e participação social, especialmente nas áreas de saúde, educação, renda, finanças públicas e desenvolvimento urbano.
§ 2º - A Assembléia Legislativa poderá requisitar junto às concessionárias de serviços públicos estaduais de energia, saneamento e telefonia, agências estaduais reguladoras de serviços públicos, fundações públicas e autarquias estaduais outros dados necessários à composição do IPRS.
§ 3º - Os indicadores referidos no § 1º serão divulgados bienalmente pela Assembléia Legislativa, mediante publicação do relatório do IPRS no Diário Oficial - Poder Legislativo, em março do segundo e quarto anos do mandato dos governos municipais, observados os critérios metodológicos e as atualizações que se fizerem necessárias.
§ 4º - A Fundação Sistema Estadual de Análise de Dados - SEADE poderá, na forma a ser estabelecida em convênio, providenciar a coleta, a organização e a análise dos dados para elaboração do relatório do IPRS.
§ 5º - A primeira edição do IPRS ocorrerá em março de 2001, observando-se, a partir daí, o disposto no § 3º deste artigo.
Artigo 2º - Os Municípios que omitirem ou não prestarem as informações para a elaboração do IPRS no prazo solicitado poderão ser:
I - incluídos no Cadastro Estadual de Inadimplentes Sociais, criado pela Lei nº 10.475, de 21 de dezembro de 1999;
II - proibidos de firmar convênios com o governo estadual.
Artigo 3º - Aos Municípios que, segundo relatório do IPRS, obtiverem significativa evolução em relação ao posicionamento no índice anterior, serão conferidos pela Assembléia Legislativa certificados de reconhecimento pelo esforço em prol da causa social, assim como aos que se mantiverem em posição de excelência.
Artigo 4º - As despesas decorrentes da execução desta lei correrão à conta das dotações próprias consignadas no orçamento vigente.
Artigo 5º - Esta lei entra em vigor na data de sua publicação.
Palácio dos Bandeirantes, 19 de fevereiro de 2001.
GERALDO ALCKMIN FILHO
André Franco Montoro Filho
Secretário de Economia e Planejamento
João Caramez
Secretário-Chefe da Casa Civil
Antonio Angarita
Secretário do Governo e Gestão Estratégica
Publicada na Assessoria Técnico-Legislativa, aos 19...

EXEMPLO

O Índice Paulista de Responsabilidade Social, elaborado pela Fundação Seade, fez o maior sucesso na ONU. A diretora do Departamento de Desenvolvimento Humano do PNUD, Sakiko Sukuda-Barr, disse ao presidente da Assembléia, Vanderlei Macris, que a ONU poderá recomendar a adoção de análises semelhantes a outros países em desenvolvimento.

FOLHA DE S.PAULO

1º de março de 2001

Capítulo VII

Novos tempos

Gestão Fava

O findar do século XX coincidia com o início do segundo mandato do Presidente Fernando Henrique Cardoso. E aquele ano de 1999 prenunciava um ambiente tumultuado, sobretudo, no campo econômico. O Plano Real, que domara com habilidade a inflação, começara a mostrar suas contradições. Um dos sintomas desse estado de coisas manifestava-se no explosivo aumento da dívida pública líquida do Brasil. Esta chegara a mais de 45% do PIB, em 1999, para beirar os 50%, em 2000. Isto acontecia mesmo tendo entrado, principalmente no segundo lustro da década de 1990, cerca de US$ 100 bilhões, resultantes das privatizações, para os cofres das diversas esferas do governo. Se o Plano Real foi eficaz na obtenção da estabilidade dos preços, dado aos seus efeitos perversos, produziu, entre 1998 e 2003, baixas taxas de crescimento econômico, elevadas taxas de desemprego e substancial redução dos rendimentos reais do trabalho. Somente a partir de 2004, a economia brasileira mostrou, ainda que moderados, sinais de crescimento.

Também na Fundação Seade, aquele ano de 1999 transcorria de maneira tumultuada. Entretanto, não havia uma relação direta entre os dois fenômenos, embora, de alguma maneira, a situação geral da Nação se refletisse na Instituição. No caso da nossa Entidade, a agitação ocorria largamente, em função de um complexo processo de sucessão na diretoria-executiva,

Figura 28 - Posse do diretor executivo do Seade, prof. Flavio Fava de Moraes. Sentados: Pedro Paulo Martoni Branco, em término de mandato; Secretário de Economia e Planejamento, André Franco Montoro Filho; Presidente do Conselho de Curadores da Fundação Seade, Adroaldo Moura da Silva (janeiro de 1999).

cuja transição levou cerca de dez meses. Para solucionar o impasse, o governador Mário Covas indicou para o cargo o professor Flavio Fava de Moraes, então coordenador de sua assessoria.[1] Não restava dúvida de que se tratava de um nome gabaritado. Como emérito administrador de instituições relacionadas à pesquisa, o professor Fava havia ocupado alguns dos cargos mais importantes do País, na área, trazendo para a Fundação Seade um expressivo reforço para sua imagem.

Ele fora o diretor científico da Fapesp – um modelo de organização moderna e eficiente, exemplar para as fundações do Brasil inteiro – por três gestões, entre 1986 e 1994. Nesse último ano, ainda à frente daquele órgão, participou da eleição para reitor da Universidade de São Paulo, entidade que passava por um processo penoso de transição. O titular anterior da reitoria solicitara um inusitado pedido de demissão, antes mesmo do término de seu mandato. Eleito por ampla maioria, o professor Fava dirigiu, entre 1994 e 1997, uma das cem melhores universidades do mundo. Para aquilatar o que isso significa, é suficiente dizer que, na época, a USP possuía um orçamento equivalente ao 14º Estado do País. Na área acadêmica, entre as inúmeras participações em organismos de pesquisas nacionais e internacionais, o novo diretor-executivo ocupara o cargo de vice-presidente da Associação Internacional das Universidades (Unesco) de 1995 até 2004. Sua fama de bom interlocutor com os órgãos governamentais advinha da experiência adquirida com sua participação no governo estadual, tendo dirigido, inclusive, a Secretaria de Ciência e Tecnologia e a Assessoria do Governador, durante a gestão de Covas.

Com uma trajetória e um perfil desse porte, seu nome emprestaria à Fundação Seade um prestígio deveras significativo, entre os órgãos públicos

[1] Entrevista com o professor Flavio Fava de Moraes, em 19 de março de 2003.

e instituições de pesquisa. E, de fato, seus efeitos seriam rapidamente sentidos em vários aspectos, sobretudo, na ampliação do círculo de relações da Fundação, marcadamente na esfera estadual, porquanto a sua passagem pelo Palácio dos Bandeirantes lhe permitiu conhecer bem as secretarias de estado e a máquina burocrática governamental. A administração do professor Fava caracterizar-se-ia pela modernização do modelo de gestão, ajustando a Instituição para uma estrutura administrativa mais ágil e consoante com as necessidades das novas demandas. Estas, na verdade, talvez nem fossem novas verdadeiramente, pois problemas como pobreza, desemprego e violência já existiam há muito tempo. Contudo, observava-se uma escalada em espiral, pela própria natureza do processo econômico adotado pelo governo federal, engendrando situações antes não existentes, pelo menos quantitativamente.

Uma das primeiras medidas tomadas pela nova administração da Fundação Seade foi fortalecer a divulgação da sua imagem nos órgãos públicos, explicitando as possibilidades de seus serviços. Assim, o diretor-executivo, em companhia dos diretores-adjuntos, percorreu vários órgãos do Estado para veicular a imagem da Fundação. "Estudei os serviços que o Seade poderia oferecer ao Estado sob a forma de contratos e percorri em via-sacra todas as secretarias e empresas estatais para dizer o que fazíamos. Dependendo da secretaria, levávamos propostas específicas para as áreas que poderíamos auxiliar. Conseguimos prestar nossos serviços até para algumas secretarias que nunca haviam interagido com o Seade e pouco sabiam da nossa *expertise*".[2] O fruto do trabalho pode ser observado na evolução dos recursos próprios nos anos de 2000, 2001 e 2002.

Curiosamente, a situação privilegiada resultante acarretou, igualmente, o surgimento de problemas, evidentemente de outra natureza. É o que se depreende das palavras do diretor-executivo na afirmação seguinte feita na época da sua gestão: "Os clientes surgiram em tal escala, que, hoje, o problema na Fundação Seade não se relaciona com a falta de financiamento, mas com a continuidade de verbas orçamentárias: a Secretaria da Fazenda chegou a questionar a necessidade da presença da Fundação no orçamento estadual, dada a nossa situação de eventual auto-sustentação. O que é um erro, porque a Fundação Seade tem algumas missões indispensáveis e estruturantes de características públicas. Nenhum governo, no mundo, funciona sem um órgão para obter informações confiáveis e qualificadas para o seu planeja-

---

[2] Idem.

mento".[3] De toda forma, enquanto as modificações na infra-estrutura financeira da Fundação evoluíam com rapidez, surgia a demanda para o desenvolvimento de um novo projeto: a criação de um indicador de qualidade de vida.

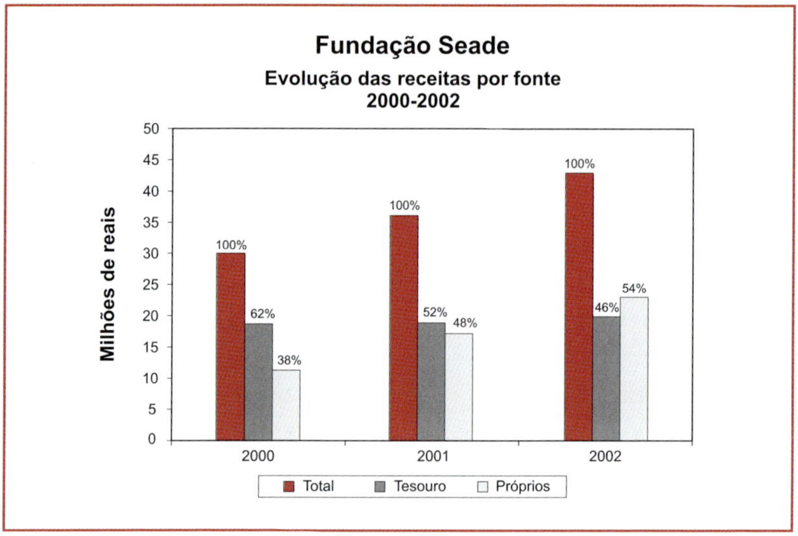

Índice Paulista de Responsabilidade Social (IPRS)

O tema do indicador de qualidade de vida já vinha sendo discutido há muito tempo, na Fundação Seade.[4] Antes mesmo da criação do IDH, pela PNUD/ONU, o antigo Departamento de Estatística, durante a preparação do governo de Paulo Egydio, iniciou a estruturação de um indicador com esse perfil, no ano de 1974. Na época, apesar dos esforços dos técnicos e do secretário Jorge Wilheim, as dificuldades metodológicas encontradas para a execução não permitiram a evolução do assunto. Porém, 25 anos depois, a história seria diferente. Em 1999, a Assembléia Legislativa do Estado de São Paulo, liderada pelo deputado Vanderlei Macris, deslanchou um processo de mobilização da sociedade para discutir temas e problemas relevantes para o futuro do estado. Nesse diapasão, foi criado um programa chamado Fórum São Paulo Século

[3] Idem.
[4] Ver Capítulo II.

XXI[5] com o objetivo de traçar alguns prognósticos, amparado nas informações socioeconômicas dos municípios. Com esse propósito, a Assembléia Legislativa do Estado de São Paulo (Alesp) contratou a Fundação Seade para fornecer os dados que serviriam de subsídios às discussões.

O projeto produziu 16 cadernos temáticos,[6] apresentados, juntamente com o documento *Indicadores Seade e os Desafios para o Século XXI,* para os deputados responsáveis pelas comissões temáticas do Fórum. Esse documento foi dividido nos seguintes tópicos: novo perfil demográfico de São Paulo; mercado de trabalho; estrutura produtiva; carências relevantes e políticas específicas; instrumentos para referenciar metas; indicador sintético e relação de informações Seade para subsidiar as comissões temáticas. Durante o processo, constatou-se a ausência de indicadores capazes de referenciar a evolução ou o impacto das políticas públicas na esfera municipal. Em um primeiro momento, as expectativas da Alesp convergiram para a utilização do IDH, que, inclusive, já vinha sendo usado para balizar as discussões. Por essa alternativa, deveria ser realizado um monitoramento do IDH nos 645 municípios do Estado de São Paulo, porém, com atualização mais freqüente. Nas discussões iniciais para a definição de trabalho, Pedro Paulo Martoni Branco, ainda ocupando o cargo de diretor-executivo, aventou a possibilidade da construção de um novo indicador mais adequado para medir o desenvolvimento humano das cidades paulistas.

Como lembra Felícia Madeira, então diretora-adjunta de Análise Socioeconômica, "Aí, alguém veio cobrar esse indicador da Fundação. Isso

[5] Esse fórum foi realizado entre os anos de 1999 e 2001.

[6] Cidadão do Século XXI, Cidadania, Educação, Saúde, Habitação e Desenvolvimento Urbano, Cultura, Esportes e Lazer, Segurança, Terceiro Setor, Trabalho e Emprego, Agricultura, e Agronegócios, Indústria, Turismo e Serviços, Ciência Tecnologia e Comunicações, Transporte e Energia, Recursos Naturais e Meio Ambiente, Reforma do Estado.

Considerações sobre o IDH

Um dos problemas centrais das diversas agências nacionais e internacionais empenhadas em implementar políticas promotoras do desenvolvimento econômico e social dos países era a construção de um indicador eficiente para mensurar o impacto desses programas. Normalmente, as aferições se perdiam em fórmulas excessivamente complexas para a compreensão do grande público, ou em seu reducionismo, e passavam a representar precariamente a realidade do país.

Um indicador clássico, hegemônico desde a década de 1950, é o Produto Interno Bruto (PIB) *per capita*. Mas esse indicador sofria várias críticas: não considera a distribuição efetiva de renda em cada localidade do país; é afetado pela variação da moeda nas economias locais; não capta aspectos importantes como educação, saúde, meio ambiente, etc. Amartya Sen, Prêmio Nobel de Economia (1998) propôs criar um indicador diferente do PIB *per capita*, com uma abrangência multissetorial, que conferisse ao indicador aspectos mais "humanos", movido pela crença de uma força simbólica do índice nas avaliações sobre as condições de vida.

No Brasil, o IDH para os municípios é realizado, com base em informações censitárias. O IDH trabalha fundamentalmente com três dimensões para criar o seu indicador: longevidade, renda e escolaridade.

caiu como uma bomba, na Instituição. Houve uma cisão no posicionamento dos técnicos. Se havia um grupo favorável à criação do indicador, outros argumentavam que o Seade mantêm disponibilizadas todas as informações setoriais desagregadas por município. Então, para quê gerar mais um indicador?"[7] Um dos argumentos decisivos para o engajamento da Fundação Seade na criação de um indicador de qualidade de vida proveio de uma reflexão da própria diretora-adjunta: "Eu havia lido um artigo do Amartya Sen, e, segundo ele, o excesso de informações pode conduzir os dirigentes a um labirinto, que gera o imobilismo – o mesmo comportamento que ele teria sem informação alguma. Tal aspecto levou Amartya a considerar a

[7] Entrevista com Felícia Reicher Madeira, em 24 de setembro de 2003.

importância da geração de símbolos no mundo, que, às vezes, podem configurar referências para identificar avanços em diversos setores. Neste sentido, o IDH transformou-se em um símbolo fundamental, porque ele consegue sensibilizar a auto-estima dos países e dirigentes, e causa uma mobilização em torno do indicador. Necessitávamos, igualmente, um símbolo para a nossa realidade".[8]

No ano de 2000, a Alesp solicitou formalmente que a Fundação desenvolvesse uma metodologia capaz de classificar os municípios paulistas segundo a qualidade de vida de seus habitantes, e gerar elementos para compreender os problemas dos municípios e instrumentos para as políticas públicas locais.

Com a internalização da discussão na Fundação, foram aparecendo críticas, para tentar ajustar a demanda da Alesp com a utilização do IDH. De imediato, os analistas da Diretoria-Adjunta de Análise Socioeconômica da Fundação Seade apontaram dois problemas para a execução do trabalho: a inexistência de informações anuais sobre a renda *per capita* dos municípios, e a pouca sensibilidade do IDH para as mudanças de curto prazo, uma vez que os censos são realizados com periodicidade decenal em todos os países. Por outro lado, a equipe percebeu que a sensibilidade do índice criado por Amartya Sen para captar diferenças entre os municípios paulistas era demasiadamente pequena, a tal ponto que, quando dispostos espacialmente, apareciam amplas regiões de homogeneidade no Estado de São Paulo. A explicação para tal deficiência residia no fato de que o IDH fora construído para captar o patamar de desenvolvimento e a evolução de países em níveis socioeconômicos muito diferentes. Atribuiu-se outra dificuldade, ao uso de uma média simples entre as dimensões, para cálculo do IDH. Essa limitação pode mitigar situações nas quais estão conjugadas, por exemplo, uma péssima situação na educação e uma expressiva longevidade – e viria a constituir um indicador com pouco efeito prático para orientação de políticas públicas.

Assim, foram definidas as necessidades de um novo indicador, com as seguintes características: periodicidade menor; sensibilidade para promover a estratificação adequada dos municípios; ser calculado dentro do rigor das modernas ferramentas estatísticas – assunto amplamente incorporado nas pesquisas domiciliares da Fundação Seade. Além dessas transfor-

---

[8] Idem.

mações, o novo indicador incorporaria duas dimensões adicionais às já consagradas no IDH (longevidade, renda, escolaridade):

- Participação
  Essa dimensão abrange algumas variáveis relativas ao funcionamento dos Conselhos Municipais de Saúde: existência, data de implantação, composição e periodicidade de reuniões. Com relação à área de educação, leva em conta a existência de conselhos municipais e a data de sua implantação; finalmente, identifica a existência de Comissões Municipais de Emprego.

- Esforço realizado
  O índice de esforços é mensurado pelos aspectos relacionados aos esforços empreendidos ou passíveis de o serem pelos agentes públicos municipais. Por exemplo, para a dimensão da longevidade, considera-se a variável mortalidade perinatal que indica a situação do sistema público de assistência à saúde materno-infantil.

Inicialmente, chamou-se o indicador de Índice de Responsabilidade Social (IRS). Esse nome é explicado por Felícia Madeira: "O governo havia criado o Índice de Responsabilidade Fiscal, e a oposição o criticava porque causaria uma restrição fiscal e a conseqüente obstrução nos investimentos sociais. Com a nossa iniciativa, quisemos demonstrar que as propostas não eram excludentes".[9] Logo em seguida, o novo indicador, denominado de Índice Paulista de Responsabilidade Social (IPRS), seria criado pela Lei 10.765, de 19 de fevereiro de 2001, que outorga à Fundação Seade, a operação de coleta, organização e análise dos dados para a sua elaboração.

Impacto da pesquisa

O IPRS foi tão bem-aceito que mereceu uma apresentação em um Congresso Internacional no Rio de Janeiro e, mais ainda, o Seade recebeu convite para apresentá-lo na ONU em Nova Iorque, cuja ocorrência aconteceu em 22 de fevereiro de 2001. A apresentação permitiu a inclusão dos aspectos inovadores do IPRS no relatório da ONU intitulado: Desenvolvimento Humano: passado, presente e futuro. "Constitui, sem dúvida, um motivo de

---

[9] Idem.

orgulho para a Fundação ver uma iniciativa sua ser tão bem avaliada internacionalmente".[10] A repercussão alcançada pelo projeto decorreu também, como lembra Felícia Madeira, do fato "da criação de um indicador de qualidade de vida ser uma iniciativa facilmente comprada pela mídia".[11] Em 2003, procedeu-se a feitura da nova edição do IPRS, aguardada com ansiedade por vários setores organizados, para diagnosticar os recuos e avanços das políticas públicas adotadas pelos prefeitos.

Embora esse trabalho seja recente, existem algumas perspectivas e propostas para introduzir modificações no IPRS, proveniente da multiplicação de indicadores de qualidade de vida por todo o Brasil. Com o objetivo de criar um indicador alternativo ao IDH, vários estados engendraram os seus. Por exemplo, o Rio de Janeiro tem o IQM,[12] que é diferente do Idese,[13] desenvolvido no Rio Grande do Sul. No encontro da Associação das Instituições de Planejamento, Pesquisa e Estatística (Anipes), realizado em outubro de 2003, discutiu-se a possibilidade de viabilizar a comparação entre os diversos indicadores de desenvolvimento espalhados pelo País.

O IPRS, possivelmente, foi a principal realização da Fundação Seade no final dos anos 1990 para o começo do século XXI, obtendo grande repercussão como ferramenta para geração de políticas públicas. Mas outros produtos importantes também tiveram suas atividades iniciadas nesse período, como mostraremos a seguir. Entrementes – é preciso que se diga – o ambiente explosivo reinante naqueles anos primordiais do novo milênio não só propiciava, mas, igualmente, obrigava a superação de novéis desafios. A palavra "explosivo" utilizada na frase anterior não se trata de mera expressão ou licença literária. O mundo estava explodindo mesmo, a começar pelas torres gêmeas do World Trade Center, em Nova Iorque, desabadas pelo ataque terrorista da Al Qaeda, naquele fatídico 11 de setembro de 2001. As explosões continuaram e continuam nos desertos do Golfo Pérsico, nos casebres e/ou nas mansões da Faixa de Gaza, espalhando-se cada vez mais pelo planeta afora. E, no nosso Brasil, as bandeiras vermelhas do Movimento dos Sem-Terra (MST) tremulam desde o Pontal de

[10] Entrevista com Flavio Fava de Moraes, em 19 de março de 2003.

[11] Entrevista com Felícia Reicher Madeira, em 24 de setembro de 2003.

[12] Índice de Qualidade dos Municípios, produzido pela Fundação Centro de Informações e Dados do Rio de Janeiro (Cide). Esse indicador identifica os municípios que reúnem as melhores condições para novos investimentos.

[13] Índice de Desenvolvimento Socioeconômico, produzido pela Fundação de Economia e Estatística do Estado do Rio Grande do Sul. Esse indicador mensura o grau de desenvolvimento do município.

Paranapanema até Brasília dos congressistas, enquanto inocentes morrem vitimas das balas de bandidos entrincheirados nos morros da bela Baía da Guanabara. Nesse cenário é que o labor do Seade efetua-se, em seu esforço para contribuir na promoção do desenvolvimento sustentado e acabar com tais mazelas.

Algumas pessoas considerariam a descrição acima como muito impressionista. Todavia, ela retrata a realidade dos nossos dias. Querendo ou não, convivemos com os fenômenos apontados. Aparentemente longínquos, eles situam-se muito mais próximos do que se imagina. No caso, a globalização deixa de ser ficção para funcionar com rapidez inimaginável nos tempos passados – tudo se interliga em uma rede nada virtual. A visão do conjunto torna-se muito mais necessária para agir no mundo. Ora, em um planeta assim, as políticas locais, sem perder a sua especificidade, devem acrescentar a dimensão da globalidade se quiser ter êxito. O fracasso de muitas delas reside, entre outros fatores, em ignorar ou depreciar essa dimensão. Mas como esta resulta da ação de diversas variáveis, o desafio é investigar os nexos – existentes atrás das aparências – relevantes ao objetivo desejado. Até onde, por exemplo, a pobreza está na raiz dos eventos acima relatados? Ou vice-versa? Mais, até que ponto a globalização é responsável pela miséria abjeta imperando nas favelas paulistanas? Ao aclarar os nexos concretos de cada problema considerado, este se torna mais compreensível através das mediações possíveis para a formulação das políticas locais. Evidentemente, a sua solução depende da habilidade de seu formulador e da determinação em alcançá-la.

Índice de Vulnerabilidade Juvenil (IVJ)

A origem do IVJ está relacionada aos programas culturais da Secretaria da Cultura para combate à violência. Uma das principais iniciativas é o Projeto Guri, que pretendia criar pólos socioculturais capazes de desenvolver a sociabilidade, a auto-estima e o senso de cidadania em crianças e adolescentes com idades entre 8 e 18 anos. O Guri possibilitou retirar crianças carentes das ruas, por exemplo, atraindo-os com atividades de educação musical, e até mesmo formar uma orquestra com elas, em apenas seis meses de aula. Com essa demonstração da potencialidade da atividade musical na melhoria da educação das crianças, seu impacto positivo na família e no seu entorno, o secretário estadual de Cultura, Marcos Mendonça, convenceu o governador a solicitar um financiamento ao BID para um outro projeto similar – a Fábrica de Cultura.

O BID condicionou a liberação dos recursos à realização de um estudo para focalizar espacialmente o novo programa – o banco queria garantias de que a localização das Fábricas de Cultura seria onde estão os centros de violência da cidade de São Paulo. Para tanto, a Secretaria da Cultura solicitou à Fundação Seade uma pesquisa sobre os centros de violência na capital paulista. Segundo Felícia Madeira, "criamos o IVJ para focalizar as áreas onde existem uma grande concentração de violência juvenil. Esse indicador caracteriza os fatores de risco: proximidade com a violência, drogas, maternidade precoce, etc. e a sua localização espacial, identificando as regiões de maior risco, onde, particularmente, a violência tornou-se um problema epidêmico".[14]

Paep – Paer/2001

Entrementes, as pesquisas mais antigas e tradicionais, espinhas dorsais das atividades da Fundação, continuavam mais vivas do que nunca. Era o caso da Paep. A sua segunda edição aconteceu em 2001. Algumas demandas cativas haviam sido criadas e se encontroram facilidades para colocar a pesquisa em campo. Uma das novidades da Paep 2001 foi a realização de uma Paer específica para o Estado de São Paulo. A Paer não ocorrera no estado paulista porque, em 1998, consideraram-se suficientes as informações do módulo de recursos humanos da Paep/1996. No entanto, quando se apresentaram os resultados da Paer ao ministro Paulo Renato de Souza, ele imediatamente propôs o financiamento de uma edição da pesquisa para São Paulo. Como explica Maria de Fátima: "a aplicação da Paer/SP junto com a Paep/2001 seria mais proveitosa, uma vez que criaria um conjunto de informações mais consistentes, e, sob o ponto de vista científico, seria mais adequada para a sua produção. Por outro lado, não se correria o risco de sofrer um desgaste por se ocupar de duas pesquisas distintas ao mesmo tempo na empresa".[15]

O Ministério de Ciência e Tecnologia (MCT), também, se tornou um parceiro fundamental para a execução da Paep/2001, através do Fundo

---

[14] Entrevista com Felícia Reicher Madeira, em 24 de setembro de 2003.

[15] Entrevista com Maria de Fátima I. Araújo, em 7 de abril de 2003.

Setorial Verde Amarelo. Aliás, a Paep/2001 - Paer/SP foi uma das primeiras pesquisas a ser financiada por esse fundo. A própria SEP, que não colaborara na versão anterior, participou no repasse de recursos para a realização da Paep/2001. Ao que tudo indica, a SEP entendeu o significado estratégico das informações da pesquisa e a importância do novo mapa da economia paulista sob o ponto de vista produtivo para suas ações de planejamento. A Paep/2001 abordou os seguintes temas: caracterização da empresa e da unidade local, emprego e recursos humanos, planos de investimento, informática, telecomunicações, estratégias e gestão de produção, inovação tecnológica, informações patrimoniais, meio ambiente, equipamentos utilizados e elementos para análises regionais.

A Paep/2001 - Paer/SP foi a campo entre agosto de 2002 e maio de 2003, tendo pesquisado 43 mil empresas. Para monitorar esse trabalho monumental, foram montados dez escritórios na RMSP e dez no interior, distribuídos de acordo com a amostra – 50% das empresas pesquisadas pertenciam à RMSP, e o restante ficava no interior. A pesquisa foi descentralizada em módulos de duas mil empresas, resultando em 21 escritórios.[17] Havia equipes de supervisão e coordenação para cada gabinete de estudo, composto por um coordenador e cinco supervisores de campo, com analistas que já faziam a crítica da pesquisa. O trabalho da Paep/2001 - Paer/SP mobilizou cerca de três mil participantes!

Para coordenar um projeto dessas dimensões, tornou-se fundamental a construção de um sofisticado sistema de informatização, idealizado junto com a metodologia da análise de dados.[18] Assim, à medida que a pesquisa descentralizou-se espacialmente, o processo de captação para uma base de dados de informações e todos os controles do projeto foram centralizados em um abrangente sistema de informática. Esse continha a entrada de dados de todos os questionários – possibilitando que as empresas respondessem pela Internet –, dos processos de consistência para a crítica, além de todo o trâmite de avaliação da metodologia que estava sendo aplicada, disponibilizando vários indicadores para verificar tal aferição. Nele estavam disponíveis todos os manuais metodológicos, os questionários e um serviço para esclarecimento de dúvidas.

[17] O escritório adicional é referente à contabilização do escritório central localizado na própria Fundação.

[18] Entrevista com Maria de Fátima I. Araújo, em 7 de abril de 2003.

Valor adicionado na Indústria, por Regiões, segundo Atividade
Estado de São Paulo - 2006

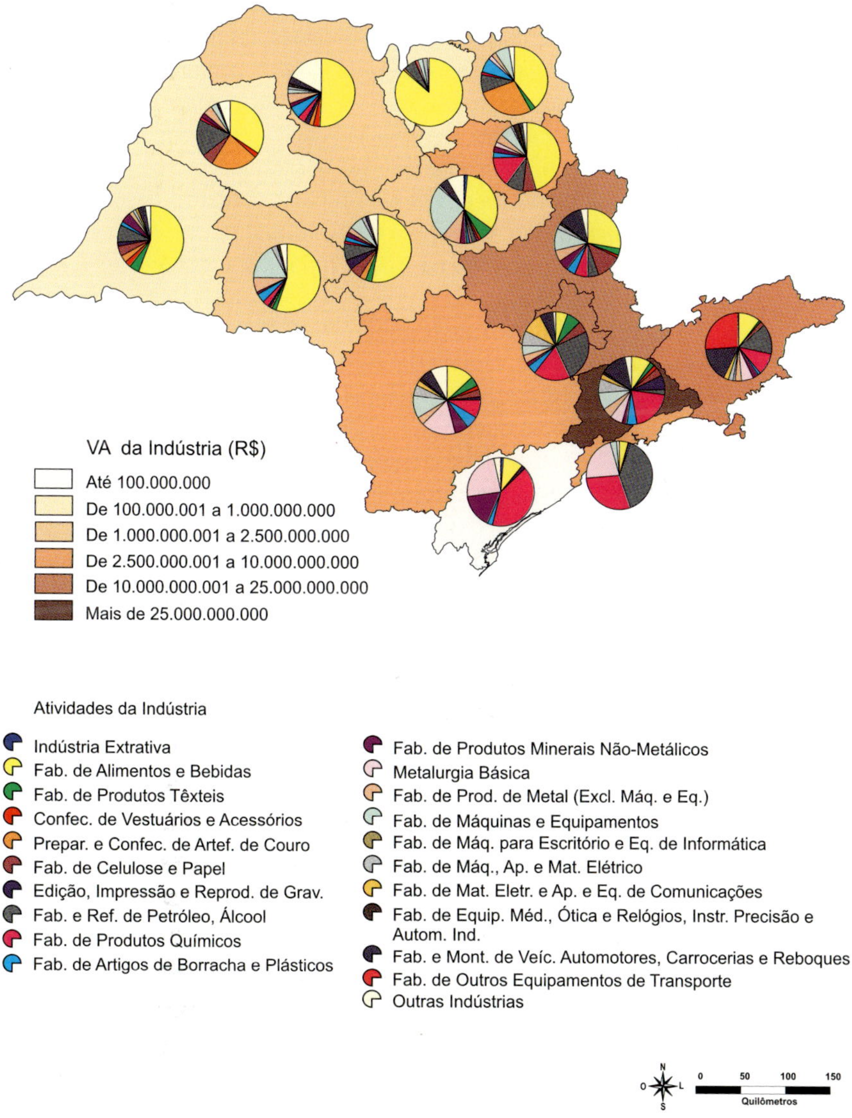

Fonte: Fundação Seade. *Atlas Seade da Economia Paulista; Pesquisa da Atividade Econômica Paulista - Paep 2003.*

Inovação tecnológica

A Paep/96 foi pioneira ao realizar o primeiro *survey* sobre inovação tecnológica no Brasil, em conjunto com uma pesquisa estrutural que cobriu todas as divisões da indústria. Ela teve como fundamentação teórica o *Manual de Oslo**, da OCDE, edição de 1996, visando assegurar a comparabilidade com as práticas internacionais. A dimensão da comparabilidade potencial da Paep pode ser avaliada no confronto com as bases de informações de outras pesquisas similares já realizadas na América Latina (México, Colômbia e Argentina), na União Européia (França, Itália, Espanha), na Ásia (China, Indonésia e Coréia do Sul) e na Austrália.

Em 1999, um novo *survey* sobre inovação tecnológica – Paer – foi realizado, em vários estados do Brasil, para o Programa de Expansão da Educação Profissional (Proep), do MEC, com a introdução de novas questões no instrumento de coleta, com base na última versão do questionário de pesquisa de inovação da Statistical Office of the European Communities (Eurostat). Tendo em vista a experiência da Paep, em que se verificou que o universo amostral das empresas inovadoras é composto majoritariamente por companhias de grande e médio portes, decidiu-se pela inclusão de um suplemento ao questionário da indústria da Paer para ser aplicado nas empresas com cem ou mais pessoas ocupadas e com sede localizada nos estados investigados.

Esse aprimoramento conceitual e metodológico das definições sobre inovação tecnológica permitiu uma melhor identificação e classificação das empresas inovadoras, ao mesmo tempo em que assegurou a comparabilidade nacional e internacional das informações obtidas.

* O *Manual de Oslo* faz parte de uma série de manuais metodológicos da OCDE conhecida como Família Frascati, dois dos quais elaborados e publicados em cooperação com a Comunidade Européia (DG XI e Eurostat). Essa família compreende manuais sobre os seguintes assuntos: P&D (*Manual Frascati*), balanço de pagamentos de tecnologia e estatísticas de inovação [*Manual de Oslo*; OCDE/EC (Eurostat)], uso de estatísticas sobre patentes como indicadores de C&T (*Patent Manual – Manual de Patentes*) e recursos humanos dedicados à C&T [*Manual Camberra*; OCDE/EC (DG e Eurostat)]. Manual de Oslo – Proposta de Diretrizes para a Coleta e Interpretação de Dados sobre Inovação Tecnológica. OCDE/Finep, 2004, p.14. Disponível em http://ftp.mct.gov.br.

Tudo faz crer que a Paep/2001 consolidou a relação da Fundação Seade com o setor empresarial. Da primeira para a segunda edição, ocorreram algumas mudanças na postura do empresariado, principalmente no grau de confiança depositada no trabalho. Por exemplo, a Fiesp passou a basear integralmente o seu programa de competitividade e os estudos sobre sistemas de inovação local nas informações da pesquisa. A investigação realizada pela Anpei monitorando os gastos em pesquisa e desenvolvimento também foi amplamente baseada sobre os dados da Paep. Desse modo, comprovava-se a utilidade dos seus resultados tanto para as instituições públicas quanto para as privadas.

Outrossim, como se viu, incorporaram-se novas práticas à rotina das pesquisas da Fundação Seade. Além da tabulação dos indicadores básicos e dos relatórios técnicos, a Gerência de Base de Dados e Produção de Indicadores definiu um conjunto de produtos analíticos de potencial interesse para os organismos públicos: tecnologia da informação, tecnologia digital, difusão de tecnologia, transformações dos padrões culturais do conteúdo das ocupações e da forma de produzir, estruturas e estratégias empresariais, inovação tecnológica, comércio exterior, inserção internacional da economia paulista, estrutura produtiva, pólos tecnológicos, *clusters*. Sem dúvida, notava-se um denodado esforço em adaptar as novas pesquisas aos métodos mais modernos e às demandas mais recentes da sociedade. Evidentemente, tal comportamento e a qualidade dos produtos não passariam despercebidos, alcançando notoriedade nacional. Algumas instituições, como a Federação das Indústrias de Minas Gerais, chegaram a sondar a realização da Paep em seus estados. Porém, quase sempre se esbarrou com um obstáculo de magnitude para concretização dessas intenções: o alto custo envolvido em sua realização.

São Paulo Mulheres em Dados

A partir da boa tradição, existente na Instituição, de estudos sobre mulher, realizou-se pesquisa em parceria com o CECF do Governo do Estado de São Paulo, por meio de um projeto que a Fundação Seade conseguiu aprovar no Programa de Pesquisas em Políticas Públicas da Fapesp. Com o objetivo de definir o perfil da mulher paulista[19], o São Paulo Mu-

[19] Entrevista com Maria Cecília Comegno, em 23 de julho de 2002.

lheres em Dados organizou dados sobre as seguintes áreas temáticas: população, trabalho, saúde e direitos reprodutivos, educação, violência e participação política. Enfrentando um desafio fascinante – o tratamento da informação sob a perspectiva de gênero, aliado à identificação dos avanços e das discriminações existentes entre os sexos – produziu, pela primeira vez, dados desagregados para os 645 municípios paulistas. O projeto, com a duração de quatro anos, mobilizou cerca de 40 técnicos das diversas diretorias, que trabalharam de forma matricial em torno da Assessoria Técnica de Suporte Institucional, sob a responsabilidade de Maria Cecília Comegno. Os resultados iniciais do projeto *São Paulo Mulheres em Dados* foram divulgados em 8 de março de 2003, Dia Internacional da Mulher, e, posteriormente, disponibilizados nas *homepages* do CECF e do Seade.

Apesar de não ser uma pesquisa sistemática na Fundação, existem amplas perspectivas para os trabalhos envolvendo gênero, tema que a cada dia ganha mais espaço na agenda de governos e instituições públicas e privadas em nível socioeconômico. Além do interesse manifesto de construção de uma pesquisa periódica, nota-se uma outra potencialidade de enorme abrangência para esse segmento. Os estudos e os métodos implantados para gênero podem subsidiar investigações sobre raça, em função das similaridades metodológicas. Iniciativa nessa direção, atenderia reivindicações antigas do Conselho de Participação e Desenvolvimento da Comunidade Negra.

A gestão dos projetos

Talvez, a marca mais forte da gestão do professor Fava frente à Diretoria-Executiva tenha sido a preocupação constante com o gerenciamento de projetos e atividades. A despeito de as vendas de projetos serem uma realidade na Fundação – e uma necessidade explícita – a prática ainda não havia sido absorvida de fato por parte significativa de seus técnicos. Fato perfeitamente compreensível, pois, em apenas dois anos e meio, a geração da receita própria saiu do patamar dos 3% para alcançar 47% dos recursos da Instituição. Isso significava, contudo, que a cultura reinante deveria mudar. Rapidamente, os prazos, que até aquele período pouco representavam, entraram na agenda do Seade como um dos novos fundamentos das atividades. Os clientes exigiam o cumprimento de prazos, com razão. Contudo, a tarefa de se adaptar à nova condição não se afigurava fácil: "Desde o início desse processo, formou-se um pólo de tensão entre o cumprimento de prazos junto com a implantação de técnicas empresariais e aquela prática de viés acadêmico, comum em um instituto de pesquisa. Havia choque cultural entre prestação de serviços (prazos, datas) e a cultura acadêmica. A cobrança de prazos e compromissos dissipou muita energia da Fundação, e isto exigia medidas para equilibrar a correlação de forças entre as duas culturas".[20]

Em 2001, a diretoria fez um planejamento estratégico para definir algumas ações, para o desenvolvimento institucional. No conjunto de ações ficou explicitado, como um dos pontos principais, a necessidade de capacitar os gerentes para adquirirem a *expertise* gerencial, administrando processos de trabalho, pessoas e identificando a necessidade de infra-estrutura para as suas atividades.[21] Para consolidar a nova mentalidade, aderente à necessidade de dotar o corpo gerencial e os chefes de divisão de maior perícia na gestão, elaborou-se um programa de capacitação gerencial. O objetivo era tornar os gerentes qualificados para exercer bem as novas tarefas.[22]

Como lembra o professor Fava: "o programa de capacitação não era trivial, porque deveria cobrir todos os níveis, desde os gerentes, passando pelos chefes de Divisão e até alguns técnicos. Iniciamos contratando um curso de Gestores de Projetos, na FEA-USP, para 36 técnicos seniores, para capacitá-los nessa atividade. A motivação em oferecer esse curso estava em reforçar a concepção de que tudo deve ser realizado como um projeto: com começo, meio e fim, prazo, custo, retorno, atribuições e responsabilidades definidas".[23] Com base no curso, preparou-se o *Manual de Elaboração de Projetos Seade*, contendo um roteiro para padronizar a execução de pesquisas. Nessa mesma linha, criou-se na Diretoria-Executiva um escritório para acompanhar todos os trabalhos, com o intuito de articular as suas atividades, principalmente na racionalização da infra-estrutura necessária para viabilizar projetos.

---

[20] Entrevista com José Max Reis Alves, em 29 de julho de 2003.

[21] Idem.

[22] Idem.

[23] Entrevista com o professor Flavio Fava de Moraes, em 19 de março de 2003.

Tradição e confiabilidade

No âmbito da disseminação de informações, atualmente concentrada na Internet, observa-se que certos produtos, mesmo sofrendo modificações, mantiveram-se ao longo do tempo. Um dos fatores que contribuíram para essa expressiva longevidade relaciona-se ao fato de se tratarem de publicações intrinsecamente associadas à Fundação Seade, veiculando informações úteis e confiáveis para diferentes tipos de usuários.

O *Movimento Eleitoral* apresenta os resultados das eleições efetuadas no Estado de São Paulo entre 1981-2000 (16 eleições) para os cargos de Presidente da República, governador, senador, deputado federal, deputado estadual, prefeito e vereador. Sua criação aconteceu em 1974, ainda no tempo do Departamento de Estatística, por algumas pessoas interessadas em *marketing* político. Como, naquela época, o Tribunal Regional Eleitoral (TRE) e o Tribunal Superior Eleitoral (TSE) ainda não faziam levantamento desse tipo, o Seade possui hoje uma base de dados sem similar no Brasil.

Outro produto anterior à própria Fundação é a *Relação de Nomes e Cargos* (RNC), criada em 1978, no âmbito da Unidade de Processamento de Dados. A RNC surgiu para organizar as informações sobre os vários escalões do governo – até aquela data não havia nenhum cadastro dos órgãos públicos integrantes da Administração Direta e Indireta. A partir do RNC, é possível acessar nomes e endereços dos ocupantes dos cargos do governo estadual até o terceiro escalão, o mesmo acontecendo com os dos municípios paulistas.

O sistema de *Informações dos Municípios Paulistas* é um dos produtos mais antigos e consultados pelos usuários. Em sua versão para a Internet, oferece séries históricas de variáveis, reunidas em 25 temas, que podem ser pesquisadas por municípios e regiões do Estado de São Paulo. Os módulos de pesquisas básica e avançada permitem executar tabulações e cruzamentos a partir de diversas séries históricas disponíveis como também a geração de mapas dinâmicos.[24]

O *Perfil Municipal* surgiu em 1979, para caracterizar, sob o ponto de vista socioeconômico, os 571 municípios paulistas então existentes. Após um período sem ser produzido, reapareceu em uma formatação compatível com uma leitura rápida das principais características de cada um dos 645 municípios do Estado

[24] Uma das fontes principais de dados municipais é a Pesquisa Municipal Unificada (PMU), que capta informações nas prefeituras.

de São Paulo[25]. O *Perfil Municipal* consiste em uma coletânea resultante da otimização das principais variáveis do sistema de informações municipais.

Tradicional veículo de idéias e debates, a *Revista da Fundação Seade* inicia sua publicação em janeiro de 1985, com tiragem quadrimestral. A partir de abril de 1987, com a denominação de *Revista São Paulo em Perspectiva* passa a ser trimestral. Em março de 2002, foi disponibilizada *online,* no sistema SciELO, constando hoje entre as 25 publicações mais consultadas dessa base. Divulga artigos que valorizam análises sociais, econômicas e políticas de âmbitos nacional e regional.

O *Anuário Estatístico do Estado de São Paulo,* cuja origem remonta a 1894, insere-se na continuidade da desafiadora tarefa de agregar em uma única publicação as características dos fenômenos socioeconômicos do território paulista em intervalos regulares. Apesar do avanço das tecnologias de informação ter possibilitado o acesso imediato a quase todas as fontes de dados, com a extinção da publicação impressa, em 2000, decidiu-se manter o periódico na Internet, não só para preservar a comparabilidade das informações, mas também por ser um dos poucos estudos que registram em um único meio, uma seleção e organização de dados e indicadores úteis para ampla gama de usuários, desde o estudante até o formulador de políticas públicas.

A produção de estatísticas vitais associa-se aos primórdios das atividades públicas da área estatística mais geral no Estado. O tema da dinâmica populacional teve publicações variadas, ao longo da história da Fundação Seade, tais como: *Informe Demográfico; Atlas da População do Estado de São Paulo, Conjuntura Demográfica; Análise Demográfica Regional; o Novo Retrato de São Paulo;* e o *boletim mensal Indicadores Demográficos.* O uso intensivo da Internet permitiu a organização e a disponibilização de variadas bases de dados demográficos, entre as quais se destacam: *Ontem, Vila de São Vicente. Hoje, Estado de São Paulo; São Paulo Outrora e Agora; Sistema de Tabulações dos Microdados do Registro Civil; Sistema Seade de Projeções Regionais; SPDemográfico – Estatísticas Vitais do Estado de São Paulo.*

[25] Entrevista com Vivaldo Luís Conti, em 28 de julho de 2003.

Centro de Estudos da Metrópole (CEM)

Outro caso de êxito na execução de parcerias ocorreu na formação do CEM, criado em 1999, junto com o Cebrap, para desenvolver pesquisas, transferir conhecimento e difundir informações sobre a RMSP. Para tanto, o Cebrap associou-se às seguintes instituições: Fundação Seade, FAU-USP, ECA-USP e Serviço Social do Comércio (Sesc). O CEM é apoiado pela Fapesp, dentro do seu programa Centros de Pesquisa, Inovação e Difusão (Cepid). O objetivo do CEM é compreender o recente processo de metropolização de São Paulo, sob uma abordagem envolvendo diferentes áreas: urbanismo, demografia, antropologia, ciência política, comunicação e sociologia. Sua atuação ocorre em três domínios: pesquisa; inovação e transferência de tecnologia; e difusão de informações.

Em relação ao primeiro assunto, desenvolve novos conceitos e metodologias para as questões metropolitanas, coletando e organizando um Sistema de Informações Geográficas (SIG) com dados socioeconômicos, ambientais, políticos e culturais. Atua como centro de referência para documentação e consolidação de informações e estudos, estimulando pesquisas e comparações entre as principais metrópoles mundiais. Quanto à área de Inovação e Transferência de Tecnologia, trabalha para constituir um banco de dados espacializado, chamado Sistema de Informações Georreferenciadas, para uso de planejadores urbanos e formuladores de políticas públicas. Igualmente, desenvolve atividades para integração da base de dados e treinamento de profissionais para a sua utilização. Não foi à-toa que a Divisão de Geoprocessamento (Digeo) da Fundação Seade ministrou o treinamento para Transferência de Tecnologia em Sistema de Informações Geográficas. O terceiro domínio atua como um centro de difusão de diagnósticos, indicadores e aplicativos para o uso de dados espacializados, e de disseminação de informações por meio de produtos audiovisuais e atividades culturais programadas em parceria com o Sesc e a Escola de Comunicações e Artes da Universidade de São Paulo (ECA-USP).

A renúncia

Durante os últimos anos, a Fundação Seade cresceu de forma inegável. Mesmo enfrentando um cenário desfavorável, sobretudo, no tocante às verbas orçamentárias, ela não só sobreviveu como se desenvolveu quantitativa e qualitativamente em suas ações, além de adquirir visibilidade maior perante a sociedade paulista. Para isso, viabilizou parcerias, principalmente, com órgãos públicos, introduziu inovações metodológicas capazes de atacar novos problemas e profissionalizou a sua gestão, tornando-se uma entidade dotada, também, de eficiência empresarial. Destarte, tudo indicava o crescimento ainda maior da Instituição com a continuidade da política empreendida junto com a consolidação da estrutura implantada. Entretanto, um fato novo aconteceu de maneira inadvertida, colocando em risco esse estado de coisas: em 4 de dezembro de 2002 – em seu discurso na cerimônia de lançamento das atividades comemorativas dos 25 anos da Fundação Seade –, o professor Flavio Fava de Moraes comunicou a sua saída do cargo de diretor-executivo.

Figura 29 - Abertura do programa de comemoração dos 25 anos da Fundação Seade. Amaro Angrisano, Luiz Henrique Soares Proença, Felícia Reicher Madeira e Flavio Fava de Moraes (dezembro de 2002).

Por certo, tratava-se de uma perda, mormente, em relação ao paradigma referente à gestão vigente, então, na entidade. Não havia dúvidas de que o professor Fava fora um personagem importante para a sua implantação. Embora surpreendente, a sua decisão era bem compreensível. O ex-diretor científico da Fapesp havia assumido a Diretoria-Executiva do Seade atendendo ao pedido pessoal do governador Covas. Sua missão constituía em melhorar a gestão e devolver a estabilidade do órgão. Cumprida a tarefa, ele queria seguir seu caminho, devolvendo ao órgão a liberdade do buscar o seu destino. Além do mais, Mário Covas falecera, e a política estadual poder-se-ia alterar. Na opinião de Flavio Fava de Moraes, a missão alcançara sucesso. Ele deixava a Instituição em uma situação confortável tanto institucional como financeiramente, além de um ambiente de estabilidade – diferente daquele que encontrara – para o seu sucessor iniciar o mandato no ano em que a Fundação Seade completava 25 anos de atividades.

A curta gestão de José Eli da Veiga

Após três meses de discussões sobre o processo sucessório, o professor José Eli da Veiga assumiu, em março de 2003, a Diretoria-Executiva da

Fundação Seade. Tudo indicava o acerto da escolha. A despeito de uma história de vida bastante complexa, o novo diretor possuía afinidade com a área. José Eli iniciou sua trajetória política como um aguerrido militante dos movimentos estudantis da década de 1960, que lhe valeu um período de dez anos de exílio na França. Nesse período, teve a oportunidade de realizar mestrado e doutorado no domínio da agricultura, e, aos poucos, foi migrando para o campo de desenvolvimento rural, bastante relacionado à questão ambiental.[26]

Mais tarde, com o professor titular da Faculdade de Economia e Administração da USP, engajou-se inteiramente no tema de desenvolvimento sustentável, sendo um dos fundadores do Programa Interunidades de Pós-Graduação em Ciência Ambiental (Procam). Ao mesmo tempo, tornou-se responsável por disciplinas de graduação e pós-graduação na área de desenvolvimento sustentável. Em 2001, o professor José Eli foi convidado para o cargo de secretário do Conselho Nacional do Desenvolvimento Rural Sustentável – composto por representantes do governo federal, (ONGs), sindicatos, e órgãos ambivalentes, como o Sebrae. Durante um ano e meio, coordenou os trabalhos do Plano Nacional de Desenvolvimento Rural Sustentável para o Brasil (PNDRS).

Figura 30 - Posse do diretor executivo, prof. José Eli da Veiga. À esquerda, professor Flavio Fava de Moraes, término de mandato e, no centro, Andréa Sandro Calabi, Secretário de Economia e Planejamento e Presidente do Conselho de Curadores da .Fundação Seade (março de 2003).

Com tal perfil de engajamento e militância voltado, mormente, para as questões do meio ambiente, uma antiga aspiração do Seade, sua indicação cercou-se de ampla expectativa por parte de muitas pessoas, sobretudo, do quadro de funcionários. Tanto que seu nome teve aprovação por consenso, no Conselho Curador, pois reunia condições técnicas para realizar uma interlocução com os diferentes campos do órgão e mesmo implementar algumas áreas inexistentes na Fundação, porém, importantes. O professor Carlos Antônio Luque comemorou a nomeação do novo

[26] Entrevista realizada em 22 de agosto de 2003.

diretor-executivo: "o José Eli tem perfil técnico para dialogar com a Fundação Seade, e possui uma competência em áreas que a Instituição tem interesse e necessidade".[27]

A área ambiental, apesar de constituir uma temática central em qualquer discussão sobre os destinos do planeta, até aquele momento havia ficado relegada a alguns projetos episódicos no órgão. Talvez o mais expressivo tenha sido a execução do Perfil Ambiental, finalizado em 1998. Esse projeto foi desenvolvido para organizar e disponibilizar um conjunto de informações ambientais, dentro do contexto de dados socioeconômicos e demográficos para os 645 municípios, e as 22 Unidades de Gerenciamento de Recursos Hídricos (UGRHs) e das áreas de interesse ambiental definidas pela Secretaria de Estado do Meio Ambiente (SMA). No sentido de estruturar uma área específica para tratar as questões ambientais, o professor José Eli pretendia "aproveitar a grande vantagem de o Seade saber criar indicadores para colocar a Instituição na vanguarda da geração dos mesmos no desenvolvimento sustentável, através de cooperações com a Secretaria do Meio Ambiente, Cetesb e outras instituições. Inclusive, realizamos algumas reuniões com várias instituições congêneres para tratar deste assunto: Cide/RJ, SEI/BA, FEE/RS, IBGE, Pnud e Banco Mundial".[28]

Em seu discurso de posse, em 17 de março de 2003, o novo diretor-executivo apontou alguns aspectos institucionais e de pesquisa que eventualmente poderiam ser implementados. De acordo com ele, tendo em conta a referência da Fapesp como modelo institucional a ser seguido, a Fundação Seade poderia consolidar-se como um híbrido de IBGE e Ipea. O aspecto de instituto de pesquisas estaria amplamente estabelecido, mas seria necessário desenvolver o lado analítico. Mais tarde, porém, ele modificaria radicalmente a opinião, argumentando sobre a necessidade de os estudos analíticos serem realizados por outras instituições.[29] Igualmente em seu discurso, enalteceu a necessidade de modificar a estrutura organizacional da Fundação Seade, indo ao encontro a uma idéia latente na entidade há algum tempo. A alteração consistia em manter apenas uma Diretoria Técnica, junto com a Diretoria Administrativa e Financeira. Contudo, antes de qualquer ação, um acontecimento acabou interferindo em seus planos. Estamos nos referindo à discordância do

[27] Entrevista realizada em 28 de março de 2003.
[28] Entrevista realizada em 22 de agosto de 2003.
[29] Idem.

professor José Eli da Veiga com o Dieese, a respeito de indicadores, que veio a público ruidosamente.

O episódio da PED

Em 2003, a PED foi o epicentro de uma crise estabelecida na Fundação Seade, decorrente do embate entre o então diretor-executivo, professor José Eli da Veiga, e o Dieese. A polarização deu-se na forma de divulgação dos indicadores da PED. O professor José Eli fez uma oposição ferrenha à divulgação do somatório dos indicadores de desemprego aberto e oculto, contrariando um ritual histórico adotado pelos dois órgãos.[30] Na realidade, a posição do diretor-executivo refletia uma postura defendida há certo tempo em alguns setores da Fundação e, inclusive, por alguns intelectuais próximos à entidade. Esse posicionamento transparecia, muitas vezes, no bojo da discussão sobre as possibilidades de renovação metodológica da PED. Por outro lado, também havia um notório desconforto na manutenção da condição de parceira do Dieese na pesquisa. De acordo com os descontentes, tal colaboração só teria sustentação em seus aspectos históricos e metodológicos, mas era pouco efetiva em sua execução e no seu financiamento, nos dias atuais.

Sem dúvida, a mídia protagonizou um papel importante no episódio. Ela conferiu um grande destaque à polêmica, propagando e alargando a questão e jogando luzes na figura do diretor-executivo. Para o professor Luque[31]: "A reação teve essa dimensão significativa, porque se tratam de duas instituições com forte inserção na sociedade, e a discussão é relativa ao que constitui o maior problema da sociedade moderna – o desemprego – e, em especial, do Brasil". Com efeito, a questão configurava-se complexa, envolvendo muitos interesses. Mobilizaram-se sindicatos, políticos e os próprios homens do governo. Explicitar os motivos de cada um não se constitui em tarefa fácil nem é nossa intenção aventurar-nos em tal território, mesmo porque nos faltam dados. Pelo sim pelo não, muitas manifestações contrárias ao posicionamento do professor José Eli foram amplamente divulgadas pela mídia. O episódio alcançou o seu ponto culminante com o pedido de demissão do diretor-executivo do Seade, apenas cem dias após ter assumido o cargo.

---

[30] Idem.

[31] Entrevista realizada em 28 de março de 2003.

A PED no século XXI

Quanto ao pivô da crise, a PED, não sofreu qualquer solução de continuidade. O que é compreensível, em função da sua importância nos tempos atuais da economia globalizada. A própria repercussão, na mídia, do episódio José Eli demonstra a relevância da questão. Sem entrar nos detalhes e nos rigores acadêmicos da discussão do tema, o problema do desemprego insere-se fortemente na mudança do paradigma econômico, que assolou o mundo, com reflexos bastante perversos no País. A ênfase hoje se concentra no crescimento econômico e não no desenvolvimento propriamente dito. Esse, durante boa parte do século XX, significou, no Brasil, a "industrialização por substituição de importações e uma ampla intervenção do Estado, da qual fazia parte um setor produtivo estatal concentrado nas indústrias de base e na infraestrutura" (CARNEIRO, 2002). Todavia, a globalização, sobretudo financeira, alterou tudo: "O novo modelo de crescimento (...) em substituição às políticas de demanda ou de garantia de mercado decorrentes do primeiro paradigma propõe-se uma política de oferta, sintetizada na ampliação da concorrência. Esse seria o mecanismo central do estímulo à incorporação de novas tecnologias, sustentando o círculo virtuoso de aumento de produtividade e salários reais" (CARNEIRO, 2002). Mas, isso significa falta de proteção ao emprego de modo geral. Trocando em miúdos, parece que o desemprego tem raízes estruturais na conjuntura hodierna da economia.

Em vista do quadro apresentado, a questão do emprego e desemprego continuará sendo um problema candente não só econômico, mas, principalmente, social do País. E para entender a dimensão do fenômeno, necessitam-se de dados confiáveis e bem organizados. Daí a importância da PED. Para realizar o seu trabalho, ela conta atualmente com uma equipe de cerca de 90 pessoas, entre pesquisadores, supervisores, críticos e checadores, para operacionalizar a pesquisa em 38 municípios da RMSP, e ainda realizar a supervisão em outras cinco regiões metropolitanas do Brasil. Os resultados da PED - RMSP são divulgados mensalmente, em geral na terceira semana do mês, e faz parte da tradição que a entrevista coletiva para a imprensa seja feita alternadamente na Fundação Seade e no Dieese.

A despeito de ter passado por algumas modificações para a contratação do pessoal de campo, como vem ocorrendo desde 1988, a PED mantém o seu padrão de qualidade que sempre a caracterizou. Entretanto, a dinâmica e a diversidade do mercado de trabalho nacional, em constante mutação, está exigindo novos estudos para entender a inserção de ocupações não-tradicionais e do surgimento de fenômenos antes inexistentes. Os desafios atuais da equipe da PED apontam para a compreensão de uma nova e complexa realidade do mercado de trabalho. Por exemplo, é necessário captar aspectos relevantes na precarização das relações trabalhistas, como a explosão do número de trabalhadores autônomos. Ao mesmo tempo, surgem novidades, como o imenso número de atividades e ocupações relacionadas ao terceiro setor, ou ao trabalho realizado em domicílio. Tratam-se de acontecimentos conseqüentes do processo econômico e social da atualidade, porém intrigantes, e merecem investigações cuidadosas.

Felícia Madeira

Voltando ao episódio da renúncia do professor José Eli da Veiga, o acontecimento resultou em um problema inusitado para o Seade. De certa maneira, colocava a instituição em xeque, provocando abalos em sua estrutura. Uma de suas marcas fora a estabilidade da Diretoria Científica. Quase sempre, a sucessão do diretor científico provocava disputas, às vezes até longas, mas, uma vez empossado, o seu titular continuava por muito tempo. Afinal, apenas quatro personalidades ocuparam a direção da Fundação durante os seus primeiros 24 anos de existência, enquanto, somente em 2003, ano que marcava o jubileu de prata da Instituição, foram três as pessoas que ocuparam o cargo mais alto da Fundação. A imagem institucional do órgão começava a se desgastar, simultaneamente ao desconforto e intranqüilidade interna de seus pesquisadores, técnicos e funcionários. Para completar o quadro de pessimismo, a expectativa do novo processo sucessório adquiria contornos de um processo tumultuado e com enormes

Figura 31 - Encontro da Anipes. Eduardo Pereira Nunes, presidente do IBGE; Luiz Henrique Soares de Proença, diretor de Cooperação e Desenvolvimento/Estudos Regionais e Urbanos do IPEA; Liana Carleial, diretora-presidente da Anipes e presidente do Ipardes/Paraná; Felícia Reicher Madeira, diretora executiva da Fundação Seade; Aod Cunha de Moraes Junior, presidente da Fundação de Economia e Estatística/Rio Grande do Sul; César Vaz de Carvalho Júnior, diretor da Superintendência de Estudos Econômicos e Sociais/Bahia (outubro de 2003).

possibilidades de tornar-se uma ação demorada e conflituosa, como já acontecera em ocasiões anteriores. Diante de tal situação, para evitar um ônus desnecessário, o Conselho de Curadores da Fundação tomou a decisão, em 1º de julho de 2003, de conduzir à Diretoria-Executiva, em caráter interino, Felícia Madeira, então diretora adjunta de Análise Socioeconômica. Mais tarde, em fevereiro de 2004, ela seria nomeada, por decreto governamental, diretora-executiva para um mandato de quatro anos.

Figura 32 - Comemoração dos 25 anos do Seade. Discursando o ex-diretor do Seade, prof. Flavio Fava de Moraes. Da esquerda para a direita: diretor-administrativo, Marcos Martins Paulino; diretora executiva interina, Felícia Reicher Madeira; secretário de Economia e Planejamento, Andréa Sandro Calabi; diretoras adjuntas interinas, Ana Celeste de A. Cruz e Maria Cecília Comegno; gerente de Pessoal, Benefícios e O&M, Élio Lourenço Bolzani, representando o grupo de funcionários na oportunidade (dezembro de 2003).

E quais eram as credenciais da nova diretora? Demógrafa integrante dos movimentos iniciais do Cedip da Faculdade de Higiene e Saúde Pública da USP, Felícia Reicher Madeira teve a oportunidade de compartilhar sua formação como pesquisadora sob a orientação de alguns dos maiores nomes da demografia e políticas sociais no Brasil.[32] Com uma trajetória associada à pesquisa, sempre relacionada aos temas sociais mais candentes em cada período, sem dúvida, trazia um perfil técnico associado à Fundação. Seu primeiro contato com a Instituição acontecera nos meados da década de 1960, quando foi convidada, pelo professor Olavo Baptista Filho, então diretor do Departamento de Estatística, a trabalhar no órgão. No início dos anos 1980, atuaria como consultora junto ao Grupo Especial de Análise Demográfica (Geade), e retornaria para a Entidade no posto de diretora-adjunta de Análise Socioeconômica, em 1995.

A chegada de Felícia marcava um outro fato significativo para a Instituição: ela era a primeira mulher a ocupar a direção da Fundação e a segunda figura feminina a liderar um órgão estadual de informações estatísticas em 111 anos de atividades na área.[33] Para uma entidade que se orgulha do seu pioneirismo na participação das lutas feministas e da condição da mulher,

---

[32] Entrevista com Felícia Madeira, em 24 de setembro de 2003.

[33] Celeste A. de Sousa Andrade Rodrigues ocupou a Diretoria do DE, entre 1956 e 1961.

Figura 33 - Posse dos diretores da Fundação Seade. Da esquerda para a direita: Sinésio Pires Ferreira, diretor de análise econômica; Felícia Reicher Madeira, diretora executiva; Andréa Sandro Calabi, secretário de economia e planejamento; Marcos Martins Paulino, diretor administrativo; Vivaldo Luiz Conti, diretor de produção de dados (fevereiro de 2004).

nada poderia ser mais auspicioso. Contudo, para um observador externo, essa ascensão, aliás, mais do que justa, parece ser tardia, sobretudo, ao se lembrar da composição majoritária de mulheres no Seade. Haveria algum motivo ou motivos? Embora a indagação seja sedutora, aqui não é o lugar para aprofundar a questão.

O dinamismo da Instituição não permitiu que houvesse um tempo de reflexão, um período de adaptação para a nova diretora, uma vez que tarefas e atividades prementes necessitavam de sua atenção. No segundo semestre do ano da posse, coube à Fundação sediar o Encontro Nacional da Associação Nacional das Instituições de Planejamento, Pesquisa e Estatística (Anipes). A burocracia, igualmente, não dava tréguas. A questão dos funcionários da Entidade não podia mais ser postergada. Era necessário resolver a situação dos trabalhadores autônomos, pois a contratação deles estava sendo questionada pelo Ministério Público. Nesse diapasão, a direção do Seade chegou a um acordo com o parquet federal, cessando a contratação de autônomos e regularizando a questão trabalhista de um terço dos funcionários. Também se formatou um novo programa de estágio com o CIEE, parceiro constante desde o início da década de 1980. Por causa da resolução tomada em relação aos autônomos, tornou-se necessário contratar trabalhadores para suprir as funções anteriormente executadas por essas pessoas sem vínculo empregatício. Com a finalidade de resolver esse problema, conseguiu-se a aprovação de um concurso para contratação de novos colaboradores. Realizada no final de 2003, por intermédio do Centro de Seleção e de Promoção de Eventos (Cespe) da Universidade de Brasília, a seleção visava contratar 50 funcionários de nível superior e 66 trabalhadores de nível intermediário.

Estatísticas criminais

Desnecessário reafirmar que a Fundação continuou a realizar as suas investigações tradicionais ou novas com competência. Em relação a elas, faremos uma referência especial ao caso das estatísticas criminais, atividade desenvolvida pelo Seade desde os seus primórdios. Na verdade, o tema desempenha um papel relevante, e muitas vezes central, nas instituições nacionais e regionais de estatísticas. É o que mostra a reconstituição, a partir de dados e de documentos, da história das estatísticas criminais em São Paulo e, mesmo, no Brasil e no mundo. Como é sabido, desde o Século XVII, dados sobre crimes e criminosos fazem parte do rol de temas que são monitorados pelo Estado Moderno. No Brasil, as primeiras referências de práticas de quantificação de crimes datam do período imperial, quando se estabelecem legalmente as atribuições entre os produtores de estatísticas. O Decreto 4.676, de 14 de janeiro de 1871, cria a Delegacia Geral de Estatísticas e subordina suas funções à 3ª Diretoria da Secretaria dos Negócios do Império que passa a ser responsável pela produção de estatísticas policiais.

Entretanto, a Lei 2.033, de 20 de setembro de 1871, e no que se refere especificamente às estatísticas, determina que os chefes de polícia da Corte e das províncias façam o mapeamento daquelas do âmbito policial e encaminhem esses resultados ao Governo Imperial, por meio da Secretaria de Justiça. Há, numa configuração que permanece até os tempos atuais, uma espécie de bifurcação na produção de dados, na qual as agências públicas de estatísticas e as instituições de segurança pública e justiça sejam responsáveis, de modo concorrencial, pela geração de informações sobre crimes e criminosos (LIMA, 2005). O século XX será marcado por várias tentativas de integrar a produção de estatísticas criminais e, em termos práticos, o documento que melhor traduziu esse esforço foi o *Boletim Individual*, previsto no Código de Processo Penal do País,[34] após discussões no âmbito das sessões da Assembléia Nacional de Estatística, por volta de 1935. Pensado para acompanhar a ocorrência de crimes e contravenções desde a perpetração do delito até o cumprimento da pena, como também a avaliação qualitativa de um conjunto de atributos pessoais do processado, os BIs, como eram conhecidos, tornaram-se fonte primária da coleta de informações criminais.

[34] O Boletim Individual (BI) é previsto no artigo 809, do Código de Processo Penal, e foi regulamentado pelo Decreto 3.992, de 30 de dezembro de 1941, pelo qual as instituições de estatísticas deveriam receber cópias de todos os atos das instituições de justiça criminal envolvendo criminosos.

Em São Paulo – como consta no relatório da Fundação Seade intitulado Diagnóstico do Setor de Justiça e Segurança I (LIMA, 2005) – desde 1950, eram elaboradas estatísticas de crimes e contravenções exatamente com base nos BIs. Além disso, com a criação da Fundação, esta absorveu as atividades da antiga seção de Estatística Policial - Criminal, do extinto Departamento de Estatística, de realização de levantamentos pertinentes ao Plano Nacional de Estatísticas Básicas referentes à segurança pública, órgãos estaduais e regionais de trânsito, estabelecimentos prisionais, movimento policial, suicídios e tentativas, incêndios, acidentes de trânsito, e, por fim, corpo de bombeiros. Paralelamente, um outro tipo de levantamento foi iniciado, o chamado "Cadastro Policial". Tratava-se de um conjunto bastante diversificado de informações sobre movimento policial abrangendo desde ocorrências e inquéritos até características sobre armas de fogo apreendidas. Ao mesmo tempo, a Secretaria de Segurança Pública também produzia dados por meio da Assessoria de Gabinete de seu secretário. O tratamento estatístico desse imenso volume de informações mostrou-se inviável no curto prazo e foi perdendo força e centralidade.

Com a criação da Fundação Seade e a contratação de novos técnicos, as atividades da área ganharam maior agilidade com a compilação de estatísticas policiais e prisionais e de dados sobre acidentes de trânsito. A fonte principal de dados era o Centro de Análise de Dados (CAD), órgão do Departamento de Planejamento e Controle da Polícia Civil, subordinado à Delegacia Geral de Polícia. Até hoje, a relação entre essas duas instituições é regulada pela Portaria DGP 21 do Delegado Geral de Polícia, de 28 de maio de 1984, que determina o envio de cópias dos dados à Fundação. Inicialmente, os dados permitiam o acompanhamento das ocorrências realizadas na Região Policial da Grande São Paulo e, após 1997, esse levantamento se estendeu para todo o Estado.

Porém, mesmo que os dados originários dos registros administrativos sejam instrumentos importantes no planejamento e avaliação das políticas de segurança pública, eles apresentam limitações, sobretudo pela dificuldade em tratar grandes massas de registros e por sua produção ser, necessariamente, focada sobre ocorrências de crimes e delitos que chegam ao conhecimento do Estado, resultados últimos de procedimentos burocrático-legais e, conseqüentemente, deixando de lado aspectos sobre, por exemplo, a crescente preocupação com as vítimas de delitos. Diante desse fato, o IBGE realizou, em 1988, uma pesquisa-piloto por meio de um questionário suplementar à Pnad, que visou investigar a incidência de crimes junto à população e os níveis de confiança nas instituições de controle social. Apesar da forte pressão dos meios acadêmicos e das entidades de direitos humanos pela atualização desses dados, ela ainda não foi reproduzida.

Para superar tais dificuldades e também gerar dados sobre a percepção da população sobre crimes, a primeira experiência da Fundação Seade com pesquisas de vitimização ocorreu em 1998, quando da realização da PCV, em que foi aplicada uma série de questões semelhantes às da Pnad entre a população do Município de São Paulo. Na atual gestão, de Felícia Madeira, reforçou-se o tema, aproveitando a encomenda da Secretaria da Segurança Pública de São Paulo, interessada em fortalecer a capacidade de monitoramento e avaliação de suas ações. A solicitação ao Seade era no sentido de realizar o levantamento entre a população da RMSP sobre vitimização criminal. Assim, de novembro de 2005 a outubro de 2007, foram coletados dados entre a população com idade de 16 anos ou mais sobre relatos e características de ocorrências de roubos, furtos ou arrombamentos de residências; roubos, furtos ou "seqüestros relâmpagos" cometidos contra os indivíduos entrevistados; uso de armas de fogo no cometimento de delitos; incidência de crimes selecionados e as percepções da população sobre o trabalho policial e o sentimento de medo e insegurança na região/bairro de moradia dos entrevistados e, ainda, a proporção de casos em que as vítimas notificaram os acontecimentos à polícia. A idéia foi gerar indicadores complementares aos registros policiais e com isso aumentar o grau de fidedignidade das informações criminais.

Recentemente, já em 2005, numa parceria entre a Fundação Seade e a Secretaria de Segurança, foi organizada uma seção no *site* de Internet da Fundação intitulada Acervos de Dados em Segurança Pública. Nessa seção, todos os registros dessa compilação foram colocados à disposição do público para consulta e cruzamento com informações de natureza socioeconômica ou demográfica. De modo complementar, documentos, legislação da área e uma parte de *links* de referência para pesquisadores do tema foram incorporados a essa seção. Dessa maneira, as estatísticas criminais estão na ordem do dia do Seade.

Balanço e perspectivas

Nenhuma análise isenta pode deixar de reconhecer o caminho invulgar trilhado pela Seade, de importância seminal para o desenvolvimento de

Figura 34 - Posse dos diretores da Fundação Seade. Na primeira fila e no centro, entre outros, Roberto Macedo, professor da FEA/USP; Carlos Antonio Luque, secretário-adjunto da Secretaria de Economia e Planejamento e membro do Conselho de Curadores da Fundação Seade; Flavio Fava de Moraes, diretor geral da Fundação Faculdade de Medicina; Wanderley Macris, deputado estadual e líder do governo na Assembléia Legislativa do Estado de São Paulo; Hubert Alquéres, presidente da Imprensa Oficial e Cláudia Costin, Secretária Estadual de Cultura (fevereiro de 2004).

políticas públicas e para o reconhecimento das reais condições sociais, culturais e econômicas de nossa sociedade. Com as suas raízes fincadas no longínquo final da décima nonacentúria – mais de 110 anos atrás –, a entidade retomou a modernidade ao se transformar em uma fundação no governo de Paulo Egydio que, sabiamente, pretendia utilizá-la como um instrumento imprescindível de políticas públicas. Sua história recente de mais de um quarto de século prova à sociedade o acerto da decisão de criá-la.

O reconhecimento nacional e internacional das metodologias desenvolvidas por sua equipe é, sem dúvida, reflexos da capacidade de seu corpo técnico. Neste teor, entrementes, existe um ponto relativamente desconhecido merecedor de destaque. Trata-se da ligação dos seus pesquisadores e técnicos com a comunidade científica. Essa relação intima, notória e bem desenvolvida, com a academia, é a fonte da sua capacidade de trazer para o campo prático as inovações do pensamento científico. Em suma, não obstante as dificuldades inerentes à existência de uma entidade com essa missão institucional no cenário brasileiro, a Fundação Seade sempre realizou as tarefas para as quais foi designada, cumprindo com dignidade e eficiência sua função, conforme havia sido visualizado por seus fundadores.

E o futuro? O que aguarda a Fundação nos dias vindouros desta época tão perigosa, mas excitante, do tempo de transição de um estágio civilizatório para outro? Como ficará a sua relação com a nação brasileira neste planeta no qual a nacionalidade parece se dissolver no cosmopolitismo real ou virtual das redes, interconectando o bem e o mal sem nenhuma distinção? Se o desconhecido que se esconde atrás dos eventos avassaladores dos dias de hoje atemoriza os menos favorecidos intelectualmente, o mesmo não acontece com os desbravadores da realidade, vulgo pesquisadores. Para esses, o amanhã é um desafio, penoso, muitas vezes, porém sempre atraente para a construção do conhecimento. E, na sua essência, o Seade caracteriza-se como uma Entidade de pesquisa. Por isso, a estagnação dificilmente o acometerá, ainda mais por ser uma instituição de vanguarda. Todavia, nas ínvias estradas das possibilidades futuras, nunca se sabe onde se escondem os percalços. Nesse sentido, não se deve esquecer de olhar o passado da entidade, de aprender com os seus sucessos e malogros, para se situar no presente. Em boa hora, se pensou em recuperar a memória do órgão e encetar um estudo analítico da sua história, objetos deste livro. Em tal contexto, as palavras da diretora-executiva Felícia Madeira ganham um significado profundo: "Os caminhos que se abrem para a Instituição são muitos e de escolhas complexas, mas, sem dúvida, os quase 30 anos da Fundação devem ser de reflexão sobre a sua função na sociedade".[35] Que as escolhas sejam acertadas para o Seade continuar a exercitar com propriedade o seu papel, contribuindo para melhorar a sociedade brasileira. Com certeza isso acontecerá, se se acreditar no veredicto da história.

[35] Entrevista realizada em 24 de setembro de 2003.

Anexos

Anexo A

Lei n. 1866, de 4 de dezembro de 1978

Autoriza o Poder Executivo a instituir a "Fundação Sistema Estadual de Análise de Dados – Seade"

O GOVERNADOR DO ESTADO DE SÃO PAULO.

Faço saber que a Assembléia Legislativa decreta e eu promulgo a seguinte lei:

Artigo 1º – Fica o Poder Executivo autorizado a instituir a "Fundação Sistema Estadual de Análise de Dados – Seade", vinculada à Secretaria de Economia e Planejamento, a qual se regerá por esta lei e por estatutos aprovados por decreto.

Artigo 2º – A Fundação terá prazo de duração indeterminado, sede e forro na Capital do Estado e adquirirá personalidade jurídica a partir da inscrição de seu ato institutivo no registro competente, com o qual serão apresentados os estatutos e o respectivo decreto de aprovação.

Parágrafo único – O Estado será representado no ato da instituição da Fundação pelo Procurador-Geral do Estado.

Artigo 3º – São finalidades básicas da Fundação:

I - coletar, organizar, analisar e divulgar informações técnicas e dados estatísticos;

II - identificar a situação do desenvolvimento econômico e social do Estado, através do levantamento e análise de dados;

III - proceder às análises conjunturais e estruturais, através da realização de estudos e pesquisas, tendo em vista o preparo de indicadores, que subsidiem a ação governamental;

IV - definir metodologias e formas de execução no âmbito da Administração centralizada e descentralizada do Estado, das atividades de identificação, obtenção, seleção e processamento de informações técnicas e dados estatísticos para uso e divulgação pelos diversos órgãos da Administração do Estado, de acordo com os objetivos do Sistema Estadual de Análise de Dados Estatísticos – Seade;

V - acompanhar programas e projetos governamentais e informar sobre o seu andamento;

VI - divulgar, para a sociedade como um todo, informações técnicas e dados estatísticos;

VII - capacitar recursos humanos da Administração do Estado para operação e uso de informações técnicas e dados estatísticos;

VIII - realizar estudos e projetos de sua especialidade, mediante remuneração, excetuados os elaborados para órgãos da Administração do Estado, quando de interesse mútuo; e

IX - desenvolver outras atividades compatíveis com as suas finalidades.

Artigo 4º – O patrimônio da Fundação será constituído:

I - pela dotação inicial de Cr$ 5.000.000,00 (cinco milhões de cruzeiros), proveniente do Tesouro Estadual;

II - pela dotação consignada anualmente no Orçamento do Estado;

III - pelas receitas oriundas de suas atividades ou de seus bens patrimoniais;

IV - por doações, legados, subvenções, auxílios e contribuições que lhe venham a ser destinados por pessoas de direito público ou privado;

V - pelos bens que vier a adquirir a qualquer título;

VI - pelo acervo e saldo de dotação da Coordenadoria de Análise de Dados da Secretaria de Economia e Planejamento; e

VII - de recursos decorrentes de contratos e convênios.

§ 1º - Os bens e direitos da Fundação serão utilizados, exclusivamente, para a consecução de seus fins.

§ 2º - No caso de extinguir-se a Fundação, seus bens e diretos passarão a integrar o patrimônio do Estado.

Artigo 5º - A Fundação se sub-rogará nos direitos e obrigações decorrentes de convênios e outros compromissos assumidos pela Coordenadoria de Análise de Dados da Secretaria de Economia e Planejamento.

Artigo 6º - Contará a Fundação com o Conselho de Curadores, a Diretoria e o Presidente.

Artigo 7º - O Conselho de Curadores, órgão normativo da Fundação, designado pelo Governador, será composto pelos seguintes representantes:

I - 1 (um) da Secretaria de Economia e Planejamento;

II - 1 (um) da Fundação de Desenvolvimento Administrativo;

III - 1 (um) da Universidade de São Paulo;

IV - 1 (um) da Universidade Estadual de Campinas;

V - 1 (um) da Universidade Estadual Paulista "Júlio de Mesquita Filho";

VI - 4 (quatro) livremente designados pelo Governador, sendo 1 (um) deles pertencente a órgão privado de pesquisa de opinião pública.

§ 1º - Cada membro do Conselho contará com um suplente.

§ 2º - Os membros do Conselho e os suplentes serão designados pelo Governador dentre pessoas indicadas pela Secretaria de Economia e Planejamento e, em listas tríplices, pelas entidades que devam representar, exceto os do inciso VI.

§ 3º - É vedada a acumulação da função de membro do Conselho de Curadores ou de suplente com qualquer outra de natureza técnica ou administrativa da Fundação.

§ 4º - Os Estatutos da Fundação especificarão os requisitos exigíveis dos membros do Conselho de Curadores.

Artigo 8º - O mandato dos membros do Conselho de Curadores e dos respectivos suplentes será de 5 (cinco) anos, renovável por uma só vez.

Parágrafo único – No caso de vacância antes do término do mandato de membro do Conselho de Curadores ou de suplentes far-se-á nova designação para o período restante.

Artigo 9º - A Diretoria, órgão executivo da Fundação, compreenderá a Diretoria Executiva e as Diretorias Adjuntas.

Artigo 10º – O Presidente da Fundação, de livre escolha do Governador, dentre pessoas de notório saber e reputação ilibada, terá mandato de 5(cinco) anos, renovável por igual período, com as atribuições constantes dos Estatutos e as seguintes:

I - representar a Fundação em Juízo e fora dele;

II - presidir as reuniões do Conselho de Curadores com direito a voto cabendo-lhe, ainda, o de desempate.

Parágrafo único – Os membros do Conselho de Curadores, inclusive o Presidente, bem como seus suplentes, quando convocados, farão jus, por sessão a que comparecerem, a "jeton" fixado pelo Conselho de Curadores, "ad referendum"do Governador.

Artigo 11º – O Diretor-Executivo e os Diretores Adjuntos serão designados pelo Governador dentre pessoas indicadas em listas tríplices apresentadas pelo Conselho de Curadores.

§ 1º - Os mandatos da Diretor-Executivo e dos Diretores Adjuntos serão de 4 (quatro) anos, renováveis por uma só vez, com atribuições definidas nos Estatutos da Fundação.

§ 2º - O Diretor-Executivo e os Diretores Adjuntos deverão possuir nível universitário e contar com experiência administrativa e de pesquisa.

§ 3º - O Diretor-Executivo participará das reuniões do Conselho de Curadores, sem direito a voto.

§ 4º - Serão livremente designados pelo Governador os primeiros Diretor-Executivo e Diretores Adjuntos.

Artigo 12º – Os Estatutos estabelecerão a organização administrativa da Fundação.

Artigo 13º – O pessoal da Fundação, inclusive o Diretor-Executivo e os Diretores Adjuntos, será regido pela legislação trabalhista e leis complementares.

Artigo 14º – Poderão ser postos à disposição da Fundação funcionários e servidores da Administração, centralizada e descentralizada, do Estado, com prejuízo de vencimentos ou de salários, contando-se-lhes o tempo de serviço para fins de aposentadoria e disponibilidade.

Parágrafo único – Em caráter excepcional e a critério da Fundação, poderão ficar à disposição desta, sem prejuízo dos vencimentos ou salários e das demais vantagens inerentes a seus cargos e funções atividades, os funcionários e servidores público remanescentes à extinção da Coordenadoria de Análise de Dados da Secretaria de Economia e Planejamento.

Artigo 15º – Caberá à Secretaria de Economia e Planejamento, dentro de 60 (sessenta) dias, promover a constituição e instalação da Fundação.

Artigo 16º – O Estado fará à Fundação a cessão dos bens móveis e das instalações da Coordenadoria de Análise de Dados, e os dos órgãos que a integram.

Artigo 17º – A Fundação gozará de isenção de tributos estaduais e das mesmas prerrogativas da Fazenda Estadual, em relação aos atos judiciais e extrajudiciais que praticar.

Artigo 18º – Para atender às despesas decorrentes da constituição e implantação da Fundação, fica o Poder Executivo autorizado a abrir, na Secretaria da Fazenda, ao Gabinete do Governador – Secretaria de Economia e Planejamento, crédito especial de Cr$ 5.000.000,00 (cinco milhões de cruzeiros).

Parágrafo único – O valor do crédito a que se refere este artigo será coberto com recursos provenientes das hipóteses previstas no artigo 43 da Lei Federal nº 4.320, de 17 de março de 1964.

Artigo 19º – Esta lei entrará em vigor na data de sua publicação.

Palácio dos Bandeirantes, 4 de dezembro de 1978.

PAULO EGYDIO MARTINS
Manoel Pedro Pimentel, Secretário da Justiça
Murilo Macedo, Secretário da Fazenda
Jorge Wilheim, Secretário de Economia e Planejamento
Péricles Eugênio da Silva Ramos, Secretário Extraordinário do Governo.
Publicada na Assessoria Técnico-Legislativa, aos 4 de dezembro de 1978.
Esther Zinsley, Diretor (Divisão Nível II) Substituta

Anexo B - Atividades desenvolvidas de prestação de serviços, conveniadas e de cooperação técnica

Fundação Seade – 1979-2007

Projeto	Instituição	Período	
		Início	Término
Monitoramento da mortalidade e natalidade	Secretaria de Estado da Saúde	1979	1980
Análise da mortalidade infantil através das estatísticas vitais: um estudo metodológico para São Paulo	Fundação Ford	1979	1981
Perfil industrial da Grande São Paulo	Empresa Paulista de Planejamento Metropolitano (Emplasa)	1979	1980
Pesquisa Municipal	Associação dos Municípios Paulistas (AMP) e Secretaria de Economia e Planejamento (SEP)	1979	1980
Repercussões do pró-alcool na dinâmica migratória do Estado de São Paulo	Ministério do Interior	1981	1983
Criação do Sistema de Documentação sobre População no Brasil (Docpop)	International Development Research Center (IDRC)	1982	1983
Estimativas das contas regionais	Instituto de Pesquisa Econômica Aplicada (Ipea)	1982	1982
Pesquisa de Emprego e Desemprego (PED)	Dieese/Secretaria de Economia e Planejamento (SEP) e Unicamp	1984	2008
Atlas de População do Estado de São Paulo	Departamento de Geografia/USP	1986	1991
Projeção da população residente e flutuante dos municípios paulistas	Sabesp	1987	1988
Supervisão da aplicação da Pesquisa de Emprego e Desemprego (PED) em Belém	Instituto do Desenvolvimento Econômico e Social do Pará (Idesp) e Secretaria de Estado do Trabalho e Promoção Social (Seteps/Sine-PA)	1988	1996

Projeto	Instituição	Período	
		Início	Término
Sistema de informações sobre o mercado de trabalho no Estado de São Paulo	Ministério do Trabalho e da Previdência Social	1990	1990
Análise da dinâmica demográfica regional	Financiadora de Estudos e Projetos (Finep)/Ministério da Ciência e Tecnologia	1990	1991
Infant mortality data for policy monitoring in the brazilian northeast	Internacional Development Research Center (IDRC)/Canadá	1990	1993
Pesquisas e estudos especiais para análise de dados socioeconômicos	Fundação de Economia de Campinas (Fecamp)	1991	1991
Pesquisa de Condições de Vida – crianças e adolescentes; famílias chefiadas por mulheres; mulheres segundo origem étnica.	Instituto Internacional de Estudos do Trabalho/Organização Internacional do Trabalho (OIT) e Fundação Ford	1991	1991
Supervisão da aplicação da Pesquisa de Emprego e Desemprego (PED) em Porto Alegre	Fundação de Economia e Estatística Siegfried Emanuel Heuser (FEE)/Fundação Gaúcha do Trabalho e da Assistência Social (FGTAS)/Secretaria do Trabalho e da Ação Social (FGTAS/Sine-RS)	1991	2010
Supervisão da aplicação da Pesquisa de Emprego e Desemprego(PED) no Distrito Federal	Companhia do Desenvolvimento do Planalto Central (Codeplan) e Secretaria do Trabalho (STb-DDF/Sine-DF)	1992	2007
Diferenciais de mortalidade no Município de São Paulo	London School of Hygiene	1993	1993
Pesquisa Municipal Unificada (PMU) 1992	Unesp	1993	1994
Mortalidade por acidentes de trabalho em São Paulo	Fundacentro/São Paulo/Ministério do Trabalho e do Emprego	1993	1994
Pesquisa de Condições de Vida no município de Campinas	Prefeitura Municipal de Campinas	1993	1994
Mapeamento do setor informal no município de São Paulo	Dieese/Central Única de Trabalhadores (CUT)	1993	1998

Projeto	Instituição	Período	
		Início	Término
Pesquisa sobre os acidentes de trabalho nos registros do INSS e nos registros de óbitos no Estado de São Paulo	Fundacentro/Ministério do Trabalho e do Emprego	1994	1995
Pesquisa domiciliar sobre o mercado de trabalho e as condições de saúde e segurança no trabalho na RMSP	Fundacentro/Ministério do Trabalho e do Emprego	1994	1995
Mortalidade por *diabetes mellitus* como causa básica e associada no Estado de São Paulo	Escola Paulista de Medicina	1994	1997
Supervisão da aplicação da Pesquisa de Emprego e Desemprego(PED) na Região Metropolitana de Curitiba	Instituto Paranaense de Desenvolvimento Econômico e Social (Ipardes) e Secretaria de Estado do Emprego e Relações do Trabalho (Sert/Sine-PR)	1994	1997
Intercâmbio de bancos de dados em energia	Companhia Energética de São Paulo (CESP)	1994	1999
Intercâmbio de informações sobre meio ambiente	Secretaria Estadual do Meio Ambiente	1994	1999
Intercâmbio de informações sobre recursos humanos em psicologia	Conselho Regional de Psicologia	1994	1999
Supervisão da aplicação da Pesquisa de Emprego e Desemprego(PED) na Região Metropolitana de Belo Horizonte	Fundação João Pinheiro e Secretaria de Estado do Trabalho e Ação Social (Setas/Sine-MG)	1994	2007
Revisão conceitual e metodológica de pesquisas econômicas contínuas	Instituto Brasileiro de Geografia e Estatística (IBGE)	1995	1996
Sistema de indicadores para a monitoração de ações da Secretaria de Estado da Saúde	Secretaria de Estado da Saúde	1995	1996
Perfil municipal de saúde	Secretaria de Estado da Saúde	1995	1997
Coleta de informações nas unidades econômicas indicadas pelo IBGE para o censo cadastro	Instituto Brasileiro de Geografia e Estatística (IBGE)	1995	1997
Acompanhamento contínuo da mortalidade infantil, mortalidade materna e características do recém-nascido	Secretaria Estadual da Saúde	1995	1997

Projeto	Instituição	Período	
		Início	Término
Pesquisa da Atividade Econômica Paulista (Paep) 1996	Fundação de Amparo à Pesquisa do Estado de São Paulo (Fapesp) e Finep	1995	1998
Estimativa da população-alvo das campanhas de vacinação	Secretaria Estadual da Saúde	1995	2007
Projeções da demanda escolar	Secretaria Estadual da Educação	1996	1996
Estudos sobre competitividade industrial, economia regional, sistema bancário e inovação tecnológica – subsídios à realização da Pesquisa de Atividade Econômica Paulista (Paep)	Fundação Economia de Campinas (Fecamp)	1996	1997
Construção do sítio da Prefeitura do município de Sorocaba	Prefeitura do Município de Sorocaba	1996	1997
Pesquisa Municipal Unificada (PMU) 1995	Secretarias Estaduais da Educação e da Saúde e Sabesp	1996	1997
Caracterização do setor de serviços na Região Metropolitana de São Paulo	Serviço Brasileiro de Apoio às Micro e Pequenas Empresas (Sebrae)	1996	1997
Perfil dos municípios brasileiros	Instituto Nacional de Estudos e Pesquisas Educacionais (Inep)/Ministério da Educação	1996	1997
Estudos, pesquisas, análises, sistematização, georreferenciamento e disseminação de indicadores socioeducacionais	Fundação para o Desenvolvimento da Educação (FDE)/Secretaria Estadual da Educação	1996	1998
Educação e/ou trabalho na ótica do trabalhador	Finep	1996	1998
Base de dados municipais de saneamento básico	Companhia de Saneamento Básico do Estado de São Paulo (Sabesp)	1996	1998
Reestruturação produtiva e reconversão profissional	Secretaria do Emprego e Relações do Trabalho (Sert)	1996	1999
Produção de indicadores e tabulações especiais sobre características da população desempregada e a evolução do emprego no Estado de São Paulo	Secretaria do Emprego e Relações do Trabalho (Sert)	1996	2000

Projeto	Instituição	Período	
		Início	Término
Sistema de acompanhamento da situação financeira e do ensino fundamental nos estados e municípios brasileiros	Fundo de Manutenção e Desenvolvimento do Ensino Fundamental e de Valorização do Magistério/FNDE – Ministério da Educação e do Desporto	1996	2000
Guia de oferta de informações e sistemas	Secretaria de Governo e Gestão Estratégica	1996	2001
Mulheres no mercado de trabalho do Estado de São Paulo	Fundo para a Igualdade de Gênero/Agência Canadense para o Desenvolvimento Internacional/Conselho Estadual da Condição Feminina/Secretaria do Emprego e Relações do Trabalho (Sert)	1996	2004
Apoio financeiro do FAT à Pesquisa de Emprego e Desemprego (PED) na RMSP	Secretaria do Emprego e Relações do Trabalho (Sert) e Conselho Deliberativo de Amparo ao Trabalhador (Codefat)	1996	2006
Supervisão da aplicação da Pesquisa de Emprego e Desemprego (PED) na Região Metropolitana de Salvador	Superintendência de Estudos Econômicos e Sociais (SEI) e Faculdade de Ciências Econômicas da Universidade Federal da Bahia	1996	2007
Realização de estudos e pesquisas de interesse comum	Instituto de Pesquisa Econômica Aplicada (Ipea)	1996	2007
Caracterização do desenvolvimento econômico na RMSP e estimativas de demanda por formação profissional	Escola Técnica Federal de São Paulo (ETFSP)	1997	1997
Perfil econômico e social da área de concessão da CPFL	Companhia Paulista de Força e Luz (CPFL)	1997	1997
Estudos sobre mensuração econômica	Fundação Instituto de Pesquisas Econômicas (Fipe)	1997	1997
Estudos sobre o processo de difusão dos programas de produtividade e qualidade nas empresas – subsídios à realização da Pesquisa da Atividade Econômica Paulista (Paep)	Fundação Vanzolini	1997	1997

Projeto	Instituição	Período	
		Início	Término
Produção de estatística e informações demográficas sobre o Estado de São Paulo e seus municípios	Secretaria de Estado da Saúde	1997	1998
Aprimoramento do sistema de estatísticas demográficas estaduais	Secretaria de Estado da Saúde	1997	1998
Instituição de um sistema nacional de pesquisas sobre mercado de trabalho	Ministério do Trabalho/ Codefat, Ipea, IBGE, Sine-CE e Dieese	1997	1998
Perfil municipal de cultura	Secretaria Estadual de Cultura	1997	1998
Finanças públicas no Estado de São Paulo	Instituto de Pesquisa Econômica Aplicada (Ipea)	1997	1998
Pesquisa de emprego e desemprego no Município de São José dos Campos	Prefeitura de São José dos Campos	1997	1998
Perfil ambiental do Estado de São Paulo	Secretaria Estadual do Meio Ambiente	1997	1998
Bancos de dados socioeconômicos e demográficos dos municípios paulistas	Forum Permanente das Relações Universidade e Empresa (Uniemp)	1997	1998
Priorizando saneamento no Estado de São Paulo	Sabesp	1997	1999
Intercâmbio de informações estatísticas industriais	Centro das Indústrias do Estado de São Paulo (Ciesp)	1997	1999
Apoio técnico e institucional à realização da Pesquisa da Atividade Econômica Paulista (Paep)	Federação das Indústrias do Estado de São Paulo (Fiesp)/Federação do Comércio do Estado de São Paulo/Associação Brasileira de Comunicação Empresarial/Sindicato da Indústria de Construção Civil e de Grandes Estruturas (Sinduscon)/Associação Brasileira das Indústrias Gráficas (Abigraf)	1997	2000

Projeto	Instituição	Período	
		Início	Término
Sistema de informações para negócios no Estado de São Paulo – desenvolvimento e atualização do SP Guia de Investimentos e Geração de Empregos	Secretaria do Emprego e Relações do Trabalho (Sert)	1997	2000
Perfil econômico do ABC/Paep	Consórcio Intermunicipal das Bacias do Alto Tamanduateí e Billings	1997	2000
Nomes, cargos, filiações partidárias e endereços dos integrantes dos poderes públicos municipais	Fundação Prefeito Faria Lima - Cepam	1997	2002
Mercado de trabalho do ABC/Pesquisa Complementar de Emprego e Desemprego	Consórcio Intermunicipal das Bacias do Alto Tamanduateí e Billings	1997	2002
Apoio técnico e institucional à realização da Pesquisa da Atividade Econômica Paulista (Paep)	Conselho Regional de Contabilidade do Estado de São Paulo (CRC)	1997	2004
Pesquisa de conjuntura das micros e pequenas empresas no Estado de São Paulo (Pecompe)	Sebrae	1997	2007
Supervisão da aplicação da Pesquisa de Emprego e Desemprego – PED na Região Metropolitana do Recife	Dieese/Ministério do Trabalho e Emprego/FAT	1997	2007
Montagem do sistema de informações sobre os municípios do Vale do Ribeira	Fundação Florestal	1998	1998
Elaboração do Manual do Usuário da Lei 9.242	Fundação Escola de Sociologia e Política de São Paulo	1998	1998
Base de dados com informações sobre nascimentos e óbitos	Secretaria Estadual da Saúde	1998	1998
Caracterização das bacias hidrográficas	Secretaria Estadual do Meio Ambiente	1998	1998
Estudos socioeconomicos e de potencialidades dos municípios situados no entorno paulista da Rodovia Fernão Dias	Fundo para o Desenvolvimento da Unesp (Fundunesp)	1998	1998
Pesquisa Municipal Unificada (PMU) 1997	Secretarias Estaduais da Cultura e do Meio Ambiente e Fundo para o Desenvolvimento da Unesp (Fundunesp)	1998	1998

Projeto	Instituição	Período	
		Início	Término
Planejamento, implantação e acompanhamento da caracterização socioeconômica e do cadastramento de 50.000 famílias na capital paulista – Programa Sonho Meu	Companhia de Desenvolvimento Habitacional e Urbano do Estado de São Paulo (CDHU)	1998	1998
Desenho e implantação de estratégia de avaliação de programas sociais	Casa Civil da Presidência da República e Organização das Nações Unidas para a Educação, a Ciência e a Cultura (Unesco)	1998	1998
Disponibilização de pesquisas produzidas pela Fundação Seade na rede de pesquisa nacional do Ipea	Programa das Nações Unidas para o Desenvolvimento (Pnud) e Instituto de Pesquisa Econômica Aplicada (Ipea)	1998	1998
Levantamento físico-cadastral e pesquisa socioeconômica dos moradores do Jardim Pantanal (Município de São Paulo)	Secretaria da Habitação do Governo do Estado de São Paulo	1998	1998
Perfil dos ocupados do setor informal da RMSP	Programa das Nações Unidas para o Desenvolvimento (Pnud) e Instituto de Pesquisa Econômica Aplicada (Ipea)	1998	1998
Produção de indicadores socioeconômicos para subsidiar a tomada de decisões de planejamento estratégico das ações da Comgás	Companhia de Gás de São Paulo (Comgás)	1998	1998
Pesquisa socioeconômica com famílias habilitadas aos empreendimentos habitacionais da CDHU	Companhia de Desenvolvimento Habitacional e Urbano do Estado de São Paulo (CDHU)	1998	1998
Pesquisa da Atividade Econômica Regional (Paer) 1998	Ministério da Educação/Secretaria de Educação Média e Tecnológica/Programa de Expansão do Ensino Profissional (Proep)	1998	2001

Projeto	Instituição	Período	
		Início	Término
Intercâmbio técnico-cientifico na área demográfica e epidemiológica	Universidade Federal de São Paulo	1998	2002
Análises demográficas e epidemiológicas	Centro Nipo Brasileiro de Prevenção de Doenças	1998	2003
Acesso à base de dados sobre mercado de trabalho	Ministério do Trabalho	1998	2007
Implantação, operacionalização e administração dos postos de serviços POUPATEMPO da Sé, Santo Amaro, Itaquera, São Bernardo do Campo e Guarulhos	Secretaria de Governo e de Gestão Estratégica/ Prodesp	1998	2007
Intercâmbio de informações econômicas e tributárias	Secretaria Estadual da Fazenda	1998	2007
Levantamento, organização e análise de informações sobre os municípios da Região de Governo de Jundiai	Fundação para o Desenvolvimento da Unesp (Fundunesp)	1999	1999
Pesquisa socioeconômica dos moradores da União de Vila Nova, Vila Nair e Jardim Lapena	Companhia do Desenvolvimento Habitacional e Urbano do Estado de São Paulo (CDHU)	1999	1999
Apoio técnico na montagem do banco de dados criminais	Ministério Público do Estado de São Paulo	1999	2000
Estudo da regularidade de ocupação em conjuntos habitacionais implantados	Companhia do Desenvolvimento Habitacional e Urbano do Estado de São Paulo (CDHU)	1999	2000
Levantamento de dados sobre indústria e serviços	Universidade Estadual de Montes Claros - Unimonte/Estado de Minas Gerais	1999	2000
Análise de dados da Pesquisa da Atividade Econômica Paulista (Paep)	Fundação Instituto de Pesquisas Econômicas (Fipe)	1999	2000
Indicadores demográficos para a vigilância epidemiológica	Secretaria do Estado da Saúde	1999	2000
Monitorando a mortalidade infantil no Brasil	Organização Pan-Americana de Saúde (Opas)	1999	2000

Projeto	Instituições	Período	
		Início	Término
Estudos sobre o desenvolvimento econômico e social do Estado para subsidiar as atividades das Comissões Temáticas do Fórum São Paulo Século XXI.	Assembléia Legislativa do Estado de São Paulo	1999	2001
Desenvolvimento de sistema eletrônico e pesquisa para o acompanhamento das finanças dos estados e prefeituras	Ministério da Saúde	1999	2002
Estudos e pesquisas de interesse comum	Instituto de Ciências da Universidade de Lisboa	1999	2003
Guia Cultural do Estado de São Paulo - Edições 2000 e 2003	Secretaria Estadual da Cultura	1999	2003
Sistema de informações trimestrais sobre nascimentos e óbitos	Secretaria de Estado da Saúde	1999	2004
Contas Regionais - intercâmbio metodológico para o cálculo das contas regionais e do PIB dos municípios paulistas	IBGE	1999	2011
Estatísticas de mercado de trabalho na RMSP	Secretaria do Emprego e Relações do Trabalho (Sert)	2000	2000
Consolidação de estatísticas e informações criminais e penitenciárias	Secretaria de Estado da Administração Penintenciária	2000	2000
Banco de informações e realizações governamentais	Secretaria de Governo e Gestão Estratégica	2000	2001
Pesquisa de Condições de Vida no Município de Araçatuba	Sociedade de Ensino Superior Toledo	2000	2001
Desenvolvimento de metodologias alternativas para análise de dados secundários de mortalidade	Ministério da Saúde	2000	2001
Pesquisa Municipal Unificada (PMU) 1999	Secretarias da Assistência e do Desenvolvimento Social, de Governo e Gestão Estratégica, da Educação e do Meio Ambiente	2000	2001
Avaliação externa do Telecurso 2000	Federação das Indústrias do Estado de São Paulo (Fiesp)/Centro das Indústrias do Estado de São Paulo (Ciesp)/Fundo de Amparo ao Trabalhador (FAT)/Ministério do Trabalho	2000	2001

Projeto	Instituição	Período	
		Início	Término
Cadastro de entidades da sociedade civil da Região Metropolitana de São Paulo	Sebrae	2000	2001
Thesaurus multilingüe de população	Divisão de População da ONU (Popin)/Comitê Internacional de Cooperação nas Pesquisas Nacionais em Demografia (Cicred)/Associação Brasileira de Estudos Populacionais (Abep)	2000	2000
Pesquisa de condições de saúde e segurança dos motoristas de veículos automotores e acidentes de trabalho	Fundacentro	2000	2001
Saúde e segurança no transporte coletivo urbano	Fundacentro/Ministério do Trabalho/Denatran	2000	2001
Geração da base de dados sobre as atividades de pesquisa e desenvolvimento nas empresas industriais – ano base 2000	Associação Nacional de Pesquisa, Desenvolvimento e Engenharia das Empresas Inovadoras (Anpei)	2001	2001
Pesquisa de condições de saúde e segurança dos motoristas de veículos automotores e acidentes de trabalho no município de Belo Horizonte	Fundação Jorge Duprat Figueiredo de Segurança e Medicina do Trabalho (Fundacentro)	2001	2002
Produção de estatísticas referentes ao mercado de trabalho na RMSP, através da Pesquisa de Emprego e Desemprego (PED)	Secretaria do Emprego e Relações do Trabalho (Sert)	2001	2002
Acompanhamento dos impactos do Fundef sobre as receitas e despesas municipais e da disponibilidade dos recursos dos municípios vinculados ao financiamento da educação	Fundo de Manutenção e Desenvolvimento do Ensino Fundamental e de Valorização do Magistério/FNDE – Ministério da Educação e do Desporto	2001	2002
Censo do funcionalismo público municipal	Secretaria da Administração do Município de São Paulo	2001	2002
Anuário estatístico de saúde do Brasil	Ministério da Saúde	2001	2002
Construção de indicadores de ciência e tecnologia	Ministério da Ciência e Tecnologia	2001	2002

Projeto	Instituição	Período	
		Início	Término
Pesquisa de emprego e desemprego no Município de Santa Cruz do Rio Pardo	Secretaria do Emprego e Relações do Trabalho (Sert)	2001	2002
Mobilidade ocupacional na RMSP	Secretaria do Emprego e Relações do Trabalho (Sert)	2001	2002
Estudos e pesquisas sobre saúde e segurança no transporte coletivo urbano e no transporte de trabalhadores rurais na Região Metropolitana de Belo Horizonte	Fundação Jorge Duprat Figueiredo de Segurança e Medicina do Trabalho	2001	2002
Sistema de informações geográficas para o planejamento educacional no Estado de São Paulo	Secretaria de Estado da Educação	2001	2002
Elaboração de metodologia e estimativa de nessidades habitacionais (déficit e inadequação) para subsidiar o planejamento da política de habitação de interesse social do Estado de São Paulo, com base na Pesquisa de Condições de Vida (PCV) 1998	Companhia do Desenvolvimento Habitacional e Urbano do Estado de São Paulo (CDHU)	2001	2002
Levantamento cadastral e socioeconômico em sete setores de intervenção dos Municípios de São Paulo e Santos para o Programa de Atuação em Cortiços (PAC)	Companhia do Desenvolvimento Habitacional e Urbano do Estado de São Paulo (CDHU)	2001	2002
Aperfeiçoamento do Sistema de Informações de Nascidos Vivos (Sinasc) e do Sistema de Informações de Mortalidade (SIM)	Secretaria de Estado da Saúde	2001	2004
Pesquisa da Atividade Econômica Paulista (Paep) 2001	Fapesp, Secretaria de Economia e Planejamento, Ministério da Ciência e Tecnologia, Secretaria da Ciência, Tecnologia, Desenvolvimento Econômico e Turismo, Finep, FNDC/CT Verde Amarelo, Ministério da Educação/Secretaria de Educação Média e Tecnológica/Programa de Expansão do Ensino Profissional (Proep)/Banco Interamericano de Desenvolvimento (BID)	2001	2004

Projeto	Instituição	Período	
		Início	Término
Aprimoramento das informações demográficas do registro civil	Associação dos Registradores de Pessoas Naturais do Estado de São Paulo (Arpen)	2001	2007
Informações Estratégicas	Secretarias de Gestão Estratégica, da Casa Civil e de Gestão Pública	2001	2008
Produção das estatísticas de registro civil	Instituto Brasileiro de Geografia e Estatística (IBGE)	2001	2012
Sistema para análise da potencialidade de uso do cadastro de projetos aprovados/Grupo de Projetos Habitacionais (Graprohab)	Secretaria de Estado da Habitação/Companhia do Desenvolvimento Habitacional e Urbano do Estado de São Paulo (CDHU)	2002	2002
Índice Paulista de Responsabilidade Social – desdobramentos e aprofundamento dos mecanismos de avaliação do IPRS através da geração do indicador de esforços em saúde	Assembléia Legislativa do Estado de São Paulo	2002	2002
Estudo sobre condições de vida no Estado de São Paulo	Secretaria de Economia e Planejamento (SEP)	2002	2002
Caracterização dos municípios obrigados a elaborar Plano Diretor	Fundação Faria Lima – Cepam	2002	2002
Identificação dos municípios pólos culturais do Estado de São Paulo	Secretaria Estadual da Cultura	2002	2003
Pesquisa de condições habitacionais nos municípios de com menos de 50.000 habitantes urbanos – Região Administrativa de São José do Rio Preto	Companhia de Desenvolvimento Habitacional e Urbano do Estado de São Paulo (CDHU)	2002	2003
Calendário das festas culturais dos municípios paulistas	Secretaria Estadual da Cultura	2002	2003
Caracterização socioeconômica das estâncias hidrominerais	Secretaria Estadual da Cultura	2002	2003
Sistema de projeção ocupacional para o Estado de São Paulo	Secretaria do Emprego e Relações do Trabalho (Sert)	2002	2003

Projeto	Instituição	Período	
		Início	Término
Projeção da população e dos domicílios para os municípios do Estado de São Paulo	Companhia de Saneamento Básico do Estado de São Paulo (Sabesp)	2002	2003
Aferição da pesquisa origem e destino na Região Metropolitana de São Paulo	Companhia do Metropolitano de São Paulo (Metrô)	2002	2003
Retrato da educação superior no Estado de São Paulo	Secretaria de Ciência, Tecnologia, Desenvolvimento Econômico e Turismo	2002	2003
Apoio técnico e institucional à realização da Pesquisa da Atividade Econômica Paulista (Paep) 2001	Federação de Servidores do Estado de São Paulo/ Federação das Associações Comerciais do Estado de São Paulo/Sindicato da Indústria de Construção Civil e de Grandes Estruturas (Sinduscon)	2002	2004
Recuperação dos casos de aids no Sistema de Informações de Mortalidade no Estado de São Paulo	Secretaria Estadual da Saúde/Ministério da Saúde/Unesco-CRT/DST--Aids	2002	2004
Sistema de Informações Habitacionais (Sihab)	Companhia de Desenvolvimento Habitacional e Urbano do Estado de São Paulo (CDHU)	2002	2005
Apoio técnico e institucional à realização da Pesquisa da Atividade Econômica Paulista (Paep) 2001	Serviço Brasileiro de Apoio às Micro e Pequenas Empresas (Sebrae)	2003	2003
Atualização do Índice Paulista de Responsabilidade Social (IPRS) 2000	Assembléia Legislativa do Estado de São Paulo	2003	2003
Estudo de mercado de trabalho como subsídio para a reforma da educação profissional no Estado de São Paulo	Fundação para o Desenvolvimento da Pesquisa Agropecuária (Fundepag)	2003	2003
Avaliação da qualidade dos dados municipais do sistema de informações de mortalidade e de nascidos vivos	Centro Médico Especializado Silvio Romero	2003	2003

Projeto	Instituição	Período	
		Início	Término
Perfil das mulheres do Município de São Paulo	Secretaria Municipal de Planejamento Urbano (Sempla)	2003	2003
Desdobramentos e aprofundamento dos mecanismos de avaliação do IPRS através dos clusters de pobreza para a Região Administrativa de Campinas	Assembléia Legislativa do Estado de São Paulo	2003	2003
Estatísticas trimestrais sobre nascimentos e óbitos	Secretaria Estadual da Saúde	2003	2004
Avaliação da qualidade dos dados municipais sobre mortalidade e nascidos vivos – SIM/Sinasc	Secretaria Estadual da Saúde	2003	2004
Pesquisa socioeconômica com famílias demandantes e entidades conveniadas para o Programa de Mutirão, nos Municípios de Diadema, Embu, Mogi das Cruzes, Osasco, Taboão da Serra, Itaquaquecetuba e São Paulo	Companhia de Desenvolvimento Habitacional e Urbano do Estado de São Paulo (CDHU)	2003	2004
Estudos focalizados do setor de cultura	Secretaria Estadual da Cultura	2003	2004
Sistematização de informações referentes à atuação governamental na área social	Secretaria Estadual da Assistência e do Desenvolvimento Social (Seads)	2003	2005
Acordo para a instalação do Posto Acessa São Paulo	Secretaria da Casa Civil	2003	2006
Estudos e pesquisas sobre segurança pública, sistema criminal, criminalidade e violência	Instituto Brasileiro de Ciências Criminais (Ibccrim)	2003	2009
Produção de informações sobre os municípios paulistas	Tribunal de Contas do Estado de São Paulo	2003	2009
Pesquisa de Investimentos no Estado de São Paulo (Piesp)	Secretaria da Ciência, Tecnologia e Desenvolvimento Econômico	2002	2003
Desdobramentos e aprofundamento dos mecanismos de avaliação do IPRS através dos *clusters* de pobreza – Índice Paulista de Vulnerabilidade Social (IPVS)	Assembléia Legislativa do Estado de São Paulo	2004	2004
Atualização do Índice Paulista de Responsabilidade Social (IPRS) 2000/2002	Assembléia Legislativa do Estado de São Paulo	2004	2004

Projeto	Instituição	Período	
		Início	Término
Apoio à gestão dos municípios	Secretaria Estadual da Assistência e do Desenvolvimento Social (Seads)	2004	2004
Elaboração da base unificada de nascimentos e óbitos para o Estado de São Paulo	Secretaria Estadual da Saúde	2004	2005
Modernização do campo da Pesquisa de Emprego e Desemprego (PED)	Financiadora de Estudos e Projetos (Finep)	2004	2005
Características socioeconomicas das escolas paulistas – adicional de local de exercício	Secretaria Estadual da Cultura	2004	2005
Classificação, desempenho, investimentos e perspectivas das empresas paulistas	Imprensa Oficial	2004	2005
Indicadores empresariais de pesquisa e desenvolvimento 2004	Associação Nacional de Pesquisa, Desenvolvimento e Engenharia das Empresas Inovadoras (Anpei)	2004	2005
Pesquisa Municipal Unificada (PMU) 2003	Secretarias estaduais da Casa Civil, Educação, Agricultura e Abastecimento/CDHU/ Sabesp	2004	2006
Guia de Serviços Públicos do Estado de São Paulo	Secretaria da Casa Civil	2004	2006
Atlas Eletrônico do Estado de São Paulo	Secretaria da Casa Civil	2004	2007
Monitoramento demográfico dos pensionistas	Instituto de Previdência do Estado de São Paulo (Ipesp)	2004	2008
Sistema de Contas Regionais e Municipais (PIB)	Secretaria de Economia e Planejamento (SEP)/Instituto Brasileiro de Geografia e Estatística (IBGE)	2004	2007
Sistema de acompanhamento e avaliação do Programa de Cultura e Cidadania e Construção do Indice de Vulnerabilidade Juvenil – Projeto Fábricas de Cultura	Secretaria de Estado da Cultura/Banco Interamericano de Desenvolvimento (BID)	2004	2007
Metas do milênio	Secretaria de Economia e Planejamento (SEP)	2005	2005

Projeto	Instituição	Período	
		Início	Término
A Produção e o uso de informações criminais	Ministério da Justiça	2005	2005
Indicadores sociais no Estado de São Paulo	Secretaria de Economia e Planejamento (SEP)	2005	2005
Atlas Seade da Economia Paulista	Fundação de Amparo à Pesquisa do Estado de São Paulo (Fapesp)	2005	2006
Geração de base unificada de informações de nascidos vivos e de óbitos no Estado de São Paulo e aplicação da base unificada	Fundação Faculdade de Medicina	2005	2006
Indicadores de gestão, monitoramento e avaliação do Programa Escola da Família	Fundação para o Desenvolvimento da Educação (FEE)/Secretaria de Estado da Educação	2005	2006
Avaliação do projeto piloto de governança municipal	Secretaria da Casa Civil	2005	2006
Avaliação dos indicadores de programas sociais do Plano Plurianual (PPA) 2004-07	Secretaria de Economia e Planejamento (SEP)	2005	2006
Indicadores de competitividade	Secretaria de Economia e Planejamento (SEP)	2005	2006
Sistema de Informações Estatísticas e Gerenciais (Sieg)	Ministério Público do Estado de São Paulo	2005	2006
Revisão e atualização do Sistema de Vigilância, Monitoramento e Avaliação dos Serviços (Sivimas)	Secretaria Municipal de Assistência e Desenvolvimento Social da Prefeitura do Município de São Paulo	2005	2006
Consolidação de acervos de dados e aprimoramento dos instrumentos de tratamento das estatísticas policiais	Secretaria da Segurança Pública	2005	2006
Pesquisa com usuários do Parque Estadual Fontes do Ipiranga – Município de São Paulo	Secretaria da Casa Civil	2005	2006
Portal de investimento do Estado de São Paulo	Imprensa Oficial	2005	2008

Projeto	Instituição	Período	
		Início	Término
Impacto dos programas de transferência de renda na Região Metropolitana de São Paulo	Secretaria Estadual de Assistência e Desenvolvimento Social (Seads)/Banco Interamericano de Desenvolvimento (BID)	2005	2007
Intercâmbio de tecnologia para o armazenamento e disponibilização na Internet do banco de dados municipais e estaduais	Instituto de Desenvolvimento Econômico e Social (Ipardes)	2005	2007
Apoio à publicação da Revista São Paulo em Perspectiva	Fundação de Amparo à Pesquisa do Estado de São Paulo (Fapesp)	2005	2007
Site do Cidadão (www.cidadão.sp.gov.br)	Secretaria da Casa Civil	2005	2007
Acesso a dados não protegidos por sigilo fiscal	Secretaria da Receita Federal	2005	2007
Acompanhamento contínuo dos óbitos por Aids no Estado de São Paulo	CRT-DST/Aids	2005	2008
Estudo de casos fatais de acidente de trabalho	Fundação Jorge Duprat Figueiredo de Segurança e Medicina do Trabalho (Fundacentro)	2005	2010
Avaliação dos impactos sociais decorrentes da construção da linha 4 do Metrô	Companhia do Metropolitano de São Paulo (Metrô)	2005	2010
Sistema de informações metropolitanas e construção do sítio e aplicativos da Agemcamp	Agência Metropolitana de Campinas (Agemcamp)	2006	2006
Aperfeiçoamento do sistema estatístico da Pesquisa de Emprego e Desemprego nas regiões metropolitanas de Belo Horizonte, Porto Alegre, Recife, Salvador, São Paulo e Distrito Federal	Departamento Intersindical de Estatística e Estudos Socioeconômicos (Dieese)	2006	2007
E-GOV - Avaliação e acompanhamento do sistema	Secretaria da Casa Civil	2006	2006
Base de dados sobre o perfil técnico-econômico das regiões paulistas	João Evangelista Steiner	2006	2006
Atualização do Índice Paulista de Responsabilidade Social (IPRS) 2004	Assembléia Legislativa do Estado de São Paulo	2006	2006

Projeto	Instituição	Período	
		Início	Término
Pesquisa dos casos fatais dos acidentes de trabalho dos Estados de São Paulo e de Minas Gerais	Fundação Jorge Duprat Figueiredo de Segurança e Medicina do Trabalho (Fundacentro)	2006	2007
Indicadores e istrumentos para acompanhamento e avaliação do Programa Pró-Lar/Favelas e Assentamentos Precários	Companhia de Desenvolvimento Habitacional e Urbano do Estado de São Paulo (CDHU)	2006	2007
Painel de indicadores de monitoramento e avaliação em saúde	Fundação Faculdade de Medicina	2006	2007
Atlas da competitividade da indústria paulista	Federação das Indústrias do Estado de São Paulo (Fiesp)/Secretaria da Ciência, Tecnologia e Desenvolvimento Econômico e Turismo	2006	2007
Revisão da Pesquisa Municipal Unificada (PMU)	Secretaria da Casa Civil	2006	2007
Pesquisa referente à cobertura e efetividade dos programas focalizados no Estado de São Paulo	Secretaria da Casa Civil	2006	2007
Pesquisa de vitimização na RMSP	Secretaria de Segurança Pública	2006	2009
Pesquisa de Condições de Vida no Estado de São Paulo	Secretaria da Casa Civil	2006	2007
Acesso ao banco de dados de óbitos por diagnóstico de câncer	Faculdade de Medicina-USP/Hospital das Clínicas	2006	2007
Atlas do desenvolvimento humano	Secretaria do Trabalho da Prefeitura do Municipío de São Paulo	2006	2007
Urbanização dispersa e mudanças no tecido urbano. Estudo de caso: Estado de São Paulo	Fundação para a Pesquisa Ambiental (Fupam)/ Faculdade de Arquitetura e Urbanismo (FAU/USP)	2006	2007
Diagnóstico de processos e produção de indicadores de planejamento e monitoramento das ações da Defensoria Pública	Defensoria Pública do Estado de São Paulo	2006	2007

Projeto	Instituição	Período	
		Início	Término
Perfil socioeconomico dos territórios metropolitanos	Secretaria de Economia e Planejamento (SEP)	2006	2007
Intercâmbio de tecnologia para o armazenamento e disponibilização na Internet do banco de dados municipais e estaduais	Instituto Jones dos Santos Neves/Governo do Estado do Espirito Santo	2006	2008
Informações sobre registro civil	Associação dos Registros das Pessoas Naturais de São Paulo (Arpen)	2006	2008
Intercâmbio de conhecimento e informações	Secretaria Municipal de Planejamneto da Prefeitura de São Paulo (Sempla)	2006	2011
Aperfeiçoamento e implantação do sistema PED na Região Metropolitana de Fortaleza	Departamento Intersindical de Estatística e Estudos Socioeconômicos (Dieese)/Instituto de Desenvolvimento do Trabalho/Secretaria do Trabalho e do Empreendedorismo do Governo Estadual do Ceará	2006	2007
Atualização de dados censitários de favelas e lotementos irregulares no município de São Paulo	Secretaria de Habitação do Município de São Paulo/ Banco Mundial-Cities Alliance	2007	2007
Pesquisas e estudos demográficos e epidemiológicos para o acompanhamento da mortalidade dos pacientes	Faculdade de Medicina-USP/Hospital das Clínicas/Instituto do Coração	2007	2009
Sistema de monitoramento e planejamento das escolas estaduais do Estado de São Paulo (SIM Escolas)	Secretaria Estadual de Educação	2007	2008
Atualização e manutenção do Sistema Observatório MP	Ministério Público do Estado de São Paulo	2007	2008
Sítio - Portal de investimentos e estudos sobre a Região Metropolitana de Campinas	Agência Metropolitana de Campinas (Agemcamp)	2007	2007
Avaliação do e-serviços do Governo do Estado de São Paulo e perfil do usuário de serviços públicos nos postos do Acessa São Paulo, no e-Poupa Tempo e Ponto SP	Secretaria de Gestão Pública	2007	2008

Projeto	Instituição	Período	
		Início	Término
Acompanhamento da elaboração dos programas e definição de indicadores do Plano Plurianual 2008-2011	Secretaria de Economia e Planejamento (SEP)	2007	2008
Vinculação das bases de dados de pacientes que recebem tratamento para tumores cutâneos e da base de dados sobre mortalidade	Fundação Faculdade de Medicina	2007	2009
Pesquisa e sistematização de dados junto às prefeituras municipais do Estado de São Paulo – PMU Ambiental	Secretaria Estadual do Meio Ambiente	2007	2008
Identificação da população-alvo dos programas Renda Cidadã e Ação Jovem e desenvolvimento do Índice de Vulnerabilidade das Famílias	Secretaria Estadual da Assistência e Desenvolvimento Social (Seads)	2007	2008
Pesquisa e análise para a caracterização da estrutura do mercado de trabalho e tendências da situação ocupacional em São Paulo	Secretaria Estadual do Emprego e de Relações do Trabalho (Sert)	2007	2007
Intercâmbio de metodologia de elaboração de indicadores (IPRS)	Secretaria de Estado do Meio Ambiente, das Cidades, do Planejamento, da Ciência e Tecnologia do Governo do Mato Grosso do Sul	2007	2009

Anexo C - Órgãos estaduais de estatística e diretores de 1892 a 1978

Órgãos	Diretores
Repartição de Estatística e Arquivo do Estado (10 de março de 1892)	Francisco José da Silveira Lobo (1892-1893) Antônio de Toledo Piza e Almeida (1893-1907) Adolpho Botelho de Abreu Sampaio (1905-1930) Djalma Forjaz - Interino (1927-1930) Djalma Forjaz (1930-1934) Francisco Azzi (1934-1937)
Departamento Central de Estatística do Estado de São Paulo (14 de março de 1938)	Djalma Forjaz (1938-1948)
Departamento Estadual de Estatística do Estado de São Paulo 15 de julho de 1938)[1]	Djalma Forjaz (1938-1948)
Departamento de Estatística do Estado de São Paulo (4 de dezembro de 1950)	Djalma Forjaz (1950-1954) Celeste de Souza Andrade (1955-1961) Teófilo Benedito de Vasconcelos (1963) Torquato Montalvão (diretor substituto) Mário Penteado de Faria e Silva (1964) Wlademir Pereira (1965) Olavo Baptista Filho (1968-1970) Aratangy Orsi (1971-1972) José Tiacci Kirsten (1973-1975) Rubens Murillo Marques (1975-1976)
Coordenadoria de Análise de Dados (CAD) (30 de setembro de 1976)	Rubens Murillo Marques (1976-1978)
Fundação Sistema Estadual de Análise de Dados (Seade) (4 de dezembro de 1978)	Rubens Murillo Marques (1979-1986) Márcio Percival Alves (1987-1990) Pedro Paulo Martoni Branco (1991-1999 Flavio Fava de Moraes (2000-2003) José Eli da Veiga (2003) Felícia Reicher Madeira (diretora interina) (2003-2004) Felícia Reicher Madeira (2004-2008)

[1] Extinção em 13 de novembro de 1948 do Departamento Estadual de Estatística

Anexo D - Governo do Estado, presidentes do Conselho de Curadores e Diretores-Executivos da Fundação Seade (1979 a 2008)

Governadores	Secretários de Economia e Planejamento	Presidentes do Conselho de Curadores	Diretores Executivos
Paulo Egydio Martins (1975-79)	Jorge Wilheim	Paulo Diederichsen Villares (1979-84)	Rubens Murilo Marques (1979-83)
Paulo Salim Maluf (1979-82)	Rubens Vaz da Costa		
José Maria Marin (1982-83)	Hygino Antonio Baptiston		
André Franco Montoro (1983-87)	José Serra Clóvis de Barros Carvalho	Paulo Francini (1984-90)	Rubens Murilo Marques (1983-87)
Orestes Quércia (1987-91)	Frederico Mazzuchelli	Nildo Mazini (1990-95)	Márcio Percival Alves Pinto (1987-91)
Luiz Antonio Fleury Filho (1991-95)	Eduardo Maia de Castro Ferraz José Fernando da Costa Boucinhas		Pedro Paulo Martoni Branco (1991-95)
Mário Covas Júnior (1995-99)	André Franco Montoro Filho	Adroaldo Moura da Silva (1995-00)	Pedro Paulo Martoni Branco (1995-2000)
Mário Covas Júnior (1999-01)	André Franco Montoro Filho	Adroaldo Moura da Silva (2000-03)	Flavio Fava de Moraes (1999-03)
José Geraldo Rodrigues Alckmin (2001-02)	André Franco Montoro Filho Jacques Marcovitch	Andrea Sandro Calabi (2003-05)	José Eli Savoia da Veiga (2003)
José Geraldo Rodrigues Alckmin (2003-06)	Andrea Sandro Calabi Martus Antonio Rodrigues Tavares	Martus Antonio Rodrigues Tavares (2005-06)	Felícia Reicher Madeira (2003-04)
Cláudio Lembo (2006)	Fernando Carvalho Braga	Fernando Carvalho Braga (2006-2007)	Felícia Reicher Madeira (2004-08)
José Serra (2007-10)	Francisco Vidal Luna	Francisco Vidal Luna (2007-2012)	

Anexo E - Membros do Conselho de Curadores da Fundação Seade (1979 a 2012)

Mandato	Conselho de Curadores	
jan./1979 a jan./1984	Presidente	Paulo Diederichsen Villares
	Titulares	Antonio Galvão Naclério Novaes Antonio Tuccilio Celso Volpe Carlos Eduardo Meirelles Matheus Luiz Gonzaga de Mello Belluzzo Gustavo Sá e Silva Ricardo de Mello Oliveira Gasparian Zeferino Vaz/João Manuel Cardoso de Mello
	Suplentes	Eurídice Maria Aparecida Lotito Arabicano Celso Lamparelli Ivan Queiroz Barros João Manuel Cardoso de Mello João de Almeida José Carlos Coelho dos Santos Orlando Figueiredo Roberto Moreira Lima
	Conselho Fiscal	
jul./1979 a abr./1983	Presidente	Walter Bonini
	Titulares	Acchilles Eizi Hirata Waldemar Zambrini
	Conselho de Curadores	
jun./1984 a fev./1990	Presidente	Paulo Paulo Francini
	Titulares	Carlos Augusto de Barros Carvalho Carlos Eduardo Meirelles Matheus Gilberto Dupas José Roberto Mendonça de Barros/ Alberto Carvalho da Silva Paulo Renato Costa Souza Luiz Gonzaga de Mello Belluzzo Pedro Henrique Godinho Raul David do Valle Júnior Rubens Naves
	Suplentes	Alberto Carvalho da Silva Antonio Carlos Bernardo Barjas Negri Carlos Eduardo do Nascimento Gonçalves Francisco Vidal Luna Irineu Bicudo Paulo Vieira da Cunha Walter Bonini

Mandato	Conselho Fiscal	
set./1983 a out./1985	Presidente	Osmar Marchese
	Titulares	Carlos M. Pinho Walter Alves
	Suplente	Carlos Alberto Longo
out./1985 a out./1987	Presidente	Osmar Marchese
	Titulares	Antonio Carlos Agune Walter Alves
	Suplentes	Rui Afonso Márcio Bueno de Moraes Rui Guilherme Granziera
nov./1987 a fev./1990	Presidente	Rui Guilherme Granziera
	Titulares	Ana Maria Tebar Edgar Camargo Rodrigues
	Suplentes	Antonio Celso Agune Sérgio Buarque de Holanda Waldir Catanzaro
	Conselho de Curadores	
fev./1990 a abr./1995	Presidente	Nildo Mazini
	Titulares	Antonio Márcio Fernandes da Costa Carlos Eduardo do Nascimento Gonçalves Eduardo Maia de Castro Ferraz Eurico Hideki Ueda Iara Francisca Fernandes Liana Maria Lafayette Aureliano da Silva Maria Angélica Travolo Popoutchi Mariana Gomes Rodrigues Alves Wilson Cano
	Suplentes	Alaor Café Alves Alberto Carvalho da Silva Fernando Homem de Mello Guilherme Correa de Toledo Sérgio Buarque de Holanda Filho Vera Lúcia Dias Caldas Waldir Catanzaro Walter Bonini Wilson Suzigan

Mandato	Conselho Fiscal	
fev./1990 a nov./1992	Presidente	Adimir José Pinheiro
	Titulares	Ana Maria Tebar Edgar Camargo Rodrigues
	Suplentes	Emília Ticami Carlos Renato Barnabé Lydia Conde Lamparelli
nov./1992 a dez./1994	Titulares	José Luiz dos Santos Maria Aparecida Dallari Guirelli Miyako Ando Homma
	Suplentes	Ana Teresa Almeida Dubourcq Santana Marilda Anunciação Ferreira Volnir Pontes Junior
dez./1994 a mar./2000	Titulares	Caioco Ishiquiriama Danila Micioni Sandra Lúcia Fernandes Marinho
	Suplentes	Eliane Novaes Beirão Elizabeth Hiromi Kitamura Nelson Ferreira Simões
	Conselho de Curadores	
abr./1995 a jun./2000	Presidente	Adroaldo Moura da Silva
	Titulares	Ana Maria Afonso Ferreira Bianchi Antonio Márcio Fernandes Costa Carlos Antonio Luque Carlos Eduardo do Nascimento Gonçalves Hélio Nogueira da Cruz Liana Maria Lafayette Aureliano da Silva/ Esdras Borges Costa Maria Coleta Ferreira Albino de Oliveira Maria de Fátima Pacheco Jordão Michael Paul Zeitlin
	Suplentes	Ana Maria Prado da Silva Dias Antonio Carlos Bernardo Eduardo Pires Castanho José Paulo Zeetano Chadad Juarez Alexandre Baldini Rizzieri Maria Helena Berlinck Martins[1] Pedro Luis Barros Silva Rubens Keinert Sonia Miriam Draibe

[1] Exerceu o mandato até 1º de agosto de 1998.

	Conselho Fiscal	
mar./2000 a jul./2002	Titulares	Eunice Barbosa Machado Ironice da Rocha Silva Maria de Fátima Falcão
	Suplentes	Diniz Lopez Prada Fábio Alonso Mirella Micioni
jul./2002 a out./2004	Titulares	Eunice Barbosa Machado Ironice da Rocha Silva Fábio Alonso
	Suplentes	Diniz Lopez Prada[(2)] Caioco Ishiquiriama Mirella Micioni
	Conselho de Curadores	
jun./2000 a fev./2003	Presidente	Adroaldo Moura da Silva
fev./2003 a nov./2005		Andrea Sandro Calabi
	Titulares	Ana Maria Afonso Ferreira Bianchi Antonio Carlos Bernardo/Luis Antonio Vane Carlos Antonio Luque Esdras Borges Costa/Neide Saraceni Hahn Hélio Nogueira da Cruz Luis Carlos Guedes Pinto/Márcio Percival Alves Pinto Maria Coleta Ferreira Albino de Oliveira Maria de Fátima Pacheco Jordão Rubens César Keinert
	Suplentes	Ana Maria Prado da Silva Dias Antonio Celso Agune/Gilberto de Mesquita Sampaio Antonio Márcio Fernandes da Costa/José Afonso Carrijo de Andrade Antonio Mendes de Almeida Júnior Eduardo Pires Castanho/José Bernardo Burle Figueiredo José Paulo Zeetano Chadad Juarez Alexandre Baldini Rizzieri Mauricio Coutinho
	Conselho Fiscal	
out./2004 a set./2006	Titulares	Fábio Alonso Caioco Ishiquiriama Grace Maria Monteiro da Silva
	Suplentes	Gustavo Ogawa Berenice de Oliveira Jovandro Horácio Corrêa

(2) Falecimento em 2003.

	Conselho de Curadores	
nov./2005 a jun./2006	Presidente	Martus Antonio Rodrigues Tavares
jun./2006 a jun./2007		Fernando Carvalho Braga
jun./2007 a jun./2012		Francisco Vidal Luna
nov./2005 a nov./2010	Titulares	Carlos Antonio Gameco Dilma Seli Pena Pereira/Mônica Herrman Salem Caggiano/ Saulo Pereira Vieira Haroldo da Gama Torres José Paulo Zeetano Chadad Márcio Percival Alves Pinto Michel Paul Zeitlin Neide Saraceni Hahn/Geraldo Biasoto Junior Sérgio Besserman Viana Tânia Di Giacomo do Lago
	Suplentes	Alicia Marta Bercovich de Grunmann Ana Claúdia Hernandes Fioratti Carlos Alonso Barbosa Eduardo Amaral Haddad Luiz Antonio Vane Marcos José Perez Monteiro/Pedro Pereira Benvenuto Maximino Lorchiavo de Barros/Vera Lúcia Cabral da Costa Rita de Cássia Barradas Barata Saulo Pereira Vieira Wilton de Oliveira Bussab
	Conselho Fiscal	
set./2006 a set./2008	Titulares	Berenice de Oliveira Grace Maria Monteiro da Silva Caioco Ishiquiriama
	Suplentes	Inês Paz de Oliveira Elizabeth Hiromi Kitamura Gustavo Ogawa

Anexo F - Diretores da Fundação Seade

Diretores-Executivos	Diretorias – Diretores-Adjuntos
Rubens Murilo Marques (1979-83)	Estatística – Cecília Cukiermann (1979-83) Processamento – Ricardo Iglésias (1979-83) Análise – Maria Antonieta Dantas da Costa Marques (1979-81)/ João Evangelista Rodrigues Leão (1981-83) Planejamento – Lucio Gregori (1979-80) Administrativa e Financeira – Kunitomo Watanabe (1979)/ Coronel Tarcísio Alceu Lopes de Faria (1979-83)
Rubens Murilo Marques (1983-87)	Estatística – Cecília Cukiermann (1983-85)/ Regina Célia de Carvalho Pinto Moran (1985-87) Processamento – Pedro Luiz de Oliveira Costa Neto (1983-87) Análise – Luiz Antonio de Oliveira Lima (1983-87) Administrativa e Financeira – Maria Silvia Elias Lauandos (1983-85)/ José Antonio Ramos (1985-87)
Márcio Percival Alves Pinto (1987-91)	Produção de Dados – Vera Lúcia Richter (1987-91) Estudos Populacionais – Neide Lopes Patarra (1987-91) Análise Socioeconômica – Annez Andraus Troyano (1987-91) Administrativa e Financeira – José Antonio Ramos (1987-91)
Pedro Paulo Martoni Branco (1991-95)	Produção de Dados – Fernando Soares de Camargo (1991-95) Estudos Populacionais – Carlos Eugênio de Carvalho Ferreira (1991-95) Análise Socioeconômica – Annez Andraus Troyano (1991-95) Administrativa e Financeira – Antonio Resk (1991-95)
Pedro Paulo Martoni Branco (1995-99)	Produção de Dados – Luiz Henrique Proença Soares (1995-99) Estudos Populacionais – Carlos Eugênio de Carvalho Ferreira (1995) Análise Socioecônomica – Felícia Reicher Madeira (1995-99) Administrativa e Financeira – Amaro Angrisano (1995-99)
Flavio Fava de Moraes (1999-03)	Produção de Dados – Luiz Henrique Proença Soares (1999-03) Análise Socioecônomica – Felícia Reicher Madeira (1999-03) Administrativa e Financeira – Amaro Angrisano (1999-03)
José Eli Savoia da Veiga (2003)	Produção de Dados[1] – Maria Cecília Comegno (2003-04) Análise Socioecônomica – Felícia Reicher Madeira (2003) Administrativa e Financeira – Marcos Martins Paulino (2003-04)
Felícia Reicher Madeira[1] (2003-04)	Produção de Dados[1] – Maria Cecília Comegno (2003-04) Análise Socioeconômica[1] – Ana Celeste Alvarenga Cruz (2003-04) Administrativa e Financeira – Marcos Martins Paulino (2004)
Felícia Reicher Madeira (2004-08)	Produção de Dados[2] – Vivaldo Luiz Conti (2004-08) Análise Socioeconômica[3] – Sinésio Pires Ferreira (2004-08) Administrativa e Financeira – Marcos Martins Paulino (2004-08)

[1] Respondendo pelo expediente.
[2] A partir de 4 de abril de 2005, essa diretoria passou a ser denominada de Disseminação de Informações.
[3] A partir de 4 de abril de 2005, essa diretoria passou a ser denominada de Produção e Análise de Dados.

Referências Bibliográficas

ALBERTI, V. **História oral** – a experiência do CPDOC. Rio de Janeiro: FGV/CPDOC, 1990.

ALTIMIR, O. Pobreza en America Latina: un examen de conceptos y datos. **Revista de la Cepal.** Santiago do Chile, n. 13, abr. 1981, p. 67-95.

ALVES, E. L.; LIMA, M. A. Crise e planejamento estratégico situacional. **São Paulo em Perspectiva**. São Paulo: Fundação Seade, v. 5, n. 4, out./dez. 1991, p. 23-27.

ANPES. **Notas Complementares**. 1974.

BERNAL, J. D. **Science in history**. Harmondworth: Penguin, 1969.

BOXER, C. R. **O império marítimo português 1415-1825.** São Paulo: Companhia das Letras, 2002.

BRANCO, P. P. M. Informação e missão institucional: pesquisa desvenda economia paulista. **São Paulo em Perspectiva**. São Paulo: Fundação Seade, v.13, n. 1-2, jan./jun. 1999.

CANABRAVA, A. P. Esboço da história econômica de São Paulo. In: SILVA, Bruno Ernani da. **São Paulo**: terra e povo. Porto Alegre: Globo, 1967.

CARNEIRO, R. **Desenvolvimento em crise**: a economia brasileira no último quarto do século XX. São Paulo: Edunesp e IE-Unicamp, 2002.

CARVALHO, B. Recenseamento do Brasil – 1920. **Resumo histórico dos inquéritos censitários realizados no Brazil**.

CARVALHO, R. Q.; ARAÚJO, M. F. I.; BERNARDES, R.; MATTEO, M.; BESSA, V.; FRANCO, E. Inovação tecnológica e tecnologias da informação na indústria paulista. In: LANDI, F. R. (Org.). **Indicadores de ciência, tecnologia e inovação em São Paulo**. São Paulo: Fapesp, 2001.

CHAIA, M. **Intelectuais e sindicalistas** – a experiência do Dieese (1955 – 1990). São Paulo: Humanidades, 1992.

COMISIÓN ECONÔMICA PARA AMÉRICA LATINA – CEPAL. **La medición del empleo y de los ingresos em areas urbanas através de encuestas de hogares.** Santiago do Chile: Cepal, con la cooperación del Instituto Interamericano de Estadística, 1979 (Informe final)

COMEGNO, M.; PAULINO, L. A. Tendências de investimento no Estado de São Paulo. **São Paulo em Perspectiva**. São Paulo: Fundação Seade, v.17, n. 3-4, jul./dez. 2003.

COUTINHO, L. A terceira revolução industrial e tecnológica: as grandes tendências. In: **Economia e Sociedade**. Campinas: IE/Unicamp, n.1, ago. 1992.

D'ARAÚJO, M. C. S. **O segundo governo Vargas 1951-1954**. Rio de Janeiro: Zahar, 1982.

COSTA, E. V. da. Introdução ao estudo da emancipação política do Brasil. In: MOTA, C. G. S. da (Org.). **Brasil em perspectiva**. São Paulo: Difel, 1971.

DIEESE. Emprego e desemprego na Grande São Paulo: conceitos, metodologia e principais resultados (1981-1983). **Revista Pesquisa Dieese**. São Paulo: Dieese, jul. 1984.

EQUIPE TÉCNICA DA PAEP. Pesquisa da Atividade Econômica Paulista: uma metodologia de produção de dados e de conhecimento. **São Paulo em Perspectiva**. São Paulo: Fundação Seade, v.13, n.1-2, jan./jun. 1999.

FAUSTO, B. A revolução de 1930. In: MOTA, C. G. S. da (Org.). **Brasil em perspectiva**. São Paulo: Difel, 1971.

FEBVRE, L. Pour l'histoire des sciences et des techniques. **Annales** 7, p. 646-648.

FIORI, J. L. Cenários políticos brasileiros para a década de 90. **São Paulo no Limiar do Século XXI**. São Paulo: Secretaria de Planejamento e Gestão/Fundação Seade, mar. 1992.

FORJAZ, D. **A extinção do Departamento Estadual de Estatística** – as opiniões dos nossos licurgos. São Paulo, 1949.

FOUNDATION INTERNATIONAL INSTITUTE FOR LABOUR STUDIES. **Survey of living conditions in the metropolitan area of São Paulo**. Genebra: International Labour Organization, 1994. (Seade Research Series)

FUNDAÇÃO SEADE. **PED – conceitos, metodologia e operacionalização**. São Paulo: Fundação Seade, dez. 1995.

____. **Definição e mensuração da pobreza na Região Metropolitana de São Paulo**: uma abordagem multissetorial. São Paulo: Fundação Seade, 1992.

____. **Pesquisa de Condições de Vida – PCV – Estado de São Paulo**. Síntese da metodologia da PCV em 1998. Disponível em: < www.seade.gov.br>.

GODOY, J. F. de. **Província de São Paulo** – trabalho estatístico, histórico e noticioso (1875). São Paulo: Secretaria da Cultura do Estado de São Paulo, 1978. (Coleção Paulística, vol. XII).

GOLDANI, A. M.; FERREIRA, C. E. F. A situação dos registros dos fatos vitais no Brasil. **Informe Demográfico**. São Paulo: Fundação Seade, n. 7, 1982.

GOVERNO FEDERAL. **Relatório de realizações do Governo Geisel (1974-1979)**. Brasília, março de 1979.

GREMAUD, A. P.; SAES, F. A. M. de; e TONETO JÚNIOR, R. **Formação econômica do Brasil**. São Paulo: Atlas, 1997.

HAGA, A. A participação atual da mulher no mercado de trabalho. **Revista da**

Fundação Seade. São Paulo: Fundação Seade, v. 2, n. 1, p. 5-16, jan./abr.1986.

JANNUZZI, P. de M. **Indicadores sociais no Brasil**: conceitos, fontes de dados e aplicações. Campinas: Editora Alínea/PUC-Campinas, 2001.

IBGE. **Revista indicadores**, v. 4, n. 1, jan. 1985.

IANNI, O. **Estado e planejamento econômico no Brasil**. Rio de Janeiro: Civilização Brasileira, 1977.

LATOUR, B. **Ciência em ação**. São Paulo: Edunesp, 1998.

LIMA, H. F. O parque industrial de São Paulo. In: SILVA, B. E. da. **São Paulo: terra e povo**. Porto Alegre: Editora Globo, 1967.

LIMA, R. S. de. **Contando crimes e criminosos em São Paulo**: uma sociologia das estatísticas produzidas e utilizadas entre 1871 e 2000. Tese apresentada para a obtenção do título de doutor, Faculdade de Filosofia, Letras e Ciências Humanas da Universidade de São Paulo, São Paulo, 2005.

LOPES, J. B.; GOTTSCHALK, A. Recessão, pobreza e família – A década pior do que perdida. **São Paulo em Perspectiva**. São Paulo: Fundação Seade, v. 4, n. 1, jan./mar. 1990.

MARCÍLIO, M. L. **A cidade de São Paulo** – povoamento e população (1750 – 1850). São Paulo: USP, 1974.

MARQUES, P. Q. **Sofismas nucleares**: o jogo das trapaças na política nuclear do país. São Paulo: Hucitec, 1992.

MATUS, C. Planificación y gobierno. **Revista de La Cepal**. Santiago, Chile, nº 31, abr. 1987.

MINISTÉRIO DO PLANEJAMENTO. **Relatório das Atividades Sarem**. 1974.

MOTA, C. G. S. da. **Nordeste 1817 estruturas e argumentos.** São Paulo: Perspectiva e Edusp, 1972.

MOTOYAMA, S. Un analisis de la historia de la ciência en el contexto latinoamericano. In: LAFUENTE, A.; SALDAÑA, J. J. **Historia de las ciencias.** Madri: CSIC, 1987.

MÜLLER, D. P. Introdução. **Ensaio de um quadro estatístico da província de São Paulo (1838)**. São Paulo: Secretaria da Cultura do Estado de São Paulo, 1978. (Coleção Paulística, v. XI)

NAKANO, Y. Experiência do ajuste fiscal no Estado de São Paulo. In: SEMINÁRIO A REFORMA ADMINISTRATIVA E AJUSTE FISCAL NOS ESTADOS E MUNICÍPIOS. São Paulo: Instituto Fernand Braudel, 9 de dezembro de 1998.

NOYA PINTO, V. **O ouro brasileiro e o comércio anglo-português**. São Paulo: Nacional, 1979.

PENNA, L. de A. **República brasileira**. Rio de Janeiro: Nova Fronteira, 1999.

PRADO JÚNIOR, C. **História econômica do Brasil**. São Paulo: Brasiliense, 1972.

PRINS, G. História oral. In: BURKE, P. (Org.) **A escrita da história** – novas perspectivas. São Paulo: Edunesp, 1992.

QUEIROZ, M. I. de. **Variações da técnica do gravador no registro da informação viva.** São Paulo: Ceru e FFLCH/USP, 1983.

QUINTAS, A. Agitação republicana no Nordeste. In: HOLANDA, S. B. de (Org.). **História da civilização brasileira** – o Brasil monárquico. São Paulo: Difel, v. 1, 1970.

ROCHA VIANA, C. da. **Reformas de base e a política nacionalista de desenvolvimento** – de Getúlio a Jango. Rio de Janeiro: Civilização Brasileira, 1980.

SAIA, L. A arquitetura em São Paulo. In: SILVA, B. E. da. **São Paulo**: terra e povo. Porto Alegre: Globo, 1967, p. 229-251.

SECRETARIA DA CULTURA DO ESTADO DE SÃO PAULO. Cartas do conde Morgado de Mateus para o conde de Oeiras em 10 de dezembro de 1766. **Documentos interessantes para a história dos costumes de São Paulo**. Reedição, São Paulo, 1986, v. 73, p.61-65.

SECRETARIA DA CULTURA DO ESTADO DE SÃO PAULO. **Documentos interessantes para a história dos costumes de São Paulo**. Reedição, São Paulo, 1986, v. 20 e 73.

SECRETARIA DE ECONOMIA E PLANEJAMENTO/FUNDAÇÃO SEADE/ DIEESE. **Pesquisa de emprego e desemprego na Grande São Paulo**. maio de 1984. (Folder)

SENRA, N. **Da DGE ao IBGE**: 65 anos de continuidade institucional na elaboração da estatística nacional. Rio de Janeiro: IBGE, 2002.

____. **O saber e o poder das estatísticas**. Rio de Janeiro: IBGE, 2005.

SEN, A. **Poverty and famines**. Oxford: Claredon, 1981.

SIMONSEN, R. C. **História econômica do Brasil (1500/1820)**. São Paulo: Nacional, 1969.

SINGER, P. Interpretação do Brasil: uma experiência histórica de desenvolvimento. In: FAUSTO, B. (Org.). **História geral da civilização brasileira**. São Paulo: Difel, v. XI, 1994.

SKIDMORE, T. E. **Brasil**: de Getúlio a Castelo. Rio de Janeiro: Paz e Terra, 1975.

____. **Brasil**: de Castelo a Tancredo. São Paulo: Paz e Terra, 1988.

SOARES, L. H. P. Sobre os modos de fazer: novas institucionalidades para as pesquisas econômicas em São Paulo. **São Paulo em Perspectiva**. São Paulo:

Fundação Seade, v. 13, n. 1-2, jan/jun 1999.

SUZIGAN, W. A política industrial brasileira após uma década de estagnação. **Economia e Sociedade**. Campinas-SP, n. 1, 1992.

TAVARES, M. da C.; e ASSIS, J. C. de. **O grande salto para o caos**. Rio de Janeiro: Zahar, 1985.

THOMPSON, P. **A voz do passado** – história oral. São Paulo e Rio de Janeiro: Paz e Terra, 1992.

TROYANO, A. A. Como medir o desemprego numa economia subdesenvolvida. **São Paulo em Perspectiva**. São Paulo: Fundação Seade, v. 2, n. 3, jul./set. 1988.

____; HAGA, A.; HOFFMANN, M,; CHAIA, M. A Pesquisa Fundação Seade/ Dieese. **São Paulo em Perspectiva**. São Paulo: Fundação Seade, v. 1, n. 1, jan./ abr. 1985.

____; HOFFMANN, M.; FERREIRA, S. P. Condições de vida e pobreza – elementos para uma discussão metodológica. **São Paulo em Perspectiva**. São Paulo: Fundação Seade, v. 4, n. 2, abr./jun. 1990.

VARGAS, M. A tecnologia no Brasil. In: FERRI, M. G.; MOTOYAMA, S. (Coords.). **História das ciências no Brasil.** São Paulo, EPU e Edusp, 1979.

WEHLING, A.; WEHELING, M. J. C. M. **Formação do Brasil colonial**. Rio de Janeiro: Nova Fronteira, 1999.

WIRTH, J. D. **A política do desenvolvimento na era de Vargas**. Rio de Janeiro: FGV, 1973.

ZYLBERSZTAJN, D. **Programa de reestruturação e desestatização do setor energético**. s.e, s.d.

Seade

Uma história exemplar

Shozo Motoyama
Renato Teixeira Vargas
Maria Cecília Comegno

SEADE
Fundação Sistema Estadual de Análise de Dados

FUNDAÇÃO SISTEMA ESTADUAL DE ANÁLISE DE DADOS (SEADE)

Curadores Francisco Vidal Luna (presidente)
Carlos Antonio Gamero
Geraldo Biasoto Junior
Haroldo da Gama Torres
José Paulo Zeetano Chahad
Márcio Percival Alves Pinto
Michael Paul Zeitlin
Saulo Pereira Vieira
Sérgio Besserman Vianna
Tania Di Giacomo do Lago

Conselheiros Fiscais Caioco Ishiquiriama
Berenice de Oliveira
Grace Maria Monteiro da Silva

Revisão Eva Célia Barbosa

Capa Moema Cavalcanti

Projeto Gráfico Kátia Hiromi Kanashiro e Luiz Jabory Carvalho de Abreu

Editoração Eletrônica Pontocomm - Ponto Comunicação Ltda.

imprensaoficial

IMPRENSA OFICIAL DO ESTADO DE SÃO PAULO

Coordenação Editorial Cecília Scharlach

Assistência Editorial Berenice Abramo

Editoração Gráfica Marilena Camargo Villavoy

Apoio

sabesp